人际沟通与交流

龙　菲　苏宪国　主　编

清华大学出版社
北　京

内 容 简 介

本书结合时代要求，注重实践应用，分为基础篇和提升篇两部分，共八章。每一章都有“学习导航”“学习目标”“游戏引导”“案例分析”“课堂练习”“知识总结”“拓展阅读”板块。基础篇注重沟通与表达基础要素学习，主要培养学生自我认知、自我接纳、自我信念的积极心态；掌握基础沟通要素方法和技能，让学生在以良好的社会主义核心价值体系为主导的社会语境下学习清晰、准确、简洁的表达，在校园生活及职场展现情境下掌握基本沟通模型、建构基础沟通模式。提升篇注重精准沟通、个性化沟通能力培养，从沟通架构着手，帮助学生解决语言交际中出现的实际问题，以满足客户个性化需求的高效精准沟通服务。

本书适合作为中高等职业院校公共基础课教学用书，也可作为社会青年提升人际沟通与交流能力的自学用书。

图书在版编目(CIP)数据

人际沟通与交流/龙菲，苏宪国主编. —北京：清华大学出版社，2021.1 (2025.1重印)

ISBN 978-7-302-57271-8

Ⅰ. ①人… Ⅱ. ①龙… ②苏… Ⅲ. ①人际关系学—高等职业教育—教材 Ⅳ. ①C912.11

中国版本图书馆 CIP 数据核字(2021)第 005017 号

责任编辑：章忆文 陈立静
装帧设计：刘孝琼
责任校对：吴春华
责任印制：曹婉颖
出版发行：清华大学出版社
网 址：https://www.tup.com.cn, https://www.wqxuetang.com
地 址：北京清华大学学研大厦 A 座 **邮 编：**100084
社 总 机：010-83470000 **邮 购：**010-62786544
投稿与读者服务：010-62776969, c-service@tup.tsinghua.edu.cn
质量反馈：010-62772015, zhiliang@tup.tsinghua.edu.cn
课件下载：https://www.tup.com.cn,010-62791865
印 装 者：三河市君旺印务有限公司
经 销：全国新华书店
开 本：185mm×260mm **印 张：**19 **字 数：**462 千字
版 次：2021 年 1 月第 1 版 **印 次：**2025 年 1 月第 5 次印刷
定 价：49.80 元

产品编号：089311-01

前　　言

1998 年，我国劳动和社会保障部在《国家技能振兴战略》中把职业核心能力分为 8 项，称为“八项核心能力”，包括：与人交流、数字应用、信息处理、与人合作、解决问题、自我学习、创新革命、外语应用。“人际沟通与交流”能力是这八项核心能力的首位能力，是每个人事业成功的基础。当下，中国特色社会主义已进入新时代，我国经济也已由高速增长阶段转向高质量发展阶段，这为职业院校学生拓宽就业渠道、拥有更高职业生涯发展平台提供了前所未有的机遇。但互联网、大数据、人工智能和实体经济的深度融合，也使得劳动分工的界限越来越模糊，传统形式下的工作任务的不确定性大大增强，这对职场人际沟通与交流能力提出了更高的要求。

结合新时代的特点和要求，培养与提高学生的符合时代要求的人际沟通与交流能力具有更重要的现实意义。这不仅是个人具有较高素养，具备较强竞争实力，为顺利进入职场做好充分准备的体现，更是职场现代化实现个体生存及可持续发展的最经济、最有效的重要保障，是符合新时代“创造型、实用型、复合型”人才要求的重要体现。

与传统的人际沟通类教材相比，本书立足当下先进的沟通理念，重视应用实践探索，具有实用性强、案例丰富、通俗易懂、便于学习等特点，适合广大职业类院校学生使用。本书基于职校类学生的特点及社会变化、职业发展的需要，以人际沟通与交流能力为核心，通过游戏引导、案例分析、课堂练习、拓展阅读等环节，切实培养学生自我探索、与人交流协同合作、发现问题、解决问题、精准个性化沟通等能力，从而增强现代职场的竞争软实力。

本书由龙菲、苏宪国任主编，蔡庆君、张翔任主审。谢欣、董佶、金一秋、齐心、李秀丽、徐艳平、姚文香、康莉莉、郭男、陈颖、陈维老师参与部分编写工作，对以上老师的辛苦付出表示衷心感谢。

在编写过程中，编者参阅、借鉴了国内外同类书籍及相关专著的资料和例文，限于篇幅，恕不一一注释，谨向有关作者致以诚挚的谢意。由于编者水平有限，书中难免出现不足之处，恳请各位专家、读者批评指正。我们会虚心接受批评，努力使本书臻于完善。

编　者

目　录

基 础 篇

提 升 篇

基 础 篇

第一章 沟 通 概 述

学习导航

沟通不仅是一项技术，更是一门学问，是一种智慧的生活工作处事方式，我们每一天的生活工作都离不开沟通。朋友聚会往来、职场客户合作、商务贸易洽谈、危机公关处理等都离不开良好的沟通。新时代下我国经济飞速发展，由以往的高速增长阶段转向高质量发展阶段，这为广大职校生职业生涯提供了前所未有的机遇，但同时也对广大职校生的职业能力提出了更高的要求。面对更加复杂的职业前景，掌握沟通技巧、学会精准沟通尤为重要与必要。

学习目标

(1) 了解沟通要素，明确沟通环节，理解新时代提升沟通能力的重要意义。

(2) 能在特定情境引导下完成初步沟通，理解沟通要素。

(3) 初识团队精神、积极主动精神在个人职业生涯发展中的意义与作用。

一、初识沟通及沟通要素

游戏引导

(1) 教师运用“顺序报数”及“一二报数”的游戏激发学生的兴趣，调动学生团体协作能动性。

(2) 在学生熟悉报数游戏后，教师根据班级人数运用“异质报数法”将学生分组(每组人数不超过8人)。

(3) 分组后请每组各派一名代表到老师处领取任务信封(教师不指定，由学生自主决定代表人选)。

(4) 每组根据信封里面的信息，在规定的时间内完成拼字游戏，先拼完的组集体加分。

游戏感悟

(1) 玩这个游戏时你开心吗？你是否全力投入、积极参与？

(2) 在这个报数游戏中你是下列情况的哪一种？( )

A. 游戏的主导者　B. 游戏的积极参与协助者　C. 游戏的积极旁观者

D. 消极的旁观者，觉得无趣，但还有些好奇　E. 一点也不想参与，烦透了

(3) 游戏中，你对小组成员表现满意吗？为什么？

(4) 如果在未来的课程里，你都需要和刚才的组内成员组成一队，完成整个课程，并取得最终课程成绩，你愿意吗？为什么？

(5) 你觉得怎样改变组内成员的行事方式，才能让你的组更好地完成任务？你打算怎么和他(她)说？

(一)沟通概念

关于沟通的定义，实际上并没有特别明确统一的说法。因为每个人在不同的社会角色中，在特定的情境场合中，对每一次的沟通行为的理解都不同，所以定义也就不一样。据统计，目前关于沟通定义的表述多达百种，但综合来看，沟通就是指为了一个事前设定的目标(目的)，把信息、思想和情感，通过语言或非语言的方式在个人或群体中进行双向或者多向的信息交流行为，以寻求达到共同协议的过程(见图 1-1)。

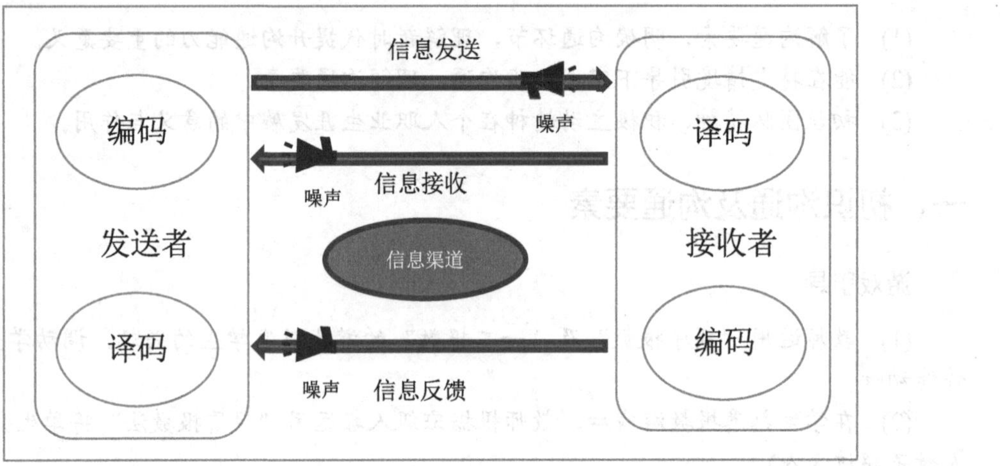

图 1-1　完整的沟通过程

(二)沟通要素

所有的沟通都是由沟通八要素构成。

1. 沟通目标(目的)

目标是沟通的方向，所有的有效沟通一定都有明确的目标。目标清晰明确，才能有针对性地解决问题，才能有效地避免拖沓失误，最高效率地达成共同协议。

沟通的目标一般分为解决一个特定问题、建立彼此之间特定情感和促进双方合作共赢三种，即解决问题、建立感情、合作共赢。进行沟通前，一定要先检查自己这次沟通行为的目标是哪一种。

2. 信息发送者

信息发送者，又叫信息输出者，就是在沟通行为中主动发出信息以求解决问题、建立感情或合作共赢的一方。这是沟通行为的起点。

3. 信息编码

信息编码就是指信息发送者为达成沟通目标而进行的语言、文字、动作、表情等内容表达。这种表达由于信息发送者个人习惯、学识修养、情绪背景等不同，会有很大的不同。

4. 信息接收者

信息接收者，又叫信息接受者，就是接收信息发送者发送出信息编码的一方。

5. 信息译码

信息译码是指信息接收者收到信息发送者发送的信息编码后，由于受到自己的思维习惯、社会认知、学识修养、情绪背景等影响，对原信息编码进行再处理的过程。

6. 信息渠道

信息渠道是指沟通信息的双方采取传递信息的方式。比如，面对面的口头表达，电话、微信、邮件、互联网等新媒介手段的信息传递，书信文书的书面表达，非语言的表情、肢体、服饰等表达。

7. 信息反馈

信息反馈是信息接收者将收到并理解的信息传达给信息发送者的过程。这是沟通中非常重要的环节。反馈能让信息发送者有效地判断之前的信息编码是否很好地被信息接收者理解，从而决定沟通的下一步行为是否继续进行。

8. 信息噪声

信息噪声是指在信息编码、信息译码、信息传递的过程中受到的各种各样的干扰。

课堂练习 1-1

小李准备到外地游玩，电话预订一张到西安的一等座高铁车票。请你和你的同学模仿此情景，并明确在这个情境中各沟通要素都具体指哪些？在沟通过程中，哪些是信息噪声？

____

____

____

(三)沟通类型

在沟通行为中，根据沟通行为特点，我们把沟通分为两种类型，即语言沟通和非语言沟通。语言沟通又分为口头表达沟通和书面表达沟通。非语言沟通包括肢体语言沟通、服饰语言沟通等。

此外，根据组织顺序系统，沟通分成与上级沟通、与平级沟通、与下级沟通；根据沟通指向原则，沟通分成双向沟通、多向沟通；根据沟通群体不同，沟通分成自我沟通、社会沟通；根据沟通场合，沟通分为正式沟通、非正式沟通等。

1. 语言沟通

语言沟通是指用有声的口语和无声的文字传递信息、思想和情感，以达到沟通目标的沟通行为。它分成口头表达沟通和书面表达沟通两种形式。

1) 口头表达沟通

口头表达沟通，是人们最常见的沟通形式。我们每天都在利用口头表达来发表意见、传递信息、沟通感情、寻求合作。这种沟通方式灵活多样，既可用于生活休闲，也可用于职场晋升；既能与友人交谈，又能演讲、正式讨论。

口头表达沟通的好处是它的快速性和便捷性，它使得信息的传递和反馈都变得及时，这是书面表达沟通所不具备的。此外，它还具有自然性、灵活性的优点。口头表达通俗、平实、自然，生活中的俗语和习语，甚至不同的口音都让沟通变得生动化；信息发送者采用口头表达并能根据语言环境的变化随时调整信息编码，使沟通具有灵活性。

口头表达沟通的不足之处是，信息、思想和情感在信息渠道的传递中，由于受到信息噪声的干扰，存在着巨大的失真的可能性。信息在传递的过程中，每个信息发送者和接收者都会根据自己的信息译码增减信息，这样，当信息到达终点时，其内容往往与最初的含义存在重大偏差。此外，口头表达沟通不容易进行深刻、复杂的沟通。

2) 书面表达沟通

书面表达沟通是组织内部生产运作、经营管理的重要手段和保障。它包括各类信函、情况报告、汇报材料、产品推广文案、危机公关处理文字材料等。书面表达具有可以展示、长期保存、充当法律依据的优点，是复杂沟通行为中必不可少的沟通方式。在正式沟通中，越是复杂、长期的沟通行为，越会选择书面表达沟通作为沟通的主要方式，因为这样做可以使整个沟通行为有实施的依据和保障。

书面表达沟通的优点在于它的清晰、准确、深刻。它一定是经过深思熟虑、反复斟酌的结果，是思想的具体体现，在未正式使用前可以反复修改，能最大限度地传达信息发送者的目的，减少信息译码产生偏差的可能，并且这种信息可以多次、大范围传阅，影响更大。

书面表达沟通的缺点在于相比口头表达沟通，它耗费的时间较长，成本更大，并且不能及时获得信息接收者的反馈，也不能确保信息接收者是否接到信息。

课堂练习 1-2

美国青年杰瑞一直对中国文化感兴趣，大学毕业后特意来中国留学学习汉语。在一次参加汉语语言考试时遇到这样一道试题。

请解释一下短文中每一个“意思”在句子中的不同含义。

职员小王到领导家送礼，呈上红包时，领导问：“你这是什么意思？”

小王：没什么意思，就是给您意思意思！

领导：都在一个部门，你这样做就不够意思了。

小王：您平时对我特别关照，真就是一点小意思。

领导：你这人可真有意思。

小王：其实真没别的意思。

领导：那我就不好意思了。

小王：哪里哪里，是我不好意思。

杰瑞看完题目，泪流满面……

请同学们结合这则小故事，想一想沟通时，口头表达和书面表达的优缺点各是什么？我们还需要注意什么？

____

____

____

2. 非语言沟通

非语言沟通是指除了语言文字以外的信息传递方式，包括肢体语言、服饰语言、空间语言等。

(四)沟通的作用

沟通的两个主要作用如下。

1. 传递和获得信息

现代社会中，大事小事的开展都离不开信息的传递，掌握有价值的信息越多越及时，越能成为有限资源的持有者。沟通是成本最低，也是人人都能掌握的获取信息的技巧。好的沟通者不仅在沟通的过程中一直保持注意力，随时抓住沟通内容的重点，找出其中包含的所有重要信息，还能根据信息内容，调整沟通方案，有效地实现沟通目标。

2. 改善人际关系

沟通是改善人际关系，构建和谐人际网络的最有效办法。良好的沟通能让我们拥有健康有序的人际关系，使得我们的沟通行为更加顺畅、舒适。

二、新时代提升职校生表达与沟通能力的重要意义

(一)提升表达沟通能力是时代的需要

十九大报告指出，中国特色社会主义已进入新时代，中华民族正以崭新的姿态屹立于世界舞台。职业教育作为我国教育事业的重要组成部分，肩负着为新时代培养德智体美劳全面发展的高技能型人才的光荣使命。

在新时代，我国经济已由高速增长阶段转向高质量发展阶段，经济发展全要素的提升与变革，不断增强我国经济的创新力和竞争力，这为我国就业市场的繁荣发展、与国际市场的充分交流及合作，提供了充分的实力保障，为职校生拓宽就业渠道，拥有更高职业生涯发展平台提供了前所未有的机遇。但同时互联网、大数据、人工智能和实体经济的深度融合，也使得劳动分工的界限越来越模糊，岗位职责越来越深化，传统形式下的工作任务

的不确定性大大增强。科技事业的迅猛发展，为我们的物质生活提供最丰富的资源与最大便捷性的同时，对生产出的产品及与之配套的服务也提出了更高的要求。

(二)提升表达沟通能力是融入社会的基础

沟通是人类所有形态社会活动的基础。从古至今、从早到晚，人类的活动离不开沟通行为。社会进入 21 世纪后，信息技术革命迅猛发展，对沟通的横向纵向需求都达到了前所未有的水平。世界一体化、智能化，使得人与人之间的交流更便捷、更紧密，沟通能力的提升就变得更为重要。

我们进入一个平台往往依靠的是过硬的专业技术水平，但身处组织内部时助力我们职业生涯持续发展的往往是你拥有的表达沟通能力。美国普林斯顿大学曾对一万份人事档案进行分析测算，测算结果让人大吃一惊："智能因素""技术水平""经验累积"只占成功因素的 15%，剩下的 85%的成功因素来自于良好的人际沟通。作为职校生，掌握与提升表达与沟通能力是进入社会、融入职场的必备技能，也是今后生活与工作取得成功的前提。

(三)提升表达沟通能力是职业和岗位的需要

表达沟通能力是职校生进入职场的必备能力。任何一家企业单位在招新时都要先测试求职者的表达沟通能力，这是职校生职场应聘成功的基础。传统观念认为表达沟通能力是服务行业需求的必备能力，而像技术性生产行业只需要拥有高超的专业水平就好。可是现代社会的高度融合与智能便捷使得原来程式化、重复性、仅靠记忆与练习就可以掌握的技能可能会变成最没有价值的技能，因为这些技能更容易被既快速又精确的机器智能取代。纪录片《美国工厂》中大量被智能机器取代的传统技工，何去何从的命运让人唏嘘的同时，也让我们所有职校生深思，未来什么样的工作、什么样的岗位才能具有不被替代或降低被替代的可能。

人类社会不管发展到什么阶段，人对美好生活的追求这一理想信念始终不会改变。物质生活的极大满足是人类美好生活的低层级表现，而精神生活的丰富多彩才是美好生活的高级形式。生产力提高，解放了劳动力，人类拥有更多的时间，这意味着人类对文化、娱乐、审美、创造的追求将达到前所未有的高度。职校生如果能够把握人的独特性，从提升更为复杂的，基于人类爱、恨、交流情感地与他人互动，即表达沟通能力入手，学习"定制化""个性化""精准化"沟通，那一定会最大限度地降低职业前景的脆弱性，使得自己在越来越模糊的岗位需求下，大大增强自己的职业核心竞争力。

案例分析 1-1

获得奥斯卡最佳纪录长片提名的纪录片《美国工厂》讲述了俄亥俄州代顿市一家制造厂的文化冲突。它诚实地、细致入微地描绘了不断变化的全球经济在现实生活中的表现方式。为人们打开了一扇了解他们真实情况的窗户。

这部纪录片的背景是 2008 年，经历着金融危机的美国"铁锈地带"损失惨重，大量工厂倒闭，许多人失去了饭碗。几年后，在俄亥俄州，一家来自中国的公司(福耀集团)出手收购倒闭的美国公司，重新运转生产线，雇用美国工人，派中国的员工传授技术，是中国公司让当地许多人的命运“起死回生”。开公司、提供岗位、传授技术……这样的好事，让当地的美国民众们非常兴奋。这部纪录片的两位导演，对福耀玻璃厂进行了长达三年的跟踪拍摄，记录下了它的每一个起承转合，矛盾的产生与消解。

(资料来源：http://www.sohu.com/a/371835360_100191067)

请同学们到网上搜索《美国工厂》纪录片，观看后谈谈你的感受，你觉得提升自己的表达沟通能力在未来的职业生涯中重要吗？对待未来的职场变化，你又有什么样的建议和准备呢？

____

____

(四)提升表达沟通能力是个人发展与提升的需要

沟通是个体发展与提升的必要条件。人际沟通就像人需要水、食物、住所等一样重要。职校生正处在人生最重要的青春期，最渴望交流与被理解。良好的沟通能帮助职校生建立自尊、自信和他信；能通过诉说内心的喜怒哀乐来宣泄积郁，排解忧愁，达到身体机理的平衡；能通过安慰帮助理解他人，获得稳定的人际支持，成为保持心理健康的有效途径。

此外，职校生正处在人生储备知识的最佳黄金期，通过提升表达沟通能力，能获取更多知识资源，能拓宽更大的获取专业知识、人文社科知识的途径，会让自己除了储备知识外，更锻炼了收集和处理信息的能力、分析和解决问题的能力、交流和合作的能力。

能力提升

依据课堂分组，请同学们以组为单位，通过充分地沟通交流，为自己的小组命名，设计队标，写出队标的释义，拟定小组的目标、口号，并练习展示(见表 1-1)。下节课以小组为单位进行课堂展示，小组展示取得的成绩作为个人成绩进行记录。

表 1-1 团队建设

展示项目	队标设计	团队队名 口号	团队精神 面貌	团队参与 情况	总 分
给分标准	新颖、简洁、原创、有美感、释义恰当	积极向上、促进团体气势、呼喊整齐响亮	是否精神饱满，是否精诚合作，是否充满活力	团队成员是否全员参与，是否积极参与	
组名	3分	2分	2分	3分	

知识总结

(1) 沟通就是指为了一个事前设定的目标(目的)，把信息、思想和情感，通过语言或非语言的方式在个人或群体中进行双向或者多向的信息交流行为，以寻求达到共同协议的过程。

(2) 完整沟通由八大要素构成。它们分别是沟通目标、信息发送者、信息编码、信息接收者、信息译码、信息渠道、信息反馈、信息噪声。

(3) 沟通分为语言沟通和非语言沟通。其中语言沟通分口头表达沟通和书面表达沟通。

(4) 新时代职校生提升表达沟通能力不仅是个人生存、发展的需求，也是新时代新形势的具体要求，对职校生的职业生涯发展、社会和谐进步具有重大现实意义。

拓展阅读

中国自古就有一个飞天梦想，早在明朝时中国就有一个叫万户的人想要利用火箭飞上广袤的天空，但最终还是献出了宝贵的生命。今天我们中国人的飞天梦早已实现，而第一个进入太空的中国人就是杨利伟。那么这份荣耀的背后又有怎样的故事呢？就让我们一起走近杨利伟。

1965 年，杨利伟出生于辽宁省绥中县一个普通的家庭，他在这个依山傍水的小城生活了 18 年。上小学时，杨利伟觉得自己的名字不够有气势，于是自己将“杨立伟”改成了“杨利伟”。杨利伟是听着大量的民间故事、神话传说、英雄事迹长大的，所以从小就有满满的英雄情结，渴望自己也能像那些英雄一样在某一方面建功立业。有一年的“八一”节，杨利伟来到一个军用机场参观，当他看到帅气的飞行员驾驶飞机在天空驰骋后，震撼无比的小杨利伟有了飞天的梦想。1983 年，经过层层筛选，杨利伟考入保定航校，成为正式的国家飞行员学员。在学校，杨利伟不仅成绩名列前茅，在纪律上更是形成了严格的纪律观念，因为他深知军中无小事，一个小误差就能决定成败、决定生死。1987 年军校毕业后，杨利伟成为空军某师一名强击机飞行员。1993 年，杨利伟已经是飞行近千小时的二级战斗机飞行员了，之后由“强 5”改飞“歼 6”，他年年飞全勤，到 1996 年成为一级飞行员，航天员的大门也渐渐向他打开。1996 年，国家航天员选拔开始，杨利伟也参与选拔，经历了离心机上飞速旋转、经受七倍于体重的超重等各项测试，最终参加预选的 886 名飞行员剩下了 20 人。然后就是谈话考核，当专家们问他的妻子张玉梅：“你丈夫当航天员有危险，你同意吗？”张玉梅答道：“同意，无论他做啥，我都支持。”就这样，1997 年，14 名飞行员成了航天城里最神秘、最难以接近、最不自由的人。

中央电视台采访航天局领导，杨利伟是怎样成为我国进入太空第一人的？航天局领导解释道：第一是杨利伟在五年多的集训期间，训练成绩一直名列前茅；第二是杨利伟处理突发事件的能力特别强，在担任歼击机飞行员时就多次化解飞行险情、训练有素；第三是杨利伟心理素质极好，口头表达能力强，说话有条理、有分寸。就是以上三个优势使得杨利伟最终通过 1600 人—300 人—20 人—14 人—3 人—1 人的层层选拔，成为中国人进入太空的第一人。

(资料来源：http://www.bjdcfy.com/qita/ylwdsj/2016-1/626770.html，https://zhidao.baidu.com/question/35341144.html)

第二章 沟 通 基 础

学习导航

万事万物取得成功都有它自身遵循的道理和规则，表达沟通能力的培养与提升也是如此，也必须遵循它自身的规律。完整高效的表达沟通需要同学们拥有积极的良好的心态，不仅拥有能够客观地认识自我、接纳自我的能力；还要拥有足够的有效倾听，宽容地善待他人、欣赏他人的能力。从内驱动上做好准备是有效沟通的第一步，从这一章开始，同学们将接触提升表达沟通能力基础知识，请大家认真学习，为精准沟通做好准备。

第一节 积极心态，接纳自我

学习目标

(1) 明确积极心态是构建幸福人生的基础，也是提升表达沟通能力的前提。

(2) 客观地认识自己，接纳真实的自己，能用积极的心态悦纳自己、欣赏自己。

(3) 能在积极心态主导下尝试新事物，乐于参与集体活动，并为集体作出自己的贡献。

游戏引导

(1) 为游戏准备一根绳子、一把30厘米的直尺。

(2) 请所有的同学畅所欲言，推荐心目中优秀的同学代表(或学习，或劳动，或品德，或体育，或纪律，或人缘等，有一方面突出即可)。

(3) 请上述学生代表完全下蹲，双手分别紧紧握住脚后跟(全过程不能松手)，向前跳过摆在面前30厘米处的绳子。所有的同学完成后，不管成功与否，都奖励一颗糖果。

游戏感悟

人生中并不都是输和赢，评价一个人是否优秀，成功和失败绝不是唯一的标准。我们可能在这次活动中失败了，没有达到既定目标，但在活动的过程中你已经全力以赴，你已经细心思考，你已经不断尝试，那就像唐宋八大家之一的王安石所说的 “尽吾志，无悔矣”。我们每一个人都有自己的短板，都有自己的不足(即便优秀如你)，都有不尽如人意的地方，但这就是你，这就是真实的你，只要你能在每一次尝试中积极付出，即便没有取得理想的成绩，也会乐在其中，因为你能够积极地接纳自己。只有有能力和自己和谐相处，才能有可能和他人构建舒适的人际氛围，才能拥有美好的人生。

(1) 如果课堂上你没有机会参与这个游戏，请你在课后试一试，然后记录一下挑战的结果。面对这个结果，你内心接受吗？为什么？

____

____

(2) 如果现在你可以改变游戏规则，你打算做哪些尝试呢？这样修改的目的是什么？效果又如何呢？

____

____

一、什么是积极心态

“心态”是决定人们思维模式和行为方式的一种心理状态或态度，是人的心理对各种信息刺激所作出反应的趋向，是由认知、情感、行为意向等因素构成的富有建设性的主观价值取向。

心态有积极和消极之分，积极心态主要是指积极的心理态度或状态，是个体对待自身、他人或事物的积极、正向、稳定的心理倾向。它是一种良性的、建设性的心理准备状态，具体表现为对自身、对外界的变化表现出各种正向的、主动的、积极的心理品质和对应行为。

积极心态与消极心态是相对而言的，面对生活的压力与历练，若积极心态战胜了消极心态，会促进人的进步，激发人性的优点，使之为善；若消极心态战胜了积极心态，会阻碍人的进步，激发人性的缺点，使之为恶。

作为处在人生关键期的职校学生，如果我们能最大限度地拥有积极心态，那当你面对生活、工作中的各种问题、困难、挫折、挑战和责任时，你都会从正面去思考，从积极的角度出发，在行为上就会积极采取行动，努力去做，从而把这种心态内化为一种生活态度，像享受阳光一样把生活中的一切当作一种享受的过程。

课堂练习 2-1

(一)

有个朋友乘船前往英国，途中忽然碰到狂风暴雨的袭击，船上的人都惊慌失措，朋友却看到对面的老太太非常镇静地在祷告，眼神十分安详。风浪过后，朋友十分好奇地问老太太：“夫人，刚才您为什么一点儿都不害怕呢？”老太太说：“我有两个女儿，大女儿伊利萨已经住在天堂，小女儿玛丽亚就住在英国。刚才风浪大作的时候，我就向上帝祷告：‘假如您接我前往天堂，我就去陪伴伊利萨；假如您留我在船上，我就去英国陪我的玛丽亚。’不管去哪儿，我都可以和我心爱的女儿在一起，我怎么会害怕呢？”

(二)

有一个老太太，她有两个儿子，大儿子是染布的，二儿子是卖伞的，她整天为两个儿子发愁。天一下雨，她就会为大儿子发愁，因为不能晒布了；天一放晴，她就会为二儿子发愁，因为不下雨二儿子的伞就卖不出去。老太太总是愁眉紧锁，没有一天开心的日子，弄得疾病缠身，骨瘦如柴。

你怎么看待这两个老太太？你更欣赏哪一个？为什么？如果你是第二位老太太，你打算怎么办？把你的想法写出来，并且讲给你的伙伴听，看看谁的办法更好？谁的表达更清晰？

____

____

____

____

二、拥有积极心态的好处

积极心态是一种主动的生活态度，对任何事都有足够的控制能力，反映了一个人的胸襟、魄力。积极心态会感染人，给人以力量。拥有积极心态能让我们客观地认识自己、正向地面对生活、友好地与人相处、乐观地对待磨难、自信地展示风采。有了这种积极向上、豁达平静、感恩独立、活在当下的人生态度，我们的内在世界就会无比充盈富足，内在的满足喜悦必然带来外部的包容和谐，最终呈现出健康幸福的人生状态。

(一)积极的心态会使一个人变得阳光、通达

心态是我们真正的主人，拥有健全的心态比拥有一百种智慧更有力量。智慧的人生态度就是明白客观事物本身是中性的，没有好坏之分，只是由于当事人的不同心态才导致这些事物有了不同的色彩。

案例分析 2-1

美国总统林肯出身于贫寒家庭，当过雇工、石匠、店员、舵手、伐木工人、剧院杂役、律师等，社会地位卑微。不仅如此，他的左右脸还明显不对称，长相丑陋，身材瘦小。无论从哪方面来说，他都没有令人骄傲的资本，林肯也曾为此深深地自卑过。但林肯明白自己无力改变这些客观的事实，与其抱怨诅咒上帝没有给他一个好的家世、好的皮囊，不如找到自己感兴趣、愿意为之努力的事情。

据说，青少年时期的林肯经常徒步走三十多英里的路，到镇上听律师们慷慨陈词的辩护，听传教士激情高昂的布道，听政界精英们激情澎湃的演讲，回家后他就模仿练习，这让他的说话能力大大提高。

当他初次登上政治舞台进行公众演讲时，虽然脸色惨白、膝盖颤抖，紧张、机械地说着自己的演讲词，但这并不妨碍他一次又一次地参加公众演讲。他调整策略，一开始只作简短的发言，经过多次成功后，他开始作 30 分钟的连贯演说，到 1830 年时他已经能出色地在伊利诺伊州集会上进行让人热血沸腾的演讲了。

后来，就像大家所知道的那样，林肯成了连任两届的美国总统，成了世界著名的演说家。应该说，如果林肯没有一个积极的心态，没有一个对自己客观接纳的活在当下的正向心态，那我们的世界可能就少了一位如此出色的杰出人物了。

(资料来源：https://www.xuexila.com/koucai/xunlian/4131849.html)

林肯有他自己改变不了的外在形象、贫寒出身，但这些并没有阻止他成为伟大的人

物，同学们对此有什么看法呢？你在生活中是否对自己不满意？主要对哪些方面不满意？它们具体都是什么呢？仔细想一想你又拥有哪些你认为值得自豪的东西，或者你对什么方面感兴趣？你为此付出过怎么样的努力？请你把它们写出来，和自己做一次深入的对话吧。

____

____

____

____

____

1. 客观地评价自己，接纳自己

如果一个人不能正确地认识自我，看不到自己的优点，觉得处处不如别人，就会产生自卑的心理，就会丧失信心，做事时会畏缩不前……与此相反，如果一个人过高地评价自己，就会骄傲自大、盲目乐观，导致工作上的失误、人际关系的紧张。因此，恰当地认知自己，能够克服那些不切实际的想法，并且能够全面地、客观地认识和评价自己，才能让自己在生活中寻找到适合自己的方向。

课堂练习 2-2

请同学们以“我是……”开头，把句子补充完整，想写什么就写什么，要求连续写出五句这样的话。

例如：我是老师。

我是______________________________

我是______________________________

我是______________________________

我是______________________________

我是______________________________

下面我们来看看同学们填写了什么。

一般来说，如果你填写的是“我是老师”这样表明身份的词汇，通常表明在你的生活中，工作或学习占据着非常重要的位置，因为你会先用自己的职业身份来定位自己。但你也需要知道，只拿职业身份来定义自己的人，生活大概会是单一而缺少变化的，平时容易处于紧张的状态，而不太容易放松舒缓自己。

如果你填写的是“我是父母的儿子(女儿)”这一类的词汇句子时，通常反映出你对自身社会角色的重视，但从另一个方面看，可能表明你更多的是为他人而活，你生活的目标就是能不能成为别人的好老师、好儿子、好父亲、好朋友，你的生活中基本已经没有了自己，这样的人通常会活得很累。

如果你填写的是“我是一个个子很高，身材很苗条的人”这一类的词汇句子时，说明你通常用自身的外在形象来定位自己，是一个关注自己身体的人。这样的人会十分注意自己的衣着是否整洁、行为是否得体，通常有着良好的外在形象。

如果你写的是“我是一只快乐的小鸟”“我是一缕微风”，用一些非现实的东西来定位自己，通常说明你是一个浪漫而又温情的人。但这样的表述不能太多，太多就说明你可能是不太愿意做具体的事，往往会表现出不切实际的一面。

如果你写的是“我是一个爱跑步的人”“我是一个爱听音乐的人”，这一类用自己的业余爱好来定位自己的人，通常表明你的业余生活非常丰富，善于从生活中发现乐趣，可能会更加开放、积极、主动。

当然，真正的自我认知绝不是靠简单的“我是……”句式就能完全判定的，自我认知实际上是非常复杂的心理学研究范畴，但是通过这样五个简单的句子，在一定程度上能投射出你对自我的定位、你对生活的重心、你对未来的期待……这个简单的游戏，能在一定程度上折射出你对自己的“自我认知”。

“自我认知”指的是自己对自己的洞察和理解，包括自我观察和自我评价。自我观察是指对自己的感知、思维和意向等方面的觉察；自我评价则是指对自己的想法、期望、行为以及人格特征的判断与评估。

通常地，我们总会认为自己更了解自己。但事实上，我们的自我认知常常受限于我们的欲望、目标、情感、期待……往往是一片混乱的、支离破碎的状态。

认识自我，实事求是地评价自己，是自我调节、人格完善、拥有积极心态的重要前提(见表 2-1)。

表 2-1　客观地认识自我

项　目	真实的自我	理想的自我	别人眼中的我
身高			
体重			
相貌			
性别			
性格			
家庭(构成、经济)			
爱好			
职业(专业)			
学习(成绩)			
理想抱负			

请你仔细填一填表 2-1，填完后，你可能会更清晰地认识自己。好的，不管他(她)是什

么样，都请你好好对待他(她)，因为他(她)就是你自己。

2. 友好地对待自己，悦纳自己

悦纳自己是指一个个体能客观评价自己、接受自己，并在此基础上使自我得到良好的发展。悦纳自己的前提是友好地对待自己。在与自己的相处中，不仅能愉悦地接纳自己人格中的优点、长处，更能平静客观地接受自己的缺点与不足，并在接受不足的基础上，努力改进自己、完善自己。

案例分析 2-2

路遥，中国著名作家，他的一部《平凡的世界》打动了数万读者的心，至今这部名著依然以它独特的魅力影响着亿万青年。但是在 1982 年，路遥却遭受了前所未有的非议。

当年路遥的中篇小说《人生》出版，一时间轰动全国，路遥一下子成了名人。出名本是好事，说明你的文学水平得到了大家的认可，可是烦恼也接踵而至。越来越多的亲朋好友，甚至是不相识的人来找路遥拉关系，求他办事。可是路遥毕竟只是个作家，亲朋好友的这些要求早已超出了他的能力范畴，路遥只好闭门谢客，但是这样做却伤了他人的感情，有些人就埋怨路遥忘恩负义，出名就忘本。

一开始，路遥非常苦恼，对自己也很不满意，每天也没有心情继续创作，这样持续了一段时间。后来路遥冷静下来，仔细地分析这件事，觉得自己并没有做错，因为自己擅长的只是写作而已，至于老乡们求他办的事，即便他有帮忙的心，也没有帮忙的实力，空头许诺不仅不能帮到别人，还会让自己处在更尴尬的境地。想清楚后，路遥不再烦恼，而是托家人给朋友们带话，告诉大家实情，并不是自己不想帮忙，而是他能力不及，虽然空有名气，但那也仅仅是他写作上的名气，却无力解决大家的具体问题，自己唯一能做的就是写好文章，写好真实的文章，在文章中把大家的难题艺术化地呈现出来，回报大家对他的厚爱。就这样，路遥又创作出了一部巨著，那就是《平凡的世界》。

(资料来源：https://baijiahao.baidu.com/s?id=1645097696592267621&wfr=spider&for=pc)

路遥能够及时地看到自己的内心，能够了解并坦然地面对自己的局限，并能够准确地知道自己能做什么，这样路遥才能静下心来，用自己擅长的方式做好事情，回报厚爱自己的人。这就是“悦纳自己”。

看了路遥的经历，同学们明白什么是“悦纳自己”了吗？请把你理解的“悦纳自己”写下来吧。

____

____

每一个人都是一个“独特的我”，不论男性还是女性，都各有各的价值。每个人都是美丽的，我们可能没有美丽的容颜，但我们可以拥有美丽的心灵。我们可能不是天生的乐天派，但积极健康的性格可以通过平时的努力来培养。人的能力是多方面的，我们要学会愉快地接受自己，并通过努力，改进和发展自己。

同学们可以试着这样悦纳自己。

(1) 勇敢地接受自己的缺点、不足或缺陷。每天出门前都给自己一个美丽的笑脸。

(2) 每天想一次自己的优点和长处，并发扬这些优点和长处。

(3) 当取得成功的时候，尽情地体验自己的喜悦，并与他人分享。

(4) 遇到困难努力解决，即便结果没有达到预期，也要对自己说“我做了我能做的”。

3. 真诚地鼓励自己，完善自己

俄国数学家马尔科夫说：“任何一个进步的体系都是开放的，不然就会丧失其发展的可能，也就会丧失其进步性的特点。”

客观地评价自己、接纳自己，友好地对待自己、悦纳自己，绝不是让个体故步自封，面对一切只对自己说，这就是我，我无力改变，我只能做到这样。真正的自我认知，拥有积极心态是建立在接纳自己的基础上，努力调整自己、发展自己，让自己变得更好、更强。

发展自己的有效途径就是开放自己。勇于尝试新事物，乐于学习新知识，敢于接受新观念，与时俱进，努力创新。宁肯在一次次失败中爬起，也不要坐在自己的舒适区放弃。

案例分析 2-3

戴尔·卡耐基是美国著名的演讲家，他被誉为“20 世纪最伟大的心灵导师”和“世界成功学的鼻祖”。然而很多人却不知道，卡耐基和普通人一样，并没有演讲家的天赋，他也备受胆怯的折磨。他在通往演讲家的路上也经历了一连串的打击，但他凭着坚强的意志力，坚持练习，最后获得了成功。

1904 年，卡耐基高中毕业后，在美国密苏里州华伦斯堡州立师范学校就读。那时候，学校里有特殊影响和名望的人，都是棒球队队员，或者是辩论和演讲获胜的人。为了寻找出人头地的捷径，卡耐基选择了参加演讲比赛，因为他知道自己没有运动员的潜力。没料想，他一连参加了 12 次比赛，却接连失利了 12 次。30 年后，卡耐基谈及第一次糟糕的演讲时，还用半开玩笑的口吻说：“是的，虽然我没有找出旧猎枪和与之相类似的致命东西来，但当时我的确想到过自杀……我那时才认识到自己是很差劲的……”

卡耐基并没有选择自杀，而是发愤图强，决心重新挑战自我。1906 年的一个上午，他准备参加第 13 次比赛。赛前，他向一名教授请教如何才能演讲成功。教授只赠给他一句话：猫捉老鼠的时候，它的全部精神都集中在老鼠身上，它可没有多余的精力去注意自己。卡耐基如获至宝，在心中反复咀嚼着教授的这句话。终于，他悟出了一个道理——要“忘我”地去演讲。卡耐基又一次满怀信心地走上演讲台，全身心地投入到了演讲中。当台下响起雷鸣般的掌声时，他才意识到演讲结束了。他以《童年的记忆》为题的演讲，获得了此次比赛的最高奖——勒伯第青年演说家奖。

(资料来源：https://zhidao.baidu.com/question/23229262.html?fr=iks&word=1904%C4%EA%2C%BF%A8%C4%CD%BB%F9%B8%DF%D6%D0%B1%CF%D2%B5&ie=gbk)

卡耐基在成功之前，面对 12 次演讲失败，甚至产生了轻生的念头，但是他用坚强的意志力积极地练习，帮助他重新挑战自我，主动向教授请教，并反复咀嚼教授的话，给了他极强的信心，正是这些开放自我、不断尝试突破自我的努力，才使他获得巨大的成功。

同学们，回想一下你过往的经历，有哪些是你留有遗憾的事情？如果现在让你重新来一次，你打算如何运用“开放自我”的办法发展自己，让自己变得更优秀呢？想一想，然后把它写下来，并读给你信赖的人听，看看你会有什么样的收获。

____

____

(二)积极心态可以获得更多成功的机会

在人生的道路上，快乐总是和磨难相伴，胜利也总是和失败接踵。积极心态可以让人有勇气继续追寻探索，在失败中淬火历练，从挫折中获得新生。拥有积极心态的个体，不论是感情上受挫，还是事业上烦恼，抑或是人际关系上波折，他们都会认为这是为自己的成长进步提供最好的经验，他们会越挫越勇，会凭借内心的勇气与坚韧不断前行，从而发现更多的机会，获得更好的机遇。

拥有积极心态的人，同时也拥有异常活跃的思维和敏锐的洞察力。他们能从生活中一件微不足道的小事中获取成功的信息，他们能在别人抛弃的垃圾中发现有价值的材料，他们能在非常不利的环境中看见希望的曙光。

案例分析 2-4

(一)

1993 年的某段时间，国内各大媒体接连报道了欧洲经济共同体准备启动欧元作为欧洲统一货币的消息，并公布了新版欧元的样板。这件事对于欧洲、对于世界金融界来说是一件了不得的大事，但对于中国寻常百姓来说却是一件小得不能再小的事。可是中国一位温州的小商人，却在这件不起眼的“小事”里，看到了巨大的商机。

这个商人注意到，新版欧元的版式面积比以往大多数欧共体成员国原来的纸币大一些。于是他想到，一旦这种版式的欧元发行，那欧洲人原来的钱包将不再适合。根据这一推断，他马上进行了新式钱包的设计研发，并投入生产。

当新版欧元正式发行时，他生产的钱包已经遍布欧洲的许多国家，而且供不应求，他也因此而赚了不少钱。

(资料来源：http://www.doc88.com/p-1716977071269.html)

其实，在商品经济发达的今天，几乎没有空白的市场，只有市场的空白。只有拥有积极心态的人，才善于发现这种空白，并取得成功。在学习中，积极的心态也是取得好成绩的重要因素。

(二)

有位数学老师因为性格内向，不善言辞，不受学生欢迎，该班学生数学成绩普遍较差，同学们也因此向班主任老师反映数学老师不会讲课，要求调换老师。可班主任老师却发现，班级中有一名同学的数学成绩却非常好，每次考试都能在全年级名列前茅。老师就问该名学生原因，学生回答说：“开始我也觉得是数学老师的问题，但我想既然是老师，肯定有自己的能力。后来我发现数学老师解题速度相当快，并且解法特别灵活易懂。于是我就在上课前先做好预习，然后利用自习课和下课时间向数学老师请教学习解题，特别是学习人家的解题思路。后来在数学老师的指导下，我觉得学数学一点儿也不难，而且非常有趣。”

(资料来源：http://www.doc88.com/p-1716977071269.html)

面对同一位老师，同学们的看法很不一样。大多数学生只看到了这位老师的内向和不善言辞，而那位同学却发现老师的专业能力。因此，面对同一件事或同一个人，如果你用消极的心态对待，你只能看到这件事情不利的方面或者这个人的缺点(而且你还可能将其无限放大)，看不到成功的希望。而如果你用积极的心态对待，你却能发现这件事或这个人的另外一面，而这另外一面，也许能为你取得成功提供最宝贵的机遇。

能力提升

请同学们谈谈下列句子的哲理和积极意义，并尝试在生活中运用。

(1) 努力请从今日始。________

(2) 发光的不全是黄金。________

(3) 天无绝人之路。________

(4) 解铃还须系铃人。________

(5) 人间正道是沧桑。________

(6) 否极泰来，时来运转。________

(7) 塞翁失马，焉知非福。________

(8) 大难不死，必有后福。________

(9) 亡羊补牢，未为迟也。________

(10) 吉人天相，绝处逢生。________

(11) 谋事在人，成事在天。________

(12) 失之东隅，收之桑榆。________

(13) 野火烧不尽，春风吹又生。________

(14) 天有不测风云，人有旦夕祸福。________

(15) 天时不如地利，地利不如人和。________

(16) 同是天涯沦落人，相逢何必曾相识。________

(17) 山重水复疑无路，柳暗花明又一村。________

(18) 沉舟侧畔千帆过，病树前头万木春。________

(19) 莫愁前路无知己，天下谁人不识君。________

(20) 人有悲欢离合，月有阴晴圆缺，此事古难全。________

(21) 由于痛苦而将自己看得太低就是自卑。________

(22) 只有坚强的人才谦虚。________

(23) 真善美是十分相近的品质。________

(24) 纯朴也是一种美。________

(25) 治学有三大原则：广见闻、多阅读、勤实践。________

____

(三)积极心态可以让人达观地面对挫折

任何人的人生都不会一帆风顺，在我们的成长阶段，一定会遭遇各种各样的挫折。挫折确实会给人以打击，甚至带来痛苦与毁灭，但同时它也能让人在痛苦中奋起、成熟，在困顿中锻炼、成长。挫折本身并不可怕，它有其消极的一面，但我们必须看到它同样有积极的一面。如果我们拥有积极的心态，那么在面对挫折时，你一定能在挫折中鼓励自己，让苦难也散发出花朵般的芬芳。

案例分析 2-5

我国著名相声表演艺术家侯宝林先生年轻的时候遇到这样一件有意思的事。侯宝林 29 岁的时候，说相声已经小有名气，于是在 1946 年的春天就和自己的搭档从北京回到天津。大家知道天津卫历来是曲艺界的摇篮，那里的民间艺人个个身怀绝技，所以如果能在天津卫崭露头角，那才是真正的角儿。年轻的侯宝林憋着一口气，每一场演出都卖力气表演，就是想证明自己非等闲之辈。功夫不负有心人，侯宝林和他的搭档郭启儒在天津也渐渐有了名气。

一次，侯宝林和朋友们闲谈，偶然听说和他同样在天津大观园表演的京韵大鼓艺人白云鹏每月的工资(那时候叫“包银”)是 600 元，想想自己和搭档两个人一个月才 240 元，侯宝林的心里就很不舒服、不平衡。所以他就找到老板提出涨工钱的要求，可万万没想到，老板口出恶言说：“你一个说相声的，怎么能和唱京韵大鼓的白云鹏比呢？简直是不自量力！”这让意气风发的侯宝林很窝火。

后来有一次演出，侯宝林的相声被安排在白云鹏的前面表演，侯宝林就想正好拿白云鹏“砸挂”(相声演员之间彼此戏谑取笑的一种手段)。于是在正式演出中侯宝林临时改变了台词，把《闹公堂》作品中的赴公堂的角色安在了白云鹏身上，把作品中遭人调戏的大鼓艺人说成是白云鹏的妻子。由于侯宝林对白云鹏身段、唱腔和台步模仿得惟妙惟肖，使得台下的观众开怀大笑，一时间台下的掌声、笑声、喝彩声此起彼伏。侯宝林心里得意极了，心想：“我就让老板们看看我们说相声的怎就不如唱京韵大鼓的？你不是每月 600 元包银吗？我就看看你怎么接我的‘砸挂’？”

就在所有人都充满期待地等待白云鹏怎么接招时，只见老艺人白云鹏佯装气喘吁吁，一路小跑上台，然后忙不迭地向台下观众鞠躬致歉：“对不起各位啊，对不起，差点误了场啊，我这刚从那边公堂跑回来！”这个幽默的自嘲一下子赢得了台下所有人的掌声和叫好。侯宝林在后台一听，也连连服气，竖起了大拇指。

(资料来源：选自《演讲与口才》2019 年第 6 期)

请同学们分析一下，文中白云鹏为什么能赢得所有人的喝彩？侯宝林为什么能服气？这个小故事对你有怎样的启发？请谈一谈你的看法，大家交流一下。

受挫不可怕，可怕的是受挫时用消极的情绪左右自己，一味地沉浸在痛苦之中。受挫时容易让暴怒、恐慌、悲哀、沮丧、退缩占据自己的头脑，这除了会影响自己的学业和工作，损害自己的身心健康外，没有任何好处。而如果我们拥有积极心态，那就会像文中的白云鹏老先生一样，勇敢自嘲，云淡风轻地化解矛盾，从而赢得观众的喜爱和对手的尊重。

遭遇挫折时不要害怕，用积极的心态告诉自己，困难和挫折本来就是生活中的常态，早来永远比晚来要好，因为你有更多的时间、精力和机会去修正困难和挫折。它们只不过是耳边轻轻吹过的风，充其量是一场沙尘暴，可总有天朗气清的时候；它们只不过是微微泛起的波浪，大不了就是一场惊涛骇浪，可总有风平浪静的时候；它们只不过是前进途中的小沙粒，大不了就是眼前的沟沟坎坎，可总有一马平川的时候。遭遇挫折，给自己一个微笑、给自己一句鼓励，用积极的心态站起来，你会发现天还是蓝的，水还是清的，花还是香的，你还是有更多机会的。

拥有积极心态会让你从容地面对生活的磨难。

(四)积极心态可以让人焕发生命的华彩

2019 年 7 月《哪吒之魔童降世》电影正式上映。从一开始的无人问津，票房普遍不被看好，到历经两次延期，票房一路高歌猛进，甚至直逼 50 亿元。在整个业内都高呼这是当年影坛最大的黑马，观众纷纷路转粉，甚至因没去电影院看《哪吒之魔童降世》而遭遇鄙视时，我们不禁要思考这部国产动画电影究竟有怎样的魅力，让看过的人大呼过瘾的同时，还会主动替制作方摇旗呐喊？

整部影片和以往的传统哪吒形象设定不同，从一开始就设定由于命运的偏离带来哪吒生活秩序的倒错，在世人眼中呈现的就是天降魔童来祸害人间。哪怕小小的哪吒心地善良，哪怕小小的哪吒一次次向世人示好，都不能改变别人对他魔童身份的既定看法。但小哪吒坚信："我命由我不由天！"他用一系列行动证明自己、活出自己，最后终于成就自己！而《哪吒之魔童降世》电影团队本身也在诠释"我命由我不由天"的积极精神。在业界普遍不看好的前提下，他们依然相信自己，勇敢地在媒体前发声，正是这样积极的人生态度，才帮助他们的团队走向更高的平台。

新东方创始人俞敏洪说过，人活着可以有两种方式，一种是像草一样活着：尽管你活着，但由于你的自卑，你只能匍匐在地，人们的脚步轻易踩过你，人们不会因为你的痛苦而产生触动，从而怜悯你，因为人们本身就没有看到卑微的你。你为何不充分吸收阳光雨露，像树一样自信地成长：即使你现在什么都不是，但是只要你有树的种子、树的心态、树的信心，即使被踩在泥土中，你依然能够吸收大地的养分，自己成长起来。当你长成参天大树以后，在遥远的地方，人们就能看到你。你给世界一抹绿色、一片阴凉，你用坚强庇佑别人。即使人们离开你以后，回头一看，你依然是地平线上一道美丽的风景线。树，活着是自信之躯，死后依然是栋梁之材。

我们这些新时代的职校学生们，拥有比以往任何社会都更加包容、开放的平台，我们在某一方面可能确实不如他人那么光彩照人，但我们身上一定有自己独特的华彩，像小哪吒一样，"我命由我不由天"，只要你一直以积极的心态主宰自己，你就一定能活成一棵树，就一定能成为某一领域的栋梁之材。

案例分析 2-6

中职生逆袭，技能大师赵兵有"绝招儿"

从车工到钳工，从工厂到学校，从北方到南方，正值不惑盛年的赵兵求精求变，一次次地慢工细活、执着技艺，终成大国工匠。

赵兵，车工高级技师，享受湖南省政府特殊津贴人才，湖南省技能大师，全国技术能手，2014 年从家乡辽宁来到长沙县职业中专学校从事车工技术教学指导工作。他告诉记者，如果说高等教育是教人思维方法，那么职业教育就是教人动手能力，这种"能力"既可以纵向发展，精研精修，登峰造极；也可以横向发展，触类旁通，更好地适应这个不断发展的新时代。

“我也是中职毕业的。”这句话赵兵几乎对他的每一个学生都说过。学生沈博鑫告诉记者，第一次知道赵老师也是中职毕业时，看着比自己身高超出近 20 厘米的老师，瞬间都觉得更亲近了。

赵兵是典型的东北高个头。1994 年，他从辽阳市技工学校毕业，进入辽宁减震器厂工作。那时，赵兵刚满 20 岁，有一股不服输的劲儿，遇到生产中的问题，总是想着怎么解决，坚持向师傅请教，千方百计向书本学，再一道道工序上车实践。用他的话来说就是，只要一头“扎”进车间，十头牛也没法拉出来。

“不论是加工产品还是攻克难题，能做到 100 分绝对不应该止步于 99 分。”他告诉记者，“一方面是车床加工时对于精度要求非常高，在加工过程中稍有不慎，就会造成报废；另一方面，就像解题高手解难题一样，当解出‘正确答案’，一分也不用扣，完美加工出高难度工件时，那种喜悦也是难以言表的。”

一个叫“五玲珑”的工艺作品，就曾带给赵兵极大的成就感，那是他十多年前车削加工的。赵兵说当年他把“五玲珑”的照片发到百度车工贴吧的时候，他们一开始不相信，说这不可能是整体切割的，研究了很久也没弄明白是怎么回事。

作为职业院校技能大赛种子选手接受培养的沈博鑫告诉记者，他曾幸运地被选为制作“五玲珑”的唯一学生。可现在让他单独做应该还是做不出来，所需技艺要求太高了，老师当时主要还是训练和考察自己的专注力与领悟力。

记者当天采访的学生中，伍昆达最不爱说话，安静也让他那清秀的脸庞笼罩着一丝忧郁。同学们戏说他是因为初中学习太偏科英语，导致没能考上自己理想的高中，所以很难开心起来。

赵兵深深地理解孩子们的这种心理状态。他说自己也经历过这种人生低谷或者说职场危机，在他参加工作 8 年后，因为改革阵痛，被迫从那家曾以为会工作一辈子的国有企业下岗了。

“下岗，这对我来说，当时真像遭遇了一记闷棍，满脑子变得糨糊一般。”赵兵说因为东北属于我国的重工业基地，在国有企业改革等社会发展大潮的冲击下，他当时因为没有找到合适的工作，甚至还去卖过一段时间的小菜，就在这样的情况下，他一直积极等待机会，后来终于找到了一家专业对口的私营企业栖身。

没有了国有企业体制的庇护，赵兵开始真正思考如何保持自己的竞争力，如何更好地迎战将来可能的其他职业风险。

他继续探索普通车床加工技术，曾因仔细研究各种白钢工件的方法，为企业攻克了“直径 500 毫米高精度白钢密封钢环的装夹与加工”的技术难题，创造了数十万元利润。他还利用业余时间，主动去自费学习数控车床加工技术，他说艺多不压身，何况这种技术能够明显提高生产效率，今后应该是重要的发展方向。并且，他开始重视和其他人“同台竞技”，积极参加相关的职业技能大赛，第一次获奖是在 2004 年参加由辽阳市劳动社会保障局和市总工会举办的技能大赛，他荣获了“车工状元”称号，被授予辽阳市五一劳动奖章。

人生渐入佳境的赵兵，后来作为车加工技术专家被聘请到辽阳技师学院，从事车加工技术高技能型人才培养指导工作；再后来，他北雁南飞，作为长沙县引进的服务园区经济的技术人才，在三湘大地重人才、重技能的良好氛围中腾飞。

最后，赵兵说："对于中职学校的孩子来说，尤其需要注意帮助他们树立目标，并让他们看到希望。"

(资料来源：https://www.sohu.com/a/354523007_157236)

是啊，人只有有目标、有希望，才会有与之匹配的行动啊。赵兵的职业生涯并非一帆风顺，但正是由于他有明确的目标，对自己的人生充满希望，他才能处处鼓励自己，让自己绝处逢生。这种遇事一直用积极心态对待的智慧才让赵兵不断突破自己，最后破茧重生，焕发生命的华彩！

(1) 请同学们课下看一看《哪吒之魔童降世》电影，然后结合你的实际情况谈谈感受。思考一下，在哪吒成长的过程中有哪些积极因素呢？这些积极因素又对哪吒有怎样的影响？

____

____

____

____

(2) 赵兵也是从普通的中等职业学校走出的毕业生，他的事业也在一直不断地遭遇挫折，你是否也有和赵兵相同的经历呢？读完赵兵的故事，你又获得了什么样的启发呢？现在来说说你的职业理想，以及为实现你的职业理想，在心态上你打算做什么样的准备呢？

____

____

____

____

三、建立积极心态

(一)积极心态有哪些指标

我们从哪几个方面判断自己是否拥有积极心态呢？主要是从个体对待外部世界变化的反应上、语言上和行为上来判断当事人是否拥有积极心态。

1. 对待外界的变化，反应上

不管外界发生什么样的变化，个体均能调动积极情绪，应对纷繁世界，主要表现在以下几方面。

(1) 能积极面对。能够看到事物积极的一面，面对困难有勇气积极应对，在挫折面前永不言败。

(2) 能达观看待。能一分为二地看待自己和周围的一切，心胸开阔，见解通达。

(3) 充满自信心。有明确的目标，勇于尝试和提升自己，有战胜困难的勇气和信心。

(4) 开放的心态。勇于突破和超越自我，有理想、有抱负，积极接纳新事物、新知识，善于学习与倾听。

(5) 富于感恩的心。常心怀感激，感恩我们赖以生存的一切，包括给予我们生命、给予我们帮助的人，以及周围的环境、我们遭遇的困难和坎坷等。

(6) 拥有同理心。能换位思考，将心比心，设身处地为他人着想，宽容他人，理解他人，不抱怨，不埋怨。

(7) 乐于付出。乐于助人，有奉献精神。乐于为集体服务，有团队精神，工作投入。

(8) 充满喜悦。乐于接受正见、正精神和正思维，微笑面对生活的方方面面，热爱生活，善于发现乐趣，分享成功。

(9) 怀有真诚。真诚、守信、善良，有爱心、有同情心。

(10) 学会空杯。经常给自己“清零”，以空杯的心态，放低自己，虚心学习，善于吸收和接纳不同的观点和信息。

2. 对待外界的变化，语言上

(1) 说话热情、友善，不妄自菲薄、不夸大自满，保持正思想和正能量。

(2) 说话大度，不刻薄，不尖酸。说话时能体谅别人的缺点和错误，善待他人，不急躁、不苛刻，态度温和。

(3) 愿意用赞美的语言和人交谈。善于发现他人的优点和长处，愿意肯定、欣赏、鼓励和赞美他人。

(4) 不抱怨。不说埋怨、抱怨、消极的话和泄气的话。不嫉妒，能见贤思齐。

3. 对待外界的变化，行为上

(1) 愿意主动做事。做事时总是积极、主动，行动力强。

(2) 愿意热情做事。对自己的学习、生活，对身边的朋友，对未来的工作，具有强烈的热情和浓厚的兴趣。

(3) 愿意尊重伙伴。体谅他人、尊重他人，对人有礼貌，谦虚谨慎，不自我膨胀。

(4) 懂得谦让。在实际生活中遵守秩序，礼貌谦让。

(5) 善于倾听。能耐心、虚心、专心地站在对方的角度倾听对方的心声，通过移情换位来理解别人。

请同学们如实地填写表 2-2，看看自己的心态如何。

表 2-2 积极心态自我评价

项 目	内 容	表 现		
		能 做 到	基 本 能	做 不 到
心态	积极			
	达观			
	自信			
	开放			
	感恩			
	同理心			
	付出			

续表

项　目	内　容	表　现		
		能 做 到	基 本 能	做 不 到
心态	喜悦			
	真诚			
	空杯			
语言	乐观			
	宽容			
	赞美			
	不抱怨			
行为	主动			
	热情			
	尊重			
	谦让			
	倾听			

课堂练习 2-3

(一)

有一个年轻人，早晨起晚了，他匆匆忙忙洗漱。

洗漱完毕，一手拎包、一手拿衣服，飞快地下楼，哪想太着急，把重要文件落在家里了。

他心想：今天真别扭，一定不顺利，于是又没好气地跑回家取文件。

当他来到公交站，刚好看到一辆公共汽车进站了，他赶紧跑了过去，但还是晚了一步，车开走了。他狠狠地咒骂："着急投胎啊！看见人还开车，太欺负人了！"他越想越生气，就想转身回家不上班了。

就在这时，又来了一辆车，而且上车还有座位，可是他一点儿也没有感到开心。

就在他快要下车的时候，司机踩了一脚刹车，同样要下车的一位女士没扶住，踩了他一脚。他更加觉得自己倒霉，狠狠地瞪了那位女士一眼，毫不留情地大声斥责她，尽管那位女士已经在不停地道歉。

他带着一肚子的怨气到了单位，见谁都烦，一天下来什么事都干不下去，结果临下班又让主管训斥了一顿……

思考一：这个故事中小伙子为什么这么"倒霉"，你觉得他"倒霉"的根源在哪里？

____

____

思考二："今天真别扭，一定不顺利，于是又没好气地跑回家取文件。"小伙子的心态特点是什么？这种心态的弊端是什么？如果是你遇到这样的事你打算怎么办？

____

____

（二）

美国总统罗斯福，一次家中失窃，被偷去很多东西，他的一位朋友得知后，马上写信安慰他。罗斯福给朋友回信说：“谢谢您来信安慰我，我现在很平静，感谢上帝，因为第一，贼偷去的是我的东西，而没有伤害我的性命；第二，贼偷去我部分东西，而不是全部；第三，最值得庆幸的是，做贼的是他，而不是我。”

思考题：罗斯福的遭遇你觉得怎么样？他处理事情的态度你欣赏吗？你能概括一下你在罗斯福身上发现的优秀品质吗？请你写一写、说一说。

____

____

____

(二)如何打造积极心态

打造积极心态需要改变人格模式。人类的人格模式由思想、心态、行为构成，它们彼此作用，互相促进。有什么样的思想内核，就有什么样的心态，有什么样的心态，就会对应什么样的行为；反之，行为又反作用于心态，心态又进一步加强思想。我们在具体培养、打造积极心态时，从最容易发生改变的“行为”模式入手。

1. 改变行为模式，养成良好的生活习惯

习惯是意识选择的结果，你选择了做某件事，并不断地重复，你的潜意识就能认为你想做那件事，就让它变成你的习惯。行为心理学研究表明，21 天以上的重复就会形成习惯。

有效训练一：练习微笑。每天早起，微笑地面对自己。微笑地对待你的同学、老师、生活中发生交集的人。

有效训练二：保持整洁、干净。每天检查自己的牙齿、头发、指甲、衣服是否干净整洁。打扫自己的房间、所处的空间，保持环境卫生。

有效训练三：第一时间完成作业和父母师长交代的事，并及时告知结果。

有效训练四：养一种植物或养一只小动物，每天打理它们。

有效训练五：主动发言，开会时尽量坐在前面，主动和同学、老师攀谈。

2. 改变心态模式，与人和谐相处

有效训练一：与朋友交谈时尽量不用“我”开头，多说“我们”“咱们”。

有效训练二：尝试和别人合作，分享彼此的经验和快乐。

有效训练三：做事前既想它的好处，同样也想它的坏处，并问自己：“坏处发生，我能否接受？”

3. 改变语言模式，树立正向思维

有效训练一：多积累赞美的词汇，积累得越多越好，每天说一句赞美的话，看看对方的反应，并记录下来。

有效训练二：经常说谢谢，用不同的方式表达谢意。

有效训练三：记住对方的名字，在平时交流时叫出对方名字，而不是“哎”“那个”。

此外，同学们还要树立清晰的目标，认真地问自己，在这三年的中职生活中，我的目标是什么(见表 2-3)？学业上我想达到什么程度？交友上我有什么想法？想交哪一类的朋友？未来职业我有什么设想？我能做什么样的努力？从现在开始，我要有什么改变？从哪里开始？

表 2-3　我的目标

项　目	学期目标	学年目标
我的专业课学习目标		
我的文化课学习目标		
我和父母的关系目标		
我和朋友的关系目标		
我的参与班级活动目标		
我的社会实践目标		

请同学们从现在开始，根据表 2-4 的内容，每天打卡，21 天后，彼此交流，看看我们都有什么收获。

表 2-4　21 天积极行为养成计划打卡表

天数和日期	1	2	3	4	5	6	7	8	9	10	11	12	13	14	15	16	17	18	19	20	21
微笑																					
整洁																					
第一时间完成作业																					
主动发言																					

此项完成后，同学们在继续打卡的基础上，也可自己设定心态、语言积极模式进行打卡。长期坚持，你会发现你的生活越来越有乐趣，你也会越来越受大家的欢迎。

能力提升

请同学们以小组为单位，选择一个平整的桌面，群策群力搭建纸牌(见图 2-1)。要求纸牌数量以一副纸牌为准，搭建最高者胜出，分别记录 1、2、3 等名次，名次第一集体加最高分，其他组分数依次递减(小组完成纸牌搭建后拍照上传班级群，或发给任课教师)。

活动过程及感悟记录：

____

____

____

____

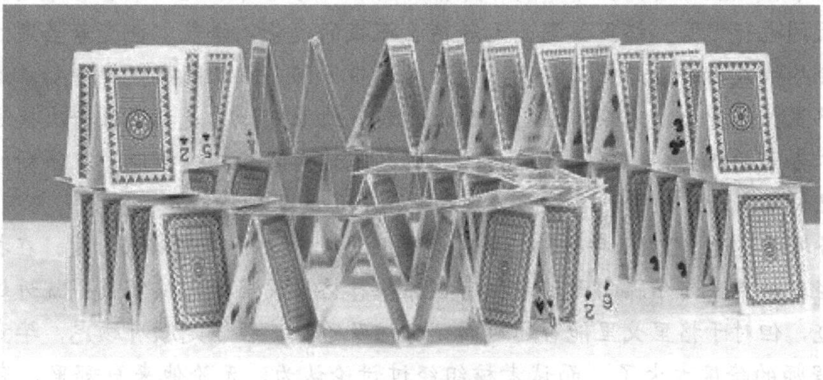

图 2-1　合作搭建纸牌

知 识 总 结

(1) 积极心态是一种主动的生活态度，对任何事都有足够的控制能力，反映了一个人的胸襟、魄力。积极的心态会感染人，给人以力量。

(2) 拥有积极心态能让我们客观地认识自己，正向地面对生活，友好地与人相处，乐观地对待磨难，自信地展示风采，是构建幸福人生的基础，是提升表达沟通能力的前提。

(3) 拥有积极心态表现在个体对外界变化的反应上、语言上、行为上。

(4) 积极心态是可以打造的，先从改变行为模式开始，养成良好的生活习惯；然后改变自己的心态，转变自己的语言习惯，积极心态指日可待。

拓 展 阅 读

华为司机如何炼成工程师

中原剑客

2015 年 5 月，在乌克兰开出租车的小伙子格里戈里正式加入华为，成为华为乌克兰哈尔科夫区域的一名司机。格里戈里在选择华为时说：“招聘的岗位是司机，但这么大的公司，一定还有别的机会等着我，先进去再说！”

司机每天的工作是接送华为的工程师到各个站点进行巡检，只需按时完成往返接送就算履行职责了。而格里戈里却不一样。到了站点，他总是跟在华为工程师身后，一会儿帮忙拿计算机，一会儿帮忙拎设备，手里总是拿着一个小本子一支笔，不停地问这问那，并在本子上写写画画。每过两三个礼拜，站点工程师们就发现格里戈里的本子换成了新的。因为他热情好学，大家都愿意耐心地为他讲解。也由于他的勤快，他很快成为项目组最受欢迎的司机。

在一次送区域经理托申·阿尔滕加班的途中，格里戈里主动问起怎么成为一名站点工程师。托申·阿尔滕当时急需处理手上的工作，便答复格里戈里说加班结束后再找时间和他交流。深夜两点，托申·阿尔滕准备就在办公室打地铺睡觉，没想到突然接到格里戈里的电话，原来他一直等着。托申·阿尔滕很惊讶：“你为什么这么辛苦地等到现在呢？这些问题改天问也行吧？”格里戈里毫无等待至深夜的疲惫，语气中也透着坚定：“我想抓紧一切机会尽快成为一名站点工程师。”后来托申·阿尔滕从同事口中得知，这种情况经常发生在格里戈里身上。他除了在司机岗位上兢兢业业外，总是利用每一次接送项目管理人员和技术专家的机会，积极了解站点工程师的工作内容和相关技能。在不断的沟通和学习中，格里戈里渐渐掌握了一名站点工程师所需具备的基础技能。

因业务增长迅速，2016 年年初华为乌克兰代表处加大了年度招聘力度。在招聘的过程中，区域经理托申·阿尔滕向面试考核官极力推荐格里戈里，考核官虽早就听过格里戈里的一些事迹，但对于格里戈里能否通过面试考核及审批流程还是颇有顾虑，毕竟从司机转为站点工程师的跨度太大了。面试考核组经过讨论认为，无论他来自哪里，有过何种经历，只要他能胜任站点工程师的工作，就可以不拘一格地选拔录用。大家一致同意格里戈里参加面试，但需要对他进行更加严格的考核把关。招聘组先委托项目核心团队成员对格里戈里进行了业务考核，令大家感到意外的是，格里戈里对站点流程、设备安装、物货管理等项目事宜的熟悉程度，甚至超过了部分在这个岗位上工作了两年的员工。

最终，格里戈里顺利地通过了公司的技术和综合面试，拿到了 Offer。大家向他表示祝贺，那些经常被他询问技术问题的同事也替他高兴：“这是他应得的！”格里戈里难掩激动地说：“当我第一次跟着工程师们上站点的时候，我清楚地意识到，这就是我的梦想。能够实现这个梦想，是我勤奋好学的回报，也是项目组那么多愿意帮助我的人给予我的宝贵机会。他们每天都在平凡的岗位上用实际行动告诉我怎样成为一名站点工程师，我很感谢他们，也感谢公司。我觉得华为是一家领先的公司，为培养自己的员工，提供很多的可能性。”

如今，格里戈里已经在站点工程师的岗位上快乐地工作着，勤快、好学、好问、不怕吃苦、特别有韧性的习惯和品格依然没有变，他说他的下一个目标是成为这个领域的佼佼者。有梦想，敢拼搏，永不停止努力，就一切皆有可能。格里戈里的故事激励着职场中每一个心怀梦想的人。

——选自《演讲与口才》2019 年 01 期

王凯：成为独一无二的自己

石保青

"每天的生活就是不停地拍戏，人就麻木了。麻木了就会缺少一些激情，就会觉得每天在机械性地干同样一件工作没有快乐。当你工作觉得没有快乐的时候其实是一件挺可怕的事情。所以我现在选戏比较慎重，不想太走量，而想保质，多选适合我的、我喜欢的，我想一年就拍一部电视剧我也愿意，但是一定是很上乘的作品。"凭借《大江大河》这部改革开放 40 周年献礼大剧再次圈粉无数的青年演员王凯如是说。大红后的王凯，最难得的是他的清醒和觉悟之语，让人深受启迪。

"赢得导演信任只有一招'演到他们满意为止'"

《开讲啦》节目中，有青年代表问王凯："你征服导演和制片人的秘诀是什么？"王凯说："导演是一个认可你就认可你，不认可你怎么着都不认可你的人。所以在工作上，我最怕别人因为我的戏不好而瞧不起我，我觉得这是最没面子的事儿，在剧组最无地自容、最抬不起头的事儿。征服导演最好的方式、赢得导演团队信任的秘诀只有一招，就是好好做人，好好演戏，演到他们满意为止。演员是个很被动的职业，我一直在努力、在很拼命地做这件事。回想这些年的时光，我最怀念的还是意识到自己在进步的时刻。以前拍打戏，我总记不得招数和套路，但到了拍《如果蜗牛有爱情》时，打戏竟然两三条就能过了，以前短板的地方突然成长了，这种成就感让我很怀念。"

王凯居安思危悟成功，他有着"戏不好"会导致"三最"的深度忧患，所以能生出"以导演满意为最高标准"的觉悟之语和成功之道。忧患方能悟生死，有忧患才能知奋起，有忧患方能见担当。所以要常有忧患意识，忧患在心，忧患悟觉，提醒和激励自己不断进取，迎接挑战，成就他人，成就自己。

"视而不见、听而不闻，也是境界！"

有记者问："都说人红是非多，你是如何对待是非的？"王凯说："走红之后，各种声音会很多，好的不好的全部搅和在一起，就像一个旋涡。其实每个人成名都会有来自社会各个方面的压力和烦恼，汪涵有一句话说得特别对，你受了这么多人莫名其妙的爱戴，那你就得承受一些人莫名其妙的诋毁。所以我想明白了一个道理，你不可能让所有的人都喜欢，总会有人不喜欢你，那你能做的就是把这些评论都抛开，不要去听，专心做好手头的事情，不要因为这些东西打乱你的脚步。不听不管也不争辩，让他们去说吧，我该干吗干吗。如果我真的听进去了、看进去了、特别生气了，就真的中招了，何必呢？还不如过好自己的日子。但是在专业上，我很乐意听别人给我提意见，这是我最在意的。对我有帮助的我都愿意听，其他的东西我一般选择视而不见、听而不闻，这是功夫，也是境界！"

王凯明晓利害悟取舍，他深谙走红之后的生活就像处于江河旋涡中，只有远离旋涡的人，才会最先登上彼岸。世间不管什么事情，是非会很多，关键看你选择要什么，能不能超然事外，对于不相干的事情，最好不去管，不去听，更不要去想，让自己专注于自己的事情之中，可能很多压力和烦恼就不会有。希望我们都能做到视而不见、听而不闻的最佳境界。

"没有一个人会变成第二个谁谁谁"

一个电影学院的学生问："你最喜欢的演员是谁？"王凯说："我最喜欢的演员是陈

道明，但我所想的并不仅仅是成为谁，没有一个人会变成第二个谁谁谁，我的终极目标是做最好的自己。作为今天我们坐在这儿，聊到比较欣赏的演员是谁，会说陈道明、陈宝国这些艺术家。我也想有一天，大家会说，我想成为王凯那样的人。演员对于我来说，不是做一天和尚撞一天钟，是我想为之奋斗的事业。三十年河东，三十年河西。虽然我现在不优秀，但我可以让自己变得优秀，荀子曾说：'骐骥一跃，不能十步；驽马十驾，功在不舍。'我有耐心，我可以等、可以磨，我需要在时间的历练中成为更好的自己。所以我一直信奉一点：男演员就像陈酒，一定是越熬越香。"

出道 10 年的王凯始终按着自己的节奏在一步步走，冷暖自知，淡定自如，表现出他对未来演艺事业的清醒认知和目标，以及对"演员"这个身份的珍爱和尊重。其实，不管干什么，坚持做一股清流，让自己做到最好，成为一个独一无二、与众不同的自己，就够了。

从《琅琊榜》《欢乐颂》到现在的《大江大河》，王凯演什么像什么，都让观众印象深刻，而他在成名后不为浮名遮望眼，并且有大彻大悟、妙语隽永的自我觉悟之语，必定会让他走得更远更好，也必将激励和鼓舞更多的人。

——选自《演讲与口才》2019 年 05 期

积极心态的作用

富兰克林·罗斯福是美国第 32 任总统，也是第一个任期最长(10 年)、最得人心的总统。在"二战"期间，他是一位世界级的统帅。然而就是这样一个人，在童年时代却是一个非常脆弱胆小的男孩。他的脸上总显露着一种惊惧的表情。他的呼吸就像喘气一样，如果被老师喊起来背诵，他立即会双腿发抖，嘴唇颤动不已，回答得含糊且不连贯，然后颓废地坐下来。如果他有好看的面孔，也许会好一点，但他却是龅牙。一般来说，像他这样的小孩，自我感觉一定很敏锐，回避任何活动，不喜欢交朋友，成为一个只知自怜的人。

但罗斯福却不是这样，他从来没有落入自怜的罗网里。他虽然有些缺陷，但他却始终保持着积极的心态，有一种积极、奋发、乐观、进取的精神。他从不把自己当作一个有缺陷的人看待，而是要使自己成为一个真正的正常人。他看见别的强壮的孩子玩游戏、游泳、骑马，做各种极难的体育运动时，他也强迫自己去参加打猎、骑马或进行其他一些激烈的活动，将自己锤炼成极能吃苦耐劳的典范。他用钢铁般的意志面对一切困难，用探险家的精神面对种种可怕的境遇。当他和别人在一起时，他觉得自己喜欢他们，而不是害怕他们。由于他对别人产生了浓厚的兴趣，从而使自卑感无从产生。他觉得当他用"快乐"这两个字去接待别人时，就不会再惧怕别人了。

在他未进大学之前，由于自己不断地努力，有系统地运动和生活，已经将身体锻炼得特别健壮了。他利用假期在亚利桑那追赶牛群，在落基山猎熊，在非洲打狮子，使自己变得更加强壮有力。罗斯福就是凭着这样一种积极的、永不向命运低头的心态，在先天素质较差、成长环境恶劣的环境中产生持久奋斗的勇气，并最终问鼎白宫，走向总统的宝座，也就是凭着这种心态，他领导世界反法西斯同盟，赢得"二战"的胜利。同样是凭着这种心态，引领美国渡过了一个又一个难关，成为世界强国。

(资料来源：https://wenku.baidu.com/view/b5cc1a0bbb68a98271fefa37.html)

第二节 有效倾听，接纳他人

人们在社会交往活动中，时时刻刻都在与别人沟通，沟通的重要性已经为世人所接受。但是，沟通中除了谈话的技巧及肢体语言外，还有一项特别重要的内容，那就是倾听。倾听是我们接触、了解社会最基本的手段，也是我们人类沟通感情的重要法则。学会倾听、体会倾听带给我们心与心的沟通魅力，才能更有效地走入他人的内心，了解他人的需求，从行为和心理上真正接纳他人，最后建立融洽的人际关系。学会有效倾听是达成这一目标的必要条件。

学习目标

(1) 认识倾听在表达沟通中的重要作用，从行为上接纳他人。

(2) 掌握有效倾听的准则和技巧，营建和谐人际关系。

(3) 掌握同理心倾听，从心理上接纳他人。

(4) 培养良好的倾听习惯，提升与人沟通的能力。

游戏引导

(1) 教师事先准备一段30～40字的语段文字材料。

(2) 以组为单位发布准备好的语段材料。

(3) 请各组为自己的组员写上编号，如1号到7号。然后请1号到老师处，老师把语段材料读给1号同学们听。

(4) 由1号同学根据自己听到的内容告知给自己组内的2号同学，依次类推。

(5) 最后由各组最后一名同学写下他听到的话，交给老师，老师公布原材料。

游戏感悟

(1) 为什么各组最后一名同学的复述内容都不一致？你觉得原因是什么？

____

____

(2) 为什么最后一名同学复述的内容和原材料不一致？这里有哪些原因？你认为最重要的原因是什么？

____

____

(3) 如果让你重新开始游戏，你打算怎么做，才能保证传话准确无误？你的这个办法是否适用所有的场合？如果不适用，你还有什么办法？

____

____

在表达与沟通的实际交际中，“表达”是反馈和输出信息，而“倾听”不仅是我们接收信息的主要渠道，也是反馈和输出信息——“表达”的必要前提。一方的“表达”是为了对方的“倾听”，一方的“倾听”又促成了对方的“表达”。在“表达”和“倾听”之间，谁对维持沟通对话具有更重要的意义呢？从某种意义上说是“倾听”。可以说“有效倾听”是一种修养，是一门艺术，也是一门学问，因此中国有俗话说：“三分说，七分听。”西方有谚语说：“上帝给我们两只耳朵，一张嘴，就是为了让我们多听少说。”善言的人，能赢得听众，善听的人，才会赢得朋友(见图 2-2)。

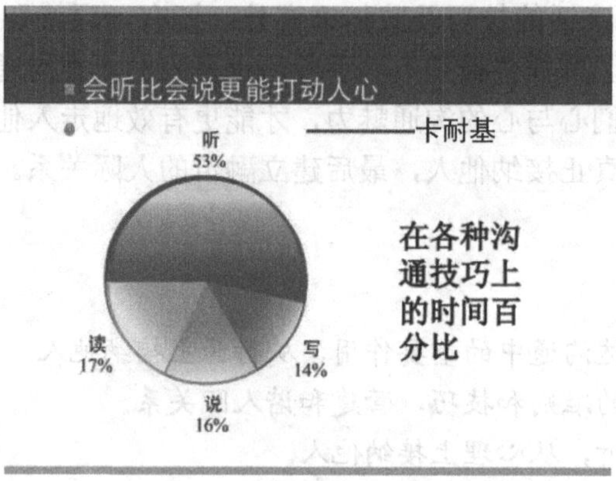

图 2-2 用在各种沟通技巧上的时间百分比

一、倾听的定义及作用

(一)什么是倾听

国际倾听协会对倾听下了这样的定义：倾听指的是接收口头及非语言信息、确定其含义的对此作出反应的过程，其中包括文字交流等。我们通常理解的倾听是指借助听觉器官接收语言信息，进而通过思维活动达到认知、判断、理解的全过程。倾听不是单向行为，是听者和说者彼此作用，传递信息，化解矛盾，表达情感的互动过程。

真正的沟通行为中，言语信息发出者(说者)实际上像是一座巨大的冰山，其传递出的语言信息仅仅是其沟通的表面，藏在水下的认知才是决定沟通顺畅与否的关键(见图 2-3)。

图 2-3 冰山理论

这些隐藏在水面下的信息有感受方面的，如喜悦、兴奋、着迷、忧伤、愤怒、恐惧等；有认知方面的，如观点的预设立场、主观立场；有心理需求方面的，如对自己的期待、对他人的期待、渴望被爱、被认可、被接纳等。所有这些隐藏的需求都会在言语信息发出者的语言行为、肢体行为上有所表现。因此，在沟通中，真正的倾听一定是主动地倾听，是所有感觉器官及大脑全程参与的过程。

但是很遗憾，根据国际倾听协会调查数据显示，高达 70%的人都是不及格的倾听者。倾听能力是我们绝大多数人忽略的能力，亟待开发。

案例分析 2-7

他听明白对方的话了吗？

A：我恨死我姐了！

B：你怎么能这样呢？怎么能恨死自己的姐姐呢？即便有不满意，也不能用“恨死”这样的词吧？这是不是有点太过分啊？

A：你不知道发生了什么，我怎么就不能说“恨死”呢？我就想说“我恨死我姐了”，有什么不行吗？我有表达愤怒的权利！

B：你是有权利表达愤怒，但这样的表达是不对的，不管怎样那都是你姐，我们对待亲人不应该这样。再说了，你姐对你多好啊，我都看到过好多次，你这样说真是太没有良心了。

A：你愿意咋说就咋说吧，不过你可真是够烦人的，行了，我不和你说了，拜拜！

B：你这人咋这样啊，明明是为你好，你还不领情，不说就不说，你才烦人呢！

同学们，看看这个场景熟悉不？A 和 B 的对话最后为什么不欢而散呢？问题到底出现在哪儿？B 一直在听 A 说，但他真的听见 A 说什么了吗？请谈谈你的看法。

____

____

____

____

(二)倾听的作用

倾听是沟通的基础，只有听得明白、听得准确，听出说话者语言行为背后的含义，才能顺利沟通。

美国《财富》杂志对 500 强公司进行关于倾听的调查，发现 500 强的企业中有 65%都在公司设有关于训练提升员工倾听能力的培训课程，但遗憾的是这些课程好像并没有发挥足够的作用。

日本经营之神松下幸之助在一次接受哈佛大学教授的访问中被要求“用一句话概括经营诀窍”，他回答：“首先要耐心倾听他人的意见。”

那么，倾听究竟有怎样的魔力？倾听在整个沟通行为中又有什么重要的作用呢？

1. 倾听是信息的重要来源

毫无疑问，在一切的社交活动和商务活动中，我们获取信息的最普遍方式就是听别人说了什么，倾听是我们获取信息的重要途径之一。俗话说“说者无意，听者有心”，我们往往是在与别人的交谈中听到了重要的信息，这些信息可能会对你的人生产生重要影响，对世界的改变产生重要影响。

案例分析 2-8

持续 4 年之久的第一次世界大战是人类历史上一次空前的浩劫，先后有 30 多个国家和地区 15 亿人口卷入，860 万军人和 650 万平民死亡，欧洲的大部分文明成果和整整一代人类精英损失殆尽。在此次战争中，交战双方都使用了大量的新式武器和装备，其中很多被实践证明是极有价值的，军用头盔正是其中之一，它曾从死神手中拯救出无数生命，并从此成为现代单兵装具不可或缺的一个重要组成部分。

“一战”是完全不同于以往的一次全新形式的战争。首先是火炮的广泛运用，使炮兵成为战场上的火力主宰，任何军事行动都会伴随着长时间的炮火攻击，老式榴霰弹正被装有高能炸药和新式引信的现代化炮弹取代，后者的破片分布更加均匀，杀伤距离更远，杀伤力更强。各种口径的加农炮、野炮、臼炮、掷雷器，加上手榴弹、枪榴弹在步兵中的普及，使得战场上随时都充斥着啸叫着四处飞溅的炮弹碎片，弹片伤迅速取代枪伤成为造成士兵伤亡的头号元凶，凡尔登战役中德法双方伤亡的 72 万人中，因弹片造成的伤亡达到了 65%以上。其次，由于双方都没有足够的实力和合适的攻击性武器(坦克、飞机直到战争后期才出现或实用化)取得战场上的压倒性优势，战场上出现了局部对峙的胶着状态，双方各自占据战线一侧，凭借大量堑壕、工事对垒。对于防守方来说，虽然士兵的身体有工事掩蔽，但人体最重要的头部却暴露在外，很容易受到敌方火力的伤害，即使是远处射来的流弹和弹片也会导致严重的后果，特别是专门杀伤有生力量的空爆弹和榴霰弹，弹片几乎是垂直落下，对于战壕中的士兵来说是最致命的。这些原因都促成了钢盔这种防护装备迅速出现。

法国路易斯·亚德里安将军，根据战争的需求提出制作头盔的想法，法国工程师根据这位将军的指示，设计出了军用钢盔，并命名为“亚德里安头盔”。第二年，每一个法国士兵的头上都戴上了这种钢盔。

(资料来源：https://baike.baidu.com/item/%E4%BA%9A%E5%BE%B7%E9%87%8C%E5%AE%89%E7%9B%94/20450473?fr=aladdin)

那么亚德里安发明头盔的灵感究竟是怎么来的呢？据说第一次世界大战期间，法国将军亚德里安去医院看望伤兵，一个伤兵向他讲述了自己负伤的经过：德军炮击时，我正在厨房值日，炮弹打过来，弹片横飞。我下意识地把炒菜的铁锅扣在了头上，保护住了脑袋，这才让我侥幸逃过一劫。

亚德里安听后陷入了深深的思考中，他想：“如果每一名士兵都能有一顶扣在头上的铁帽子，是不是就可以有效地减少士兵伤亡了？”于是，亚德里安马上指定一个小组进行研究，从而制成了世界上第一代钢盔，并命名为“亚德里安头盔”，并在当年就投入使用，装备了部队。此后，钢盔就成为战争中的必要装备，被世界各国军队采用。

请同学们回忆一下，在你的生活中有没有因为你听到了什么，从而对你的生活产生重大影响的事例？请你谈一谈。

现代心理学的学习理论研究表明，听觉的瞬时记忆时间较短。心理学家布罗本特认为，短时间记忆的信息来自听觉通道。记忆中的信息经过加工进入长时记忆系统。在实践当中，我们对于其他公司、其他部门、其他人的有关信息的掌握，对于他人经验、观点的学习无一不是主要通过倾听来完成的，因此倾听是每一个职场人必备的生存技能，也可以说，一个随时都在认真倾听别人讲话的人，可在闲谈之中成为一个信息的富翁。

2. 倾听可以与他人建立良好的人际关系，从行为上接纳他人

俗话说：会说的不如会听的。可是在实际的生活中，绝大多数人都更愿意说给别人听，有时说到兴奋处、得意处，甚至滔滔不绝，根本不容他人打断，更别说插话了。这往往导致本来是一次朋友间加深感情的聚会、一次商务合作伙伴间的洽谈、一次挖掘客户群体的产品推介，可最后却变成了你个人的脱口秀。对方根本就没有发言的机会，或即便发言，也会被你打断，再继续自说自话，至于对方说了什么你则根本没听见，也不想听见。这样的会面，不管是职场工作，还是生活交往，你都会成为一个不受欢迎的人。因为对方在你的长篇大论中、在你的敷衍应付中根本没有感受到被尊重，那他怎么会愉快呢？你们的沟通又怎么能顺利呢？

在社交场合，倾听会自然而然地流露出自身品德修养的高低。无论如何，取得他人的信任首先要给予对方情感、语言及思想释放的空间，而这一点就需要自己耐心地去倾听。特别是对语言表达方面不是很擅长的人来说，多听少说还可以掩盖自己社交方面的劣势。

亚伯拉罕·哈罗德·马斯洛 (Abraham Harold Maslow，1908－1970)，犹太人，是美国著名的社会心理学家、比较心理学家，是人本主义心理学(Humanistic Psychology)的主要创建者之一，其智商高达 194，是第三代心理学的开创者，被称为伟大的先知。

马斯洛认为人的需求分为生理需求、安全需求、归属与爱的需求、尊重需求和自我实现需求五类。这五类需求是按照从低级到高级的顺序排列的，其中“尊重需求”是高层次需求之一(见图 2-4)。

图 2-4　马斯洛需求层次理论

人人都希望自己拥有稳定的社会地位，希望个人的能力和成就得到社会的承认。这种社会地位的承认更多地体现在与人交往时别人对你的尊重。当你感受到这种尊重时你就会对自己充满信心，对社会满腔热情，体验到自己活着的用处和价值。沟通中，诉说者的倾诉如果能够被对方认真地倾听，那就会让倾诉者最大程度地认为被尊重、被认可。从心理学的角度讲，每个人都有成为重要人物的欲望，我们的倾听让对方真实地感受到自己的价值，这在无意间其实为我们铺设了通向成功的道路。当我们管住自己的嘴巴，张开有效的耳朵，认真地听对方说话时，就是你在行为上真正地接纳他人，是你能和他人和谐友好相处的开始。你什么都不需要额外付出，只要沉下心来，端正坐好，真正地听对方说，你就能收获更多的青睐，何乐而不为呢？

案例分析 2-9

汽车推销员乔·吉拉德被世人称为“世界上最伟大的推销员”。他曾说过：“世界上有两种力量非常伟大，其一是倾听，其二是微笑。倾听，你倾听对方越久，对方就越愿意接近你。”

当然，这个道理并非乔·吉拉德生来就知道的，因为不懂得倾听，乔·吉拉德曾为此付出过惨重的代价。

推销汽车真不是一件轻松的事情。有一次，乔·吉拉德花了近一个小时的时间才让他的顾客下定决心买车。乔·吉拉德引领这位顾客向自己的办公室走去，然后只要顾客签好合同，就万事大吉了。

当他们向乔·吉拉德的办公室走去时，那位顾客开始向乔提起了他的儿子。“乔，”顾客十分自豪地说，“我儿子考进了普林斯顿大学，我儿子要当医生了。”

“那真是太棒了。”乔回答。

俩人继续向前走时，乔却看向其他顾客。

“乔，我的孩子很聪明吧，当他还是婴儿的时候，我就发现他非常聪明了。”

“成绩肯定很不错吧？”乔应付着，眼睛在四处看着。

“是的，在他们班，他是最棒的。”

“那他高中毕业后打算做什么呢？”乔心不在焉。

“乔，我刚才告诉过你的呀，他要到大学学医，将来做一名医生。”

“噢，那太好了。”乔说。

那位顾客看了看乔，感觉到乔太不重视自己所说的话了，于是，他说了一句“我该走了”，便走出了车行。乔·吉拉德呆呆地站在那里。

下班后，乔回到家回想今天一整天的工作，分析自己做成的交易和失去的交易，并开始分析失去客户的原因。

次日上午，乔一到办公室，就给昨天那位顾客打了一个电话，诚恳地询问道：“我是乔·吉拉德，我希望您能来一趟，我想我有一辆更好的车可以推荐给您。”

“哦，世界上最伟大的推销员先生，”顾客说，“我想让你知道的是，我已经从别人那里买到车啦。”

“是吗？”

“是的，我从那个欣赏我的推销员那里买到的。乔，当我提到我儿子是多么骄傲时，他是那么认真地听。”顾客沉默了一会儿，接着说，“你知道吗？乔，你并没有听我说话，对你来说我儿子当不当得成医生并不重要。你真是个笨蛋！当别人跟你讲他的喜恶时，你应该听着，而且必须聚精会神地听。”

这件事让乔·吉拉德思考了好久，从此以后，乔·吉拉德认真地倾听他接触的所有人的说话，很快，很多客户都喜欢上了他，都乐意从乔·吉拉德这里买汽车，因为他给人的感觉就是很值得信任。后来，乔·吉拉德成了世界上最伟大的汽车推销员。

(资料来源：刘瑶. 交流与沟通能力训练[M]. 北京：北京师范大学出版社，2016)

倾听是一种礼貌，是一种尊敬讲话者的表现，是对讲话者的一种高度的赞美，更是对讲话者最好的恭维。倾听能使对方喜欢你、信赖你。

同学们在生活中要学会听，只有会听，才能真正会说。当你满足于夸夸其谈却不顾别人的谈话时，你显然是没有明白说话的艺术。只有最大限度地提高自己的倾听能力，才能真正提高自己的说话能力，才能让别人在不知不觉中喜欢你。

3. 倾听是获取知识、提升自我的重要渠道

在现代社会人们获取知识，提升自我的渠道和手段非常丰富，其中倾听就是重要的渠道之一。中国有句俗语叫：“听君一席话，胜读十年书。”我们很多间接知识实际上都来源于我们的倾听。可能是你与他人的对话，可能是你参加的一个读书会，可能是老师在课堂上精心设计的拓展练习，可能是你在公交车上听到别人的闲聊……这些可能都会给你以启迪，让你得到知识的增长，视野的开阔。我们在人生的成长过程中，只有拥有善听的耳朵，才能获得更多的知识，从而让自己获得更多提升的机会。

课堂练习 2-4

(一)

北京时间 2012 年 12 月 8 日凌晨，2012 年诺贝尔文学奖获得者、中国作家莫言身着胸前刺绣着“莫言”两字红色篆刻图案的深色中山装，面对着 200 多名中外听众，在瑞典学院发表文学演讲，主题为“讲故事的人”(StoryTeller)。在这次演讲中，莫言提到童年时学习的经历。

有一段时间，集市上来了一个说书人。我偷偷地跑去听书，忘记了母亲分配给我的活儿。为此，母亲批评了我，晚上当她就着一盏小油灯为家人赶制棉衣时，我忍不住把白天从说书人那儿听来的故事复述给她听，起初她有些不耐烦，因为在她心目中，说书人都是油嘴滑舌、不务正业的人，从他们嘴里冒不出好话来。但我复述的故事渐渐地吸引了她，以后每逢赶集日她便不再给我安排活儿，默许我去集上听书。为了报答母亲的恩情，也为了向她炫耀我的记忆力，我会把白天听到的故事，绘声绘色地讲给她听。

很快地，我就不满足于复述说书人讲的故事了，我在复述的过程中不断地添油加醋，我会投我母亲所好，编造一些情节，有时候甚至改变故事的结局。我的听众也不仅仅是我的母亲，连我的姐姐、我的婶婶、我的奶奶都成为我的听众。

就像中国的先贤老子所说的那样，“祸兮福之所倚，福兮祸之所伏”，我童年辍学，饱受饥饿、孤独、无书可读之苦，但我因此也像我们的前辈作家沈从文那样，及早地开始阅读社会人生这本大书。前面所提到的到集市上去听说书人说书，仅仅是这本大书中的一页。辍学之后，我混迹于成人之中，开始了“用耳朵阅读”的漫长生涯。二百多年前，我

的故乡曾出了一个讲故事的伟大天才——蒲松龄，我们村里的许多人，包括我，都是他的传人。我在集体劳动的田间地头，在生产队的牛棚马厩，在我爷爷奶奶的热炕头上，甚至在摇摇晃晃地行进着的牛车上，聆听了许许多多神鬼故事、历史传奇、逸闻趣事，这些故事都与当地的自然环境、家庭历史紧密联系在一起，使我产生了强烈的现实感。

我做梦也想不到有朝一日这些东西会成为我的写作素材，我当时只是一个迷恋听故事的孩子，醉心地聆听着人们的讲述。那时我是一个绝对的有神论者，我相信万物都有灵性，我见到一棵大树会肃然起敬，我看到一只鸟会感到它随时会变化成人，我遇到一个陌生人，也会怀疑他是一个动物变成的。每当夜晚我从生产队的记工房回家时，无边的恐惧包围了我，为了壮胆，我一边奔跑一边大声歌唱。那时我正处在变声期，嗓音嘶哑，声调难听，我的歌唱，是对我的乡亲们的一种折磨……

后来，莫言从一个用耳朵聆听故事，用嘴巴讲述故事的孩子，成为一个用笔写故事的人。

同学们，读完莫言的故事，你有什么收获？你又有什么打算？今后在课堂上你准备如何用好你的倾听收获更多的知识呢？请谈一谈你的看法吧。

____

____

____

____

(二)

陈阳是上海某公司的员工，进销售部虽然只有一年半的时间，但他工作上踏实肯干，头脑灵活点子多，销售业绩十分突出。由于销售部的副经理提职到其他部门，所以经理经常有意无意地暗示陈阳，副经理的职位很可能是他的。陈阳很开心，一方面因为能得到经理的赏识，另一方面也觉得自己实至名归，是对个人实力的认可，所以也成竹在胸，觉得这个职位非自己莫属。

这天，经理找陈阳谈话，告诉陈阳公司结构要大调整，其中销售部副经理的职务由陈阳的同事王鑫接任。听经理这么说，陈阳非常气愤，马上截断经理的话，故作平静地说他也刚好想向经理汇报自己有更好的打算，正要申请辞职。经理听完很惊讶，但也马上恢复平静，惋惜地说："既然你有这么好的选择，公司也不能强求。本来是因为我被调到其他部门做总负责人，所以推荐你担任销售部的经理，并且公司已经批准，就等公开任命了。现在既然这样，那就祝你前程似锦吧。"陈阳呆呆地从经理办公室出来，为自己的莽撞开口后悔不已。

是什么让陈阳有如此的结局？说说你的看法。通过陈阳的故事，你获得了什么样的启发？此外，也请你思考一下：经理的谈话方式是否有问题，这又说明了什么？(请结合第一章所学内容)

____

____

____

4. 倾听是了解他人内在需求，与他人共情的前提

在沟通中，能够看到对方深层次的内在需求，用同理心的方式与他人沟通，才能让沟通成为有效沟通。善于倾听就能让我们最大限度地发现他人的深层次需求。

案例分析 2-10

一个圣诞节，一个美国男人为了和家人团聚，兴冲冲从异地乘飞机往家赶。一路上幻想着团聚的喜悦情景。然而，这架飞机在空中遭遇猛烈的暴风雨，飞机偏离航线，上下左右颠簸，随时随地有坠毁的可能，机上乘客命悬一线，乘客们纷纷写好遗嘱放进一个特制的口袋。飞机上所有人都在祈祷，就在这万分危急的时刻，驾驶员终于冷静地把飞机驶出风暴圈，最后平安着陆。

这个美国男人回到家后异常兴奋，不停地向妻子描述在飞机上遇到的险情，并且满屋子转着、叫着、喊着……可是他的妻子和孩子们正在兴致勃勃地分享着节日的愉悦，对他经历的惊险没有放在心上，男人兴奋地说了一阵儿，却发现没有人听他倾诉，他死里逃生的巨大喜悦与被冷落的心情形成了强烈的反差，后来这个美国男人爬到阁楼上，用上吊这种古老的方式结束了从险情中捡回的宝贵生命。

(资料来源：http://www.guayunfan.com/baike/228070.html)

大难不死的美国男人的内在需求是什么？为什么妻子和孩子都没有发现他的内在需求？这个故事给了你什么样的启示？

____

____

5. 倾听是抓住谈话主题的关键

与人交谈的过程中领会对方谈话的主题，甚至抓住对方语言之外的隐含意思是十分必要的，但其前提是必须认真听。

西方心理学家弗洛伊德认为：人的心理中有一个潜意识层，潜意识是人的行为的主要动因。潜意识可以以种种假象骗过“自我”检查去支配行为、语言。在人际交往中，语言往往都是曲折地反映出真实的潜意识。因此，学会倾听能让我们专注地理解对方谈话的主旨，有效地把握沟通行为的主动权。

课堂练习 2-5

曾任全国政协副主席的刘斐，原是国民党高级将领，曾代表国民党到北平同共产党人谈判。和谈失败后，刘斐思想斗争十分激烈，是留北平呢？还是回南京？

一次宴会上，他和毛泽东谈话时，以麻将为题，试探着问道：“打麻将是清一色好还是平和好？”毛泽东想了想，笑着答道：“清一色难和，还是平和好。”刘斐豁然领悟：“平和好，那么还有我一份。”

就这样，毛泽东的一席话终于使刘斐下决心留在了北京。

你听出这次谈话的关键了吗？你的生活中有没有这样的例子？每次你的老师找你谈话，你听出老师的真正意图了吗？

____

____

二、倾听的障碍及应对办法

了解了倾听在沟通中的重要作用，有了倾听的主观意愿，但我们如果不能有效地克服倾听过程中存在的障碍，那么沟通很可能不能顺利进行。这是因为在实际的口语表达交际中，由于各种因素的干扰，沟通行为中普遍存在着沟通信息丢失的现象。这些造成倾听障碍的干扰因素主要分为两种。

(一)主观障碍

人们在口头表达交流中，沟通信息的接收更多地来自于倾听。倾听者本人对待沟通信息发出者的态度，以及他接收信息的能力，直接决定信息失真的程度。研究表明，大多数倾听障碍来自倾听者本身，归根结底在于倾听者的主观因素。

1. 倾听者自我意识较重

人往往认为自己是对的，急于表达自己，在与人交往中会不自觉地更加关注自己的观点，喜欢听与自己观点一致的意见，愿意用说服的方式说服对方。对不同的观点往往采取选择性倾听，选择那些自己赞同的观点，而对于不同意见则往往置若罔闻，主观错过听取他人观点的机会。

具体表现：随意打断对方的讲话，以便讲自己的观点或提出自己的意见。

应对办法：让对方把话讲完整。在对方讲话时暂时忘了自己的观点、立场，用开放的心态聆听。听完后，再判断对方话语中的合理性，以及与自己观念不一致的地方。

2. 倾听者存有偏见，先入为主

先入为主具有巨大的影响力，当我们主观臆断对方能力低下或能力超群时，就基本不会对他说的话给予关注，或者是完全听不到对方话语中的合理性或不合理性。心理学家卡尔·罗杰斯认为，在人际沟通交流中，影响人们理解彼此传递的信息的主要障碍是，人们常常以自己既定的参照标准去理解对方的话。比如我们经常会说："你怎么能这样想呢？真是太不可思议了！只要是个正常人都不会这么想的！"看吧，我们在实际交流中就是这样先入为主的，他(她)想得和你不一样而已，但在你眼里他(她)已经失去了做正常人的资格，这就是偏见。在现实生活中，我们同别人交流时，许多人都会因为有这样的偏见而导致误解别人或被别人误解。

在大文化、大交融的世界格局下，来自不同文化背景、不同生活习俗的人们的交往概率与频率比以往任何社会都大大增加，如果在沟通的过程中，双方依然带着各自的习惯，先入为主，以自己信息形成为依据，去和对方沟通交流，那么无论你作出多么乐于倾听的姿态，你们的倾听也只能是自说自话。

具体表现：听对方说话过程中表现出不耐烦，左顾右盼；用反问句式，打断对方，或请对方解释等。

应对办法：用更包容的心态对待他人。可以提前做一些了解对方的功课，当你对对方没有那么厌烦时，你就会摘下有色眼镜，自然也就能把对方看得更明白、听得更清楚。

课堂练习 2-6

公安局长在下班的路上同一位老人谈话，这时跑过来一个小朋友，对公安局长说：“你爸爸和我爸爸吵起来了！”老人问：“这孩子是你什么人？”公安局长说：“是我儿子。”请你猜一猜这两个吵架的人和公安局长是什么关系？

写出你的答案。你在作答时有没有思维定式？

____

____

(二)客观障碍

1. 环境障碍

外界环境的某些因素也会导致信息传递失真，造成倾听障碍。比如说，沟通时在开放或封闭的空间，沟通时天气因素，时间早晚，有无特殊气味，有无噪声等，这些都会对倾听者的注意力和感知力造成干扰。

应对办法：根据沟通的性质选择恰当的场地。如果是瞬时沟通要尽量在相对安静的空间，以确保能听清对方说话，或采用书面沟通方式。

2. 诉说者表达水平障碍

诉说者本身由于文化差异、口语表达水平能力不足、方言俗语、心理素质、情绪障碍等因素造成倾听者对其话语不得要领、不知所云。

应对办法：诉说者应努力从修养、素质、口语表达能力、心理素质等方面提升自己；倾听者可以请求对方多说几次，并用闭合式提问，帮助对方说出要点。

案例分析 2-11

小乔治·史密斯·巴顿(1885—1945)(见图 2-5)，是美国著名的军事将领，在第二次世界大战中赢得“铁胆将军”的称号。“粗鲁”“野蛮”是巴顿在战争中留给后人的印象，潘兴上将甚至把他叫作“美军中的匪徒”。

图 2-5 巴顿

传说，一次巴顿将军到部队视察，为了看看士兵们饮食起居的真实情况，突然来到士兵食堂突击检查。在食堂，他看到两个士兵正站在一口大汤锅前。

巴顿将军不容分说，命令对方道：“让我尝尝这汤！”

“可是，将军……”士兵正要向巴顿解释。

“没什么可是！马上给我勺子，一切等我喝过后再说！”巴顿将军接过士兵递过来的勺子，直接喝了一大口，怒斥道：“太不像话了！怎么能给士兵喝这个？这简直就是刷锅水！”

士兵赶紧报告说：“是的，将军，我刚才就想告诉您，您打算喝的本来就是刷锅水！”

听完故事开心之余请同学们思考：巴顿将军是因为什么导致这样的糗事发生？这里的倾听障碍主要是什么？对同学们又有什么启示？请你谈一谈吧。

____

____

____

____

三、有效倾听的步骤和技巧

课堂练习 2-7

测一测自己的倾听反应模式(见表 2-5)。

表 2-5 倾听反应测试

内 容	是	否
1.我常常试图同时听几个人交谈		
2.我喜欢别人只给我提供事实，让我自己作出解释		
3.我有时假装在认真地听别人说话		
4.我认为自己是非语言沟通方面的高手		
5.我常常在别人说话之前就知道他要说什么内容		
6.如果我对和某人交谈不感兴趣，我常常通过注意力不集中的方式结束谈话		
7.我常常用点头、皱眉等方式让说话人了解我对他说话内容的感觉		
8.常常别人刚要说完，我就紧接着谈自己的看法		
9.别人在说话的同时，我也在评价他的内容		
10.别人在说话的同时，我常常在思考接下来我要说的内容		
11.说话人的谈话风格常常会影响到我对内容的倾听		
12.为了弄清对方所说的内容，我常常采取提问的方法，而不是猜测		
13.为了理解对方的观点，我总是全神贯注		
14.我常常听到自己希望听到的内容，而不是别人表达的内容		
15.当我和别人意见不一致时，大多数人认为我理解了他们的观点和想法		

计算得分：

在 1/2/3/5/6/7/8/9/10/11/14 题中，你有几个选择“否”，记住个数，然后用下面的公式：

分数=105−个数×7

91～105 分，你具有良好的倾听习惯。

77～90 分，你的倾听能力还需要大幅度提高。

76 分以下，你的倾听能力不合格，需要努力训练。

(一)有效倾听的主要步骤

在沟通行为中，实际上有一个漏斗的现象(见表 2-6)，就是从诉说者发出信息到倾听者收到信息并得到执行的过程中，一个信息的“存活率”会像漏斗漏沙那样，由上至下逐层减少，其信息完整性甚至会从 100%降至 10%～30%。

表 2-6 沟通中的信息漏斗

诉说者所掌握的信息 100%
诉说者愿意表达的信息 90%
诉说者实际表达的信息 70%
倾听者愿意听到的信息 60%
倾听者实际听到的信息 50%
倾听者所理解的信息 40%
倾听者能接收的信息 30%
倾听者记住和行动的信息 10%～30%

这提示我们在沟通行为中要遵循以下步骤。

1. 要做好环境上、心理上、行为上倾听的准备

好的倾听者要有饱满的精神状态，要有抗干扰、摒除噪声的能力。尽量选择在安静的环境中交流。在交流的过程中，放下手中其他正在做的事情，专注于沟通的过程。

2. 要发出准备倾听的信息

身体面对着讲话人，摆正肩膀，身体略向前倾，手臂自然放在腿上，不摆弄其他物品或手指头，可以根据对方的动作、言谈内容作出自然的回应；目光柔和而专注地注视着对方的眼睛。作为一名倾听者，需要与诉说方保持必要的眼神接触和交流，通过眼神的接触交流传递对对方的话题感兴趣和愿意听对方谈话的信息，促使对方进一步展开话题。但在眼神接触中需要注意不能一直盯着对方看，那样会让对方不舒服，甚至造成误会；在语言上可以用“您请讲……”“请您谈谈……”“现在说说您的看法……”等语言向对方发出准备倾听的信息。

案例分析 2-12

科林·卢瑟·鲍威尔于 1937 年 4 月 5 日在美国纽约出生。作为一个移民的后代，他靠着诚实和努力，成为美国第一个混血人种上将，第一个混血人种参谋长联席会议主席，也是第一个混血人种国务卿。科林·卢瑟·鲍威尔不同于一些纸上谈兵的政客，作为一个越战老兵，他深深地知道士兵的血泪，知道军事必须服从政治，知道军队的最终使命是缔造和平而不是一味地追求胜利，因此在火神派成员中成为相当另类的“鹰爪黑鸽”。两次

伊拉克战争的成败使人越发认识了他的人品高贵和战略远见，他任国务卿时支持率曾高达80%以上，远高于奥尔布赖特、赖斯和希拉里。他就像一瓶老酒，时间越长越显得珍贵。

作为政治家的科林·鲍威尔出任美国国务卿期间，以他过人的资质和人格素质赢得了大家的赞誉。每次有人来到科林·鲍威尔的办公室时，他都要站起身来，绕过宽大的写字台，热情地和对方握手，并把对方让到办公室的休闲区的圆桌旁，一起坐下，倾听其诉说。

科林·鲍威尔认为好的倾听者要做到与诉说者的“可接近性、无差异性和安全性，并且促成一种信任感”。

(资料来源：http://www.docin.com/p-991774855.html)

启示：非正式交谈中，可以适当拉近彼此距离，去掉桌子等障碍物，会提高对方交谈的情趣，会增强你倾听信息的效能。

请同学们在小组活动中调整自己，做好倾听的准备，给出准备倾听的信息，你可以从哪几个方面开始呢？说说你的答案，并记录下来吧。

____

____

____

3. 积极采取行动并主动倾听

双方交流的过程一定是积极参与、主动互动的过程。认真倾听，不是听的过程全程安静，完全不打扰对方，真正的有效倾听一定是欣赏对方、理解对方，用同理心参与对方谈话的过程。马克·吐温说：“给予人适当的颂扬，同时更要聆听别人说话而不加任何辩解。”交谈中最好的倾听一定是语言及非语言鼓励与适时沉默相互交替。有技巧的积极的语言鼓励能让诉说者感到被尊重，从而愿意分享更多信息；适时地保持安静则让诉说者感到被重视，进一步增强说话的欲望，倾听者在保持安静的过程中也能听到更多的观点信息，能在安静中更好地思考、理解对方的话语内涵，进一步推进沟通。

1) 语言复述，鼓励引导

在对方说话的过程中我们可以进行适当的语言参与，用自己的语言复述对方的话，这样不仅能鼓励对方说下去，而且也能帮助我们弄明白对方谈话中的隐含信息或话语主旨，让我们始终处在积极地理解对方说话的情境中。我们可以这样做：

用“噢”“嗯”“我明白”“是的，您说得对”“有意思”等来认同对方的陈述。或者用“说来听听”“请您接着讲”“我想听听您的看法”“我对您说的很感兴趣”来鼓励诉说者说出更多的内容。

还可以这样做：

“您说的是……”

“您刚才所讲的是不是这个意思……”

“我不知道我理解得对不对，您的意思是……”

“换个说法，可不可以这么理解……”

“您具体指的是……”

这样做的好处显而易见。

(1) 对方会觉得你一直在认真地听自己谈话，从而愿意和你保持谈话的态度，觉得你是个善解人意，理解能力、个人修养都非常优秀的人。

(2) 此外，这种恰当的复述还会让激动的一方情绪平复，因为当诉说者情绪激动时，你的及时复述恰恰能打断他情绪的节奏，而不是他说话的节奏，因此既没有引起对方的反感，还平复了对方的怒气，从而化解了危机。

(3) 复述对方的话能帮助你记住对方的观点，为后续的交谈做好资料储备。

(4) 通过复述对方的话，表达你自己的理解，能面对面地减少沟通中信息丢失问题，能通过对话把似是而非的问题弄清楚。

(5) 这种方法能让倾听者专注在倾听中，而不再关注对方观点本身的对错，有效地克服和对方争论的冲动，避免走神、心不在焉的尴尬场景出现。

2) 及时反馈，增进互动

对诉说者的言谈及时反馈，通过口头语言、肢体语言参与谈话过程，既表达了自己对对方言谈内容的态度和看法，又能帮助诉说者判断自己说话的效果及产生的作用。可以采取点头、微笑、向前挪动身体等肢体语言反馈给对方你愿意继续倾听的积极信号；可以用口头语“原来是这样”“嗯嗯”“有道理”表示你一直在听；还可以用“您肯定没全说出来”这样委婉的语言表达自己的意愿等。

课堂练习 2-8

中国台湾有个销售中华奔驰的超级业务员，十年卖出五百辆奔驰车，她的名字叫邱次雪。但是在很久以前她却是个失败的销售员，因为以前只要有顾客上门，就大力推销，每一句话都离不开她要销售的车，直到有一次，一个顾客实在受不了她的喋喋不休，对她说：“你还是把嘴闭上吧，实在是太聒噪了。”那次以后，邱次雪才开始反思，顾客真正需要的是什么。后来每一次接待顾客，她都是忍住自己想插话的冲动，耐心地听完顾客的陈述，认真了解顾客的需求与担心。经过一段时间的有意要求自己，邱次雪发现她的销售业绩有了明显的提升，她也能更从容地倾听顾客陈述需求，并且能根据顾客的谈话及时反馈自己的建议，帮助顾客挑选到适合自己的车。

有一次，一位阔太太来店里看车，同事们亲切地招呼这位太太：“太太您好，您是来看车的吧？”没想到这位阔太太非常不开心，开口回答：“废话，来这儿不看车，还看人啊！”同事碰了一鼻子灰，只好悄悄走开了。这时，邱次雪走到阔太太身侧，一言不发，微笑地跟着阔太太在展厅转悠。阔太太转身对邱次雪说：“你们业务员的服务态度很差，卖的车又贵。”邱次雪不急不恼，反倒是一副虚心请教的样子说：“还请您指点我呢，来，请您先到贵宾室喝点水，坐下来慢慢说。”说着她就挽着阔太太的胳膊进了贵宾室，并关上门。30 分钟后，一笔 200 万元的订单签完了。

事后，同事向邱次雪请教，邱次雪说：“其实我基本没怎么说话，只是微笑地听她说，并不时地点点头，提几个小问题。”原来这位阔太太早就相中了一款车，只是没有碰到让她满意的销售员。而这次邱次雪却能完整地听完对方的抱怨，并积极回应对方，等对方情绪平复后，再给出自己的建议。

邱次雪的倾听故事给了同学们什么启发？她在这次倾听中都运用哪些方式主动参与沟通，请你来谈一谈。

3) 换位思考，同理心倾听

换位思考就是站在对方的立场考虑问题，将心比心，客观地理解当事人的内心感受、内心世界，并把这种理解传达给当事人，进而做到互相理解、关怀和情感上的融洽，避免了冲突、误解，从而更好地理解对方。

换位思考、同理心倾听是倾听的最高层次，出发点是为了“了解”而非“反应”，也就是说，是通过交流去了解别人的观念、感受。

比如你被老师误解后，你向一个朋友倾诉。你的朋友对你说的话作了如下反应，你的心理感受是什么样的？

第一种：“真是太让人生气了，我要是你早就忍不住了！”

你的感受是：

第二种：“哎，没什么大不了的，老师都这样，上次还这样说我来着，你要是在乎她说的话，就别活了。”

你的感受是：

第三种：“估计老师今天心情不好，你撞枪口上了，当老师一天天的也不容易，互相理解吧。”

你的感受是：

第四种：“你这才哪儿到哪儿啊！她就那样儿，天天整咱们，你以后少搭理她就完了！”

你的感受是：

第五种：“看开些吧，人生哪有事事如意的，人在屋檐下不得不低头啊。你要不想被她骂，就好好学习，找个好工作，到时再看谁比谁强。”

你的感受是：

第六种：“受委屈了吧，这事搁谁身上都不好受。啥也别想了，回家好好睡一觉，明天又是新的一天。你的为人大家都清楚，努力奔跑的人总会被大家发现的。”

你的感受是：

同理心倾听，需要我们不仅要听，还要仔细地观察，及时归纳诉说者的语言及情感内容，理解而不是评价，思考而不是挑毛病、挑拨情绪。

同理心倾听需要从如下方面去做。

倾听者暂时抛却自己的立场、思想、认知、情绪，让自己完全置身于对方的角度，融入对方的内心世界，用对方的眼睛看问题，用对方的心去体验。只有站在对方的立场上，我们才能准确地理解对方的感受。

要把对对方的了解表达出来，反馈给对方，让对方知道你对他的感觉、想法、行为有所了解和领悟。要让对方的情绪得到宣泄，开放自己，进一步澄清自己内心的真实感受，自己找寻解决问题的答案。

课堂练习 2-9

儿子：妈妈，我们几点吃饭啊？

妈妈：(认为儿子有其他的事，想晚点吃饭)你是想干啥吗？饭还没好呢。

儿子：不，妈妈，我不想干什么，我只是饿了，想吃饭。

妈妈：哦，饿了呀，先吃几块儿饼干吧，再过 10 分钟，饭就好了。

儿子：好的，妈妈。

请同学们思考：妈妈用的是不是同理心倾听？说说你的看法。

____

____

提示：

妈妈及时地把自己对儿子话语的理解表达了出来，并反馈给儿子，才弄清楚儿子的真实意图。

女儿(哭)：妈妈，小雪把我的图画书扯坏了。

妈妈(搂着女儿)：你心里一定很不好受吧，她这样做伤了你的心，你不喜欢她这样做吧？

女儿：是的……

在这个案例中，妈妈做的和其他的妈妈不一样的地方是什么？回忆一下你生活中的经历，你觉得如果当你难过时、向他人寻求帮助时，你希望得到怎么样的回答？

____

____

____

提示：

很多时候对方需要的不是我们的建议或者其他实质性的帮助，而仅仅需要对他(她)情绪的接受而已。比如，妻子说："我太累了，从早忙到晚，连休息的时间都没有。"妻子这个时候的真实意图实际就是情绪的宣泄，希望获得丈夫的理解、安慰与肯定，所以丈夫只要说："是啊，你为咱家付出最多，没有你，咱家真不知道会是啥样子。辛苦你了，来，我来给你捶捶背，歇一歇。"可是，绝大多数丈夫却没有用同理心的方式倾听，反而是马上反驳道："你是挺累的，可我也没闲着啊，我这一天为咱家东奔西跑的，有时连口热乎饭都吃不上，我也没说啥啊！”可想而知，接下来俩人一定是大吵一架，矛盾升级。

4) 客观评判，适时提问

在多数情况下，沟通双方由于关系亲疏不同、所表达的目的不同，因此在实际沟通中往往不能直陈其意，而是采用迂回曲折的方式，用与本意相关或相近，有时甚至是相反的语言、动作来表达自己的真正意思。因此，我们在倾听对方说话时，除了做好之前说的三点外，还要留心诉说者的语气、面部表情的变化、语速的快慢、肢体动作的运用，要分析诉说者这些表现和他说话的内容是否一致。如果诉说者的肢体语言、面部表情、声音语气和用词与你所听到的不一致，你要及时提出疑问，并委婉地要求对方澄清。如果不这样做，你可能得到的就是不完整或偏离事实的信息。

案例分析 2-13

越战归来的士兵

一个越战归来的士兵从旧金山打电话给他的父母，告诉他们：“爸妈，我就要回来了，可是我有个不情之请。我想带一个朋友同我一起回家。”

“当然好啊！”他们回答，“我们会很高兴见到他的。”

“可是有件事我想先告诉你们，他在战争里受了重伤，少了一条胳臂和一只脚，他现在走投无路，我想请他回来和我们一起生活。”

“儿子，我很遗憾，不过或许我们可以帮他找个安身之处。”父亲又接着说，“儿子，你不知道自己在说些什么。像他这样残障人会对我们的生活造成很大的负担。我们还有自己的生活要过，不能就让他这样破坏了。我建议你先回家然后忘了他，他会找到自己的一片天空的。”

“可是妈妈……”儿子还想再说些什么。

“儿子，你不明白。妈妈知道你是个好孩子，可是，这次真的不行。忘了他，快自己回来吧。”

就在此时儿子挂上了电话，他的父母再也没有听到他的消息。

几天后，这对父母接到了来自旧金山警局的电话，告诉他们，他们亲爱的儿子已经坠楼身亡了。警方相信这只是单纯的自杀案件。他们伤心欲绝地飞往旧金山，并在警方带领之下来到停尸间去辨认儿子的遗体。那的确是他们的儿子没错，但令他们震惊的是儿子居然只有一条胳臂和一条腿。

(资料来源：http://www.1010jiajiao.com/gzyw/shiti_page_56114)

请同学们思考一下，这场悲剧可以避免吗？对你有什么启示？如果可以重来，在这场倾听中士兵的父母应该怎么做才能避免这场悲剧发生呢？

____

____

____

是的，在这次电话沟通中，如果士兵的父母能够听出士兵的请求背后的坚持与渴望，能够适时地停下自己的建议，转为问问儿子“为什么这样做？”“这个朋友是谁？”“他的家人在哪儿？”“他现在的状况怎么样？”“除了到咱们家来，这个朋友还需要什么样的帮助？”等问题，就会一点点打开儿子的心扉，在提问的过程中，一点点发现儿子的真实需求。

在沟通中非常忌讳“先入为主”，因此需要倾听者不仅用耳朵听、用眼睛看，还要用脑袋想、用嘴巴问。当倾听者在倾听的过程中产生疑问时，一定要适时提问，这样才能有效避免信息错位。

(二)有效倾听的技巧

(1) 让彼此都放松下来，选择相对安静、私密的空间，在同一高度，面对面坐下倾听。

(2) 克服以自我为中心，不要总是谈论自己，别人说时请闭嘴，因为边听边说会丢失大部分信息。

(3) 克服自以为是，忘掉自己的感受，不要说“我知道你有怎样的感受”类似的话，不要总想着占主导地位。在对方说完前不要发表自己的观点，也不要提前对对方说的话做心理预判，尽量避免用自己的主观情绪判断对方的信息，要耐心听完对方的全部内容。

(4) 尊重对方，不做多余的小动作，与对方保持眼神接触，适度微笑，根据对方谈话内容调整自己的表情，不深究那些不重要或不相关的细节。

(5) 适时地给予回应。倾听的过程中，在不打断对方的前提下用眼神、点头、口头语言等方式给予反馈，让对方了解你对他(她)谈话内容的兴趣及理解程度。

(6) 及时提问。当遇到对方给出的语言信息和其非语言信息不相符，或表达不够清晰明了时，要及时提问，通过提问的方式，弄清楚诉说者的真实意图，把握住诉说者的内容主旨。但提问时要注意态度、语气，多用陈述式提问或复述式提问，如 “这个地方我没太听明白，您能再详细说说吗？”

(7) 不激动。不管听到什么，都要保持平常心，要坚持把话听完，不反驳、不争论，既不在口头上与对方争论，也不在心里与对方争论，不要使自己的思维跳跃得比诉说者还快。

(8) 给予关心。对方说完后，有条件的话，请他(她)喝点热水或茶之类的温热饮品，既能表示对对方的关心，又能有效安抚对方的情绪，热的东西容易让人感到温暖。

(9) 不嘲笑。无论对方说的事情在你看来多么幼稚可笑，都不要嘲笑对方，更不要带着高姿态点评他的事。即使你不赞同他的想法，仍然要给予对方想要的理解和安慰。

(10) 不挑拨。不挑拨对方的情绪。对对方的情绪问题要及时安抚、理解、认同，但不需要你为对方的情绪买单。如果你很想帮助对方，你可以帮对方从头到尾梳理一下事情，看看是什么地方出了问题，哪些是自己的问题？哪些是别人的问题？哪些是客观不能改变的问题？

(11) 有限度地给出自己的建议。当诉说者需要你给出看法时，请有限度地给出你的建议，如果担心自己的想法太过主观，可以采取多角度谈看法的方式切入，尽可能保持客观、公正。

(12) 倾听就好。倾听的最后不是为了替对方作决定，记住决定权在诉说人的手中，倾听者只要给予理解就好。

能力提升

(一)

以小组为单位，由一人以中等语速朗读下面文字，然后其他成员根据听到的内容在选项中作答，作答过程不看文字材料，不参考别人，不询问别人。全部作答完毕，大家交流答案，看看有哪些分歧，由朗读的同学再次朗读，大家再调整答案。作答完毕后，请所有的同学结合课堂所学谈谈倾听意义和步骤。

故事描述：

一个商人刚关上店里的灯，一男子来到店堂并索要钱款。店主打开收银机，收银机里的东西被倒了出来，而那个男子逃走了。一个警察很快接到报案。

(1) 店主将店堂内的灯关掉，一男子到达。(　　)

A. 对　　B. 错　　C. 不确定

(2) 抢劫的是一男子。(　　)

A. 对　　B. 错　　C. 不确定

(3) 来的那个男子没有索要钱款。(　　)

A. 对　　B. 错　　C. 不确定

(4) 打开收银机的那个男子是店主。(　　)

A. 对　　B. 错　　C. 不确定

(5) 男子倒出收银机里的东西后逃离。(　　)

A. 对　　B. 错　　C. 不确定

(6) 故事中提到了收银机，但没有说里面具体有多少钱。(　　)

A. 对　　B. 错　　C. 不确定

(7) 抢劫者向店主索要钱款。(　　)

A. 对　　B. 错　　C. 不确定

(8) 索要钱款的男子倒出收银机中的东西后，慌忙离开。(　　)

A. 对　　B. 错　　C. 不确定

(9) 抢劫者打开了收银机。(　　)

A. 对　　B. 错　　C. 不确定

(10) 抢劫者没有把钱随身带走。(　　)

A. 对　　B. 错　　C. 不确定

(11) 故事涉及三个人物：店主、一个索要钱款的男子及一个警察。(　　)

A. 对　　B. 错　　C. 不确定

____

____

____

____

(二)

小李刚刚担任某公司的总经理秘书不久，她的上司杨总工作能力很强，对下属的要求也很严厉。杨总是南方人，说话带有浓重的地方口音，常常“黄”“王”不分。偏偏公司销售部经理姓黄，售后服务部经理姓王。

一天，杨总接通秘书对讲，让小李通知“黄”经理到他办公室去一趟。小李根本没明白杨总到底是找“黄经理”，还是“王经理”？面对这种情况，请同学们以所在小组讨论交流，分析小李面对的困难主要是由什么障碍造成的？以小李现有的条件，她可以怎么处理，才能解决这个问题？请小组间讨论后，尝试角色扮演，并展示。

(三)

家居装饰卖场的一个店面里，一对父女正在挑选地毯，作为销售人员的你迎上前来，热情地问：“您好，两位想要选一款什么样的地毯呢？”可是那位老先生并没有理会你的问话，而是专心地和年轻女士讲着什么，这个时候你该怎么办呢？具体要怎么做？请你谈一谈。

(四)

女儿：辰辰今天不和我玩。无论我干什么，她都说不想做。

妈妈：嗯。你为什么不提议做她想做的事？你必须学会和朋友相处才行。

女儿：我不想做她希望做的事，我不想和她相处！

妈妈：去找别的小朋友玩吧，如果你还这样任性的话！

女儿：我没有任性，不是我的错。而且也没有其他小朋友！

妈妈：好了好了，你只是累了，不要发脾气了，玩会儿别的吧，一会儿就好了。

女儿：我不累，我也好不了，你不明白我有多么讨厌她。

妈妈：你这样无理取闹可真不好，再这样，我也不愿意理你了。

女儿：……

请同学们以组为单位，分析上述对话中在倾听方面存在哪些问题？请一一指出来。如果是你，你打算怎么倾听？主要运用有效倾听的哪个步骤会更好？请根据倾听技巧提示，看看怎样做会更好，请你们试一试。

知识总结

(1) 有效倾听在表达沟通中具有重要作用和意义，是我们构建和谐人际关系的前提。

(2) 倾听过程中有各种障碍因素，只有克服这些障碍，才能最大限度地提高有效倾听能力。

(3) 同理心倾听，是从心理上理解诉说人的隐含意图，是站在诉说者的角度考虑问题。

(4) 有效倾听是积极的双向行为，倾听者与诉说者需要及时反馈及适度提问推进沟通进程。

拓展阅读

(一)给别人点说话的时间

1936 年 7 月，著名成功学大师卡耐基应邀在其母校密苏里州华伦斯堡州州立师范学院演讲，演讲结束后，从芝加哥闻讯赶来的校友艾比盖尔小姐向卡耐基求助，说："我是芝加哥证券公司的一名雇员，刚参加工作时，我在公司参加了很多 Party，结交了很多朋友，谁知随着业绩的不断提升，朋友却越来越少了，我很喜欢他们，这到底是什么原因？"卡耐基笑了笑，问："你是不是向朋友们炫耀你的业绩了？"艾比盖尔不假思索地说，"是呀，谁不愿意把自己成功的消息与别人分享啊？我在讲成功做法的时候，甚至非常讨厌他们打断我，或者在窃窃私语。"卡耐基说："这就对了，艾比盖尔小姐，今后让你的舌头高贵起来吧，学会沉默和倾听，给别人点说话的时间，你的朋友还会来到你身边的。"艾比盖尔言听计从，果然在很短的时间内，不仅老朋友悄悄地回到了自己身边，她还结识了更多的新朋友。在朋友们的帮助下，她的工作业绩越来越好。迈克逊说，不懂得聆听是受人讨厌的原因之一。很多人只注重自己说话的感觉而不在乎别人的感受，要知道世界上最受欢迎的是会听别人说话的人。因而，学会倾听，给别人点说话的时间将是我们开启友谊大门的金钥匙。

(二)多告诉我一些

泰奥菲尔·戈蒂耶是 19 世纪法国著名的作家，他出生于巴黎郊外的一个农场家庭，虽然出身贫困，但他的朋友却很多，上流社会的人也都喜欢邀请他参加各种聚会。当时巴黎有个名叫迷奥的出版商，他自恃读过很多书，特别喜欢在各种场合滔滔不绝地发表意见。有一次国王拿破仑三世办私人酒会，迷奥和戈蒂耶都受到了邀请。酒会上迷奥有好几次想当着拿破仑三世的面高谈阔论以显示自己有才华，但都被拿破仑三世以各种理由打断了话题。没多久，拿破仑三世把戈蒂耶叫到一边，亲切地交谈了很久。这让迷奥非常嫉妒，在离开皇宫的时候，他气愤地问戈蒂耶，说："我承认你的作品都非常优秀，但事实上你读的书根本没有我多，我很好奇为什么你总是特别受欢迎呢？比如国王他不愿意听我说话，却和你聊了这么久？""我受人欢迎，并不是我读了多少书，而是我最喜欢说的一句话是'能多告诉我一些吗？'"戈蒂耶说，"以今天为例，当国王对我说英吉利海峡的美丽风光时，我说‘能多告诉我一些吗？’当国王对我说冬季打猎的乐趣时，我也说‘能多告诉我一些吗？’当国王对我说，他阅读我的作品的感受时，我还是对他说‘能多告诉我一些吗？’就因为这样，我们整个晚上都在愉快地聊天。除了国王以外，别的人也是因为我喜欢说‘能多告诉我一些吗？’而和我交朋友，我如果也和你一样，只想着自己发表意见，就自然不会被别人喜欢了。”迷奥听后羞愧得脸都红了。生活中很多人都喜欢表达自己的意见，而不喜欢倾听别人的心声，但一个真正受欢迎的人往往是把说话机会让给别人，把自己放在倾听者的位置上。

(三)倾听时高明的插话技巧

一个倾听能手在倾听过程中如何插话，才有助于达到最佳的倾听效果呢？根据不同的对象可以采取不同的方法。一般的方法有以下几个。

当对方在同你谈某事，因担心你可能对此不感兴趣，显露出犹豫、为难的神情时，你可以伺机说一两句安慰的话。

“你能谈谈那件事吗？我不十分了解。”

“请你继续说。”

“我对此也十分有兴趣。”

此时，你说的话是为了表明一个意图：我很愿意听你的叙说，无论你说得怎样，说的是什么。这样能消除对方的犹豫，坚定他倾诉的信心。

当对方由于心烦、愤怒等原因，在叙述中不能控制自己的感情时，你可用一两句话来疏导。

“你一定感到很气愤。”

“你似乎有些心烦。”

“你心里很难受吗？”

说这些话后，对方可能会发泄一番，或哭或骂都不足为奇。因为这些话的目的就是把对方心中郁结的一股异常情感“诱导”出来。当对方发泄一番后，会感到轻松、解脱，从而能够从容地完成对问题的叙述。

值得注意的是，说这些话时不要陷入盲目充当安慰者的误区。你不应对他人的话作出判断、评价，说一些诸如“你是对的”“你不应该这样”一类的话。你的责任不过是顺应对方的情绪，为他架设一条“疏导管”，而不应该“火上浇油”，强化他的抑郁情绪。

当对方在叙述时急切地想让你理解他的谈话内容时，你可以用一两句话来“综述”对方话中的含意。

“你是说……”

“你的意见是……”

“你想说的是这个意思吧……”

这样的综述既能及时地验证你对对方谈话内容的理解程度，加深对其的印象，又能让对方感到你的诚意，并能帮助你随时纠正理解中的偏差。

以上三种倾听中的谈话方法有一个共同的特点，即不对对方的谈话内容发表判断、评论，不对对方的情感作出是与否的表示，始终处于一种中性的态度上。有时在非语言传递信息中你可以流露出你的立场，但在语言中切不可流露，这是一条重要界限。如果你试图超越这个界限，就有陷入倾听误区的危险，从而使一场谈话失去了方向和意义。

（资料来源：凡禹《学会表达，懂得沟通》）

(四)让我们倾听

毕淑敏

我读心理学博士方向课程的时候，书写作业，其中有一篇是研究“倾听”。刚开始我想，这还不容易啊，人有两耳，只要不是先天失聪，落草就能听见动静。夜半时分，人睡着了，眼睛闭着，耳轮没有开关，一有月落乌啼，人就猛然惊醒，想不倾听都做不到。再者，我做内科医生多年，每天都要无数次地听病人倾倒满腔苦水，鼓膜都起茧子了。因此，倾听对我来说应不是问题。

查了资料，认真思考，才知差距多多。在“倾听”这门功课上，许多人不及格。如果谈话的人没有我们的学识高，我们就会虚与委蛇地听。如果谈话的人冗长烦琐，我们就会不客气地打断叙述。如果谈话的人言不及义，我们会明显地露出厌倦的神色。如果谈话的人缺少真知灼见，我们会讽刺挖苦，令他难堪……凡此种种，我都无数次地表演过，至今一想起来，无地自容。

世上的人，天然就掌握了倾听艺术的人，可谓凤毛麟角。

不信，咱们来做一个试验。

你找一个好朋友，对他或她说，我现在同你讲我的心里话，你却不要认真听。你可以东张西望，你可以搔首弄姿，你也可以听音乐梳头发，干一切你想干的事，你也可以顾左右而言他……总之，你什么都可以做，就是不必听我说。

当你的朋友决定配合你以后，这个游戏就可以开始了。你必须拣一件撕肝裂胆的痛苦事来说，越动感情越好，切不可潦草敷衍。

好了，你说吧……

我猜你说不了多长时间，最多 3 分钟，就会鸣金收兵。无论如何你再也说不下去了。面对着一个对你的疾苦、你的忧愁无动于衷的家伙，你再无兴趣敞开襟怀。不但你缄口了，而且你感到沮丧和愤怒。你觉得这个朋友愧对你的信任，太不够朋友了。你决定以后和他渐行渐远，你甚至怀疑认识这个人是不是一个错误……

你会说，不认真听别人讲话，会有这样严重的后果吗？我可以很负责任地告诉你，正是如此。有很多我们丧失的机遇，有若干阴差阳错的信息，有不少失之交臂的朋友，甚至各奔东西的恋人，那绝缘的起因，都是我们不曾学会倾听。

好了，这个令人不愉快的游戏我们就做到这里。下面我们来做一个令人愉快的活动。

还是你和你的朋友。这一次，是你的朋友向你诉说刻骨铭心的往事。请你身体前倾，请你目光和煦，你屏息关注着他的眼神，你随着他的情感冲浪而起伏。如果他高兴，你也报以会心的微笑；如果他悲哀，你便陪伴着垂下眼帘；如果他落泪了，你温柔地递上纸巾；如果他久久地沉默，你也和他缄口……

非常简单。当他说完了，游戏就结束了。你可以问问他，在你这样倾听他的过程中，他感受到了什么？

我猜，你的朋友会告诉你，你给了他尊重，给了他关爱。给他的孤独以抚慰，给他的无望以曙光。给他的快乐加倍，给他的哀伤减半。你是他最好的朋友之一，他会记得和你一道度过的难忘时光。

这就是倾听的魅力。

倾听的“倾”字，我原以为就是表示身体向前倾斜着，用肢体语言表示关爱与注重。翻查字典，其实不然。或者说仅仅作这样的理解是不够全面的。倾听，就是“用尽力量去听”。这里的“倾”字，类乎倾巢出动，类乎倾箱倒箧，类乎倾国倾城，类乎倾盆大雨……总之殚精竭虑毫无保留。

可能有点夸张和矫枉过正，但倾听的重要性我以为必须提到相当的高度来认识，这是一个人心理是否健康的重要标志之一。人活在世上，说和听是两件要务。说，主要是表达自己的思想情感和意识，每一个说话的人都希望别人能够听到自己的声音。听，就是接收他人描述内心想法，以达到沟通和交流的目的。听和说像是鲲鹏的两只翅膀，必须协调展开，才能直上九万里。

现代生活飞速地发展，人的一辈子，再不是蜷缩在一个小村或小镇，而是纵横驰骋漂洋过海。所接触的人，不再是几十一百，很可能成千上万。要在相对短暂的时间内，让别人听懂你的话，让你听懂别人的话，并且在两颗头脑之间产生碰撞，这就变成了心灵的艺术。

(五)关于倾听的名言警句

(1)　耳朵是通向心灵的路。

——(法)伏尔泰

(2)　兼听则明，偏听则暗。

——《新唐书·魏征传》

(3)　倾听，是一种平等而开放的交流。

——佚名

(4)　当我们会心地听别人谈话时，我们实际上就真正在与别人沟通。

——(美)卡尔·罗杰斯

(5)　所谓“耳聪”，也就是“倾听”的意思。

——(美)爱默生

(6)　认真倾听别人的倾诉虽是细枝末节，但却体现了你谦逊的教养，能展现你的素质。

——佚名

(7)　我打破沉默的方法就是忘记自己，去倾听他人心底的沉默。

——柴静

(8)　好的倾听者，用耳朵听内容，更用心听情感。

——(美)狄金森

(9)　要做一个善于辞令的人，只有一种办法，就是学会听人家说话。

——(英)威廉·莫里斯

(10)　只愿说而不愿听，是贪婪的一种形式。

——(古希腊)德谟克利特

第三章　口头表达沟通

学习导航

口头表达，又叫口语表达，它不仅是一项技巧，更是一门系统的功课。口头表达是有效沟通的主要途径，绝大多数的沟通行为离不开口头表达，可以说，口头表达能力的强弱直接关系到沟通行为的成败。因此，掌握一定的口头表达技巧，提高口头表达能力水平，敢于、勇于在生活场景中运用口头表达，是每一名职校学生都要学习的功课，是一项顺利完成学业、进入职场的必备技能。

第一节　口头表达概述

学习目标

(1) 了解口头表达的作用，有意识地培养口头表达能力。

(2) 明确口头表达的优势、特点及不足情况。

(3) 掌握口头表达的基本要求，敢于尝试口头表达。

(4) 能够运用积极心态参与团体活动，为积极表达做好心理准备。

游戏引导

巧舌如簧

【游戏时间】

每人3分钟。

【参与人数】

每组推荐一名代表参加。

【道具准备】

一个塑料瓶、写有字的纸条若干。

【游戏概述】

这是一个根据自己抽到的纸条进行即兴演讲的游戏。

【游戏目的】

通过毫无准备的游戏测试，帮助同学们意识到口头表达的重要性，锻炼参与者即兴发挥的能力。

【游戏步骤】

(1) 老师将一些写有各种不相关话题(可以是任意内容，如地球、医院、可乐、网吧……)的纸条放在一个透明的瓶里，供各组代表抽取。

(2) 每组代表在瓶内抽取任意一张纸条，由老师宣读内容后，不允许有任何思考时间，就所抽的内容进行3分钟的即时演讲，中间不能有停顿和间隙。

(3) 活动结束后，老师组织各组对所有活动参与人员的情况进行总结和打分，并进行现场评述。

游戏感悟

(1) 你是第一次参加这样的游戏吗？过程中有什么样的感受？“脸红、心跳加快，甚至连面部肌肉也不受控制……”

____

____

(2) 你觉得选手们的表现怎么样？你又有什么建议？你觉得口头表达能力重要吗？你觉得可以从哪些方面提高自己的口头表达能力？谈谈你的看法吧。

____

____

____

____

口头表达也叫口语表达，是口头交际时使用的，通常通过声音传播的表达方式，和书面表达同属于语言表达。我们日常的交谈、说话、发言、聊天、演讲、辩论等从口中传达出的思想信息都可以说是口头表达。具备良好的口头表达能力不仅是日常生活的需要，也是一个人整体修养的展示，更是奠定成功职场生活的基石。相对于书面表达，口头表达具有自己的规律和特点。

一、口头表达的优势

1. 有声性

口头表达是靠有声语言来传情达意的。因此，要根据不同情境的表达对声音的高低、升降、快慢、轻重等作出相应的语音、语调、语气调整变化。

2. 灵活性

口头表达可以根据所处的语言环境随时调整、变化。表达者在不同的地点、场合，面对不同的任务对象，对谈话的话题、选择的角度、切入的深度等都可以随时应变。

3. 针对性

人际交流时，说话的对象是相当具体的，因而讲话可以做到有的放矢，可以对不同的人说不同的话，可以将话说得极有特色，哪怕是极微小的差别，口头表达也能准确地控制把握。

4. 自然性

口头表达通俗、平易、自然，保留了生活中许多语音、词汇和语法现象，表达生动形象、亲切自然。

5. 直接性

口头表达以面对面为主要形式，信息传递直接、便捷。在表达的同时可以借助丰富的肢体语言提高口头表达的效果。

6. 自由性

由于说话的语言环境已经为交际双方提供了许多信息，如时间、地点、人物关系、特定场景及讲话条件等，所以说话时可以直接进入具体内容，不必每个句子都要在语法和修辞上准确到位。说话时也可以根据实际需要，说说停停，并不要求一口气把话说完，说到哪儿都可以，只要听者能听明白就行。

二、口头表达的不足

1. 口头表达难度更高

口头表达是较高级的表达形式，对表达者的个人素质提出了更高的要求。口头表达基本上是现想现说，边想边说，想完了也就说完了，思考与表达是同步进行的。说出来的语句是随着表达内容的需要，自然而然吐露出来并同时加以调节的，几乎没有等待的时间。不论是“说”跟不上“想”，还是“想”跟不上“说”，在表达的过程中都会出现停顿、卡壳现象。如果事前没有准备或者准备得不充分，“想”与“说”的速度不同步或不协调，就会在表达时出现漏洞，不准确。

2. 口头表达不好修改

俗话说，“开弓没有回头箭”，口头表达更是如此。口头表达是口耳相传的过程，具有即时性，声音一旦发出，听者就能接收。表达的过程中，如果发现哪句话说错了，基本就像泼出去的水，收是收不回来了。只能最大限度地去补救，但即便马上纠正，说出一句特别得体的补救的话，虽然能起到一定的作用，但前面的话听者还是听到了，那么只要听到，听者就会在头脑中留下印象，在情感态度上产生影响，并反作用于诉说者，从反馈的角度产生影响效力。

3. 口头表达容易受外部影响

口头表达不是个体的单向活动，它是诉说者和倾听者之间的双向交流活动。口头表达时诉说者要及时察言观色，要根据交流对象的反应随时调整说话的内容和方式，甚至是结束讲话，或拓展讲话内容，这些都要由交流对象和客观条件决定。此外，说话人的情绪和说话内容的质量也直接受到所处环境的影响。

4. 口头表达容易有语病

口头表达的即时性与现场性往往使说话人来不及修饰，因而会在讲话中夹杂着许多语病和语言杂质，如口头语、粗话、脏话、啰唆语、反复词等。如果平时不注意克服这方面的语言缺陷，正式场合时这类不合时宜的语言就会脱口而出，产生的负面影响往往会使说话人后悔莫及。

三、口头表达的基本要求

1. 清晰准确

口头表达(见图 3-1)时要做到语音准确、吐字清晰、音量适中，能恰当地运用停顿、重音、语气、语调等语音技巧；做到语法规范，词语的选择准确，长短句的运用和句式的选择恰当；思路清晰语汇丰富。

2. 流畅自然

在口头表达的过程中，要做到语速适当，停顿自然，不紧张、不卡壳，缓急有度；语言亲切自然，不拖泥带水，避免使用口头禅。

3. 简短通俗

口头表达多使用短句、散句，避免使用长句、整句；语言要口语化，避免生涩词汇出现在口头表达中；要恰当地运用方言词汇。

4. 生动形象

口头表达能够恰当地运用修辞手法，语言抑扬顿挫，起伏有致；恰当地运用体态语言。

图 3-1　口头表达

第二节　运用普通话，清晰表达

学习目标

(1) 了解学习普通话的现实意义，热爱祖国语言。
(2) 掌握正确的呼吸和发声技巧。
(3) 运用“吐字归音”技巧，让语音更具辨识度。
(4) 掌握声调及语速的知识，让口头表达更清晰。

有效口头表达的首要条件应该是诉说者说的话，倾听者能听得清楚、听得明白。

案例分析 3-1

通天塔又叫巴别塔，巴别塔也译作巴贝尔塔、巴比伦塔，巴别在希伯来语中有“变乱”之意。《旧约·创世纪》中有这样一段描述：最初的时候，天下人都说一种语言，所有的人都操着同一种口音。当他们(诺亚的子孙)移居东方时，走到一个叫示拿的地方，发现一片肥沃的平原，就定居下来。他们计划修建一座城市和一座塔，塔顶要高耸入云，直达天庭，既显示人们的力量和团结，又可以免得他们分散到世界各地。于是他们通力合作，塔很快就建起来了，这事惊动了天庭的耶和华，他看见塔越建越高，心中十分嫉妒。他暗自思忖，现在天下的人们都是同一个民族，都说同一种语言，他们团结一致，什么奇迹都可以创造，那神还怎样去统治人类呢？于是，耶和华便施魔法，变乱了人们的口音，人们互相间再也听不懂对方的语言，他们无法沟通，高塔也就无法继续建造下去，最终没有建成。从此人们再也无法团结起来，变得涣散不止，各种纷争也由此而生，这就是关于“通天塔”的传说。

(资料来源：https://iask.sina.com.cn/b/iRFqlPCoJC3L.html)

上文中的故事虽然只是个传说，但它也在一定程度上说明了共同语言在社会成员交流沟通、组织社会生产中具有非常重要的作用。因此，在口头表达中只有使用规范的共同语言表达，才能达到更好的沟通效果。

一、普通话

普通话是现代汉语的标准语，以北京语音为标准音，以北方话为基础方言，以典型规范的现代白话文著作为语法规范。它是文字改革的一个重要组成部分，还是全民族共同了解、共同使用的民族共同语。1955 年，现代汉语规范问题学术会议规定：普通话是现代汉语的标准语。

在现代社会，人与人之间的交往变得无比紧密，能说一口标准的普通话不仅是一个人素质与时尚的体现，更是工作的需要。语言面貌的好坏，直接影响一个人事业发展的顺利与否。

二、普通话训练

(一)气息与发声

凤凰传奇，中国内地演唱组合，由玲花、曾毅组成。2005 年凤凰传奇组合在中央电视台大型综艺栏目“星光大道”以一首《月亮之上》征服全国观众，获得年度亚军，同年推出首张专辑《月亮之上》开创“民族流行风”类型音乐先河。凤凰传奇的音乐融合了经典的民歌元素与电子音乐、rap 等，将民族唱腔与流行唱法结合到一起，既有古典的厚重，又有现代的张扬。凤凰传奇的歌声具有强烈的感染力，高亢清亮的音色让人如置身于辽阔的草原，内心如脱缰的野马在飞驰纵横。2019 年中秋晚会上，凤凰传奇的一首《山河图》更是让人觉得荡气回肠。除了《山河图》本身词曲内容的大开大合外，凤凰传奇的演唱更是功不可没。

凤凰传奇组合的歌声之所以具有这么强的震撼力和感染力，主要是因为他们唱歌时气息平稳、发声方法正确。其实所有优秀的歌手、演员、主持人在进行专业学习之前，都要首先学习正确的气息与发声。因为不论是朗诵、演讲、辩论，还是播音、主持，这些口头表达活动都要求声音完整、流畅、自然、生动，表现力和感染力强，所以作为今后从事服务行业或相关行业的中职学生们，提升口头表达能力必须首先掌握正确的发声方法和气息技巧。

1. 常见的呼吸方法及训练

人要说话，必须有气息作为支撑，气息好比是说话的发动机。人的呼吸方式通常分为胸式呼吸法、腹式呼吸法、胸腹联合式呼吸法。

(1) 胸式呼吸法，又称为肩式呼吸法、锁骨式呼吸法。这种呼吸方法就是大多数人平常采用的自然呼吸。胸式呼吸法单靠肋骨的侧向扩张来吸气，用肋间外肌上举肋骨以扩大胸廓。在吸气时，双肩上抬，气息吸得浅且吸得少，气息进得快，去得也快，发声时音域狭窄、声音缺乏色彩变化，有生硬的感觉。

(2) 腹式呼吸法，一般婴儿都采取这种呼吸方式，通过横膈肌的上下移动，带动肺部的扩大或收缩进行呼吸。这种呼吸较深，称为深呼吸，但吸量不够多。吸气过深，拉长了气息输送的距离，声带得不到相应的压力，影响声音的亮度。

(3) 胸腹联合式呼吸法。它兼具胸式呼吸和腹式呼吸两者之长，扩大胸廓的同时又使横膈膜下降，吸气量大且吸得较深。这种方法是胸腔、横膈肌、腹肌联合控制气息，呼吸活动范围大、伸缩性强，有力度、有弹性，有利于操纵和支持声音；也为气息平稳、均衡地呼出提供了条件。胸腹联合式呼吸的要领是：气息下沉，两肋打开，膈肌下降，小腹微收。胸腹联合式呼吸法，常用以下训练方法。

慢吸慢呼。慢慢吸足气，感觉到腰腹之间充气膨胀，气入丹田，收入小腹，保持几秒后，轻轻呼出。一般要求一口气呼气发声可持续 30～40 秒。可以在呼气的时候加入以下练习：选择发音响亮的音节组成的人名进行练习，如“晓慧”，一声声渐渐远去；或者数1、2、3、4…，嘴上用力，不紧张、不憋气，不要跑气换气，数得越多越好；声音由低到高、由大到小、由近到远、由强到弱发“ɑ”的延长音，气息通畅自如，口腔、喉部放松，气流集中到硬腭前发出。

快吸慢呼。当看到一则意想不到的消息时，人们会不由自主地发出“啊”的感叹词，发声时短促地吸一口气，然后保持这气息继续默读，这正是常用的快吸慢呼的状态。吸气时快速短促，并保持气息；气息缓缓呼出，配合声音，平稳均匀。可以通过“蛤蟆功”进行练习，快速吸气后大声发出“巴—拔—把—罢”“低—答—底—大”，也可以逐渐改变声音的高低、强弱、快慢并调节好气息；呼气时，可以通过夸大上声来练习，一口气夸大延长念“请你赶紧往北走找跑马场老李”。

此外，快吸快呼、慢吸快呼等形式也可以用来进行气息训练。气息调节应把握“深、通、匀、活”四字方针，注意气息和内容的结合。呼吸动作看不见、摸不着，但是，明白了其中的原理之后，通过细心体会，反复琢磨思考，持之以恒地练习，定然成效自现。气息训练不能局限于单纯的字词音节，还需要在朗读和说话过程中灵活运用、加深体会。

在这三种呼吸方法中，最正确的呼吸方法，既不是呼吸时两肩上抬、胸廓紧张的浅胸式呼吸法，也不是呼吸时腹部一起一伏、胸部僵硬紧闭的纯腹式呼吸法，而是打开口腔用胸腔和腹腔联合运动的呼吸方法。胸腹联合式呼吸法的好处有：吸气量大且深，进气无声，速度快。如果有效地控制气息的深浅、多少和快慢，就能够达到稳健的发声状态，适应表达的需要，还有利于嗓音的保护。

能力提升

胸腹联合呼吸练习(两肋向两侧打开，使横膈肌向下沉，扩大肺部肺活量)

步骤 1：两脚与肩同宽，非常放松地站在地面上。脊椎向上挺立，向上伸展，感觉头顶中央有一根线在向上吊，肩膀像挂衣服一样架起来，身体其他部分的骨骼和肌肉都是松弛的。两臂非常松弛地垂放体侧，头部微抬，目视前方，全身放松，两肋向两侧自然打开。

步骤 2：先呼再吸。先把体内的气排出去，再吸气。吸气的要领在于，不要使用“吸”的概念。两肋向两侧打开，使横膈肌向下沉，肺部自然扩大，让大气压自然把空气压进肺里。因为如果用吸的方式，容易造成冷空气对声带的冲击，损害声带。正确的做法是松开口鼻，让气自然进入，然后保持住。吸气时，嘴巴微张，可以想象自己在闻花。

步骤 3：呼气要求两肋有控制地慢慢收回，小腹(丹田，肚脐下两指的位置)用力把气托住，慢慢把气顶出来。一口气不要一下子用光，要慢慢地、一点点地吐出来，气流均匀呼出，直至气息用尽，这对后期的清晰饱满吐字很重要。

闻花香练习

同学们可以想象在我们面前有许多盆美丽的花，你柔和地、不出声地闻着花香，胸部极力扩张，小腹尽量收缩，让花香一直吸到肺的底部，然后慢慢地、均匀地吐气。

“狗喘气”法

深吸一口气，把气吸入肺的底部，两肋扩张，小腹内收，气息下沉，笑肌上抬，闭着嘴，就好像打哈欠的感觉。

用小腹快速收缩、扩张方式喘气，先慢后快，直至快速而均匀地喘气。

绕口令练习

要求：连续快读一口气，一气呵成或适当换气。

出东门，过大桥，大桥底下一树枣，拿着杆子去打枣儿，青的多，红的少。一个枣儿，两个枣儿，三个枣儿，四个枣儿，五个枣儿，六个枣儿，七个枣儿，八个枣儿，九个枣儿，十个枣儿；十个枣儿，九个枣儿，八个枣儿，七个枣儿，六个枣儿，五个枣儿，四个枣儿，三个枣儿，两个枣儿，一个枣儿。

会炖我的炖冻豆腐，来炖我的炖冻豆腐。不会炖我的炖冻豆腐，就别炖我的炖冻豆腐。要是假充会炖我的炖冻豆腐，弄坏了我的炖冻豆腐，就吃不成我的炖冻豆腐。

诗词练习

满江红·怒发冲冠

岳飞

怒发冲冠，凭栏处、潇潇雨歇。抬望眼、仰天长啸，壮怀激烈。三十功名尘与土，八千里路云和月。莫等闲、白了少年头，空悲切。靖康耻，犹未雪。臣子恨，何时灭。驾长车，踏破贺兰山缺。壮志饥餐胡虏肉，笑谈渴饮匈奴血。待从头、收拾旧山河，朝天阙。

练习提示

- 不要有喝气声。喝气声是用口吸气造成的。这样舌面干燥，冷气刺激声带，声带湿润度降低，从而影响声音质量。
- 换气要找准气口。气口是最佳换气处。其方法是，话说出口前急速吸气，把握好吸气与话说出口的时间差，这样气流才显得充沛有力。这些解燃眉之急的换气不易被人觉察，所以又称偷气。注意，不要边说边换气。
- 换气不要端肩。胸廓的第一对肋骨是呼吸动作的支点，吸气时如果两肩耸起，第一对肋骨位置就会上移，胸腔内部就会感到空虚，发声就虚软，而且端肩姿态也不好看。

练气是一个综合的内容，不是就练气而练气，它是情绪的中枢，也是气质和气场的中枢，是声音之统帅，请同学们每天都要花 10 分钟练习正确地呼吸，坚持不懈，相信不久的将来你就能拥有饱满的“发动机”。

拓展练习

报菜名

我给您做：

蒸羊羔儿、蒸熊掌、蒸鹿尾儿、烧花鸭、烧雏鸡儿、烧子鹅、卤猪、卤鸭、酱鸡、腊肉、松花、小肚儿、晾肉、香肠；

什锦苏盘儿、熏鸡白肚儿、清蒸八宝猪、江米酿鸭子、罐儿野鸡、罐儿鹌鹑、卤什锦、卤子鹅、山鸡、兔脯、菜蟒、银鱼、清蒸哈什蚂；

烩鸭腰儿、烩鸭条儿、清拌鸭丝儿、黄心管儿、焖白鳝、焖黄鳝、豆豉鲇鱼、锅烧鲤鱼、清拌甲鱼、抓炒鲤鱼、抓炒对虾、软炸里脊、软炸鸡；

什锦套肠儿、卤煮寒鸦儿、麻辣油卷儿、熘鲜蘑、熘鱼脯儿、熘鱼肚儿、熘鱼片儿、醋熘肉片儿、烩三鲜、烩鸽子蛋、烩白蘑、烩什锦儿、炒银丝儿、熘刀鱼、清蒸火腿、炒白虾、炝青蛤、炒面鱼、炝竹笋、芙蓉燕菜、炒虾仁儿、炒腰花儿、烩海参、炒蹄筋儿、锅烧海参、锅烧白菜、炸木耳、炒肝尖儿、桂花翅子、炸飞禽、炸排骨、清蒸江瑶柱、糖熘芡仁米、拌鸡丝、拌肚丝、什锦豆腐、什锦丁儿、糟鸭、糖熘鱼片、熘蟹肉、炒蟹肉、烩蟹肉；

清拌蟹肉、蒸南瓜、酿倭瓜、炒丝瓜、酿冬瓜、熘鸭掌儿、焖鸭掌儿、焖笋、炝茭白、晒驴肉、鸭羹、蟹肉羹、鸡血汤、三鲜木须肉；

红丸子、白丸子、南煎丸子、四喜丸子、三鲜丸子、鲜虾丸子、鱼脯丸子、饹馇丸子、豆腐丸子、樱桃肉、马牙肉、米粉肉、一品肉、栗子肉，坛子肉、红焖肉、黄焖肉、酱豆腐肉、晒炉肉、炖肉、黏糊肉、烀肉、扣肉、松肉、罐儿肉、烧肉、大肉、烤肉、白肉、红肘子、白肘子、熏肘子、水晶肘子、蜜蜡肘子、锅烧肘子、扒肘条、炖羊肉、酱羊肉；

烧羊肉、烤羊肉、清蒸羊肉、五香羊肉、氽三样儿、爆三样儿、烩银丝儿、烩白杂碎、炸绣球、三鲜鱼翅、栗子鸡、氽鲤鱼、酱汁鲫鱼、活钻鲤鱼、板鸭、筒子鸡、烩脐肚、爆肚仁、盐水肘花儿、锅烧猪蹄儿、烧肝尖儿；

烧肥肠、烧心、烧肺、烧紫盖儿、烧莲蒂、烧空盖儿、油炸肺、酱瓜丝儿、山鸡丁儿、拌海蜇、龙须菜、炝冬笋、玉兰片、烧鸳鸯、烧鱼头、烧槟子、烧百合、炸豆腐、炸面筋、糖熘饹，拔丝山药、糖焖莲子；

酿山药、杏仁酪、小炒螃蟹、氽大甲，什锦葛仙米、蛤蟆鱼、扒带鱼、海鲫鱼、黄花鱼、扒海参、扒燕窝、扒鸡腿儿、扒鸡块儿、扒肉、扒面筋、扒三样儿、油泼肉、酱泼肉、炒虾黄儿、熘蟹黄儿、炒子蟹、炸子蟹、佛手海参、炒芡了米、奶汤、翅子汤、三丝汤、熏斑鸠、卤斑鸠、海白米、烩腰丁儿、火烧茨菰、炸鹿尾儿、焖鱼头、拌皮渣儿、氽肥肠儿、清拌粉皮儿、木须菜、烹丁香、烹大肉、烹白肉、麻辣野鸡、咸肉丝儿、白肉丝儿、荸荠、一品锅、素炝春不老、清焖莲子、酸黄菜、烧萝卜、烩银耳、炒银枝儿、八宝榛子酱、黄鱼锅子、白菜锅子、什锦锅子、汤圆子锅、菊花锅子、煮饽饽锅子、肉丁辣酱、炒肉丝儿、炒肉片、烩酸菜、烩白菜、烩豌豆、焖扁豆、汆毛豆，外加腌苤蓝丝儿。

相声：比“嘴功”

甲：今天，咱俩比比“嘴功”。我有来言，你有去语。

乙：可以，我如果说“大”，那你就得说“多”。

甲：我要是说“顺”，那你就得说“和”。

乙：好！“大、多、顺、和”四个字。你先说大，开始——”

甲：(由慢到快)国庆喜气大，国家变化大，北京开人大规划真宏大，工程大气派大，投入效益大，上班干劲大下班乐趣大，学习劲头大唱歌嗓门儿大，生活改善大饭菜香味大，鱼大虾大蛋大鸡大碟子也大碗也大，油水大胃口大，大张嘴嘴张大，少见女人大肚子常见男人的肚子大——

乙：你那是啤酒肚子啊！还是少喝点儿吧！且听我说“多”——国庆欢乐多四方喜讯多，城市发展多农村建设多，机械多水利多，化肥多良种多，绿化多粮食多，现在是，能人多强人多新星多新秀多，大经理多企业家多，博士多硕士多教师多专家多，做学问的人多做生意的人更多，读书的多不读书的也多，考托福的多烤羊肉串的也多——

甲：(快接)吃羊肉串儿的更多！你听我说“顺”——同心同德者顺哉，顺者同心同心者顺，腾飞的中华百业待顺，政治要理顺经济要理顺，思想要理顺文化要理顺，方方面面都要理顺，工作顺农业顺国防顺科技顺，交通道路顺建设顺改革顺，党的领导要顺思想工作要顺，对内政策要顺对外关系要顺，13 亿人民心和气顺！

乙：安定团结者和也，和者团结团结者和，单手为分联手为和，改革的中国首先要和，党政要和干群要和，新老要和中青要和，军民要和官兵要和领导班子特别要和。中央和省市和地方和地区和，工农和城乡和学校和工厂和，家庭和邻居和兄弟和姐妹和，你和我和他也和，海峡两岸要和，中国共产党同民主党派要和，满汉蒙回藏 56 个民族要和上加和，建设具有中国特色的社会主义祖国需要和必须和只能和不能不和——

甲：说得好！

甲乙：(合，更快)我们的力量来自党和国和军和民和，唯有同心同德紧密团结广泛联合，才能心情舒畅事业发达步调与时俱进国家兴旺政通人和！

2. 发声技巧及训练

著名配音演员邱岳峰生来嗓音干哑、声带滞涩，但不妨碍他以独特的音色演绎众多不同角色的神韵，给听众留下难忘的印象。京剧大师周信芳的本音色也是喑哑粗沙，但却一样创造出了刚健苍劲的唱念风格。我们可能没有天生的好嗓子，但学会掌握正确的发声方法，恰当地运用技巧，就能产生共鸣，拓展音域，增强响度、亮度，声音也会变得好听，有魅力。

1) 发音器官(见图 3-2)

发音器官是为发声提供声音素材的器官，表面看起来主要由喉、口腔构成，其实人体的发音器官可以分为三大部分：动力区、声源区、调音区。

(1) 动力区——肺、横膈膜、气管。

肺是呼吸气流的活动风扇，呼吸的气流是语音的动力。肺部呼出的气流，通过支气管器官到达喉头，作用于声带、咽腔、口腔、鼻腔等发音器官。它决定声音的大小与连贯，这也是为什么我们要先学习正确胸腹式联合呼吸法的原因。

(2) 声源区——声带。

声带位于喉头的中间，是两片富有弹性的带状薄膜。两片声带之间的空隙叫声门，肌肉的收缩，环状软骨活动起来可使声带放松或收紧，使声门打开或关闭，从肺中出来的气流通过声门使声门振动发出声音，控制声带松紧的变化可以发出高低不同的声音来。声带是人体专门的发音器官，但声带本身发出的声音很微弱，必须借助于共鸣器官才能扩大音量，美化音色。声源系统决定了我们的音色如何。

(3) 调音区——口腔、鼻腔、咽腔。

口腔(包括唇、齿和舌头)后面是咽腔，咽头上通口腔、鼻腔，下接喉头。口腔和鼻腔靠软腭和小舌分开。软腭和小舌上升时鼻腔关闭，口腔畅通，这时发出的声在口腔中共鸣，叫口音。软腭和小舌下垂，口腔成阻，气流只能从鼻腔中发出，这时发出的音主要在鼻腔中共鸣，叫鼻音。如果口腔没有阻碍，气流从口腔和鼻腔同时呼出，发出的音在口腔和鼻腔同时产生共鸣，叫鼻化音(也叫半鼻音或口鼻音)。调音系统直接决定发出的声音清晰与否。

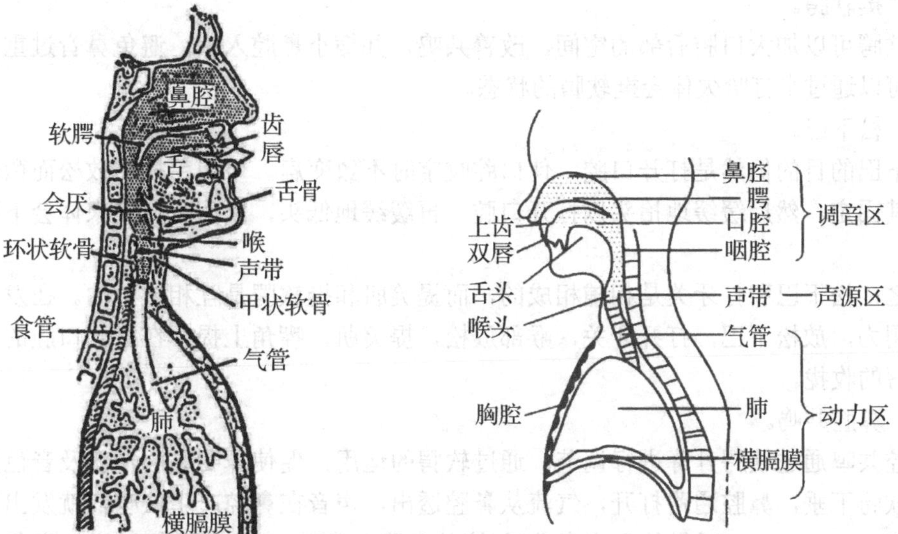

图 3-2　发音器官

2) 发声技巧

发声为语音提供声音素材，发声的原理是声带闭合，由气流的传动产生声带的振动，从而发出声音。喉是发声的主体。喉在呼吸气流的作用下，通过声带的振动，产生声音，这些声音本身很弱，音色也不太好听，但在共鸣的作用下，转变成语音中的元音，元音是响亮的声音，语音的音高、音色、音量及音长都与元音有密切关系。这里所讲的发声技巧主要是共鸣，虽然我们平时说话也会有共鸣现象出现，但那属于无意识地共鸣，不够准确也不完美，运用有意识地共鸣，声音就会有响度、亮度和色彩，而且发声也不觉得吃力。

说话发声的共鸣主要是口腔、鼻腔和喉腔，混合共鸣是以口腔共鸣为主的头腔、胸腔、口腔共同产生的共鸣形式。

(1) 口腔共鸣。

气息冲击声带，声带振动产生微弱的原声，经过共鸣器的加工形成人耳听到的语音。咽腔是气息和声波的主要通道，对音质的影响很大，口腔是形成语音的最重要的共鸣器，是产生中音区的主要共鸣器官。得到胸腔共鸣的支持，声音可变得厚重；得到鼻腔(头腔)共鸣的支持，声音可变得明亮。调节共鸣器官使声音响亮、优美，同时起到保护声带的作用。口腔共鸣的要领包括打牙关、提笑肌、挺软腭、松下巴。

① 打牙关。

所谓打牙关，就是打开上下大牙齿(槽牙)，给口腔共鸣留出空间。可以用手触摸耳根前大牙的位置，检查是否打开牙关。以开带闭，以宽带窄，是打开牙关的重要方法。在元音中，ɑ音的开口度最大，可单练如下音节：

lā(拉) lái(来) lán(兰) lǎo(老) làng(浪)

② 提笑肌。

微笑对于加强口腔前部的共鸣和唇部的力量很有帮助。微笑着说话，嘴角微微向上翘(不要咧嘴角)，同时感觉鼻翼张开了，这样可以使声音更清亮。发声时可以根据内容需要适当地调整面部表情。

③ 挺软腭。

挺软腭可以加大口腔后部的空间，改善共鸣，并缩小鼻腔入口，避免鼻音过重。简单地说，可以通过半打哈欠体会挺软腭的状态。

④ 松下巴。

松下巴的目的仍然是打开口腔，使口腔咬字时不致变扁。可用手扶住放松而微收的下巴，使其固定，然后缓缓地抬头以打开口腔，再缓缓地低头，以闭合口腔来体会下巴放松的感觉。

总之，松下巴和打牙关是相辅相成的，而提笑肌和挺软腭是互相依存的。在发音时双唇集中用力，放松下巴，打开牙关，喉部放松，提笑肌，嘴角上提。在打开口腔的时候，要注意唇的收拢。

(2) 鼻腔共鸣。

鼻腔共鸣通过软腭升降进行调节，通过软腭的运用，促使鼻咽腔的形状及音色发生变化。当软腭下垂，鼻腔通路打开，气流从鼻腔透出，声音在鼻腔产生共鸣，就发出了标准的鼻辅音 m、n、ng。适量的元音鼻化(气流从口腔和鼻腔同时呼出)可以增加音色的明亮度，过多的鼻化会使整个语言面貌大打折扣。手捏鼻孔不出气发“ɑ”音与加入鼻腔共鸣发“ɑ”音比较，体会鼻腔共鸣。

(3) 胸腔共鸣。

胸腔共鸣是基本共鸣，它是指声带振动激起气管内空气柱振动，传送到肺再扩张及整个胸腔，引起整个后脑及其以下腔体的所有共鸣。说话和唱歌，都离不开胸腔共鸣，发声时把手放在胸部，可以感觉胸部在振动，这说明胸腔共鸣在不知不觉中已经产生了。胸腔共鸣过多，会使音色发闷，影响字音的清晰；胸腔共鸣过少，则音色显得单薄、飘浮。闭上嘴巴，发“嗯”音，带上深情的感觉，低低地哼唱，体会胸腔的振动。

能力提升

1. 共鸣体验

步骤 1：口半张，下巴微收，发“ɑ——”。

步骤 2：口微张，提嚼肌，似放松微笑状，体会上下贯通共鸣感，发“o——”。

步骤 3：挺软腭，发鸭叫声。

步骤 4：用“拉拉”方式，哼唱一首歌，也可用“eng”方式哼唱，并用鼻音带出歌词。

训练要点：

- 不要只在喉咙上用劲儿，要使口腔、鼻腔、喉腔、脑腔、胸腔都参与共鸣，体会一下声音是否响亮一些、浑厚一些、悦耳一些。
- 发“o”时，口腔要呈圆筒形，否则发声会又闷又扁。

2. 拓展音域

步骤 1：用夸大的声调，大声读如下词语。

短小精悍　智勇双全　千锤百炼　乘风破浪　中流砥柱

破釜沉舟　海枯石烂　山明水秀　触景生情　流芳百世

步骤 2：用打高调方式朗诵苏轼的词《念奴娇·赤壁怀古》。

大江东去，浪淘尽，千古风流人物。故垒西边，人道是，三国周郎赤壁。乱石穿空，惊涛拍岸，卷起千堆雪。江山如画，一时多少豪杰。

遥想公瑾当年，小乔初嫁了，雄姿英发。羽扇纶巾，谈笑间，樯橹灰飞烟灭。故国神游，多情应笑我，早生华发。人生如梦，一尊还酹江月。

训练要点：

这首词要读得豪放有力，第一个字调要起得高。发高音时不要仰头、端肩，注意收紧小腹，以加强气流对声带的压力，为保持声音的力度，可以辅以快速地换气、补气。另外，发高音不要把嗓子用满，不要有多高音就发多高的音，要留有余地。

步骤 3：用低沉的语调朗读鲁迅的小说《故乡》的开头部分，表现沉郁的气氛和悲凉的心境。

我冒了严寒，回到相隔二千余里，别了二十多年的故乡去。

时候既然是深冬，渐近故乡时，天气又阴晦了，冷风吹进船舱中，呜呜地响，从缝隙向外一望，苍黄的天下，远近横着几个萧索的荒村，没有一些活气，我的心禁不住悲凉起来了，啊！这不是我二十年来时时记得的故乡？

训练要点：

发低音时，气息要有充足的保证。这样音色虽低沉，但沉而不浊，声音虽弱，但弱而不散，声音虽虚，但有内在力度。

3. 提高响度

有的人基音较低，音域较窄，不习惯在自如声区做音域的升降处理，这样他们说话的语势就很平板，缺乏响度。因此，提高说话的响度，一是心理问题，二是技巧问题。从心理方面来说，可以用“大声呼喊”的方法克服胆怯的心理。从技巧方面来说，第一，要注意用气，使声音有充足的底气；第二，从第一句话起就要提高音调；第三，口腔打开，头稍抬，运用共鸣。

步骤 1：大声发“ɑ o e i u”的音。

步骤 2：大声发下面的音。

ba pa ma fa da ta na la jia qia xia

步骤 3：大声喊“×××，你在哪里？”

“我在这里”

“有志者事竟成！”

训练要点：

- 使神经处于兴奋状态，始终坚持“胰胸收腹”的呼吸方法。
- 从自然音高喊起，喊到一定高度即可，不可乱喊，勉强吊得太高，会把嗓子喊坏。
- 不可迎着风喊，如身体不适，应停止训练。
- 短期训练效果不明显，贵在坚持，但每次训练时间不要超过十分钟。

拓展练习

口腔共鸣训练

词语练习

澎湃　碰壁　拍打　喷泉　品牌　冰雹　拍照　平静　抨击　批评

宣纸　挫折　菊花　捐助　波浪　拨款　白菜　广播　菠萝　蒸馍

哗啦啦　噼啪啪　咣啷啷　扑通通　呼噜噜　静悄悄　水汪汪　白茫茫　笑哈哈　乱哄哄

班门弄斧　满园春色　反唇相讥　藏龙卧虎　山高水低　开天辟地

花前月下　乔迁之喜　小家碧玉　百炼成钢　波澜壮阔　翻江倒海

绕口令练习

白石塔，白石搭，白石搭白塔，白塔白石搭，搭好了白石塔，白塔白又大。

鼻腔共鸣训练

词语练习

妈妈　买卖　弥漫　出门　戏迷　分秒　人民　头脑　困难　南宁

诗文练习

物格而后知至，知至而后意诚，意诚而后心正，心正而后身修，身修而后家齐，家齐而后国治，国治而后天下平。

——选自《礼记·大学》

归园田居(其一)

陶渊明

少无适俗韵，性本爱丘山。误落尘网中，一去三十年。
羁鸟恋旧林，池鱼思故渊。开荒南野际，守拙归园田。
方宅十余亩，草屋八九间。榆柳荫后檐，桃李罗堂前。
暧暧远人村，依依墟里烟。狗吠深巷中，鸡鸣桑树颠。
户庭无尘杂，虚室有余闲。久在樊笼里，复得返自然。

胸腔共鸣训练

词语练习

夸张发声体会：好 百 米 走

朗读：暗淡 反叛 散漫 武汉 计划 到达 发展 出价

诗词练习

凉州词(其一)

王翰

葡萄美酒夜光杯，欲饮琵琶马上催。
醉卧沙场君莫笑，古来征战几人回。

江城子·密州出猎

苏轼

老夫聊发少年狂，左牵黄，右擎苍，锦帽貂裘，千骑卷平冈。为报倾城随太守，亲射虎，看孙郎。

酒酣胸胆尚开张，鬓微霜，又何妨！持节云中，何日遣冯唐？会挽雕弓如满月，西北望，射天狼。

口头表达时发声要点在于保持声道的通畅，不能前伸脖子，也不要压着喉头说话，这样才能保证气流的通畅，形成共鸣腔。另外，从喉部发出的声音到口腔的激发点应该是打在硬腭的前部，这样发出的声音才清楚。

(二)吐字归音

普通话是中华民族统一规范用语，在人们的交际沟通中起着重要的作用。但是汉语普通话的发音本身并不丰富，据统计，刨除四声(音调)的变化外，普通话的发音只有四百多个，普通话中的同音字、同音词、音近字特别多。我们在实际沟通交流中，如果发音不清楚、发错音的话，在口头表达行为中就容易造成很大的误解，影响沟通效果。比如说，“通信”和“同性”，这两个词由于发音相近，如果发音不到位，在口头表达交流中，就容易引起误会，闹出笑话，甚至造成损失。

吐字归音是中国传统戏曲声乐艺术的一种发音方法，也是我们在普通话训练中常用的咬字方法。其目的就是在口头表达中把每个字吐清楚，发音到位，使字音准确、清晰、饱满有力。

普通话每一个汉字对应一个发音音节。从音节的角度看，汉字音节通常由声母、韵母、声调三部分构成。韵母又可以分为韵头、韵腹、韵尾三个部分。例如，piao 这个音节

p	i	ɑ	o
声母	韵头	韵腹	韵尾

吐字归音又根据汉语语音特点，将一个音节(汉字)分为字头、字腹、字尾三个部分：字头是一个汉字音节的开头部分，一般是由组成这个音节的声母，有的还有韵头构成；字

腹是组成这个汉字音节的韵腹(韵母中的主要元音)部分；字尾是组成这个汉字音节的韵尾部分。例如，piɑo 这个音节

pi	ɑ	o
字头	字腹	字尾

并在这个音节(汉字)的发音过程中对应为“出字”“立字”“归音”三个阶段，即从出字(字头)开始，经过立字(字腹)，再到归音(字尾)，通过对每一阶段口腔的精心控制，使得发音整体达成清晰有力、珠圆玉润的境界。

pi	ɑ	o
字头	字腹	字尾
出字	立字	归音

1. 吐字归音要领

1) 出字清晰，咬准字头

“出字”是指声母以及韵头的发音过程，即“咬字”阶段。咬字要求干净利落、弹发有力，并与韵头迅速结合，如练 liàn，l 是字头，i 是韵头，ɑ 是字腹，n 是字尾。整个字头的发音应具有一定的弹射力，这是整个音节是否有“力度”的关键。字头部位是否准确，咬字是否适当，是汉语语流中是否字字清晰，并且有一定“亮度”的关键。

2) 立字饱满，吐清字腹

“立字”是指韵腹(字腹)的发音过程。韵腹的发音应有“拉开立起”之势，要“立得住”，也称立度。汉字音节中，口腔开合角度最大、泛音共鸣最丰满、声音最响亮的就是韵腹(主要元音)。比如“好”，hǎo，“ɑ”是 d 发音开口最大的元音，它就是这个音节中的韵腹(字腹)，这个音发到位，字才会立得住，再加上韵腹是声调(字神)的主要体现者，声调和韵腹充实的声音结合在一起，在口头表达中就形成了抑扬顿挫的语言音乐美。

3) 归音到位，收住字尾

“归音”是指音节发音的收尾过程。要求字尾弱收，肌肉由紧渐松，口腔随之由开渐闭、渐松。归音干净利索，趋向鲜明，既不可拖泥带水留尾巴，也不可唇舌“不到家”。开尾音节收音时应注意用减弱的声波来收束音尾，不要改变口腔的大小，不可“吃字”“倒字”“丢字”。“吃字”即吃了字头，出字不好；“倒字”即韵腹发音有毛病，字没有立住；“丢字”即归音不到家，丢了字尾。

2. 吐字的发音关键——声母

声母是汉语音节开头的辅音。“辅音”是指气流在口腔或咽头受到阻碍而形成的音。我们发音时，气流受到发音器官的各种阻碍，声带不一定振动，产生的不够清晰响亮的音素叫辅音。普通话中有 21 个辅音声母，其特点就是时值短、音势弱，容易受到干扰。因此声母的发音是口头表达中吐字准确的关键，发声母时要咬得准、发得清，才能为整个音节的准确发音打下基础。需要注意的是，有的音节开头没有辅音做声母，我们称之为零声母音节。例如，“月”(yuè)。

“y”，不是声母，而是元音“i”的大写形式。根据汉语拼音方案规定，y、w 分别为

有韵头的零声母音节，韵头 i、u 的改写，如音节“yan”是零声母音节 ian 的改写，即 yan 作为一个整体，故 y、w 不算做声母；但根据人们的习惯拼法，会将 yan 使用声母拼韵母的方式拼出，即 y-an-yan，因此有的资料、图表会把 y、w 放在声母部分，但要明确它们并不是声母。

1) 21 个声母及分类(见表 3-1 声母表)(见表 3-2 普通话辅音声母总表)。

表 3-1 声母表

b	p	m	f	d	t	n	l	g	k	h	j	q	x	z	c	s	zh	ch	sh	r

21 个声母根据发音部位和发音方法的不同，可以从下面几个方面去描述。

(1) 按发音部位分类(发音部位：发音时发音器官构成阻碍的部位)。

① 双唇音：b p m(3 个)。

② 唇齿音：f(1 个)。

③ 舌尖前音：z c s(3 个)。

④ 舌尖中音：d t n l(4 个)。

⑤ 舌尖后音：zh ch sh r(4 个)。

⑥ 舌面音：j q x(3 个)。

⑦ 舌根音：g k h(3 个)。

(2) 按发音方法分类(发音方法：发音时喉头、口腔和鼻腔节制气流的方式和状况)，包括以下三个方面。

① 阻碍方式。

- 塞音：b p d t g k(6 个)。
- 塞擦音：z c zh ch j q(6 个)。
- 擦音：f h s sh r x(6 个)。
- 鼻音：m n(2 个)。
- 边音：l(1 个)。

② 声带是否颤动。

- 清音(不颤动)：b p f d t g k h j q x z c s zh ch sh (17 个)。
- 浊音(颤动)：m n l r(4 个)。

③ 气流的强弱。

- 送气音：p t k c ch q(6 个)。
- 不送气音：b d g z zh j(6 个)。

将这四个方面综合起来就形成了各个声母的“名称”。其公式：名称=部位+气流+声带+阻碍方式。

如：b 双唇不送气清塞音；p 双唇送气清塞音；m 双唇浊鼻音；f 唇齿清擦音。

表 3-2　普通话辅音声母总表/图片中方括号为国际对应音标

发音方法 \ 声母 \ 发音部位			唇音：双唇音（上唇、下唇）	唇音：唇齿音（上齿、下齿）	舌尖前音（舌尖、齿背）	舌尖中音（舌尖、上齿龈）	舌尖后音（舌尖、硬腭前）	舌面音（舌面前、硬腭前）	舌根音（舌根、软腭）
塞音	清音	不送气音	b[p]			d[i]			q[k]
		送气音	b[p‘]			t[t‘]			k[k‘]
塞擦音	清音	不送气音			z[ts]		zh[ts]	j[tc]	
		送气音			c[ts‘]		ch[ts‘]	q[tc‘]	
擦音	清音			f[f]	s[s]		sh[s]	x[c]	h[x]
	浊音						r[z]		
鼻音	浊音		m[m]			n[n]			
边音	浊音					l[l]			

2)　易发错的声母发音训练(见图 3-3)

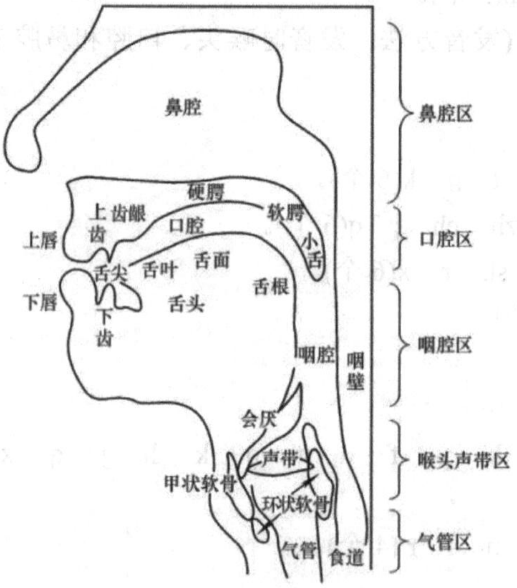

图 3-3　发音器官纵侧面示意

(1)　平舌音与翘舌音训练(舌尖前音与舌尖后音)。

平舌音，舌头平伸，抵住或接近上齿背，发出 z　c　s。

发音时舌尖轻轻抵住上齿背，软腭上升，关闭鼻腔通道，声带不振动，气流较弱，首先冲开一条窄缝，然后再从窄缝中挤出，摩擦成声。

①　z：舌尖平伸抵近下齿与上门齿背接触成阻，除阻时气流从窄缝间透出。

嘈杂 cáo zá	赞颂 zàn sòng	残存 cán cún	走私 zǒu sī	宗族 zōng zú
总则 zǒng zé	自尊 zì zūn	罪责 zuì zé	造作 zào zuò	枣子 zǎo zi

② c：成阻与“z”相同，不同之处在于除阻时送气。

参赛 cān sài　彩色 cǎi sè　粗糙 cū cāo　草丛 cǎo cóng　粗俗 cū sú

参差 cēn ci　苍翠 cāng cuì　猜测 cāi cè　措辞 cuò cí　催促 cuī cù

③ s：舌尖平伸抵近下门齿背，舌尖前部接近上门齿背，气流从上下齿之间擦出。

色素 sè sù　琐碎 suǒ suì　思索 sī suǒ　诉讼 sù sòng　松散 sōng sǎn

四岁 sì suì　速算 sù suàn　瑟缩 sè suō　缫丝 sāo sī　丧葬 sāng zàng

翘舌音，舌尖翘起，接触或接近前硬腭，发出 zh ch sh r。

发音时舌尖上翘，抵住硬腭前部，软腭上升，关闭鼻腔通道，声带不振动，气流首先将阻碍冲开一条窄缝，然后经窄缝摩擦成声。需要注意的是，r 发声时声带振动，舌头不与上腭接触，舌头纵向卷起来，形成 U 形。

④ zh：舌尖上翘，接触硬腭前端成阻，除阻时气流从舌尖与硬腭间透出，不送气。

政治 zhèng zhì　庄重 zhuāng zhòng　茁壮 zhuó zhuàng　卓著 zhuó zhù

招展 zhāo zhǎn　主张 zhǔ zhāng　住宅 zhù zhái　辗转 zhǎn zhuǎn

⑤ ch：成阻与“zh”相同，不同之处在于除阻时送气。

长城 cháng chéng　驰骋 chí chěng　超产 chāo chǎn　戳穿 chuō chuān

充斥 chōng chì　车窗 chē chuāng　出差 chū chāi　初尝 chū cháng

⑥ sh ：舌尖上翘，接近硬腭前端，除阻时气流从窄缝间擦出。

山水 shān shuǐ　生熟 shēng shú　上升 shàng shēng　述说 shù shuō

属实 shǔ shí　施舍 shī shě　绅士 shēn shì　烧伤 shāo shāng

⑦ r ：成阻与“sh”相同，不同之处在于声带振动。

柔软 róu ruǎn　仍然 réng rán　忍让 rěn ràng　荏苒 rěn rǎn

容忍 róng rěn　如若 rú ruò　柔韧 róu rèn　扰攘 rǎo rǎng

课堂练习 3-1

1. 读准下列词语字音

z——早操	簪子	紫菜	自私	增色	阻塞	啧啧
c——操纵	沧桑	彩色	测算	词素	测字	从此
s——塑造	宋词	素材	酸菜	色素	缫丝	色泽
r——融入	仍然	柔软	容忍	冉冉	软弱	荣辱
zh——主持	装饰	正式	真诚	招生	斟酌	重视
ch——成长	彳亍	充实	长征	城市	传承	产生
sh——硕士	设置	慎重	舒畅	市场	山水	双城

2. 听辨训练

酥油 —— 输油	失眠 —— 丝绵	私立 —— 失利
特色 —— 特赦	形似 —— 形式	私营 —— 失迎
极速 —— 级数	四季 —— 事迹	祠堂 —— 池塘
推辞 —— 推迟	词序 —— 持续	木材 —— 木柴
就此 —— 臼齿	辞藻 —— 迟早	粗气 —— 出气
村庄 —— 春装	增兵 —— 征兵	大字 —— 大致

赞礼 —— 占理　　　　组成 —— 主城　　　　自产 —— 置产
组件 —— 主见　　　　资源 —— 支援　　　　仿造 —— 仿照

3. 绕口令练习

四是四，十是十，十四是十四，四十是四十。莫把四字说成十，休将十字说成四。若要分清四十和十四，经常练说十和四。四是四，十是十，十四是十四，四十是四十。这是不同的数字。谁说十四是四十，或说四十是十四，假使说错了，就可能误事。

4. 诵读练习

沁园春·长沙

毛泽东

独立寒秋，湘江北去，橘子洲头。看万山红遍，层林尽染；漫江碧透，百舸争流。鹰击长空，鱼翔浅底，万类霜天竞自由。怅寥廓，问苍茫大地，谁主沉浮？

携来百侣曾游。忆往昔峥嵘岁月稠。恰同学少年，风华正茂；书生意气，挥斥方遒。指点江山，激扬文字，粪土当年万户侯。曾记否，到中流击水，浪遏飞舟？

(2) 舌尖音训练。

舌尖音成阻部位在舌尖，着力点在舌尖，发音时短促、有力。声母中一共有四个舌尖中音：d　t　n　l。

① d：舌尖抵上齿龈成阻，然后舌尖用力弹开，除阻时不送气。

道理 dào lǐ　　蹲点 dūn diǎn　　导弹 dǎo dàn　　导读 dǎo dú　　断定 duàn dìng
对等 duì děng　　多动 duō dòng　　多端 duō duān　　对待 duì dài　　堆叠 duī dié

② t：成阻部位和“d”一样，不一样的地方在于除阻时送气。

塔台 tǎ tái　　抬头 tái tóu　　泰斗 tài dǒu　　贪图 tān tú　　忐忑 tǎn tè
袒露 tǎn lù　　探头 tàn tóu　　饕餮 tāo tiè　　疼痛 téng tòng　　体贴 tǐ tiē

③ n：舌尖抵上齿龈成阻，软腭下垂，声带振动，气流从鼻腔透出。

哪能 nǎ néng　　奶牛 nǎi niú　　男女 nán nǚ　　能力 néng lì　　泥淖 ní nào
黏腻 nián nì　　袅娜 niǎo nuó　　扭弄 niǔ nòng　　许诺 xǔ nuò　　难耐 nán nài

④ l：舌尖抵上齿龈成阻，声带振动，舌头中间的通路阻塞，气流从舌的两侧流出。

拉倒 lā dǎo　　蜡疗 là liáo　　来电 lái diàn　　来路 lái lù　　拦路 lán lù
朗朗 lǎng lǎng　　劳累 láo lèi　　老龄 lǎo líng　　勒令 lè lìng　　磊落 lěi luò

课堂练习 3-2

1. 发音训练

n—— 女人　内行　思念　全能　能力　小鸟　农民　酿造　年轻
　　怒火　年岁　逆行　你们　分内　粉嫩　袅娜　诺言　纳福
l—— 老师　落叶　质量　卡车　合理　破烂　磨炼　路途　理解
　　历届　激烈　可乐　阁楼　马路　迷恋　鼓励　狐狸　靓丽

2. 听辨训练

难填 —— 蓝天	河南 —— 荷兰	年节 —— 连接
南山 —— 蓝山	女客 —— 旅客	留念 —— 留恋
流年 —— 榴梿	神农 —— 神龙	聊天 —— 良田

3. 绕口令训练

★大刀对单刀，单刀对大刀，大刀斗单刀，单刀夺大刀。

★打南边来了个喇嘛，手里提了五斤鳎目，打北边来了个哑巴，腰里别着个喇叭，提了鳎目的喇嘛要拿五斤鳎目去换北边哑巴腰里别着的喇叭，别着喇叭的哑巴不愿意拿喇叭去换提了鳎目的喇嘛的鳎目，提了鳎目的喇嘛就急了，拿起了五斤鳎目打了别着喇叭的哑巴一鳎目，别着喇叭的哑巴也急了，顺腰里摘下喇叭，打了提了鳎目的喇嘛一喇叭，也不知道是提了鳎目的喇嘛打了别着喇叭的哑巴一鳎目，还是别着喇叭的哑巴打了提了鳎目的喇嘛一喇叭，喇嘛回家炖鳎目，哑巴回家吹喇叭。

★老罗拉了一车梨，老李拉了一车栗。老罗人称大力罗，老李人称李大力。老罗拉梨做梨酒，老李拉栗去换梨。

★有个面铺门朝南，门上挂着蓝布棉门帘，摘了蓝布棉门帘，面铺门朝南；挂上蓝布棉门帘，面铺还是门朝南。

(3) 其他声母训练。

① 双唇音训练：b　p　m。

a. b：双唇紧闭持阻，然后爆破成声，除阻时不送气。

伯伯 bó bo　　菠萝 bō luó　　广播guǎng bō　　标兵 biāo bīng

b. p：双唇紧闭持阻，然后爆破成声，除阻时送气。

婆婆 pō po　　判官 pàn guān　　碰巧 pèng qiǎo　　朋友 péng you

c. m：双唇紧闭，软腭下垂，声带振动，气流从鼻腔透出。

馍馍 mó mo　　磨盘 mò pán　　拉磨 lā mò　　麻烦 má fán

课堂练习 3-3

1. 读准下列的字

杯	布	饱	奔	闭	边	匹	破	偏	捧
爬	胖	骂	膜	满	面	牧	名	磨	梦

2. 绕口令训练

★八百标兵奔北坡，炮兵并排北边跑。炮兵怕把标兵碰，标兵怕碰炮兵炮。

★巴老爷有八十八棵芭蕉树，来了八十八个把式要在巴老爷八十八棵芭蕉树下住。巴老爷拔了八十八棵芭蕉树，不让八十八个把式在八十八棵芭蕉树下住。八十八个把式烧了八十八棵芭蕉树，巴老爷在八十八棵树边哭。

★坡前有盘磨，拉磨驴腿跛。笸箩破，不能簸；簸箕破，无法簸。跛驴簸箕和笸箩，破破烂烂一盘磨。

② 唇齿音训练：f。

f：上门齿与下唇接触，气流从窄缝间挤出，摩擦发声，送气。

发放 fā fàng　　防范 fáng fàn　　非分 fēi fèn　　复方 fù fāng

课堂练习 3-4

1. 读准下面的字

方　法　废　扶　粉　帆　风　房　峰　肥

2. 绕口令训练

粉红墙上画凤凰，凤凰画在粉红墙。红凤凰、粉凤凰，红粉凤凰、花凤凰。

③　舌面音训练：j　q　x。

a. j：成阻时舌面向上贴紧硬腭前端，舌尖下垂，除阻时气流从窄缝间透出，不送气。

家教 jiā jiào　激进 jī jìn　机警 jī jǐng　加紧 jiā jǐn

检举 jiǎn jǔ　讲演 jiǎng yǎn　街垒 jiē lěi　精简 jīng jiǎn

b. q：成阻时同“j”，只是除阻时送气。

凄切 qī qiè　祈请 qí qǐng　卡壳 qiǎ ké　恰巧 qià qiǎo

千金 qiān jīn　枪械 qiāng xiè　墙裙 qiáng qún　全权 quán quán

c. x：舌面向上接近硬腭前端，除阻时气流从舌面与硬腭之间擦出，送气。

西夏 xī xià　瞎信 xiā xìn　纤细 xiān xì　向下 xiàng xià

消息 xiāo xī　写信 xiě xìn　馨香 xīn xiāng　休息 xiū xī

课堂练习 3-5

1. 读准下列词语

季节　亲切　消息　军队　形象　积极　全球

加紧　鲜血　警戒　学校　祈求　选秀　进修

蹊跷　闲心　信心　混合　军区　进行　情绪

2. 绕口令训练

★七加一、七减一，加完减完等于几？七加一、七减一，加完减完还是七。

★稀奇稀奇真稀奇，麻雀踩死老母鸡，蚂蚁身长三尺六，八十老头车里坐。

★姐姐借刀切茄子，去把儿去叶儿斜切丝，切好茄子烧茄子、炒茄子、蒸茄子，还有一碗焖茄子。

④　舌根音训练：g　k　h。

a. g：舌根顶住软腭，然后突然放开，除阻时不送气。

桂冠guì guān　滚烫gǔn tàng　过后guò hòu　过路guò lù

硅谷guī gǔ　光轨guāng guǐ　灌录guàn lù　孤立gū lì

b. k：舌根顶住软腭，然后突然放开，除阻时送气。

咖啡 kā fēi　开拍 kāi pāi　慨叹 kǎi tàn　刊发 kān fā

看顾 kàn gù　考量 kǎo liáng　可怕 kě pà　坑骗 kēng piàn

c. h：舌根接近软腭，气流从舌根与软腭的中间擦出，送气。

华美 huá měi　滑冰 huá bīng　欢快 huān kuài　环顾 huán gù

婚礼 hūn lǐ　黄钟 huáng zhōng　辉煌 huī huáng　徽标 huī biāo

课堂练习 3-6

1. 读准下列词语

巩固　宽阔　欢呼　概括　光滑　宽广　抗旱

鸿沟　汇款　护航　高贵　观看　改换　开垦

考古　看护　洪荒　华贵　航空　关怀　桂花

2. 绕口令训练

★哥挎瓜筐过宽沟，赶快过沟看怪狗，光看怪狗瓜筐扣，瓜滚筐空哥怪狗。

★华华有两朵黄花，红红有两朵红花。华华要红花，红红要黄花。华华送给红红一朵黄花，红红送给华华一朵红花。

3. 归音的发音关键——韵母

普通话韵母共有 39 个，数目比声母多，系统也比较复杂。所有韵母中，除鼻韵母的韵尾是辅音外，其他的音都是非鼻化元音。元音在韵母各个因素中发音响亮、时值较长，发好音节(汉字)中的韵母，是口头表达圆润饱满，归音到位的关键。

1)　韵母的分类(见表 3-3)

韵母按结构可以分为单韵母、复韵母、鼻韵母(有鼻韵尾的韵母叫鼻韵母)；按开头元音发音口型可分为开口呼、齐齿呼、合口呼、撮口呼，简称“四呼”。

开口呼指没有韵头、韵腹不是 i u ü，发音时着力点在上腭。

齐齿呼指以“i”为韵头或韵腹，发音时着力点在上齿。

合口呼指以“u”为韵头或韵腹，发音时满口用力。

撮口呼指以“ü”为韵头或韵腹，发音时着力点在双唇。

表 3-3　普通话韵母分类

结构		开口呼	齐齿呼	合口呼	撮口呼
单韵母		a o e	i	u	ü
复韵母	前响	ai ei ao ou			
	中响		iao iou	uai uei	
	后响		ia ie	ua uo	üe
鼻韵母	前鼻音	an en	in ian	uan uen	üan ün
	后鼻音	ang eng	ing iang	uang ueng ong	iong

上表中共收录 35 个韵母，单韵母中还有表 3-4 中的 4 个，请同学们了解。

表 3-4　4 个单韵母

-i(前)	-i(后)	ê	er

2)　韵母的发音训练

(1)　单韵母：由一个元音构成的韵母叫单韵母，又叫单元音韵母。单元音韵母发音的特点是自始至终口型不变，舌位不移动。

① ɑ 口腔大开、舌面降低放平、不圆唇。

发音时，口自然大开，扁唇，舌头居中央，舌面中部略隆起，舌尖置下齿龈，声带振动。软腭上升，关闭鼻腔通路。

读一读：

打靶 dǎ bǎ　大厦 dà shà　发达 fā dá　马达 mǎ dá　喇叭 lǎ bɑ　哪怕 nǎ pà

② o 舌面、后、半高、圆唇元音。

发音时，口半开，圆唇，舌头向后微缩，舌面后部略隆起，舌尖置下齿龈后，声带振动。软腭上升，关闭鼻腔通路。

读一读：

伯伯 bó bo　婆婆 pó po　默默 mò mo　泼墨 pō mò　薄膜 bó mó　馍馍 mó mo

③ e 舌面、后、半高、不圆唇元音。

发音时，口半闭，扁唇，舌头后缩，舌面后部略隆起，舌面两边微卷，舌面中部稍凹，舌尖置于下齿龈后，嘴角向两边微展，声带振动。软腭上升，关闭鼻腔通路。

读一读：

隔阂 gé hé　合格 hé gé　客车 kè chē　特色 tè sè　折射 zhé shè　这个 zhè gè

④ ê 舌面、前、半低、不圆唇元音。

发音时，口自然打开，扁唇，舌头前伸，舌面前部略隆起，舌尖抵住下齿背，嘴角向两边微展，声带振动。软腭上升，关闭鼻腔通路。

在普通话中，ê只在语气词“欸”中单用。ê不与任何辅音声母相拼，只构成复韵母 ie、üe，并在书写时省去上面的附加符号“ˆ”。

读一读：

告别 gào bié　感谢 gǎn xiè　夜晚 yè wǎn　消灭 xiāo miè　坚决 jiān jué　省略 shěng lüè

⑤ i 舌面、前、高、不圆唇元音。

发音时，口微开，扁唇，上下齿相对，舌头前伸，舌面前部略隆起，舌尖抵住下齿背，嘴角向两边微展，声带振动。软腭上升，关闭鼻腔通路。

读一读：

笔记 bǐ jì　激励 jī lì　基地 jī dì　记忆 jì yì　霹雳 pī lì　习题 xí tí

⑥ u 舌面、后、高、圆唇元音。

发音时，口微开，圆唇，舌头后缩，舌面后部高度隆起和软腭相对，舌尖置下齿龈后，声带振动。软腭上升，关闭鼻腔通路。

读一读：

补助 bǔ zhù　读物 dú wù　辜负 gū fù　瀑布 pù bù　入伍 rù wǔ　疏忽 shū hū

⑦ ü 舌面、前、高、圆唇元音。

发音时，口微开，小圆唇(近椭圆)略向前凸，向内撮，舌头前伸，舌面前部略隆起，舌尖抵住下齿背，声带振动。软腭上升，关闭鼻腔通路。

读一读：

聚居 jù jū　区域 qū yù　屈居 qū jū　须臾 xū yú　序曲 xù qǔ　语序 yǔ xù

⑧ er 卷舌、央、中、不圆唇元音。

er 是在[ə]的基础上加上卷舌动作而成。发音时，口腔自然打开(是 ɑ[A]的开口度的一半)，扁唇，舌头居中央，舌尖向硬腭中部上卷(但不接触)，声带振动。软腭上升，关闭鼻腔通路。

读一读：

而且 ér qiě　儿歌 ér gē　耳朵 ěr duō　二胡 èr hú　二十 èr shí　儿童 ér tóng

⑨ -i(前) 舌尖、前、高、不圆唇元音。

发音时，口微开，扁唇，嘴角向两边展开，舌头平伸，舌尖靠近上齿背，声带振动。软腭上升，关闭鼻腔通路。z、c、s 的发音拉长，拉长的部分即-i(前)的读音。

读一读：

私自 sī zì　此次 cǐ cì　次子 cì zǐ　字词 zì cí　自私 zì sī　孜孜 zī zī

⑩ -i(后) 舌尖、后、高、不圆唇元音。

发音时，口微开，扁唇，嘴角向两边展开，舌尖上翘，靠近硬腭前部，声带振动。软腭上升，关闭鼻腔通路。zh、ch、sh 的发音拉长，拉长的部分即-i(后)的读音。

读一读：

实施 shí shī　支持 zhī chí　知识 zhī shi　制止 zhì zhǐ　值日 zhí rì　试制 shì zhì

课堂练习 3-7

1. 单韵母发声训练

压迫　湖泊　糟粕　色素　遮蔽　克服　各自

时刻　始末　伯伯　彻底　大度　玻璃　出色

2. 绕口令训练

★王婆卖瓜又卖花，一边卖来一边夸，又夸花，又夸瓜，夸瓜大，大夸花，瓜大，花好，笑哈哈。

★新脑筋老脑筋，老脑筋学习可变成新脑筋，新脑筋不学习就会变成老脑筋。

★哥哥弟弟坡前坐，坡上卧着一只鹅，坡下流着一条河，哥哥说：“宽宽的河。”弟弟说：“白白的鹅。”鹅要过河，河要渡鹅，不知是鹅过河，还是河渡鹅。

(2) 复韵母：由两个或三个元音音素结合而成的韵母叫复韵母。发音时音素连续过渡，是紧密结合的整体。普通话共有 13 个复韵母：ɑi、ei、ɑo、ou、iɑ、ie、uɑ、uo、üe、iɑo、iou、uɑi、uei。主要元音的发音口腔开口度最大，声音最响亮，持续时间最长，其他元音的发音轻短或含混模糊。根据主要元音所处的位置，复韵母可分为前响复韵母，中响复韵母和后响复韵母。响度大的元音在前的，叫作前响复韵母；响度大的元音在后的，叫作后响复韵母；响度大的元音在中间的，叫作中响复韵母。

① 前响复韵母。

前响复韵母是指主要元音处在前面的复韵母，普通话前响复韵母有四个：ai、ao、ei、ou。发音时，开头的元音清晰响亮、时间较长，后头的元音含混模糊，音值不太固定，只表示舌位滑动的方向。

读一读：

爱戴 ài dài　采摘 cǎi zhāi　海带 hǎi dài　开采 kāi cǎi　拍卖 pāi mài
灾害 zāi hài　懊恼 ào nǎo　操劳 cāo láo　高潮 gāo cháo　骚扰 sāo rǎo
逃跑 táo pǎo　早操 zǎo cāo　肥美 féi měi　妹妹 mèi mei　配备 pèi bèi
蓓蕾 bèi lěi　丑陋 chǒulòu　兜售 dōu shòu　口头 kǒu tóu　漏斗 lòu dǒu
收购 shōu gòu　喉头 hóu tóu

② 后响复韵母。

后响复韵母是指主要元音处在后面的复韵母。普通话后响复韵母有五个：ia、ie、ua、uo、üe。它们发音的特点是舌位由高向低滑动，收尾的元音响亮清晰，在韵母中处在韵腹的位置。而开头的元音都是高元音 i-、u-、ü-，由于它处于韵母的韵头位置，发音轻短，只表示舌位滑动的方向。

读一读：

假牙 jiǎ yá　恰恰 qià qià　压价 yā jià　下家 xià jiā　结业 jié yè
贴切 tiē qiè　铁屑 tiě xiè　谢谢 xiè xie　挂花 guà huā　耍滑 shuǎ huá
娃娃 wá wa　画画 huà huà　错落 cuò luò　硕果 shuò guǒ　脱落 tuō luò
阔绰 kuò chuò　骆驼 luò tuo　雀跃 què yuè　约略 yuē lüè　雪月 xuě yuè

③ 中响复韵母。

中响复韵母是指主要元音处在中间的复韵母。普通话中的中响复韵母共有四个：iao、iou、uai、uei。这些韵母发音的特点是舌位由高向低滑动，再从低向高滑动。开头的元音发音不响亮、较短促，只表示舌位滑动的开始，中间的元音清晰响亮，收尾的元音轻短模糊，音值不太固定，只表示舌位滑动的方向。

读一读：

吊销 diào xiāo　疗效 liáo xiào　巧妙 qiǎo miào　调料 tiáo liào　逍遥 xiāo yáo
苗条 miáo tiao　久留 jiǔ liú　求救 qiú jiù　绣球 xiù qiú　优秀 yōu xiù
悠久 yōu jiǔ　牛油 niú yóu　外快 wài kuài　怀揣 huái chuāi　乖乖 guāi guāi
摔坏 shuāi huài　垂危 chuí wēi　归队 guī duì　悔罪 huǐ zuì　追悔 zhuī huǐ
荟萃 huì cuì　推诿 tuī wěi

课堂练习 3-8

1. 读准下列复韵母的词语

伤害	应该	刚才	开会	准备	煤炭	黑暗
配合	泡沫	抄写	高山	搏斗	快走	偶然
后来	恰好	回家	借口	鞋帽	灭亡	国画
跨越	水果	扩展	货运	感觉	虐待	萧条

2. 绕口令训练

★三月三，小三去登山；上山又下山，下山又上山；登了三次山，跑了三里三；出了一身汗，湿了三件衫；小三山上大声喊，离天只有三尺三。

★白庙外蹲一只白猫，白庙里有一顶白帽。白庙外的白猫看见了白帽，叼着白庙里的白帽跑出了白庙。

★柳林镇有个六号楼，刘老六住在六号楼。有一天，来了牛老六，牵了六只猴；来了侯老六，拉了六头牛；来了仇老六，提了六篓油；来了尤老六，背了六匹绸。牛老六、侯老六、仇老六、尤老六，住上刘老六的六号楼，半夜里，牛抵猴，猴斗牛，撞倒了仇老六的油，油坏了尤老六的绸。牛老六帮仇老六收起油，侯老六帮尤老六洗掉绸上油，拴好牛，看好猴，一同上楼去喝酒。

(3) 鼻韵母：由一个或两个元音后面带上鼻辅音构成的韵母叫鼻韵母。鼻韵母共有 16 个：an、ian、uan、üan、en、in、uen、ün、ang、iang、uang、eng、ing、ueng、ong、iong。以“-n”作为韵尾的韵母叫前鼻音韵母，以“-ng”作为韵尾的韵母叫后鼻音韵母。后鼻音韵母发音时要穿鼻腔。鼻韵母的发音有两个特点：一是元音同后面的鼻辅音不是生硬地结合在一起，而是有机的统一体。发音时，逐渐由元音向鼻辅音过渡，逐渐增加鼻音色彩，最后形成鼻辅音。二是除阻阶段作为韵尾的鼻辅音不发音，所以又叫尾鼻音。鼻韵母的发音不是以鼻辅音为主，而是以元音为主，元音清晰响亮，鼻辅音重在作出发音状态，发音不太明显。

① 前鼻音尾韵母。

前鼻音尾韵母指的是鼻韵母中以“-n”为韵尾的韵母。普通话中的前鼻音尾韵母有八个：an、en、in、un、ian、uan、üan、uen。韵尾“-n”的发音部位比声母“n-”的位置略微靠后，一般是舌面前部向硬腭接触。

读一读：

参战 cān zhàn	反感 fǎn gǎn	烂漫 làn màn	谈判 tán pàn	坦然 tǎn rán
赞叹 zàn tàn	根本 gēn běn	门诊 mén zhěn	人参 rén shēn	认真 rèn zhēn
深沉 shēn chén	振奋 zhèn fèn	近邻 jìn lín	拼音 pīn yīn	信心 xìn xīn
辛勤 xīn qín	引进 yǐn jìn	濒临 bīn lín	军训 jūn xùn	均匀 jūn yún
芸芸 yún yún	群众 qún zhòng	循环 xún huán	允许 yǔn xǔ	艰险 jiān xiǎn
简便 jiǎn biàn	连篇 lián piān	前天 qián tiān	浅显 qiǎn xiǎn	田间 tián jiān
贯穿 guàn chuān	软缎 ruǎn duàn	酸软 suān ruǎn	婉转 wǎn zhuǎn	专款 zhuān kuǎn
源泉 yuán quán	轩辕 xuān yuán	涓涓 juān juān	圆圈 yuán quān	渊源 yuān yuán
昆仑 kūn lún	温存 wēn cún	温顺 wēn shùn	论文 lùn wén	馄饨 hún tun

② 后鼻音尾韵母。

后鼻音尾韵母指的是鼻韵母中以“-ng”为韵尾的韵母。普通话中的后鼻音尾韵母有八个：ang、eng、ing、ong、iang、uang、ueng、iong、ng[ŋ]是舌面后、浊、鼻音，在普通话中只作韵尾不作声母。发音时，软腭下降，关闭口腔，打开鼻腔通道，舌面后部后缩，并抵住软腭，气流颤动声带，从鼻腔通过。在鼻韵母中，同“-n”的发音一样，“-ng”除阻阶段也不发音。后鼻音尾韵母的发音中，韵头的发音比较轻短，韵腹的发音清晰响亮，韵尾的发音只作出发音状态。

读一读：

帮忙 bāng máng	苍茫 cāng máng	当场 dāng chǎng	刚刚 gāng gāng
商场 shāng chǎng	承蒙 chéng méng	丰盛 fēng shèng	更正 gēng zhèng
萌生 méng shēng	声称 shēng chēng	叮咛 dīng níng	经营 jīng yíng
命令 mìng lìng	评定 píng dìng	清静 qīng jìng	共同 gòng tóng
轰动 hōng dòng	空洞 kōng dòng	隆重 lóng zhòng	通融 tōng róng
两样 liǎng yàng	洋相 yáng xiàng	响亮 xiǎng liàng	长江 cháng jiāng
踉跄 liàng qiàng	狂妄 kuáng wàng	双簧 shuāng huáng	状况 zhuàng kuàng
装潢 zhuāng huáng	水瓮 shuǐ wèng	主人翁 zhǔrénwēng	老翁 lǎo wēng
嗡嗡 wēng wēng	炯炯 jiǒng jiǒng	汹涌 xiōng yǒng	穷困 qióng kùn
窘境 jiǒng jìng			

课堂练习 3-9

1. 绕口令训练

★冲冲栽了十畦葱，松松栽了十棵松。冲冲说栽松不如栽葱，松松说栽葱不如栽松。是栽松不如栽葱，还是栽葱不如栽松？

★那边划来一艘船，这边漂去一张床，船床河中互相撞，不知船撞床，还是床撞船。

★杨家养了一只羊，蒋家修了一道墙。杨家的羊撞倒了蒋家的墙，蒋家的墙压死了杨家的羊。杨家要蒋家赔杨家的羊，蒋家要杨家赔蒋家的墙。

★姓陈是姓陈，姓程是姓程，姓陈不能说成姓程，姓程也不能说成姓陈。

2. 请用普通话标准音朗读下面的寓言

猪非常懒惰，但是有一天却主动提出，要去西山为主人翻那块种过红薯的地。主人答应了它的要求。猪整整干了一天，用它的长嘴巴把那块地彻底地翻了一遍。晚上回到家里，猪向主人表了一通功，接着就要求领奖赏。

主人笑着说：“你去翻地是为了寻找漏下的红薯吃，为了贪吃而劳动，并不证明你勤劳。”好的行动并不说明有好的动机。

3. in 和 ing、en 和 eng 的分辨训练

江城子·湖上与张先同赋时闻弹筝

苏轼

凤凰山下雨初晴，水风清，晚霞明。一朵芙蕖，开过尚盈盈。何处飞来双白鹭，如有意，慕娉婷。

忽闻江上弄哀筝，苦含情，遣谁听！烟敛云收，依约是湘灵。欲待曲终寻问取，人不见，数峰青。

夜色茫茫罩四周，天边新月如钩。回忆往事恍如梦，重寻梦境何处求？人隔千里路悠悠，未曾遥问星已稀，请明月代问候，思念的人儿泪常流。月色朦朦夜未尽，周遭寂寞宁静，桌上寒灯光不明，伴我独坐苦孤零。人隔千里无音讯，欲待遥问终无凭，请明月代传信，寄我片纸儿慰离情。

——刘如曾《明月千里寄相思》

(三)声调与语速

1. 声调

前面我们讲过，普通话发音本身并不丰富，据统计只有 400 多个发音，同音字、近音字特别多，因此口头表达时，除了要发好声母、韵母外，还有一件事也非常重要，那就是要读好每个音节的声调。

声调是贯穿整个音节的高低升降变化的形式，汉语的音节和汉字基本上是一一对应的关系，它能起到区别词义的作用。

普通话有四个声调，对应符号如下。

阴平	阳平	上声	去声
ˉ	ˊ	ˇ	ˋ

例如：	妈	麻	马	骂	吗
	mā	má	mǎ	mà	ma
	(阴平)	(阳平)	(上声)	(去声)	(轻声)

读一读：

巴	拔	板	炮	妈	美	面	扶	肥	芳
吨	达	等	盾	捏	闹	内	拉	劳	垒
该	格	谷	扛	抗	考	空	和	喊	会
机	绝	减	期	寝	剩	刷	算	所	送

语重心长	妙手回春	锦绣河山	万紫千红	胜利在望
心旷神怡	贼眉鼠眼	锃光瓦亮	草木皆兵	左顾右盼
才疏学浅	风餐露宿	沧海一粟	敢作敢为	尤为出色

声调在实际使用中由于音节间的相互影响，有时有些音节的声调会发生一些变化，在普通话中，把这样的现象称为变调。同学们在具体的“吐字归音”训练说话清晰度时，可以仔细体会，到网上查询相关知识，这里不再赘言。

2. 语速

语速是口语表达时诉说者在单位时间内所呈现的词汇速度。正常情况下使用汉语表达意义和传播信息，语速约为 240 字每分钟，广播电视新闻播音的语速是在每分钟 300 字左右。语速同个人的风格、心理状态、演讲内容等因素密切相关，此外还受社会文化、社会环境、个人思维和表达能力等方面的限制。口头表达时，表达主体要从实际内容出发，根据情节的发展、感情的变化、听者对象的具体情况等因素来确定口头表达时的速度。要做到快慢得体、快而不乱，慢而不滞。

语速可分为快速、中速、慢速。一般来说，每分钟说 250 个字以上为快速，每分钟说 200 字左右为中速，每分钟说 150 字左右为慢速。

语速的快慢具有相对性，主要是由内容表达的需要决定的，它直接影响表达的效果。语速太快，会对听者的大脑皮层造成不间断地刺激，导致大脑皮层由兴奋转向抑制；语速太慢，会造成大脑思维状态的疲软，导致听者注意力的分散。只有快慢适度才能表达出诉说者想传递的信息和情感。一般来说，当我们想表达欢快、热烈、紧张、焦急、慌乱的情绪时，宜用较快语速；当我们想传递悲痛、沉重、镇定的心情时，更适合用慢速；表达争吵、急呼、辩论时宜快速；闲谈、耳语、絮语时宜慢速；抨击、控诉、指责、雄辩时宜快速；叙述、说明、追思、回忆时宜慢速。

语速受以下三方面因素的制约：一是听众的年龄、知识结构、心理因素和生理因素。二是表达的思想内容。通俗易懂的宜快，难涩深奥的宜慢；描写叙述的宜快，哲理论说的宜慢；环境描述的可轻快一些，紧张情节的叙述可急迫一些。有时为了调动听者的想象力，语流可作短时中断，留下“空白”，会收到“此时无声胜有声”的表达效果。 三是环境因素，不同的空间距离，不同的会场气氛，不同的听者情绪，都会对语速有不同的要求。

课堂练习 3-10

请同学们尝试用不同的语速读下列句子。练习时要注意把字音发准，在字音发准的前提下，一气呵成，语速上要做到慢而不断、快而不乱。

(1) 慈爱之情，一般是长辈对晚辈的关切怜爱鼓励等，你认为应该用哪种语速表达？你来试一试。

① 父亲接下去说：“所以你们要像花生，它虽然不好看，可是很有用，不是外表好看而没有实用的东西。”

② “所有时间里的事物，都永远不会回来。你的昨天过去，它就永远变成昨天，你不能再回到昨天。爸爸以前也和你一样小，现在再也不能回到你这么小的童年了；有一天你会长大，你会像外祖母一样老；有一天你度过了你的时间，就永远不会回来了。”爸爸说。

③ 他长着两条细弱的小腿，此刻这两条小腿却怎么也不听使唤，老是哆哆嗦嗦的……

④ 它小，就能轻易地由疏格的笼子里钻出来。瞧，多么像它的父母：红嘴红脚，蓝灰色的毛，只是后背还没生出珍珠似的圆圆的白点儿；它好肥，整个身子好像一个蓬松的球儿。

(2) 喜悦之情，用什么样的语速表达比较好？

① 一刹那间，这深红的东西，忽然发出夺目的光亮，射得人眼睛发痛，同时附近的云也添了光彩。

② 我们继续拍掌，很快地这个树林就变得很热闹了。到处都是鸟声，到处都是鸟影。大的，小的，花的，黑的，有的在枝上叫，有的飞起来，有的在扑翅膀。

③ 终于两只脚都站到人行道上去了，这也许是孩子一生中拿下的第一个高地，小胖脸同时绽开了笑容——了不起的胜利！

(3) 悲哀之情，用什么样的语速呢？

① 读小学的时候，我的外祖母过世了。外祖母生前最疼爱我，我无法排除自己的忧伤，每天在学校的操场上一圈又一圈地跑着，跑得累倒在地上，扑在草坪上痛哭。

② 就在那年秋天，母亲离我们去了，小弟弟一生下来不哭也不动，也追随母亲去了。为了我的生存，母亲去了，弟弟也去了。

③ 可我万万没想到，这么一位在艺术上日趋辉煌、前途不可估量的小“猴娃”，竟然被白血病这个病魔无情地夺走了生命，年仅 16 岁。他的英年早逝，着实令人痛惜不已。

(4) 愤怒之情，用什么样语速表达比较恰当？请你来试一试。

① 爹听了便叫嚷道：“你以为这是什么车？旅游车？”

② 猫一下子全明白了，瞪圆双眼大声说：“是你给吃见底了。”

知识总结

(1) 口头表达时使用民族共同语——普通话，是让信息有效传递的前提。

(2) 胸腹式联合呼吸和共鸣发声技巧能让普通话说得更响亮、更持久，让听者听得更清楚。

(3) 练好“吐字归音”，发好声母音和韵母音，让语音更饱满、更清晰。

(4) 发准声调，用好语速，让听者更容易地听清口头表达主体传递的信息。

拓展阅读

1. 绕口令

★山上五棵树，架上五壶醋，林中五只鹿，箱里五条裤。伐了山上树，搬下架上的醋，射死林中的鹿，取出箱中的裤。

★山前有只虎，山下有只猴。虎撵猴，猴斗虎；虎撵不上猴，猴斗不了虎。

★扁担长，板凳宽，扁担没有板凳宽，板凳没有扁担长。扁担绑在板凳上，板凳不让扁担绑在板凳上。

★一平盆面，烙一平盆饼，饼碰盆，盆碰饼。

★山前有个严圆眼，山后有个严眼圆，二人山前来比眼，不知是严圆眼的眼圆，还是严眼圆比严圆眼的眼圆？

★山前有个崔粗腿，山后有个崔腿粗。二人山前来比腿，不知是崔粗腿比崔腿粗的腿粗，还是崔腿粗比崔粗腿的腿粗？

★一班有个黄贺，二班有个王克，黄贺、王克二人搞创作，黄贺搞木刻，王克写诗歌。黄贺帮助王克写诗歌，王克帮助黄贺搞木刻。由于二人搞协作，黄贺完成了木刻，王克写好了诗歌。

★师部司令部指示：四团十连石连长带四十人在十日四时四十四分，按时到达师部司令部，师长召开誓师大会。

★石狮寺前有四十四个石狮子，寺前树上结了四十四个涩柿子，四十四个石狮子不吃四十四个涩柿子，四十四个涩柿子倒吃四十四个石狮子。

2. 诗词

游子吟

孟郊

慈母手中线，游子身上衣。
临行密密缝，意恐迟迟归。
谁言寸草心，报得三春晖。

无衣

《诗经》

岂曰无衣？与子同袍。王于兴师，修我戈矛。与子同仇！
岂曰无衣？与子同泽。王于兴师，修我矛戟。与子偕作！
岂曰无衣？与子同裳。王于兴师，修我甲兵。与子偕行！

3. 朗读下面文章，体会“吐字归音”

那是力争上游的一种树，笔直的干，笔直的枝。它的干呢，通常是丈把高，像是加以人工似的，一丈以内，绝无旁枝；它所有的丫枝呢，一律向上，而且紧紧靠拢，也像是加以人工似的，成为一束，绝无横斜逸出；它的宽大的叶子也是片片向上，几乎没有斜生的，更不用说倒垂了；它的皮，光滑而有银色的晕圈，微微泛出淡青色。这是虽在北方的风雪的压迫下却保持着倔强挺立的一种树！哪怕只有碗来粗细罢，它却努力向上发展，高到丈许，二丈，参天耸立，不折不挠，对抗着西北风。

这就是白杨树，西北极普通的一种树，然而绝不是平凡的树！

它没有婆娑的姿态，没有屈曲盘旋的虬枝，也许你要说它不美丽，如果美是专指“婆娑”或“横斜逸出”之类而言，那么白杨树算不得树中的好女子；但是它却是伟岸，正直，朴质，严肃，也不缺乏温和，更不用提它的坚强不屈与挺拔，它是树中的伟丈夫！当你在积雪初融的高原上走过，看见平坦的大地上傲然挺立这么一株或一排白杨树，难道你觉得树只是树，难道你就不想到它的朴质、严肃、坚强不屈，至少也象征了北方的农民；难道你竟一点也不联想到，在敌后的广大土地上，到处有坚强不屈，就像这白杨树一样傲然挺立的守卫他们家乡的哨兵！难道你又不更远一点想到这样枝枝叶叶靠紧团结、力求上进的白杨树，宛然象征了今天在华北平原纵横决荡用血写出新中国历史的那种精神和意志。

——节选自茅盾《白杨礼赞》

这是入冬以来，胶东半岛上第一场雪。

雪纷纷扬扬，下得很大。开始还伴着一阵儿小雨，不久就只见大片大片的雪花，从彤云密布的天空中飘落下来。地面上一会儿就白了。冬天的山村，到了夜里就万籁俱寂，只听得雪花簌簌地不断往下落，树木的枯枝被雪压断了，偶尔咯吱一声响。

大雪整整下了一夜。今天早晨，天放晴了，太阳出来了。推开门一看，嗬！好大的雪啊！山川、河流、树木、房屋，全都罩上了一层厚厚的雪，万里江山，变成了粉妆玉砌的世界。落光了叶子的柳树上挂满了毛茸茸亮晶晶的银条儿；而那些冬夏常青的松树和柏树上，则挂满了蓬松松沉甸甸的雪球儿。一阵风吹来，树枝轻轻地摇晃，美丽的银条儿和雪球儿簌簌地落下来，玉屑似的雪末儿随风飘扬，映着清晨的阳光，显出一道道五光十色的彩虹。

大街上的积雪足有一尺多深，人踩上去，脚底下发出咯吱咯吱的响声。一群群孩子在雪地里堆雪人、掷雪球，那欢乐的叫喊声，把树枝上的雪都震落下来了。

俗话说，"瑞雪兆丰年"。这个话有充分的科学根据，并不是一句迷信的成语。寒冬大雪，可以冻死一部分越冬的害虫；融化了的水渗进土层深处，又能供应庄稼生长的需要。我相信这一场十分及时的大雪，一定会促进明年春季作物，尤其是小麦的丰收。有经验的老农把雪比作是"麦子的棉被"。冬天"棉被"盖得越厚，明春麦子就长得越好，所以又有这样一句谚语："冬天麦盖三层被，来年枕着馒头睡。"

我想，这就是人们为什么把及时的大雪称为"瑞雪"的道理吧。

——节选自峻青《第一场雪》

第三节 理清思路，抓住主旨，准确表达

口头表达是一种有意识的言语交际活动，是一个信息交换的过程，这个过程对诉说者和倾听者都提出了较高的要求。说的目的是为了让听者能听得明白，能有效理解说者表达的信息内涵，因此，诉说者说的内容必须是言之有物、言之有序的准确、简洁的表达，这样才能让容易受到各种因素干扰的听者听得明白。现代社会的高效运转决定了每一个人的时间都是有限的，都是有价值的，没有人喜欢与言过其实或言不尽意的人交流沟通，口头表达准确、简洁显得尤为必要。

学习目标

(1) 了解口头表达与思维发展密不可分的关系。

(2) 掌握常用的思路形式，能根据需要按照思路组织语言。

(3) 运用复述、概括缩句等技巧学习组织表达思路，提炼话题主旨。

(4) 积累丰富的词汇、掌握句式，准确、简洁地表达。

游戏引导

请各组同学迅速给下列文字排出正确的语序，并请小组派出代表陈述这样排列的理由。

① 关于它的起源，最初是祛除暑热疫病、禳灾止恶的活动。

② 逐渐形成了缅怀先贤、忠君爱国的传统。

③ 经过几千年的文化积累和节俗传承，吃粽子、赛龙舟、纪念屈原已经成为当今流传范围最广的端午节民俗活动，融进了中华儿女的生活记忆中。

④ 端午节，是入夏以后的第一个重要节日，也是我国首个入选世界非物质文化遗产

的传统节日。

⑤ 汉魏以后，被附加了纪念屈原、伍子胥等历史人物的内涵。

你们的答案是____

你们的理由是____

____

游戏感悟

上题正确答案是④①⑤②③，你们做对了吗？

任何句子、语段都是按照一定的内在关系排列组合到一起的，这种内在关系的外化表现就是我们说的顺序。这种顺序可以是表示时间的顺序，也可以是表示空间的顺序，还可以是表示逻辑的顺序。今天我们做的小游戏根据语句内容能够判断出，它实际上是按照“端午节总述→端午节的起源与发展(内蕴随时代发展不断地增加)”的逻辑顺序来进行组织语言的。当然，在这个大的逻辑顺序下，你可能也注意到了“最初”“魏晋以后”“经过几千年”“逐渐”这些和时间相关的词语，同学们找得都很对，这些的确是这段话有效组织起来的关键。那么经过这个小游戏你有什么样的感悟呢？你觉得你找出的这些词在语句中有怎样的具体作用呢？对我们在实际中的口头表达又有哪些启示呢？

____

____

____

____

一、思维与思路

(一)发展思维

思维是人脑对客观事物的一般性及其规律的一种间接性的、概括性的反映过程。思维在人类学习技能、表达意愿、交流思想的活动中起着决定性作用。口头表达是一个对语言信息的吸收、分析、加工、组合、输出的过程。在这个过程中，语言是思维的凭藉和结果，思维是语言的基础和核心，只有思维发达、敏捷、灵活、严密，外化的言语才能条理明晰、清楚流畅。

人们在进行口头表达时，该说什么，该怎么说，都反映出这个人的思维能力水平。只有想得清楚，才能说得明白。思维敏捷、丰富、缜密的人，能把复杂的道理用简洁的语言表达清楚；而一个思维迟缓、狭隘、混乱的人，即使用再多的言辞，可能也说不清楚一个非常简单的道理，因此发展思维能力是提升口头表达能力的必由之路。

1. 积累词汇

词是人类语言的基本单位，词汇是一种语言里所有词和固定短语的组合，是人们用来传情达意的语言载体。人类通过词语的组合连缀激活思维活动，离开了词的刺激作用，人脑就不能反映事物的本质属性和事物之间的内在联系。对词汇的理解、掌握以及不断发展，实际上是人们认识事物内在联系的思维活动，因此，只有理解、掌握、积累了足够多的词汇，才能进行具有广度和一定质量的思维，也才能有更丰富、生动、准确的语言表达。

案例分析 3-2

马云妙语惊醒炫富者

侯爱兵

有一次，马云来到中国香港，在一个对话会上，有个香港制造业的富豪老板似乎对马云不服气，现场非常嚣张地向马云“炫富”：“我是香港顶级的手袋设计师，是中国顶级的手袋制造商，也是香港顶级的零售商，都是顶级的，而且我还是顶级的推销员。你觉得我咋样？”香港富豪连用五个顶级形容自己，马云听后淡定地回应道：“要我说，成功在于智商、情商、爱商、持久力、团队还有文化底蕴，其中情商很重要的一点就是，我知道我比你好，但我永远不会说我比你好，我知道我是顶级，但我永远说我是第二，我是小弟。”他的回应瞬间引起了所有人的热烈掌声，而自诩“顶级”的香港富商，却感到无地自容。

(资料来源：《演讲与口才》2019 年第 21 期)

面对富商的咄咄逼人，马云不慌不忙，用丰富的词汇含蓄地表达自己对对方的评价，不仅表明了立场，还在风趣幽默的同时传递出自己的眼界、心胸。请同学们找一找马云都用了哪些词，它们之间有什么相关性？

____

____

____

(1) 表示颜色的词语。

金黄 杏黄 橙黄 鹅黄 淡黄 火红 粉红 橘红 桃红 紫红
嫩绿 翠绿 碧绿 墨绿 浅绿 宝蓝 碧蓝 蔚蓝 湛蓝 深蓝
淡青 雪白 乳白 银白 灰白 苍白 枣红 鲜红 天蓝 浅紫
姹紫嫣红 万紫千红 五颜六色 五彩缤纷 黑白分明 五光十色
绿草如茵 五彩斑斓 花红柳绿 绚丽多彩 余霞成绮 青红皂白
灯红酒绿 青黄不接 阳春白雪 姚黄魏紫 漆黑一团 黄旗紫盖
花花绿绿 浮翠流丹 白山黑水 红飞翠舞 红装素裹 绿肥红瘦

你还知道哪些？写下来吧。

____

____

____

____

____

(2) 表示天气的词语。

晴空万里	一轮圆月	倾盆大雨	红日高照	明月当空	暴风骤雨
阳光明媚	碧空如洗	和风细雨	万里长空	月光皎洁	电闪雷鸣
霞光万道	满天繁星	乌云密布	红霞满天	繁星灿烂	秋雨绵绵
晚霞残照	月光如水	雪花纷飞	万里无云	白云缭绕	北风怒号
阳光充足	秋高气爽	寒风凛冽	骄阳似火	一弯新月	千里冰封
旭日东升	满天星斗	万里雪飘	风和日丽	繁星点点	寒风呼啸

你也来补充些吧。

(3) 表示自然景色的词语。

山清水秀	风景秀丽	万物争春	青山绿水	春意盎然	春暖花开
绿草茸茸	湖光山影	香飘蝶舞	郁郁葱葱	水平如镜	万紫千红
芳草如茵	婀娜多姿	银装素裹	绿树成荫	风景如画	五彩缤纷
桃红柳绿	春色满园	五光十色	桃李芬芳	碧波荡漾	千姿百态
百花齐放	含苞待放	五颜六色	繁花似锦	色彩斑斓	绚丽多姿
鸟语花香	翠色欲滴	诗情画意	春色满园	烟波浩渺	鬼斧神工

你也来补充吧。

(4) 表示悲伤情绪的词语。

泣不成声	吞声忍泪	悲不自胜	悲痛欲绝	痛哭流涕	撕心裂肺
呼天抢地	黯然销魂	呕心抽肠	凄入肝脾	情凄意切	摧心剖肝
泪干肠断	触目伤怀	引吭悲歌	郁郁寡欢	一筹莫展	如丧考妣
五内俱崩	痛心疾首	万念俱灰	悲愁垂涕	肝肠寸断	潸然泪下
捶胸顿足	欲哭无泪	哀毁骨立	雾惨云愁	泣如雨下	愁眉不展

请你来补充描写悲伤的两字词语，如心酸。

请同学们在平时的生活学习中学会像上边那样分类积累词汇(见表 3-5)，你积累得越多，你对事物的认识就越清楚，你的思维就越发展，你表达时的素材也就越丰富。

表 3-5 积累词汇分类表

类 别	分 项	摘 抄
人物	描写外貌的	
	描写心理的	
	描写动作的	
	描写神态的	
	描写品质的	
事物	欢乐场面的	
	壮观场面的	
	竞赛场面的	
	游戏场面的	
	惊险场面的	
景物	日月星云的	
	春花秋月的	
	冬雪夏雨的	
	江河湖海的	
	原野山林的	

此外，同学们平时还应多积累歇后语、古诗词、名人典故等与词汇相关的知识，这样你的逻辑思维、形象思维、创造性思维都会得到有效的发展，那么你在口头表达时也就有话可说，说得明白。

能力提升

1. 歇后语积累

(1) 八仙过海——各显神通
(2) 泥菩萨过江——自身难保
(3) 蚕豆开花——黑心
(4) 孔夫子搬家——净是书(输)
(5) 打破砂锅——问到底
(6) 和尚打伞——无法无天
(7) 虎落平阳——被犬欺
(8) 画蛇添足——多此一举
(9) 箭在弦上——不得不发
(10) 井底青蛙——目光短浅
(11) 大海捞针——没处寻
(12) 竹篮打水——一场空
(13) 打开天窗——说亮话
(14) 船到桥头——自然直
(15) 飞蛾扑火——自取灭亡
(16) 百米赛跑——分秒必争
(17) 拔苗助长——急于求成
(18) 仇人相见——分外眼红
(19) 芝麻开花——节节高
(20) 新官上任——三把火
(21) 瞎子点灯——白费蜡
(22) 兔子尾巴——长不了
(23) 偷鸡不成——蚀把米
(24) 王婆卖瓜——自卖自夸
(25) 老虎屁股——摸不得
(26) 老虎拉车——谁敢坐
(27) 老鼠过街——人人喊打
(28) 麻雀虽小——五脏俱全

(29) 墙上茅草——随风两边倒
(30) 三十六计——走为上
(31) 塞翁失马——焉知祸福
(32) 韩信点兵——多多益善
(33) 丈二和尚——摸不着头脑
(34) 有借有还——再借不难
(35) 猫哭耗子——假慈悲
(36) 饺子破皮——露了馅
(37) 扁担挑水——一心挂了两头
(38) 对牛弹琴——白费劲
(39) 八仙聚会——神聊
(40) 霸王敬酒——不干也得干
(41) 板上钉钉——跑不了
(42) 背鼓上门——讨打
(43) 草把做灯——粗心(芯)
(44) 竹笋出土——节节高
(45) 菜刀切豆腐——两面光
(46) 钉头碰钉子——硬碰硬
(47) 高山上敲鼓——四面闻名(鸣)
(48) 狗咬吕洞宾——不识好人心
(49) 关公走麦城——骄必败
(50) 铁打的公鸡——一毛不拔

2. 古诗词联句

人面不知何处去，________________

________________，禅房花木深。

国破山河在，________________

长风破浪会有时，________________

________________，蜡炬成灰泪始干。

不畏浮云遮望眼，________________

落红不是无情物，________________

________________，一枝红杏出墙来。

湖光秋月两相和，________________

________________，春来江水绿如蓝。

秦时明月汉时关，________________

我欲乘风归去，________________，高处不胜寒。

3. 名人典故

完璧归赵(蔺相如)	围魏救赵(孙膑)	退避三舍(重耳)	毛遂自荐(毛遂)
负荆请罪(廉颇)	纸上谈兵(赵括)	一鼓作气(曹刿)	讳疾忌医(蔡桓公)
卧薪尝胆(勾践)	指鹿为马(赵高)	焚书坑儒(秦始皇)	图穷匕见(荆轲)
四面楚歌(项羽)	破釜沉舟(项羽)	金屋藏娇(刘彻)	十面埋伏(项羽)
鞠躬尽瘁(诸葛亮)	三顾茅庐(刘备)	煮豆燃萁(曹植)	乐不思蜀(刘禅)
七步成诗(曹植)	一身是胆(赵云)	单刀赴会(关羽)	望梅止渴(曹操)
江郎才尽(江淹)	精忠报国(岳飞)	千金买骨(郭隗)	杀妻求将(吴起)
惊弓之鸟(更羸)	封金挂印(关羽)	一饭千金(韩信)	约法三章(刘邦)
孺子可教(张良)	一字千金(吕不韦)	背水一战(韩信)	才高八斗(曹植)
手不释卷(刘秀)	暗度陈仓(韩信)	投笔从戎(班超)	马革裹尸(马援)
多多益善(韩信)	老当益壮(马援)	宝刀不老(黄忠)	刮目相看(吕蒙)
初出茅庐(诸葛亮)	七擒七纵(诸葛亮)	言过其实(马谡)	入木三分(王羲之)
闻鸡起舞(祖逖)	东山再起(谢安)	洛阳纸贵(左思)	草木皆兵(苻坚)
凿壁偷光(匡衡)	东窗事发(秦桧)	胸有成竹(文与可)	狗尾续貂(司马伦)

画龙点睛(张僧繇)	暴殄天物(武丁)	怒发冲冠(蔺相如)	秋毫无犯(刘邦)
赤膊上阵(许褚)	韦编三绝(孔子)	程门立雪(杨时)	嗟来之食(黔敖)
墨守成规(墨子)	鸡犬升天(刘安)	三令五申(孙武)	狡兔三窟(冯谖)
梦笔生花(李白)	黄袍加身(赵匡胤)	偃旗息鼓(赵云)	风声鹤唳(苻坚)

以上每个成语对应一个名人故事，请同学们课下做好积累。

有了丰富的词汇，在表达时就要合理地使用词汇。要根据对象、根据具体的语境，使用语意明确的词汇来交流表达。

案例分析 3-3

有位老师曾经到一家企业授课，在课间休息的时候，有个学员问他：“老师，黑板要擦掉吗？”他回答说：“不用麻烦了。”本来他的意思是不要擦，可没想到等这位老师上完厕所回来，发现黑板擦得干干净净。他就问那位学员：“不是说不用麻烦了吗？”学员回答道：“老师，一点儿都不麻烦，这是我应该做的。”

同学们，在上述交流中产生误会的主要原因是什么？词汇掌握得越多，越应懂得选择恰当的、语义明确的词汇在准确表达中有多么重要。希望同学们在积累词汇的同时，多尝试同义词汇替代表达，在实践中体会使用不同词语后的不同表达效果。

2. 快速思维训练

在口头表达中，反应灵活、随机应变、对答如流是思维敏捷的表现，做到这一点需要加强训练思维的灵活性和敏捷性。训练在快速概括、分析、推理、想象的基础上做到有效地表达与交流。快速思维训练在平时的学习、工作和生活中可以随时进行。比如当别人递上名片时，看上两三秒钟就能够记住，并叫出对方的姓名；在马路上看到一闪而过的汽车牌照，能马上说出号码；与朋友进行词语接龙游戏或者临时出题即兴演讲。

课堂练习 3-11

(1) 请按照下列要求做，越快越好。

① 请迅速说出 10 种水果的名称。

② 请迅速说出 10 种体育项目的名称。

③ 请迅速说出 10 种家用电器的名称。

④ 请迅速说出 10 个国家的名称。

⑤ 请迅速说出 10 种交通工具的名称。

⑥ 请迅速说出 10 种乐器的名称。

⑦ 请迅速说出 10 种职业的名称。

⑧ 请迅速说出 10 部小说。

⑨ 请迅速说出 10 个世界名胜古迹的名字。

⑩ 请迅速说出 10 种动物的名称。

(2) 快速复述下列对象。

① 416304　297198　039215　732961　152931　192703　821327　289405　493621

② acgkl　moexqv　pxrlw　wbdegl　oyeglm　dfmgek　yxmnpr　rxetgb　gqkmvl　apwrle

③ 火箭 山水 河流 隐形飞机 雷达 政治 名著 高考 文凭

④ 我很高兴 到处都是苹果 马上出发 今年雨水真多 真对不起

有一天早上 他一会儿就回来 来不及了 该轮到我们讲话了 我当了20年的老师

做了以上快速思维训练，同学们觉得有趣吗？好玩的同时还锻炼了我们的思维敏捷性，课下同学们可以经常练习，除了上述游戏外，还可以玩“词语接龙”“左右手互换”“眼睛鼻子听我说”等小游戏，高兴的同时，请大家把课后玩游戏的感受也写下来吧。

____

____

3. 发散思维训练

发散思维又称辐射思维、放射思维、扩散思维，是指大脑在思维时以问题为中心，沿着不同的方向、不同的角度进行思考，呈现扩散状态的思维模式。这就像在口头表达中对同一主题，可采用不同的方式来表述或回答。这种思维能引发灵感，把人脑的创新潜能充分地挖掘出来。

课堂练习 3-12

(1) 你用一分钟的时间，写出杯子十种以上的用途。

例如：装水、______________________________

(2) 扩词游戏，请写出有关“好”的不同类的词。

例如：好人、好棒、好多、好坏、好久、好处

____

(3) 近义词模仿。

例如：甜甜的苹果——甘甜的鸭梨　　红彤彤的太阳——

绿油油的麦田——　　漆黑的夜晚——

奔驰的汽车——　　凶猛的老虎——

(4) 反义词模仿。

例如：凶狠的鳄鱼——善良的梅花鹿

破旧的工厂——　　活泼的小猫——

寒冷的冬天——　　刺骨的河水——

请每个再写五组。

(5) 鱼可以怎么吃？说得越多越好。

____

____

(6) 请写出你能想到的带有“土”结构的字，越多越好。

____

____

(7) 尽可能多地想出猫和冰箱的相似之处。

____

____

(8) 说出下列物品的用处，越多越好。

砖块 筷子 山竹 仙人掌 鼠标 篮球 袜子

____

____

4. 逆向思维训练

所谓逆向思维，是指人们从相反的角度来思考问题，从中引导启发思维的方法。比如，大家都听说过的一张白纸的中心上有一个黑点，然后问大家看到了什么？绝大多数人会说："看到了黑点。"只有极少数人会说看到了白纸；还有更少数人会说："看到一张白纸上有一个黑点。"传统的思维也叫顺势思维，是按照固有的思路办事情，好处是能为我们节省很多时间，能减少出错；其不足是容易让我们思维僵化，形成思维定式、意识定式，不利于创新。

在我们沟通与表达方面，逆向思维的训练与培养，实际上并不是让我们语出惊人、标新立异，而是培养逆向思考问题的能力，以及对传统观念的批判、继承能力，善于发表独立见解的能力，理解他人的能力，换位思考的能力。

案例分析 3-4

2014 年"两会"期间，有记者就中国军费预算增长向外交部发言人秦刚提问：日本政府今天批评中国军费预算增长，中方有何回应？

秦刚回答：每年"两会"，中国的军费都受到外界关注。我们每次都讲，中国坚持走和平发展道路，奉行防御性的国防政策，中国的发展战略、国防预算是公开透明的。这些我还要再次强调。

我要指出，中国很大，国际形势很复杂。在这样的情况下，中国的国防开支随着中国经济的发展有适度增加，完全是合情合理的，没什么值得大惊小怪的。

在此我还想强调，中国人民解放军不是只端着红缨枪的童子军。国外有些人总是希望中国是长不大的童子军。如果是那样的话，谁来维护国家安全？！怎么维护世界和平？！如果是那样的话，中国就安宁了？地区就稳定了？天下就太平了？

即使是童子军，他的个头也是一年比一年长，他的脚也是一年比一年大，你总不能让他总是穿着以前的小衣服、小鞋吧！？

(资料来源：https://mil.sohu.com/20140305/n396099570.shtml)

显然，一些外国人认为中国军事力量的强大让他们感到不安，其实质就是他们不愿意看到中国强大。秦刚在回答时并不只是单纯地强调中国"和平崛起"的发展战略，而是采用了逆向思维：如果中国真的像他们希望的那样是"长不大的童子军"，那么谁来维护国家安全？怎么维护世界和平？外交部发言人用这样有力的反问回击了那些对中国军费问题说三道四的人。

课堂练习 3-13

(1) 用逆向思维思考下列现象或事件，说出它们积极或消极的一面，说出的内容越多越奇特越好。

① 在市场里丢了600元。

② 买彩票中了10000元。

(2) 逆向思维的小故事。

① 傍晚，陪爷爷在公园散步，不远处有一个特别有气质的美女，我忍不住多看了两眼。爷爷问我："喜欢吗？"我不好意思地笑着点点头。爷爷又问："想要她的电话号码吗？"我瞬间脸红了。爷爷说："看我的。"然后转身向美女走去。

几分钟后，我的电话响了，里面传来一个甜美又有点焦急的声音："您好，您是×××吗？您爷爷迷路了，我现在在×××位置，您赶快过来吧。"

我对爷爷佩服得五体投地，然后默默地把这个电话号码存了下来。

② 一位商人向哈桑借了2000元，并且写了借据。在还钱的期限快到时，哈桑突然发现借据丢了，这使他万分焦急，因为他知道，丢失了借据，向他借款的这个人是会赖账的。

哈桑的朋友纳斯里知道此事后对哈桑说："你给这个商人写封信过去，要他到时候把向你借的2500元钱还给你。"

哈桑听了迷惑不解，但还是按照朋友的说法照办了。

信寄出后，哈桑很快就收到了回信，借钱的商人在信上写道：我向你借的是2000元钱，不是2500元，到时候就还你。

5. 逻辑思维训练

逻辑思维是一种理性思维方式，是人们运用概念、判断、推理等思维形式认识事物本质与规律的过程。逻辑思维具有逻辑性、深刻性、严密性的特点，这种思维体现在口头表达中就是说话条理清晰、层次分明、提纲挈领、言简意赅。

应该说，一个人的逻辑思维能力并不是一下子就能培养和发展起来的，它需要有一个长期的训练过程。不过，经常做以下类型的练习，对提高逻辑思维能力会有很大的帮助。

课堂练习3-14

他们的职业分别是什么？

小王、小张、小赵三个人是好朋友，他们中间的一个人下海经商，一个人考上了重点大学，一个人参军了。此外还知道以下条件：小赵的年龄比士兵的大；大学生的年龄比小张小；小王的年龄和大学生的年龄不一样。请推出这三个人中谁是商人？谁是大学生？谁是士兵？

小张是商人，小赵是大学生，小王是士兵。假设小赵是士兵，那么就与题目中"小赵的年龄比士兵的大"这一条件矛盾了，因此，小赵不是士兵；假设小张是大学生，那就与题目中“大学生的年龄比小张小”这一条件矛盾了，因此，小张不是大学生；假设小王是大学生，那么就与题目中“小王的年龄和大学生的年龄不一样”这一条件矛盾了，因此，小王也不是大学生。所以，小赵是大学生。由条件可知小赵的年龄比士兵的大，大学生的年龄比小张小，得出小王是士兵，小张是商人。

鞋子的颜色

小丽买了一双漂亮的鞋子，她的同学都没有见过这双鞋子，于是大家就猜，小红说：“你买的鞋不会是红色的。”小彩说：“你买的鞋子不是黄色的就是黑色的。”小玲说：“你买的鞋子一定是黑色的。”这三个人的看法至少有一种是正确的，至少有一种是错误的。请问，小丽的鞋子到底是什么颜色的？

假设小丽的鞋子是黑色的，那么三种看法都是正确的，不符合题意；假设是黄色的，前两种看法是正确的，第三种看法是错误的；假设是红色的，那么这三句话都是错误的。因此，小丽的鞋子是黄色的。

能力提升

思维导图(见图 3-4)是培养、提升我们逻辑思维能力的有效办法，同学们可以尝试练习。

比如，暑假时你打算和好朋友一起去北京自由行，你在安排行程时就可以用思维导图的方式帮助自己制作出游攻略。下面的思维导图模板供你参考，请你画出你自己的思维导图。

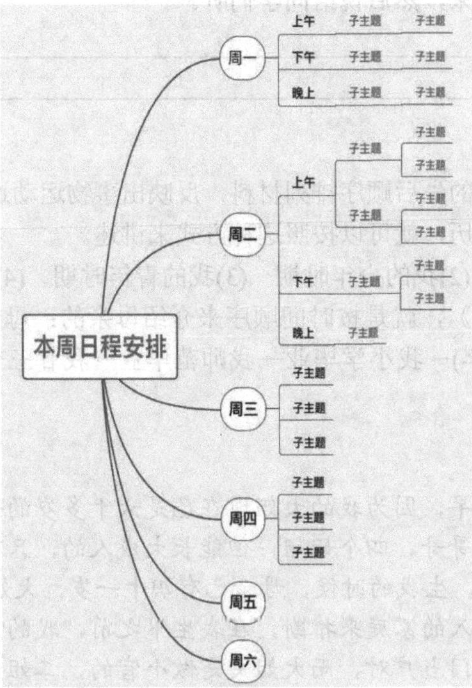

图 3-4 思维导图

(二)形成思路

思路是口头表达者为了表达其思想认识而遵循的思维活动的线路，是思维的线索和脉络。口头表达时，不论是叙事还是说理，必须先确立一条思路，思路清晰才能使说话内容层次分明、组织严密，才能让听者听得明白，对说话内容更容易理解和接受。

口头表达和书面表达不同的地方在于它是实时的，说和听是处在同一时空中，而倾听的过程又容易受到干扰，倾听者本身由于倾听能力的水平差异，又导致绝大多数倾听者在倾听的过程中容易对诉说者的话做猜测揣摩，所以这就要求在口头表达活动中，诉说者开口时必须开宗明义，就是要先提出总结性的思想，然后才是具体的表达顺序，这是口头表达的大思路。

例如，你想向同学们介绍某个你喜欢的人物，你首先应该介绍这个人的大致情况：名字、身份、成就、与你的关系，这些人物的概况描述，让听者清楚你的意图，然后才是按照时间顺序的思路或总分的思路展开话题。介绍产品性能、使用方法，也是遵循这个大思路，对听者先介绍这个产品的概况，然后才是按照操作顺序的思路组织语言。下面让我们来学习几种口头表达中常用的思路形式。

1. 并列关系式

围绕一个统一的中心，一条条分项列举主要内容，讲述材料各层之间的并列关系。

例如，推销员向客户介绍某品牌电视机的优点时，从以下几个方面讲述。

(1)画质清晰　(2)音质纯正　(3)健康环保　(4)价格优惠

这就是典型的并列式思路。除了介绍产品，还可以介绍自己。请同学们尝试用并列式思路介绍自己。先写下来，然后说给同学们听。

____

____

2. 时间顺序式

按照事件发生发展的先后顺序排列材料，反映出事物运动过程的自然状态。

例如，绍自己的经历，就可以按照这种方式来讲述。

(1)我的童年时期　(2)我的少年时期　(3)我的青年时期　(4)我的中年时期

老舍的《我的母亲》，就是按时间顺序来介绍母亲的：母亲出嫁→我的出生→我一岁半(庚子闹“拳”那一年)→我小学毕业→我师范毕业→我廿三→我廿七→“七七”抗战→去年→今年。

案例分析 3-5

母亲出嫁大概是很早，因为我的大姐现在已是六十多岁的老太婆，而我的大外甥女还长我一岁啊。我有三个哥哥、四个姐姐，但能长大成人的，只有大姐、二姐、三姐、三哥与我。我是“老”儿子。生我的时候，母亲已有四十一岁，大姐二姐已都出了阁。

由大姐与二姐所嫁入的家庭来推断，在我生下之前，我的家里，大概还马马虎虎的过得去。那时候订婚讲究门当户对，而大姐丈是做小官的，二姐丈也开过一间酒馆，他们都是相当体面的人。

可是，我，我给家庭带来了不幸：我生下来，母亲晕过去半夜，才睁眼看见她的老儿子——感谢大姐，把我揣在怀中，致未冻死。

一岁半，我把父亲"克"死了。

兄不到十岁，三姐十二三岁，我才一岁半，全仗母亲独力抚养了。父亲的寡姐跟我们一块儿住，她吸鸦片，她喜摸纸牌，她的脾气极坏。为我们的衣食，母亲要给人家洗衣服、缝补或裁缝衣裳。在我的记忆中，她的手终年是鲜红微肿的。白天，她洗衣服，洗一两大绿瓦盆。她做事永远丝毫也不敷衍，就是屠户们送来的黑如铁的布袜，她也给洗得雪白。晚间，她与三姐抱着一盏油灯，还要缝补衣服，一直到半夜。她终年没有休息，可是在忙碌中她还把院子屋中收拾得清清爽爽。桌椅都是旧的，柜门的铜活久已残缺不全，可是她的手老使破桌面上没有尘土，残破的铜活发着光。院中，父亲遗留下的几盆石榴与夹竹桃，永远会得到应有的浇灌与爱护，年年夏天开许多花。

哥哥似乎没有同我玩耍过。有时候，他去读书；有时候，他去学徒；有时候，他也去卖花生或樱桃之类的小东西。母亲含着泪把他送走，不到两天，又含着泪接他回来。我不明白这都是什么事，而只觉得与他很生疏。与母亲相依为命的是我与三姐。因此，她们做事，我老在后面跟着。她们浇花，我也张罗着取水；她们扫地，我就撮土……从这里，我学得了爱花，爱清洁，守秩序。这些习惯至今还被我保存着。

有客人来，无论手中怎么窘，母亲也要设法弄一点东西去款待。舅父与表哥们往往是自己掏钱买酒肉食，这使她脸上羞得飞红，可是殷勤地给他们温酒作面，又给她一些喜悦。遇上亲友家中有喜丧事，母亲必把大褂洗得干干净净，亲自去贺吊——份礼也许只是两吊小钱。到如今我的好客的习性，还未全改，尽管生活是这么清苦，因为自幼儿看惯了的事情是不易改掉的。

姑母常闹脾气。她单在鸡蛋里找骨头。她是我家中的阎王。直到我入了中学，她才死去，我可是没有看见母亲反抗过。"没受过婆婆的气，还不受大姑子的吗？命当如此！"母亲在非解释一下不足以平服别人的时候，才这样说。是的，命当如此。母亲活到老，穷到老，辛苦到老，全是命当如此。她最会吃亏。给亲友邻居帮忙，她总跑在前面：她会给婴儿洗三——穷朋友们可以因此少花一笔"请姥姥"钱——她会刮痧，她会给孩子们剃头，她会给少妇们绞脸……凡是她能做的，都有求必应。但是吵嘴打架，永远没有她。她宁吃亏，不斗气。当姑母死去的时候，母亲似乎把一世的委屈都哭了出来，一直哭到坟地。不知道哪里来的一位侄子，声称有承继权，母亲便一声不响，叫他搬走那些破桌子烂板凳，而且把姑母养的一只肥母鸡也送给了他。

可是，母亲并不软弱。父亲死在庚子闹"拳"的那一年。联军入城，挨家搜索财物鸡鸭，我们被搜两次。母亲拉着哥哥与三姐坐在墙根，等着"鬼子"进门，街门是开着的。"鬼子"进门，一刺刀先把老黄狗刺死，而后入室搜索。他们走后，母亲把破衣箱搬起，才发现了我。假若箱子不空，我早就被压死了。皇上跑了，丈夫死了，鬼子来了，满城是血光火焰，可是母亲不怕，她要在刺刀下、饥荒中，保护着儿女。北平有多少变乱啊，有时候兵变了，街市整条地烧起，火团落在我们院中；有时候内战了，城门紧闭，铺店关门，昼夜响着枪炮。这惊恐，这紧张，再加上一家饮食的筹划，儿女安全的顾虑，岂是一个软弱的老寡妇所能受得起的？可是，在这种时候，母亲的心横起来，她不慌不哭，要从无办法中想出办法来。她的泪会往心中落！这点软而硬的个性，也传给了我。我对一切人与事，都取和平的态度，把吃亏看作当然的。但是，在做人上，我有一定的宗旨与基本的法则，什么事都可将就，而不能超过自己划好的界限。我怕见生人，怕办杂事，怕出头露面；但是到了非我去不可的时候，我便不得不去，正像我的母亲。从私塾到小学，到中学，我经历过起码有廿位教师吧，其中有给我很大影响的，也有毫无影响的，但是我的真正的教师，把性格传给我的，是我的母亲。母亲并不识字，她给我的是生命的教育。

——节选自老舍《我的母亲》

还有一篇史铁生的《合欢树》，也是典型的按照时间顺序的思路来行文的。请同学们理清《合欢树》的行文思路，并把它说出来。

____

____

____

能力提升

请同学们试着用时间顺序的思路方式，组织材料介绍自己的求学之路。

例如：

开头语：各位同学，大家好！今天很荣幸在这里能和大家分享彼此的求学经历。我的经历比较简单。

主体：幼儿园——小学——初中——中专。

结束语：以上就是我不算丰富但又一直伴我成长进步的求学之路。谢谢大家！

请你先尝试写出来，再读给同桌听，然后讲给大家听。

____

____

____

3. 空间顺序式

按照空间布局的方式一层一层地加以介绍，有从外到内、从近到远、从下到上、从左到右等顺序介绍，如导游员向游客介绍某一景观时，就可采用此法。例如：

大家好!欢迎诸位来天津古文化街参观游览。1985 年建成的古文化街为天津城市增添了几许异彩，以其特有的“中国味”“天津味”“古味”“文化味”吸引着来自远方的游客。这条街上有一座享誉几百年的古庙，它原名“天妃宫”，后改称“天后宫”。天津东临渤海，背倚京城，自古以来就是舟车汇集的水陆交通枢纽。天后宫就是在漕运大发展的情况下，为庇佑漕运建立起的祭祀海神天后的庙宇。天后宫始建于元朝泰定三年即公元 1326 年，它坐东朝西，是天津市区目前最古老的建筑。天后宫，从东到西，由戏楼、幡杆、山门、楼牌、前殿、正殿、藏经阁、启圣祠，以及分列南北的钟鼓楼、张仙阁和配殿等建筑组成。

4. 因果关系式

因果关系有两种方式：由因及果和由果溯因。由因及果是先说明事件的原因，而后讲述由原因导致结果的过程；由果溯因则与之相反，即先摆出结果，然后追溯导致这个结果的原因。例如：

- 在生活中，一定要让自己沉默起来，因为沉默的自己才不至于表现肤浅，也才能得到他人的信任；还要乐观一些，因为乐观的自己才有可能使内心充满阳光，让生活的气氛显得更加轻松。
- 无助时想要离开，我会突然离开北京，哪怕它是我从小长大的地方，因为我从不觉得它是属于我的，因为我一直向往一个无风、温暖的地方。

我们一般在解释、致歉、售后中常用这种因果思路。

5. 总分关系式

总分关系式常用于对事物的分类或复杂理论的分述。可以先分后总，也可以先总后分。一般汇报工作、工作总结都采用此思路。例如：

总经办第三季度工作总结

为更好地开展工作，现将一年工作总结如下。

一、按照公司公文管理要求，严格审核行文格式，确保行文质量，努力提高质量和效率；认真做好各级各部门的往来文件登记等工作，及时送达并督促相关科室办理，确保政令畅通，工作落到实处。

二、圆满完成各类会议的筹备及组织工作。三季度安排布置会场、组织筹备会议共十余次，包括集团考核巡查会、公司第四次党政联席会等大型重要会议，有效地促进了公司各项工作的有序开展。

三、认真做好财产登记。对办公室采购的所有固定资产做到有登记、有数目、有专人管理，办公设备和用品采购严格按公司规定采购程序进行办理。

今后，我部门要继续努力做好后勤服务工作，请领导同事们监督。

6. 提问解答式

提问解答式即先提出问题，然后经过分析、陈述见解、举例证明予以解答；或阐述解决问题的根据、理由和方法。它一般常见于采访、销售、策划。例如：

- 客户体验过产品之后，通常不宜问客户要不要买，而是要问他有什么感受。通过提问的方式，让客户把这种感受说出来，从而加深他们对产品的感觉力度，那么让他们作出购买的决定也就容易多了。
- 对于那些价格昂贵的产品，通常适用这种思路来进行推销。如果顾客嫌价格太贵，销售原则可以把产品分成几个部分来拆解价格，这样看上去就不那么贵了。还可以把价格按产品的寿命分摊到每一天的方法，也显得花费极低。比如，一台计算机 8000 元，你可以按 5 年寿命 1800 天来分摊，告诉顾客每天才花费 4.44 元。

掌握常见的思路模式，讲话之前组织好思路，对要讲述材料做顺序方式构思，有助于让我们的口头表达准确清晰。平时同学们可采用先想、后写、再说的方法，训练自己的思路模式，话说之前先写下要点，并且在大脑中预演一遍，也可以把自己要说的话，先录下来，放给自己听，找到表述不清的地方，重新调整，再尝试。经过这样的训练，你的口头表达一定会条理清晰、层次分明。

同学们还需特别注意，说具体内容之前，一定先说结论，再说过程，这样可以让人很快明白重点、结果。此外，说话前还要分清说话对象，有的人理解能力强，你点一下他就会明白，遇到这样的人你只需要说重点；有的人理解能力稍弱，那么你说完之后还需要和他确认，看看自己是否表达清楚。

能力提升

做个故事大王

以小组为单位，每个小组成员根据下列词语(任选一组)，展开丰富想象，构思两分钟，编一个小故事，依次讲给组员听。要求故事内容完整，条理清晰。组内成员讲完后，推选出代表参加组间 PK，按照比拼名次记录分值，所得分值为小组成员个人分值，记入成绩册。

- 歌友会　　可口可乐　　遭遇　　雨伞
- 西瓜　　刀叉　　球鞋　　小溪水
- 阳光明媚　　下午茶　　网球　　汽车
- 邂逅　　水果　　精彩纷呈　　说服
- 游戏　　老虎　　热带雨林　　老师
- 仙人掌　　绵羊　　计算机　　足球

你的故事是:

____

____

____

看图说话(见图 3-5)

请同学们仔细观察下列图片，展开合理想象，按照一定的思路，组织语言描述图片。

图 3-5　小林漫画

(网址：https://timgsa.baidu.com/timg?image&quality=80&size=b9999_10000&sec=1601359895421&di=ae99525eec47a0a254854de1b861768e&imgtype=0&src=http%3A%2F%2Fy1.ifengimg.com%2Fnews_spider%2Fdci_2012%2F03%2Fae82ab5cecb29ea7e9dbf666a866b4a5.jpg)

____

____

____

二、主旨与句式

(一)抓住主旨

良好的口头表达一定是简洁、准确的表达，用少量的话语传递大量的信息，言不在多，达意才好。因此，口头表达时一定要抓住表达的主旨，围绕主旨展开话题，一切与主旨无关的或联系不紧密的话语都要毫不留情地删去，努力使语言简洁凝练，这样才能让对方在有限的时间内听得明白、理解得透彻。

主旨由口头表达的目的决定。口头表达前首先需要在头脑中厘清这次口头表达的目的是什么，然后才决定怎么说，也就是先说什么，后说什么。说的过程要让主旨贯穿始终。另外，由于口头表达行为是一个动态的过程，双方会有交流、互动，那表达的进程就会被打断，这时由于各种变数原因往往会使表达偏离主题，诉说者一定要牢牢记住自己的主旨，把话题紧紧地控制在手中，让话题回归表达主旨，这样才能使表达准确、简洁。

1. 常见的口头表达目的

(1)　传递信息、知识(课堂教学、报告座谈、现场报道、产品推介、导购解说)。

(2)　社交需要(应酬、寒暄、主持、介绍)。

(3)　沟通感情(交谈、叙旧、恋爱、交友、赞美、批评)。

(4)　解决问题(洽谈、请求、推销、宣传、谈判、竞聘)。

2. 把握主旨的步骤

1)　整合

在表达之前，先做好功课，不论是一场演讲还是一次自我介绍，都需要对这件事保持高度的重视，依据自己想要表达的目的，广泛搜集资料，把你能想到的、找到的内容全部整合好。

2)　删减

有了充足的资料后，我们往往信心满满，但这时一定要做好删减，因为有效的口头表达一定是准确、简洁的表达。我们可以将整理好的资料分为五类。

(1) 绝对必要的信息。

(2) 说了会好一些的信息。

(3) 可有可无的信息。

(4) 时间充裕时可以附加的信息。

(5) 不用的信息。

大家觉得我们应该保留哪些信息？主旨式表达要求我们要围绕主旨核心取舍材料，只留下精华，因此我们只保留(1)和(2)，剩下的要全部删掉。一般来说，时间、地点、人物、事件，这些构成一件事的最基本的要素是绝对必要的信息。而消息源、各方观点等，可以当作是说了会更好的信息。例如，当你向你的同学讲述学校助学金政策的最新变化时，除了交代助学金政策具体变化本身外，如果再加上“这个消息是你从校团委老师那得来的”这样的信息，就加深了你这次表达的权威性，从而会让你的同学更加信服，这就是“说了会好一些的信息”。

3) 重组

把留下的信息整理成小项目，把项目与项目之间按照一定的逻辑、一定的顺序连接起来，这就是你要表达的主旨了。如果将一场表达比作做衣服，那么前面的工作就是依据这件衣服的用途、穿着的场合挑选布料和剪裁，最后一步才是将各块布料整理对应起来，缝合成一件完整的衣服。这里需要用到逻辑思维，把删减后留下的信息进行归纳总结，罗列成大大小小的项目，再把不同的小项目按照一定的顺序连接起来。

4) 预告

表达时预告对方要点。一般要点根据你要表达的主旨内容划分出两到三个小主旨，不超过三个为好。这样既让听者第一时间明白你表达的重点，对你要说的话有一个整体把握，不用边听边归纳整理你说的话，又让你的表达从一开始就是整体有序的表达。

例如：

我今天主要想从三个方面来谈谈咱们班级的班风班貌问题。

第一是……

第二是……

第三是……

3. 复述训练

善于把握主旨是准确表达的关键，复述是提升这种能力的有效途径。我们可能一开始做不到提纲挈领，直接抓住主旨，但我们可以通过看优秀的语言表达范例(可以是优秀文章，也可以是名人讲话)，通过复述练习来学习这种准确简洁表达的关键。

1) 复述的定义

把读过、听过的语言材料中心叙述一遍。

2) 复述的要点

(1) 把握要点，忠实原材料。

(2) 思路明晰，层次分明。

(3) 通俗易懂，口语化、生动化。

3) 复述的种类

(1) 详述，即详细复述。以原材料为依据，用自己的语言作较完整的复述，要求最大限度地保留原材料的内容和结构形式，只在语言口语化、句式变换方面有一些小的改变。

(2) 简述，即概括复述。要对原材料进行压缩、选择和组合。在准确抓住原材料主旨的前提下，勇于大胆取舍，舍得删剪枝叶，突出主干，避免使中心偏离甚至把重点放弃。

(3) 扩述，即扩展性复述，也叫创造性复述。是在充分理解原材料的基础上，通过联想和想象，进一步充实内容，发展情节，更具体生动地刻画人物，使原材料更形象、更生动、更具体，是复述的高级形式。

同学们在训练时应从详细复述开始，在熟练掌握详述的基础上练习简述，提升把握主旨的能力，最后可以通过扩展性复述练习完整的口头表达。

4) 复述的方法

(1) 读懂、听懂原材料，把主要内容、主要观点、主要情节记录下来。

(2) 可以用原材料的提纲，也可以自己编写提纲，只要通过口头化的语言把主要内容串起来就好。

(3) 一开始选择短句式、叙述类表达方式组织语言，这样便于把握、记忆原材料。随着练习的深入，适当采用长句式、描述式表达方式，让复述更生动、更有趣。

案例分析 3-6

牛郎织女

相传在很早以前，南阳城西牛家庄里有个聪明忠厚的小伙子，父母早亡，只好跟着哥哥嫂子度日。嫂子马氏为人狠毒，经常虐待他，逼他干很多的活。一年秋天，嫂子逼他去放牛，给他九头牛，却让他等有了十头牛时才能回家，牛郎无奈，只好赶着牛出了村。

牛郎独自一人赶着牛进了山，在草深林密的山上，他坐在树下伤心，不知道何时才能赶着十头牛回家，这时，有位须发皆白的老人出现在他面前，问他为何伤心，当得知他的遭遇后，笑着对他说："别难过，在伏牛山里有一头病倒的老牛，你去好好喂养它，等老牛病好以后，你就可以赶着它回家了。"

牛郎翻山越岭，走了很远的路，终于找到了那头有病的老牛。他看到老牛病得厉害，就去给老牛打来一捆捆草，一连喂了三天，老牛吃饱了，才抬起头告诉他：自己本是天上的灰牛大仙，因触犯了天规被贬下天来，摔坏了腿，无法动弹。自己的伤需要用百花的露水洗一个月才能好，牛郎不畏辛苦，细心地照料了老牛一个月，白天为老牛采花接露水治伤，晚上依偎在老牛身边睡觉，到老牛病好后，牛郎高高兴兴地赶着十头牛回了家。

回家后嫂子对他仍旧不好，曾几次要加害他，都被老牛设法相救，嫂子最后恼羞成怒地把牛郎赶出家门，牛郎只要了那头老牛相随。

一天，天上的织女和诸仙女一起下凡，在河里洗澡，牛郎在老牛的帮助下认识了织女，二人互生情意，后来织女便偷偷下凡来到人间，做了牛郎的妻子。织女还把从天上带来的天蚕分给大家，并教大家养蚕抽丝，织出又光又亮的绸缎。

牛郎和织女结婚后，男耕女织，情深义重，他们生了一儿一女两个孩子，一家人生活得很幸福。但是好景不长，这事很快便让天帝知道了，王母娘娘亲自下凡来，强行把织女带回天上，恩爱夫妻被拆散。

牛郎上天无路，还是老牛告诉牛郎，在它死后，可以用它的皮做成鞋，穿着就可以上天。牛郎按照老牛的话做了，穿上牛皮做的鞋，拉着自己的儿女一起腾云驾雾，上天去追织女，眼看就要追到了，岂知王母娘娘拔下头上的金簪一挥，一道波涛汹涌的天河就出现了，牛郎和织女被隔在河两岸，只能相对哭泣流泪。他们的忠贞爱情感动了喜鹊，千万只喜鹊飞来搭成鹊桥，让牛郎织女走上鹊桥相会，王母娘娘对此也无奈，只好允许两人在每年农历七月初七于鹊桥相会。

后来每到农历七月初七，相传牛郎织女鹊桥相会的日子，姑娘们就会来到花前月下，抬头仰望星空，寻找银河两边的牛郎星和织女星，希望能看到他们一年一度的相会，祈求上天能让自己像织女那样心灵手巧，祈祷自己能有称心如意的美满婚姻，由此形成了七夕节。

详细复述应该做到如下几点。

(1) 内容要基本接近原文，人称顺序不能做改变。

(2) 一些重要的情节、精彩的部分、优美的语句要细致地叙述出来，有些地方可用文章的原句。

(3) 要用自己的话叙述，不能背原文。

(4) 表情语气要自然，不要有读书或背书的腔调。

概括复述应该做到如下几点。

(1) 在理解文意的基础上，概括每段的段主旨。

(2) 按照原文顺序把段主旨连接起来。

(3) 调整完善成中心突出、结构完整的一段话。

以《牛郎织女》为例，概括复述如下。

牛郎织女(概述)

相传牛郎父母早逝，他又常受到哥嫂的虐待，只有一只老牛相伴，有一天老牛给他出谋划策，帮他娶到偷下凡间的织女做妻子。婚后牛郎织女男耕女织，相亲相爱，生活得十分幸福美满，织女还给牛郎生了一双儿女。后来老牛要死去的时候，嘱咐牛郎要把它的皮做成皮鞋，以后危难时可以穿上以求帮助。

织女和牛郎成亲的事，被天庭的玉皇大帝和王母娘娘知道后，勃然大怒，王母娘娘亲自抓回织女，牛郎危难之际急忙穿上用老牛牛皮做成的鞋，带着两个孩子追出去。眼看就要追上，王母娘娘却拔下头上的金簪向天空一划，霎时一条浊浪滔天的银河横亘在牛郎和织女面前。牛郎再也过不去了，两人只能泪眼盈盈，隔河相望。天长日久，他们的爱情感动了喜鹊，成群的喜鹊飞来，在银河上搭起鹊桥。玉皇大帝和王母娘娘也拗不过他们之间的真挚感情，准许他们每年农历七月七日相会一次。

从此每逢农历七月七日，人间的喜鹊就要飞上天去，在银河为牛郎织女搭桥相会。此时人间的女孩们也在七夕夜晚仰望星空，希望自己也能觅得良人佳婿。

上文就是概述，只保留原文主要情节，删减幅度较大。其实，在此基础上同学们可以进行再次概述，这样一遍遍反复练习，你会发现最后保留的就是整个表达中最核心的部分，也就是主旨。好了，现在你来试试吧，请把你再次概述的内容写下来，并讲给同学听。

____

____

____

____

____

扩展性复述也叫创造性复述，是复述中的高级阶段，可以用三种方法使复述有创造性。

(1) 改变人称。扩展性复述中可以把原材料的叙述由第一人称改为第三人称，或由第三人称改为第一人称。

一个小男孩问上帝：“一万年对你来说有多长？”上帝回答说：“像一分钟。”小男孩又问上帝说：“一百万元对你来说有多少？”上帝回答说：“像一元。”小男孩再问上帝说：“那你能给我一百万元吗？”上帝回答说：“当然可以，只要你给我一分钟。”

扩展性复述：

我曾经听过这样一个故事：一个小男孩问上帝一万年对他来说有多长，上帝回答说像一分钟一样长，小男孩又问上帝一百万元对他来说有多少，上帝回答说像一元。小男孩就向上帝要一百万元。上帝回答小男孩，只要给他一分钟就可以。这个故事说明一个道理，凡事皆不是唾手可得的，需要付出时间及代价。

(2) 改变顺序。改变原材料中的顺序，如《牛郎织女》在故事中是按照故事发展的时间顺序展开的，在扩展性复述中可以这样做。

每当我们仰望星空都会看到两颗最亮的星，那是牵牛星和织女星。我国自古就有牛郎织女鹊桥相会的故事，可以说是口口相传、感人至深……

(3) 扩展内容。通过丰富的想象和联想，增加原材料中没有的内容；或对原材料进行细节加工，使原材料更生动、更形象。

在一场战斗中，上尉发现一架敌机向阵地俯冲下来。上尉并没有立刻卧倒，他发现离他四五米远处有一个小战士还站在那儿。他扑过去将小战士压在了身下。一声巨响后，飞溅起来的泥土落在他们的身上。上尉拍拍身上的尘土，回头一看，刚才自己所处的那个位置被炸成了一个大坑。

请同学们根据扩展性复述的要领，依据原材料展开丰富的想象，把上述只有主旨的语段生动化、形象化吧！先写出来，然后讲给同学听。

能力提升

1. 遣词造句

请每名同学各写一张纸条，纸条上随机写一个词语，把所有人的纸条放在一个袋子里，然后各组随机抽取四张，根据纸条上的词语造句。要求所造的句子具有一定的思想性，合乎语法逻辑规范，句子完整。

2. 情境语段练习

- 你的好朋友取得了好成绩，你要当面祝贺他。请你根据这个情境组织一段你真心祝贺他的话。

- 过年了，家庭聚餐，长大的你也要作为家里重要的成员说祝酒词。在座的有爷爷奶奶、爸爸妈妈、叔叔婶婶、哥哥姐姐和弟弟，你打算怎么说？

(二)恰当使用句式

句子是语言表达的基础。句式是句子的结构方式。现代汉语中句式十分丰富，常见的句式有：主动句和被动句、肯定句和否定句、陈述句和反问句、单句和复句、长句和短句、常式句和变式句、整句和散句等。正是因为有了这么多不同的句式，我们的汉语言才会熠熠生辉、多姿多彩。

1. 句式的分类

(1) 句式根据表达语气，可分为陈述句、疑问句、祈使句、感叹句。

① 陈述句：是指陈述一个事实或者说话人的看法的句型。陈述句又分为肯定的陈述句和否定的陈述句，简称肯定句和否定句。

例句：今天天气挺好。/今天天气不好。

② 疑问句：表达不确定性的句型。

例句：今天天气好吗?

③ 祈使句：表示要对方做或不做的句型，语气较强烈。

例句：你来介绍一下今天的天气情况。

④ 感叹句：以直接抒发感情为主要功能的句子，语气强烈。

例句：今天的天气真好啊!

(2) 句式根据主语的性质，可分为主动句、被动句。

① 主动句：主语是动作或行为的实施者。主动句包括一般主动和“把”字句两种。

例句：我来向大家介绍一下今天的天气情况。/我把今天的天气情况向大家介绍一下。

② 被动句：主语是动作或行为的受事者，就叫被动句。

例句：我被今天的大风吹着了。

(3) 句式根据结构的繁简，可分为长句、短句。

① 长句：是指词语多、结构复杂的句子，多用于书面语、议论、描写之中。

例句：现在许多国家都已经能够生产可以独立操作机床、可以在病房里细心照料病人、可以在危险区域进行作业的机器人。

② 短句：是指词语少、结构简单的句子，常用于口语、演讲。

例句：现在许多国家都能够生产这样的机器人：它们可以独立操作机床，可以在病房细心照顾病人，可以在危险区域进行作业。

(4) 句式根据判断的性质，可分为肯定句、否定句(例句见“陈述句”)。

(5) 句式根据句子成分或成分句的位置，可分为常式句、变式句、“把”字句。

句子的结构有一定的形式，词语在句子里的位置也有一定的次序，如主语在前，谓语在后；定语、状语在前，中心语在后；偏句在前，正句在后。我们把句子成分或分句居于经常的、一般的位置的句子叫常式句。有时为了突出强调某一方面的意思，可以改变句子的结构形式，可以改变词语在句子里的排列位置，这就形成了变式句。

(6) 句式根据句式整齐，可分为整句、散句。

整句、散句指的是一组句子，单个句子不存在整散。

① 整句：是指结构相同或相似的一组句子。排比句、对偶句都属于整句。

例句：花园里开满了鲜花，风一吹，红的像火焰在跳动，黄的像金子在闪耀，白的像雪花在飘落。

② 散句：是指结构不整齐、各式各样的句子交错运用的一组句子，具有灵活自然的特点。

例句：花园里开满了红、黄、白三色鲜花，风儿一吹，犹如跳动的火焰，闪闪发光的金子和即将飘落到地上的雪花。

整句和散句各有各的好处。整句形式整齐，声音和谐，气势贯通，意义鲜明，在散文、诗歌、唱词中应用较广，适合于表达丰富的感情，能给人以深刻、鲜明的印象；散句比较灵活，富有变化，生动感人。整句和散句交错运用则兼二者之长，既整齐和谐，又富有变化，更能使表意深刻，语意连贯。

例句：桃树、杏树、梨树，你不让我，我不让你，都开满了花赶趟儿。红的像火，粉的像霞，白的像雪。花里带着甜味，闭了眼，树上仿佛已经满是桃儿、杏儿、梨儿！花下成百上千的蜜蜂嗡嗡地闹着，大小的蝴蝶飞来飞去。野花遍地是：杂样的，有名字的，没名字的，散在草丛里，像眼睛，像星星，还眨呀眨的。

朱自清先生在《春》中的这段文字是整句散句变换的典范，其实这里还有长句、短句的交替使用。这样的丰富句式变换不仅传达出春天热闹的信息，更给人一种生机盎然、五彩缤纷的生命力量感。

(7) 句式根据句子语法，可分为单句、复句。

① 单句：是由短语或词语充当的，有特定的语调、能独立表达一定的意思的语言单位。可以理解为只有一套主谓宾的句子是单句。

例句：就坚定不移地为当时的进步事业服务这一原则来说，我们祖先许多有骨气的动人事迹，还有它积极的教育意义。

这句话的主语是“事迹”，谓语是“有”，宾语是“意义”。句子虽长，只有一套句子成分，因此，它是单句。

② 复句：是由两个或两个以上意义上相关、结构上互不作语法成分的分句加上贯通全句的句调构成的。可以理解为有多套主谓宾的句子是复句。

例句：剧是必须从序幕开始的，但序幕还不是高潮。

这句话，前一分句的主语是“剧”，谓语是“是”，后一分句的主语是“序幕”，谓语是“不是”，宾语是“高潮”。这句话有两套句子成分，所以它是复句。

2. 口头表达中常用句式

由于口头表达交流即时性的特点，决定了诉说者所说的内容就是听者听的内容。听者基本上根据听到的话来分析、判断、理解诉说者要传递的信息。而听的过程除去表达者本身水平高低的因素外，还有许多障碍干扰，因此为便于倾听者获取信息、理解信息，诉说者在组织语言时就应尽量选择短小、结构也较简单的句式，这样才有利于传递信息、表达思想、沟通交流。

(1) 尽量用短句而不是长句。结构简单的句子有利于听者整理信息，译码时减少错误偏差。

(2) 尽量用陈述句而不是反问句。陈述句的语气更利于听者接受，而反问句通常给人以压迫责备感。

今天天气挺好。/今天天气不是挺好的吗?

我问过你的意见。/我不是问过你的意见吗?难道你不记得了?

这扇玻璃窗需要重新擦。/难道这扇玻璃窗不需要重新擦吗?

(3) 尽量使用肯定句而不是否定句。肯定的表达更容易让人接受。

我不喜欢热闹。/我更喜欢安静。

你不是一个坏人。/你是一个好人。

时间不够了。/时间有点紧。

(4) 整句和散句根据具体语境具体分析,在表达准确的基础上可以结合使用,让表达更生动。

课堂练习 3-15

(1) 请用肯定句式表达下面语句。

我没有钱。________________

问题没法解决。________________

从来没有想过。________________

我不喜欢这件衣服。________________

我不知道该做些什么。________________

(2) 请把下面的反问句改成陈述句。

难道这世界上糟糕的诗还不够多吗?________________

这水一不甜二不辣的,喝它顶什么用?________________

都是你自己找的,我怎么帮得了你的忙?________________

这些设想即使能够实现,又有多少人能够去居住呢?

____

我们遇到困难,怎么能退缩呢?________________

说出的话难道可以不算数?________________

不是自家人,难道就不该互相关心吗?________________

不劳动,连朵花也养不活,这难道不是真理吗?

____

能力提升

(1) 请同学们以组为单位,小组成员每人向组员复述一段你喜欢的电影情节。要求用概括复述,注意选择恰当的句式组织语言,摒弃口头语。把你要说的按照情节发展的顺序先写下来,然后再讲给大家听。

____

____

____

____

____

(2) 放学时，你刚走出校门，有一个外地口音的阿姨向你打听到市政府的路怎么走，你怎么用准确、简洁的语言帮助她？

先看一段例文，你觉得例文中的语言在口头表达上有什么欠缺？

男：你好，我在找这附近一座有廊子的桥，我好像迷路了。

女：罗斯曼桥？

男：对！

女：你快到了，它离这大概两里。

男：怎么走？

女：你往那儿走，在卡特斯处左转。

男：卡特斯？

女：一个农场，靠近大路的小房子，有一条凶猛的大黄狗。

男：大黄狗？

女：对。沿着那条路直走，到了岔路，桥就在不到半里处。

男：岔路之后往哪个方向走？

女：靠右，然后……不，不是那条岔路，对不起。你驶过彼得森。

男：彼得森？

女：也是一个农场，驶过旧校舍便左转。若有个路牌对你会容易一些。

男：是的。

——节选自《廊桥遗梦》

指路的本质是：知道路的你向不知道路的他人传输信息的行为。看似非常简单的沟通，却很少有人做得好。最大的原因是：指路要求站在听者的立场进行说明。自己熟悉的店、标志等，如果不能恰当地表达出来，就无法让问路者获得正确的信息。因此，要好好把握对方的状况，理解他的困惑、不安在哪里，这在表达时是非常必要的。现在请你根据上述提示来完成留给你的练习吧，怎么组织语言，能既准确又简洁地帮助那个外地口音的阿姨呢？请你先写下来，然后再说出来。

知识总结

(1) 准确、简洁的口头表达与思维发展有密不可分的关系。

(2) 确定话题主旨，按照思路形式，组织语言能让表达更高效。

(3) 运用复述、概括缩句等技巧可以有效地提升提炼话题主旨的能力。

(4) 积累丰富的词汇、掌握句式，是准确、简洁表达的前提条件。

拓展阅读

切忌说话像“轮盘赌”

田昕

提到某人说话草率，人们会说“这人说话不过脑子”。然而，大多数人说话都不是像狙击步枪指哪儿打哪儿，而是像拿左轮手枪玩“俄罗斯轮盘赌”——话出口之前，脑子里各种想法咯吱咯吱乱转，扣动扳机那一瞬间，轮到哪发算哪发吧。人之所以会突然说出一些匪夷所思的话来，都是因为这个道理。不是因为他有什么坏心思，而是因为你和他运气都不好。

比如说，我见过的最尴尬的说话场景，是在某次饭局。高朋满座谈笑甚欢之时，有个朋友说他又得了个千金，一位长辈脱口而出：“那还得再生一个吧？”

人群瞬间石化，愣过最漫长的一秒后，纷纷装成若无其事的样子扯开话题，场面颇为有趣。虽然我也在暗笑，但是却非常清楚地知道，这位长辈并无恶意，他只是脑子正好转到这个地方，就说出来了。

还原一下他的心理活动，大致是这样的：已经生了一个闺女，现在又生了一个，挺好啊两个孩子比较热闹，诶等等，他会不会是因为想要个儿子呢？这个又是闺女，会不会有点失望呢？那还得再生一个吧？可是也不一定哦，说不定人家就是想要两个孩子呢，也可能是我多心了，现在的年轻人想法跟我们这一辈不一样啊……

以上这些心理活动，就像一个飞速转动的轮盘，转到无关痛痒的地方，如“好啊，两个孩子比较热闹啊”，当然气氛融洽；但是如果说话不过脑子，停在不恰当的地方，脱口而出的那句，就很可能让人尴尬。

再举个例子。你听说过一句话，甚至一个字，就把一屋子人都得罪光，甚至还误伤到自己的吗？我见过。多年前参加一个校园活动。一个学生见到我来，很兴奋，跑来打招呼，大声说：“田老师，怎么这种级别的活动你也来了？！”空气凝滞。我看了看他，瞧了瞧全场观众，想了想自己，憋住一口老血，默默地坐下了。我估计他心里想的是：这个活动级别不高，田老师能来，是很给我们面子的，所以要表达一下感激之情。正常情况下，这个心理活动转化成话语，想明白了再说，就叫“蓬荜生辉”或者“不胜荣幸”。可是，如果放任自己脑子里的俄罗斯轮盘赌，转到哪里是哪里，就保不齐听起来有多怪了。

你以为这就结束了？不，好戏还在后头。活动中间，我上台致辞，窃以为效果还不错。换主持人上场，只用了一个字，就让我彻底怀疑自己的人生价值。至今我还记得，这位有着灿烂阳光般可爱笑容的主持人上台来，顿一顿，拖长音吐出那个神奇的字：“行——我们进行下一项……”

行？这可还行？！

别误会，我并不是在抱怨。很明显，“行”是一个过渡词，是这位同学脑子里滴溜溜乱转的轮盘的一部分，随机转一下，正好卡在这个点上了而已。问题只是在于，想法如果随机地表现为说法，心里面的声音若任其自由流淌，难免就会说错话。

所以，切忌说话像“轮盘赌”，当三思而后言！

——选自《演讲与口才》2019年第15期

习惯性质疑，是因情商太低

张良峰

一

早上打开微信朋友圈，看到了原同事刘文给我的留言，文字不少，但我却很不高兴。他的原话是这样："哥们儿，累吗？天天像朝阳群众似的，关心国家大事？文笔那么好，有时间写写网络小说，赚赚钱多好。"

在这条留言的上面，是我昨天发的朋友圈，内容大致是这样的：我所住的小区门外马路上，因为某些原因造成了诸多不便。于是，我给当地的媒体写了一篇稿件，直指此事。媒体很快将其刊发了出来，有关部门看到后，果断行动。现在，这个问题得到了解决。

因为高兴，所以我转发了这条报道。

原同事刘文依旧关注我，我很高兴。但是，他这种质疑并带有指责的态度，却令我很不舒服。他的态度并不难理解，那就是认为我不干正事儿。有时间的话，可以多操心一些实际问题，比如写小说赚钱。

问题的关键是，我干这件事，是为了优化自己的生活条件，解决生活中的不便。站在我的角度来看这并没有错。退一步说，即使这样做有错，我给媒体投稿，赚点稿费，总没问题吧？这和国家大事有什么关系？

不知道他人的目的，就持质疑的态度，并指手画脚，那不是友好，而是无知。

二

这几年自媒体火爆，很多人都通过自媒体创业，赚得人生第一桶金，于是大家都在一个群里分享经验，偶尔也会晒一下收益。每次有人晒收益，大家都表示认可，也有人请教经验。可是邹小磊却"独树一帜"。每次看到他人不错的收益数据，他都要说上一句："不就是 P 个图吗？我也会。想P多大金额，都可以。"次数多了，大家都很反感他。有人直接点名："自己做不到，不代表别人做不到。羡慕他人可以，但酸他人、贬低他人，实则是心虚。"

张口容易，质疑容易，殊不知，大家都是相互交流心得体会和感受，有必要为此造假、进而博关注吗？只能说，这种留言的人，属于习惯性质疑，把自己的生活态度强加给他人。自己是这样，就会认为他人也会这样。

不了解他人的实际成绩，就习惯性质疑。那不是真质疑，而是幼稚。

三

最近一阵，一个消息在公司传开了："张涛签了一个大项目，据说合同额超亿元呢！"作为一个建筑类分包公司，平时各部门签订合同，合同额少则几百万元，多则一两千万元，超过 5000 万元的都算大合同。这回来个超亿元的大合同，自然令人期待。

大家为这件事议论纷纷，有人为公司签订大额订单感到高兴，有人为自己没有这样的能力而懊恼，也有人对张涛大加赞赏，总而言之，关于张涛签订这个合同的消息，成了一针兴奋剂。

就在大家议论纷纷的时候，采购部的刘伟站出来说："你们这样议论有什么意思？看到合同才算，没看到合同的话，我可以说自己签了十几亿元的合同，谁信啊？话还不是随人去说的。"

不了解他人的实际情况，就习惯性质疑，那是因为自卑。

四

现实生活中，类似习惯性质疑的人并不少。乍一听，他们的话非常在理。他们是在"冷静"地为大家盲目的热情浇一盆冷水，让大家清醒。但是，我们要明白，每一个正常人都是生存在集体之中的，是需要与他人打交道的。与他人打交道，适时地肯定他人、赞美他人，才能和谐彼此之间的关系，这是必备之道。

有质疑精神没错，但质疑应该建立在事实基础之上，并非张口就来，更不是对谁都质疑，对任何事都质疑。他人正处于成功的兴奋与激动中，你毫无缘由地泼来一盆冷水，那是情商低。

即使你说得再合理，他人也不会领情。

情商低的人自以为聪明，也总是秉持着所谓的"正义"。然而，他们总是在不知不觉中得罪了他人，不仅得不到回报，反而会让人"拉黑"。唇齿之间的只言片语，看似口头占了便宜，思维占了上风，可是却失去了友谊、信任和尊重。

情商高的人，并非事事都说得令人满意。至少，他明白，该说的话说，不该说的话不说。

——选自《演讲与口才》2019 年第 19 期

第四节　掌握技巧，生动表达

好的口头表达一定具有强烈的吸引力与感染力。提升语言的表现力才能让口头表达引人以趣、感人以美。子曰："言之无文，行而不远。"说的就是语言如果没有一定的文采，那么流传也不会广泛久远。因此，一个人说话除了要有实际内容外，还要把能增强语言表现力的技巧和能晓理动情的真实情感融入口头表达中，不仅让要说的话清晰、准确、简洁，还要让它生动、有趣，打动人心。

学习目标

(1) 根据具体语境选择与情感匹配的表达方式。

(2) 掌握常用的修辞方法，积累幽默素材，并尝试在实际交流中使用。

(3) 合理地运用表达副语言，增强表达效果。

(4) 通过朗诵、讲笑话等训练方式增强自信、给予尊重，构建和谐人际关系。

游戏引导

看图片猜成语(见图 3-6)。

以小组为单位，在单位时间里看哪个小组猜得多。根据名次决定小组成绩，并计入个人课堂成绩。比如，一共五个小组，完成最多的小组，每名组员加 5 分，完成最少的小组，每名组员加 1 分。

图 3-6　看图猜成语

游戏感悟

你和你的伙伴们合作得怎么样？猜出了多少成语？在活动的过程中你有什么样的感悟？你觉得要想让自己所在的团队在这次活动中取得更好的成绩，可以从哪几方面进行改善？请你从上述成语中任选三个，给伙伴们讲讲它们的出处、典故吧。

一、融入情感，表达方式多样化

在口头表达中有意识地注重语境角色塑造是增强表达效果的好方法。“感人心者，莫先乎情”。诉说者应该根据不同的情感语境、不同的主题要求，合理地选用不同的口语表达方式，或叙述，或描写，或说理，或抒情，侧重点不同，表达的效果自然也不同。表达方式的选择应遵循说话人思想情感的需要，这样的口头表达才可能是生动的表达。

1. 叙述

口头表达中最常见、最基本的表达方式就是叙述。它是把人物经历、事情变化经过交代清楚的表达方式。我们在自我介绍、向他人解释说明、主题演讲、会议主持等口头表达行为中，大部分会采用叙述表达方式。叙述可繁可简、可长可短，需要根据具体表达情境进行选择。

1) 具体叙述

在向朋友、同学、客户传递对方不知道的信息时，需要具体叙述。这种叙述要求抓住人物的主要特征或事件的主要细节，尽可能详细地介绍，给人以生动、具体的主观感受，以达到突出重点、深化交谈主题的目的。

大家好！参加竞聘演讲之前，我一直在想：我应不应该参加这次竞聘？思索再三，我想，我愿意把这次竞聘当成争取多尽一份责任的机遇，更愿意把这个竞聘的过程当作我向各位老师学习、接受各位评判的一个难得的机会。因此，我是鼓着十二分的勇气，来参加竞聘的。

这段演讲开场词就是用具体叙述表达方式来说明自己竞聘的目的，表现出竞聘人的诚意和谦虚。

在一次记者专访中，宝健(中国)公司总裁李道这样回答记者关于经营原则的提问：

企业的发展与人有关。企业应该有长远的发展眼光，很高兴我们的董事会有长远的规划与目标，我们不会急功近利。我们的方法有三个：第一，产品质量要安全；第二，产品符合消费者需求。长期以来，人们都会混淆一个概念，保健品就是药品，这是不对的。每个年龄段的人，对营养都有不同程度的需求。比如年纪大的人需要补充一些钙，让自己更健康。经过了很多年的沉淀与积累，我们的产品应该放在厨房，而不是放在药柜里；第三，价格被消费者长期接受，让消费者能够长期买得起产品，而不是制定一个超高的价格。

李道总裁的这段叙述详细地回答了公司经营原则的问题，并通过具体事例厘清以往人们对保健品的错误认知。这样的具体叙述让听者听得明白，印象深刻。

2) 概括叙述

概括叙述要把握叙述要点，对人物或事件做整体叙述，简明扼要，省略局部细节。

比如：

康桥，即英国著名的剑桥大学所在地。1920 年 10 月—1922 年 8 月，徐志摩曾在此游学。康桥时期是徐志摩一生的转折点，“康桥情结”也贯穿于徐志摩一生的诗文中。

徐志摩在从英国归途的海上写下了脍炙人口的名篇《再别康桥》。上段语句用概括叙述对康桥及康桥对诗人的影响作了提纲挈领的说明。

“自我介绍一下，我岁数已经不小了，留学生身份出去的，在国外生活过十几年，没正经上过学，蹉跎中练就了一身生存技能，现在学无所成海外归来，实话实说，应该定性为一只没有公司、没有股票、没有学位的‘三无伪海龟’。”

这是喜剧电影《非诚勿扰》中的一段台词。男主人公用概括叙述介绍了自己的学习、工作及财富情况，给人以幽默风趣、干脆利落之感。

3) 夹叙夹议

夹叙夹议要求叙述者在对人物、事态作叙述的同时，对该人物、事态进行分析、评论，表明自己的立场、观点和态度等。

获得诺贝尔文学奖之后，有人说我作品少了。客观地讲，首先是大家对我的关注度提高了，其次是我的事情也多了，有很多事情必须得做，这势必会使创作时间受到一些挤压。

但这也未必不是一件好事儿，一个人也不能一天到晚天天坐在书桌前。人需要生活，需要与外界接触，需要与时代保持一种密切的关联，这样才能使自己的作品与时俱进。

所以从这个意义上来讲，获奖之后事情多也未必是坏事儿。

再者，我也不会再像年轻时那样过多地追求作品的数量。记得当初在解放军艺术学院，同学之间比赛，好像谁在一年内发表的作品最多，谁就能受到大家的尊重。这样的年纪已经过去了，作品还是要尽量写得好，与其发表十篇一般般的小说，还不如发表一篇比较好的小说。

最近几年，我进行了一些多文体的尝试，戏剧、话剧、诗歌、小小说和笔记体小说也大概写了几十篇，甚至在写毛笔字的时候也即兴写出一些很短的文字来。倒不是说尝试这些文体是为了给写长篇小说练手，因为这些文体本身就有很高的审美价值，要把它们写好也并不容易。比如说笔记体小说，看起来寥寥数语，但通过这寥寥数语表达的思想，也许是一部长篇都难以表述出来的。此外，像戏曲、话剧这种文体，要求就更高了。

尽量用多种文体来拓展自己的创作视野，拓宽自己的思路，开阔自己的眼界。说不上是为写长篇小说做准备，我在写这些文体的过程中就已经充满了创作激情和乐趣。

至于外界的评价，我不是很在意。外人的评价是很难进入内心的，他们只是根据一些可量化的标准来衡量你。

——莫言获诺贝尔文学奖7年后接受采访时的自述节选，摘自《十点人物志》

在上述表达中，莫言用夹叙夹议的表达方式表达了自己的观点、立场和目前的状态。同学们能找出哪些是叙述、哪些是议论吗？请你来写一写、说一说吧。

____

____

____

____

课堂练习 3-16

请仔细阅读下面这则短文，要求以第三人称的叙述角度，采取夹叙夹议的表达方式，叙述这则短文给你的同学听。

前段时间，我去超市购物，收银员找给我一堆零钱，因为时间匆忙，我并未仔细看，装进口袋就去赶车了。等回到家后，我整理钱包，赫然发现一张 1 元的人民币上涂写着一首打油诗，敢情这张人民币的前主人把它当成涂鸦的小纸条了。

我很生气，因为人民币是中华人民共和国的法定货币，它代表着一个国家的尊严和形象。但如果留心，你会发现这种现象并不是个例，人民币上经常有一些肆意的涂写。有的可能是临时记录一些电话号码或者事物名称，也有的是一些单位收款时，为了防范收到假币，写着缴款人姓名，还有的根本就是很恶劣的涂写，QQ 号、打油诗、小广告、拙劣的绘画、咒骂的语言，让人看了很是反感。

干净的人民币拿在手里，会有一种很舒服的感觉，可是这样不爱惜地损毁人民币，让人觉得很难受，拿在手里，有一种怪怪的感觉。是啊，当你拿到一张皱皱巴巴、写满字的人民币，你会把它当作一种国家流通的货币吗？可能连你自己都会嫌弃它的样子。

《中华人民共和国人民币管理条例》中规定，任何单位和个人，都应当珍惜和爱护人民币，在人民币上涂写是污染人民币的行为，是绝对不允许的，也是不道德、不文明的行为。

莫把人民币当纸条，人民币是一个国家的脸面，如果换成是你，愿意别人在你的脸上肆意涂抹乱画吗？

(资料来源：段文杰，张美娟. 实用口才[M]. 北京：科学出版社，2007)

口头表达时口语留存是非常短暂的，稍纵即逝。因此，在表达的过程中既要注意叙述内容的准确性，还要让叙述的语言富有变化性，这样才能让听者在较长的表述中不至于因太疲劳而选择放弃接收信息。所以，叙述中穿插议论，或其他表达方式就很有必要。

2. 描述

描述是用生动形象的语言，对人物、事物、景物、场景等进行描绘和阐述的一种口头表达形式，是叙述的形象化、具体化、生动立体化。通过描述，听者能产生如见其人、如闻其声、如临其境的具体真实感受。如果说叙述是把人物、事件勾勒在你眼前，那描述就是你置身于人物和事件本身中。在实际口头表达中，两者结合运用，才能让你的表述活起来。

课堂练习 3-17

请同学们对比下面的两段话，把你的感受说出来。

① 我们追求人人平等，反对种族歧视！

② 我有一个梦想，梦想有一天，在佐治亚的红山上，昔日奴隶的儿子将能够和昔日奴隶主的儿子坐在一起，共叙情谊。

第二句是马丁·路德·金著名演讲《我有一个梦想》中的一句话。这两段话表达的其实是同一个意思，但明显第二句的表达效果好。马丁·路德·金用“佐治亚的红山”“坐在一起”“共叙”这些描述性的表达营造出真实感人的画面，刺激听众的视觉神经，让听众们如临其境，使得整个表达流光溢彩，从而唤起了人们对美好生活的向往之情，激发人们愿意为之努力抗争的斗志。

再如：

主席也举起手来，举起他那顶深灰色的盔式帽，但是举得很慢，像是在举起一件十分沉重的东西。一点一点地，一点一点地，等到举过头顶，忽然用力一挥，便停在空中，一动不动了。

——方纪《挥手之间》

母亲把饭煮了，还要种田、种菜、喂猪、养蚕，纺棉花，因为她身体高大结实，还能挑水挑粪。

——牛德《回忆我的母亲》

这两段文字中，第一段对举手的动作用了形容词和重叠词，既写了所举帽子的颜色、式样，又写了举帽的速度、力度，用的是细线条，是描述；第二段是对母亲辛勤劳动所做的农活的简单介绍，是粗线条，是叙述。

“太阳出来了，大地一片光明。”

“火红的太阳喷薄而出，万道金光洒满大地。”

这两句话表达的主旨是一样的，但由于采用了不同的表达方式，表达效果是不一样的。第一句是叙述，对太阳升起后大地的变化情况作了粗线条的介绍。第二句，同样是介绍太阳升起后大地的变化，但由于色彩词语的具体运用，让你的眼前如有了光亮的变化，让你的皮肤如有了温度的变化，这是描述。

1)　描述的类型

根据对象不同、角度不同、详略不同，描述有不同的类型。具体来说，从对象上可以分为人物描述、事物描述、场景描述；从角度上可以分为直接型描述和间接型描述；从详略上可以分为白描和细描。在实际口头表达中，我们通常从对象上对描述进行分类。

(1)　人物描述。

在口头表达中，当你向对方介绍一个不在场的重要人物时，你需要通过你的语言，让对方对该人物有准确的认识，那么人物描述就可以起到头脑画像的作用。我们可以用具体的描述性词汇(大小、色彩、数量、冷暖)来对人物的肖像、语言、行动、心理等进行描述。肖像描述着重于人物的容貌、身材、姿势、服饰，以表现人物的身份、风度和神韵；语言描述着重于人物的说话内容、方式、情态，以表现人物的职业、地位和阅历；行动描述着重于人物的举止、动作、行为，主要为表现人物的性格服务；心理描述着重于人物内心的思想活动，使人物形象更真实、更丰富、更丰满、更深刻。

例如：

头上戴，三叉帅字黄金盔，九曲簪缨倒挂，身上披锁子大叶儿黄金甲，外罩着半披半挂的大红峥袍，往脸上看，面似淡金，一双浓眉斜插天苍，一对廓目炯炯有神叫皂白分明，鼻直，口正，三柳墨髯，大耳朝怀，前后有护心宝镜，大如冰盘，亮如秋水，双勒十字袢，有狮蛮带一巴掌刹腰，单别倒挂鱼字尾，吞天兽口叼金环。肋下佩三尺龙泉，金吞口金实线，绿鲨鱼皮鞘，杏黄的挽手，双垂灯笼穗儿，一部铮裙，能分左右，上护其人，下护其马，一双五彩战靴紧扣金蹬之内。胯下这匹马，好精神，蹄至背高八尺，头至尾有丈二，细蹄碗儿大蹄穗儿，刀螂脖儿，马入直立，竹签儿的耳朵，浑身上下一色儿黄，有个名儿，叫做千里干草黄，小名儿叫黄膘，项挂紫金威武铃是潼关大帅魏文通亲手相赠。人配衣装马配鞍的漂亮啊！鸟翅环得胜钩上挂定一条虎头皂金枪，判官头双挂金装锏。

这是评书艺人对《隋唐演义》中秦叔宝的出场介绍词。这段介绍词通过对秦叔宝肖像的丰富细致描述、神态的刻画塑造，让听众仿佛看见气宇轩昂的英雄就在眼前一般。与此有异曲同工之妙的是《红楼梦》中恍若神仙妃子的王熙凤出场的那段肖像描写、语言描写，把一个既八面玲珑，又果敢泼辣的王熙凤塑造得惟妙惟肖。

(2) 事物描述。

事物描述是对事物的特征或性质进行描述，描述对象包括动物、植物、景物、自然现象等。事物描述的目的在于使听众对所描绘的对象有一个准确而鲜明的具体印象，既要有艺术性，又要有知识性、趣味性，才能引人入胜。

著名的物理学家沈致远在他的科普文章《科学是美丽的》中引用另一位女物理学家琳达·威廉斯为科学美所启迪而写的一首科学诗。诗的内容是这样的：

碳是女孩之最爱，
黄金确实很宝贵，
但不会燃起你心中之火；
也不会使火车长啸飞驰。
碳是地球上一切生命之源，
它来自太空的陨石，
构成一切有机物质。
在大气层中循环往复。
钻石煤炭石油总有一天用完，
能构成一切的将是碳纳米管！
碳是女孩之最爱！

“钻石是女孩之最爱”是美国流行的一句谚语，物理学家琳达·威廉斯扩其意而用之，把碳元素具体化、形象化，从它的一种特殊结晶形态——钻石入手，继而推广到碳的各种形态。让人们在形象化的语言下认识碳元素、了解碳元素。而女孩爱钻石，爱的是钻石首饰的光华夺目、价值连城。这样的价值可以衬托自己雍容华贵的外表美。而威廉斯却用诗意的语言，赞美碳的实用价值及其对生命循环的重要性，表现的是内涵美。这样生动的描述，让看不见、摸不到的碳元素呈现在读者、听者的眼前，不仅意蕴丰富，更让人印象深刻。

(3) 场景描述。

场景描述可以是对一个特定的时间、地点、环境中众多人物活动的总体情况进行描述，也可以是对具体场面的客观呈现。常见的有劳动场景、运动场景、战斗场景、庆祝场景、送别场景等。场景描述要表现一种特定的气氛，展示一幕幕精彩的场面，使人有一种身临其境的感觉。

年轻的装修设计师小李是如何打动并不打算装修新房子的王女士的？

在售楼人员和王女士交接房过程中，小李帮助她解决了几个房屋修建方面的问题，王女士对小李产生了信任感，并向他咨询了家装设计风格等问题。在了解到王女士喜欢欧式风格之后，小李向她描述了装修蓝图：这套房子较大，可以采用现代简欧风格。客厅阳台可采用桑拿板木质吊顶配上欧式吊灯，辅以拼花地砖，放上欧式休闲桌椅可供平时休闲用；客厅以白色调为主，搭配欧式花纹壁纸，用白色花纹线条分隔不同的功能空间；客厅较大的一面墙，可做简欧装饰，欧式电视墙两边为罗马柱造型，中间米黄色纹理砖做背景；另一面墙做沙发背景墙，石膏线条加壁纸中间配以装饰画。这样既漂亮又实用。在介绍的同时，小李还展示了一些图片资料。王女士认真地倾听了他的设计方案，第二天王女士到小李所在公司洽谈装修事宜。

上例中，王女士本没有马上装修的意愿，但小李那富有画面感的语言描述，深深地打动了王女士，让一心向往高品质生活的王女士作出签约的选择，可见描述性表达方式在口头表达中具有增强感染力的作用。

2) 描述的注意事项

口头表达忌讳长篇大论，通篇的修饰、描摹也让口头表达显得刻板、生硬。因此，在口头表达中使用描述表达方式时，要抓住描述对象的特点，用细节化的方式对描摹对象加以放大和渲染，通过翔实的语言表述，创设听者合理想象的空间。

对于我们反恐特警来说，每一次处置都不允许有失误，更不能有失败，因为一旦失败，付出的就是生命的代价。

我遇到过最危险的一次，在一个废旧的工厂，有一个 83 米高的烟囱顶端出现了一名轻生者。我到达现场之后，发现通往烟囱平台只有唯一的一架梯子，因长时间没人使用，承重效果无法知晓。当时那名轻生者在上面已经待了一个多小时，如果继续僵持下去，不知道那名轻生者会作出什么样的极端反应，所以我以最快的速度顺着梯子开始往上爬，边爬上面还不断地有不明物体砸下来。当我快爬到顶部的时候，发现平台的入口已经被那名轻生者给堵住了。

我被隔离在了平台的下面，这个时候，现场刮起了五级大风，处置条件十分不利，现场指挥部向我发起指令可以先行撤退，但我看到那名轻生者，也是一条鲜活的生命，我没有办法放弃。于是，我在完全没有安全保护措施的条件下，从 80 多米高的平台外栏攀爬了上去，那名轻生者还没来得及反应过来，我就一把抱住了他，把他带到了安全的区域。

这时候我往下一看，才感到一阵后怕。80 多米高，真的要是摔了下去，没有人能够救得了我，但是如果有下一次，我还是会义无反顾！我经常对我身边的同事说的一句话就是，我们的训练对自己一定要狠，只有这样才能胜任你肩上的重任！

——龚彪《使命的力量》

这一段摘自某特警的现场演讲。该特警用具体可感的语言不仅描述了当时救援者和轻生者都命悬一线的真实危急场景，更刻画出中国特警为了人民生命安全，敢打敢拼的自我牺牲的大无畏精神。在具体的演讲中，语言不华丽，辞藻不丰富，但有声音可听，有画面可看，更有背后言不尽、道不明的大爱精神感动着听众，这些具体描述都激起了听众们情感的共鸣，使我们为中国特警骄傲，为中国骄傲。

课堂练习 3-18

根据以下材料，发挥想象，为这对小姑娘作 2～3 分钟的人物描述。描述要符合人物的年龄和性格，并突出她们的异同。请同学们先写下来，再说给大家听。

一对孪生小姑娘走进玫瑰园，没多久，其中一个小姑娘跑到母亲身边说："妈妈，这里是个坏地方！""为什么呢，我的孩子？""因为这里的每朵花下都有刺。"不一会儿，另一个小姑娘跑来对母亲说："妈妈，这里是个好地方！""为什么呢，我的孩子？”“因为这里的每丛刺上都有美丽的花。”听了两个孩子的话，母亲陷入了深思。

____

____

____

____

____

____

3. 说理

在口头表达中，会遇到劝说、争论、解释等多种语境，为了让听者能接受、理解诉说者的话语内涵，并尽可能达成共识，需要使用“说理”表达方式帮助诉说者增强话语的可信性和感染性。说理实际上就是摆事实、讲道理、明是非、断对错，通过对具体问题、具体事件的分析、解说、评论，来表明自己的观点、立场、态度、看法和主张。前文有关“人民币”涂写看法的例文中实际上就有说理表达方式的运用。人们在具体的语言环境中往往还会借助肢体、表情等副语言强化、补充说理表达。

运用说理表达方式时，可以根据需要选择论证式说理和辩驳式说理。

1) 论证式说理

论证式说理是指按照一定的逻辑推理形式进行说理，直接表达自己的观点和主张。这类说理要求对论述的问题必须有正确的看法，掌握充足的有说服力的论据，说理时要做到逻辑缜密、层次分明。

案例分析 3-7

近年来，外来文化的冲击已经波及汉语，于是有知道莎士比亚而不知道汤显祖的，有见面就“哈喽”，而不知说“您好”的，有懂得镭射而不知何谓激光的……母语迫切需要我们捍卫了。

捍卫母语，珍爱母语，是我们的责任。有人说：“一个民族的语言就是它的历史。”的确，作为文化主要载体的语言，一旦丧失，就断了历史、断了文化之脉。汉语是世界上少有的能够沿用至今的语种之一，它的强大生命力本身就是对其价值的最好证明。汉语之于我们，更是一种感情、一种精神。它连接起中华民族，是每一个华人血管里流淌的血液。面对国内高校重英语轻汉语的怪现象，不少专家人士表示忧虑。而国外逐渐兴起的汉学热，只能让我们深刻反思。一个没有语言的民族是不幸的，而一个有语言却弄丢了的民族是可悲的。

发展母语，净化母语，是我们的使命。毋庸置疑，汉语必然而且应该与时俱进。汉语只有在不断的发展变化中，注入时代的新鲜血液才能永葆生机。我们要做的是如何掌握汉语发展方向的问题。徐寿当年引进西方科学，特别是引进化学的时候，系统地整理出了一套元素命名，至今仍使我们受益无穷。相比之下，当代科学界则逊色得多。时常可见科学文献中出现连串的英文字母，而在日常生活中放着“电视”不用而要用“TV”。所谓“恐龙”“粉丝”“PK”，其实只是幼稚与浅薄，而非时尚。这是对汉语的亵渎。捍卫母语，必须从还母语纯洁开始。

弘扬母语，传承母语，是我们的荣耀。汉语要在世界语林立足，需要华人的共同努力，在这一点上坚持讲汉语的杨振宁给我们做出了榜样。

“关关雎鸠，在河之洲。”汉语从远古之河一路流来，浸入我们的血液里。昨夜梦魂里有诗人吟唱，血脉里翻滚着长江黄河的波涛。

上述语段按照并列结构从“捍卫母语，珍爱母语，是我们的责任”“发展母语，净化母语，是我们的使命”“弘扬母语，传承母语，是我们的荣耀”三个层面进行论证式说理，表意清晰，论述有力，让读者、听者意识到传承汉语言文字的重要性与必要性，弘扬祖国的语言文字人人有责。

2) 辩驳式说理

辩驳式说理是对对方提出的观点加以论辩和批驳，并与此同时阐明己方的观点和主张。这类说理通常是在明辨是非的语境下表明自己的观点和立场，维护己方的权益和尊严，因此气氛通常会很紧张，为了让对方心服口服，己方必须在克制不良情绪下提出充分的理由和论据，表明立场时语气要坚定、态度要庄重，策略运用上要灵活，适当地引用普遍性原理和典型性事例来增强说服力。

案例分析 3-8

外交部：美国对中国疫情作过激反应 与世卫组织建议背道而驰

时间：2020-02-03 20:45:12 来源：外交部网站

各位记者朋友好！我是外交部发言人华春莹。欢迎大家参加外交部首场网上例行记者会。

非常时期，非常方式。相信很快我们就可以照常在蓝厅见面啦！

下面请大家开始提问。

问：近日，个别国家相继宣布对中国公民入境采取限制措施，其中美国将赴华旅行风险级别提升到最高级别，并从 2 月 2 日起临时禁止过去 14 天内曾赴华旅行的所有外国人员入境。对此，中方有何评论？

答：疫情发生以来，中国政府一直本着对人民健康高度负责的态度，采取了最全面、最严格的防控举措，很多举措远超出《国际卫生条例》的要求，被世界卫生组织总干事称赞为“设立了应对疫情的新标杆”。世界卫生组织总干事谭德塞明确表示，宣布新型冠状病毒疫情为“国际关注的公共卫生突发事件”的原因，并非是对中国投下“不信任票”，与之相反，世卫组织对中国控制疫情的能力怀有信心，没有理由采取不必要的国际旅行限制措施。

针对有关疫情，绝大多数国家对中方抗击疫情举措表示赞赏和支持，对近期中国公民入境采取或加强检疫防疫等措施，对此我们表示理解和尊重。与此同时，也有一些国家，特别是美国对中国疫情作出过激反应，采取过度应对措施，显然与世卫组织建议背道而驰。

美国政府迄今未向中方提供任何实质性帮助，却第一个从武汉撤出其领馆人员，第一个提出撤出其使馆部分人员，第一个宣布对中国公民入境采取全面限制措施，不断地制造和散播恐慌，带了一个很坏的头。就连美国媒体和专家都对美国政府的措施表达了质疑，表示“美政府对华采取的限制措施恰恰是世卫组织反对的，美方正在从过分自信转变到恐慌和过分应对。禁止过去 14 天内曾赴华旅行外国人入境等措施也有侵犯公民权利的嫌疑，而且并不能真正降低病毒扩散的风险”。实际上，根据美国疾病控制与预防中心近日报告，美国 2019 年至 2020 年流感季已经导致 1900 万人感染，至少 1 万人死亡。截至 2 月 2 日，中国确诊感染新型冠状病毒肺炎 17205 例，死亡 361 例，治愈 475 例。美国国内仅 11 例确诊。这些数字对比发人深思。我注意到，加拿大卫生部长明确表示，加拿大不会跟随美国限制中国人以及去过中国的外国人入境，认为禁止入境的做法没有依据，也不合理。这与美方的行为形成鲜明对比。

我们希望有关国家理性、冷静、科学地判断和应对。中方愿继续本着公开透明和高度负责任的态度，与世界卫生组织和国际社会加强合作。我们也有信心、有能力，尽快打赢这场战役。

问：截至目前，多少国家已经向中国提供了人道主义援助？哪些国家正准备向中方提供援助？现在中国最需要的物资是什么？

答：疫情发生以来，一些国家通过不同方式向中方表达了抗击疫情的理解和支持。截至 2 月 2 日中午，韩国、日本、英国、法国、土耳其、巴基斯坦、哈萨克斯坦、匈牙利、伊朗、白俄罗斯、印度尼西亚 11 国和联合国儿童基金会向中方捐助的疫情防控物资已运抵中国。此外，一些国家各界友好人士也纷纷主动通过各种方式对中国抗击疫情表示支持。患难见真情，在此一并向他们表示感谢！

我们现在最急需的是防疫医疗物资，如医用口罩、防护服、护目镜等。

问：据报道，2 日，美国总统特朗普接受采访称，美方基本上关闭了来自中国的通道，我们不能让成千上万可能感染病毒的人入境。美中关系很好，美方正向中方提供巨大的帮助。请问中方对此有何评论？

答：当前，中国政府和人民正在全力以赴抗击新型冠状病毒肺炎疫情。我们采取了果断、有效措施，全力遏制疫情蔓延，防控工作正在逐步取得成效。虽然此次新型冠状病毒肺炎感染的人数较多，但中国境内病死率非常低，仅为 2.1%，远远低于埃博拉、非典(SARS)、中东呼吸综合征(MERS)等传染病。目前治愈率还在不断上升。我们完全有信心、有能力打赢这场疫情阻击战。中方抗击疫情努力得到世卫组织和国际社会的充分肯定。美方理应采取客观公正、冷静理性态度，不作过度反应，尊重和配合中方防控努力，同中国和国际社会一道抗击新冠肺炎疫情。中方注意到美方多次表示愿向中方提供援助，希望有关援助早日到位。

问：美方仍称中方拒绝美方提供的帮助，这是否属实？

答：疫情发生以来，一些国家通过不同的方式向中方抗击疫情提供支持和援助，我们对此表示感谢。

但据我所知，美国政府迄今未向中方提供任何实质性帮助。相反地，美国第一个从武汉撤出领馆人员，第一个提出要撤出部分使馆人员，第一个在世卫组织明确表示不建议甚至反对对华采取旅行和贸易限制措施后，反其道而行之，宣布采取全面禁止中国公民入境举措，制造和散播恐慌情绪。

全球化时代，各国命运紧密相连。面对公共卫生危机，各国应当携手应对、共克时艰，而不是以邻为壑，更不应乘人之危。

中方本着公开、透明和负责任的态度同世界卫生组织和国际社会加强合作。自 1 月 3

日起，共 30 次向美方通报疫情信息和防控措施。两国疾控中心就疫情相关情况多次进行沟通。1 月 29 日，中国卫健委通过官方渠道答复美方，欢迎美国加入世卫组织联合专家组。当天美方即回复表示感谢。1 月 31 日，美方通过官方渠道告中国卫健委，美方已联系世卫组织总部，并向世卫组织提交了希望加入世卫组织联合专家组的美国专家名单。

中方将继续与世卫组织以及包括美国在内的有关国家加强合作，维护各国公民生命安全和身体健康。

以上文字是 2020 年年初，中国政府就武汉爆发新型冠状病毒肺炎疫情答记者问的部分内容实录。在这段答记者问中，我国外交部发言人华春莹用充分的事实有力地驳斥了个别国家的不实言论，还世人以真相，并表明了中国政府最全面、最严格防控疫情的事实，以及战胜疫情的决心与信心。

事实论据是辩驳式说理的强有力支撑，在平时，同学们要多积累素材，养成良好的阅读习惯、听说新闻习惯，只有积累大量可靠的事实论据，辩驳说理才能经得起推敲和质疑，才能有力驳斥谎言，让对方心服口服。

课堂练习 3-19

针对以下情境，请组织语言，简明、得体地反驳其错误言论。

- 有人随地吐痰，别人批评他："随地吐痰不卫生。"他貌似有理地说："有痰不吐更不卫生。"

- 有人上公交车不排队，往前挤。别人批评他："不要挤嘛，讲一点儿社会公德。"他嬉皮笑脸地回答："我这是发扬雷锋的钉子精神，一要有钻劲，二要有挤劲。"

- 班级里的刘良上学总爱迟到，老师批评他，他还不满意。课下，同学劝他尽量别迟到，迟到是不对的。没想到他不仅不接受，还挖苦讽刺同学，说同学多管闲事、假积极。对此，你有什么看法？请有理有据地表达你的观点。

4. 抒情

口头表达往往需要表达强烈的情感，以打动听者。运用抒情的表达方式能真实地传递诉说者的情感，带动、感染听者的情绪。抒情即抒发情感，它具有主观性、个性化和诗意性的特征。抒情可以分为直接抒情和间接抒情两种，在实际使用时常常和叙述、描述、说理结合使用。

1) 直接抒情

直接抒情就是不用借助其他外物或手段，当面直白地表达自己的情感，对叙述对象或褒或贬，或喜或恶，不讲究含蓄委婉，而是思想感情毫无遮掩地袒露，从心中喷涌而出，用这种情感影响感染听众，以引起对方情绪共鸣。这种直抒胸臆的抒情方式在口头表达中，常用来表达那些强烈而紧张的情感，往往让听者觉得诉说者坦率、真挚、朴实、诚恳，打动人心。

例如：

朋友们，用不着多举例，你已经可以了解我们的战士是怎样的一种人，这种人有一种什么品质，他们的灵魂多么地美丽和宽广。他们是历史上、世界上第一流的战士，第一流的人!他们是世界上一切伟大人民的优秀之花!是我们值得骄傲的祖国之花!我们以我们的祖国有这样的英雄而骄傲，我们以生在这个英雄的国度而自豪!

——魏巍《谁是最可爱的人》

作者在介绍志愿军英勇事迹后用饱含深情的语言直抒胸臆，表达了对志愿军战士的无比崇敬和热爱之情。这种直接抒情的表达方式让作者无比热烈的情感直观地呈现在读者和听众的面前，具有强烈的感染力、影响力。

路上只有我一个人，背着手踱着。这一片天地好像是我的；我也像超出了平常的自己，到了另一世界里。我爱热闹，也爱冷静；爱群居，也爱独处。像今天晚上，一个人在这苍茫的月下，什么都可以想，什么都可以不想。这是独处的妙处，我且受用这无边的荷香月色好了。

——朱自清《荷塘月色》

这一段是在叙述中直接抒情。作者深夜小径散步，用淡淡笔墨勾勒出荷塘的轮廓和宁静的氛围，内心独白直接抒发了月下独处的感受，那种寻求超脱又无奈不得的心境在文字间弥漫开来。

2) 间接抒情

间接抒情是与直接抒情相对的一种借助于外物，或具体事物，或客观景物，或其他事件等抒发情感的表达方式。它使得情感更加含蓄、温婉、耐人寻味。口头表达时表达不便直接言说的情感时可以用间接抒情法。

例如：

我看见他戴着黑布小帽，穿着黑布大马褂，深青布棉袍，蹒跚地走到铁道边，慢慢探身下去，尚不大难。可是他穿过铁道，要爬上那边月台，就不容易了。他用两手攀着上面，两脚再向上缩；他肥胖的身子向左微倾，显出努力的样子。这时我看见他的背影，我的泪很快地流下来了。

——朱自清《背影》

这段文字朴实无华，把父亲爬上月台给儿子买橘子的具体事件叙述出来，通过叙述事件来抒发感情，让慈父的爱子之情和儿子对父亲的感激之情，在具体事件的叙述中自然地流露出来，感染读者。这种渗透着感情的叙述，读者品味起来就更觉得情真意切、真诚可亲、感人至深了。

父亲说："花生的好处很多，有一样最可贵：它的果实埋在地里，不像桃子、石榴、苹果那样，把鲜红嫩绿的果实高高地挂在枝头上，使人一见就生爱慕之心。你们看它矮矮地长在地上，等到成熟了，也不能立刻分辨出来它有没有果实，必须挖起来才知道。"

我们都说是，母亲也点点头。

父亲接下去说："所以你们要像花生一样，它虽然不好看，可是很有用。"

我说："那么，人要做有用的人，不要做只讲体面，而对别人没有好处的人。"

父亲说："对。这是我对你们的希望。"

我们谈到深夜才散。花生做的食品都吃完了，父亲的话却深深地印在我的心上。

——许地山《落花生》

咏物言志是间接抒情的一种，是指有感于外物而述志抒怀的方法。它与咏物寓情不同，咏物寓情只状物，不直接抒情，以状物代替抒情；而咏物言志既状写事物，也直接抒怀，因物生情，有感而发。比如上文，作者许地山在《落花生》中首先"咏物"，描写花生的可贵品质："它只把果实埋在地里，等到成熟，才容人把它拔出来。"然后"言志"，说明做人的道理：要做有用的人，不能做表面好看而对别人没有益处的人。咏物言志，既有物象，又有情志，情志因物象而显得具体，物象因情志而饶有韵味。二者相融相汇，相映生辉。

同学们在口头表达中使用抒情表达方式时，要明确抒情是手段，解决表达的初衷才是目的。只要真情实感，有感而发就好，一切刻意营造的感情都是虚情假意，不仅不能打动听者、引起共鸣，还会让对方觉得做作、可笑，甚至是虚假，以致厌恶。

另外，大家在使用抒情表达方式时还要注意把握尺度，悲伤也好、快乐也罢，不浮夸、不粉饰、不虚假，抒发的情感要符合时代精神，要积极健康，不把消极、颓废当成时尚，只有内心情感是积极的、阳光的，在为人处世上才能是有责任、有担当的中国力量。

课堂练习 3-20

妈妈、爸爸、老师，是人生成长路上陪伴我们最多的人，每一个人的成长都离不开他们的辛苦付出。每一年的母亲节、父亲节、教师节，你除了送给他们你精心准备的小礼物外，是否还真诚地对他们说过感谢的话？现在就请你用真挚的语言说一段表达感恩之情的话吧。先把要说的话写下来，然后口语化，说给自己听，再说给妈妈、爸爸、老师听。也可以自己一边说，一边录，让你的声音、神情、动作和你说的内容有机地融合起来，然后把你录的音频或视频发给他们听或看。

对母亲说：____

____

____

____

____

____

对父亲说：____

____

____

____

对老师说：____

____

____

____

____

____

二、修辞、幽默，表达艺术化

犹太人有一句谚语：有些人的到来，点亮了整个房间；而有些人，只有他离开以后，房间才亮了起来。口头表达不仅是交流的工具，更是一个人才华、修养和风度的展现。中职学生在清晰、准确、简洁地表达的基础上，有意识地追求生动、有文采、有趣味的表达是提升个人核心素养，增强职场软实力的有效途径。

同学们对修辞手法并不陌生，我们都知道在作品中恰当地使用修辞会让呆板的文字充满灵性。同理，如果我们能在口头交流中灵活地使用修辞方法，也会给我们的表达注入灵魂，使我们的口头表达充满生机，形象生动，更具有美感。

(一)修辞

1. 比喻

比喻是口头表达中经常使用的一种修辞手法。通俗地说，比喻就是打比方，用和甲事物有相似之点的乙事物来描写或说明甲事物。比喻用得好，在表达中就能起到用浅显、具体、生动的话语来说明白抽象、复杂、难理解的事物的作用。

例如：

您说，这比山高比海深的情谊，我们怎么会忘记？

作者把不易描述的感情比作高山和大海，用山的高、海的深，直观可感的具体事物表达对对方恩情铭记在心的复杂情感，形象生动地表达出志愿军战士对朝鲜大娘的感激、崇敬和依依不舍的心情。

我的生活没指望了，连狗都不如！

——(俄)契诃夫《凡卡》

契诃夫在小说中用狗的境况作为喻体，与小主人公凡卡的生活遭遇进行比较，通过凡卡的悲惨遭遇，强烈控诉了沙皇制度下旧俄罗斯儿童的命运。

为人民利益而死，就比泰山还重；替法西斯卖力，替剥削人民和压迫人民的人去死，就比鸿毛还轻。

在这句话中，从正反两个方面使用比喻修辞。先以“泰山”为喻体，从正面极言“为人民利益而死”的意义比“泰山”还重；又从反面用“鸿毛”设喻：替法西斯卖力，替剥削人民和压迫人民的人去死，就比“鸿毛”还轻。两相对照，全面深刻地阐明了为人民服务应该具备的生死观。

有人问爱因斯坦：“什么是相对论？”他说：“如果一个年轻漂亮的姑娘坐在你的腿上，你会觉得一小时就像五分钟一样短；如果一个皱纹满面的老太太坐在你的腿上，你会觉得五分钟就像一小时一样长。这就是相对论。”

“相对论”是关于时空和引力的理论，有狭义和广义之分，如果用专业术语对一个外行人解释它，想讲清楚，又让对方能听明白，可能不是一件太容易的事。但爱因斯坦通过一个比喻，却在3分钟之内满足了对方的愿望。

比喻贵在抓住事物的特征。

谢安在一个寒冷的下雪的日子里，把家里的子侄们聚集在一起，同他们谈论作文章的规律。不一会儿，雪下大了。

谢安兴致勃勃地说：“白雪纷纷何所似(这纷纷扬扬的雪花像什么呢)？”

侄儿谢朗回答道：“撒盐空中差可拟(在空中撒盐大约可以比拟吧)。”

侄女谢道却答道：“未若柳絮因风起(不如用柳絮随风飘舞来比喻)。”

谢安听了大笑，感到十分愉快。

——《世说新语》

在这则故事中，谢朗把纷飞的白雪比作空中撒盐，谢道则比作风卷柳絮。两个比喻都符合“像”的要求，但后者明显优于前者。前者仅仅抓住了雪与盐颜色上的相似，后者则不仅顾及了颜色，而且还抓住了柳絮与雪花轻柔飘飞的形态上的相似之处，这就比以盐喻雪高明得多。在口头表达中合理运用比喻修辞不仅能够使语言显得简练明朗，而且能使听者有新奇的感觉，从而大大提高了语言的表达力。

课堂练习 3-21

(1) 请同学们展开丰富的想象，通过形象的比喻，来描述口才的重要意义吧。

如果说人生是一本书，那么口才则是一支笔，书写着人生。

如果说人生是一张白纸，那么口才则是____________，描绘着人生。

如果说人生是一条长河，那么口才则是____________，推动着人生。

如果说人生是一扇门，那么口才则是____________，开启着人生。

真诚就像一座____________，拉近人与人之间的__________，拉近人与人之间的心。

真诚就像______________，照进每个人的内心，照亮每个人内心____________。

真诚就像________________，滋润着世间万物，滋润着每个人心中不安的内心。

(2) 请同学们积累下列诗歌，在诗歌中体会比喻的妙处。

树敌如林，世人皆欲杀
肝硬化怎杀得死你？
酒入豪肠，七分酿成了月光
余下的三分啸成剑气
绣口一吐就半个盛唐

——余光中《寻李白》

当蜘蛛网无情地查封了我的炉台，
当灰烬的余烟叹息着贫困的悲哀，
我依然固执地铺平失望的灰烬，
用美丽的雪花写下：相信未来。
当我的紫葡萄化为深秋的露水，
当我的鲜花依偎在别人的情怀，
我依然固执地用凝霜的枯藤，
在凄凉的大地上写下：相信未来。
我要用手指那涌向天边的排浪，
我要用手掌那托起太阳的大海，
摇曳着曙光那支温暖漂亮的笔杆，
用孩子的笔体写下：相信未来。

——食指《相信未来》

你有你的铜枝铁干，
像刀，像剑，
也像戟；
我有我的红硕花朵，
像沉重的叹息，
又像英勇的火炬。

——舒婷《致橡树》

卑鄙是卑鄙者的通行证，
高尚是高尚者的墓志铭。
看吧，在那镀金的天空中，
飘满了死者弯曲的倒影。

——北岛《回答》

2. 引用

引用就是在口头表达中引用现成的话，如诗词歌赋、名言警句、谚语俗语等，以表达自己的思想情感的修辞方法。这种修辞能让语言言简意赅、言简义丰，有助于说理抒情；又可增加文采，增强表达力。

案例分析 3-9

下面是我国著名教育家陶行知先生《学做一个人》的演讲文稿，同学们先来读一读。

我要讲的题目是：《学做一个人》。要做一个整个的人，别做一个不完全、命分式的人。中国虽然有四万万人，试问有几个是整个的人？诸君试想一想："我自己是不是一个整个的人？"

《抱朴子》上有几句话："全生为上；亏生次之；死又次之；不生为下。"

但是何种人算不是整个的人呢？依我看来，约有五种。

(一)残废的——他的身体有了缺欠，他当然不能算是整个的人。

(二)依靠他人的——他的生活不是独立的；他的生活只能算是他人生活的一部分。

(三)为他人当作工具用的——这种人的性命，为他人所支配，没有自己独立的人格。

(四)被他人买卖的——被贩卖人口所贩卖的人，就是猪仔；或是受金钱的贿赂，卖身的议员就是代表者。

(五)一身兼管数事的——人的一分精神只能专做一件事业，一个人兼了十几个差事，精神难以兼顾，他的事业即难以成功，结果是只拿钱不做事。

我希望诸君至少要做一个人；至多也只做一个人，一个整个的人。做一个整个的人，有三种要素。

(一)要有健康的身体——身体好，我们可以在物质的环境里站个稳固。诸君，要做一个八十岁的青年，可以担负很重的责任，别做一个十八岁的老翁。

(二)要有独立的思想——要能虚心，要思想透彻，有判断是非的能力。

(三)要有独立的职业——要有独立的职业，为的是要生利。生利的人，自然可以得到社会的报酬。

我觉得学生有一个大问题，即是“择业问题”。我以为择业时要根据个人的才干和兴趣。做事要有快乐，所以我们要根据个人的兴趣来择业。但是我们若要做事成功，我们必要有那样的才干。

我曾作了一首白话诗，说人要有独立的职业：

滴自己的汗；吃自己的饭。

自己的事，自己干。

靠人，靠天，靠祖先，都不算好汉。

现在我们专讲“学”和“做”两个字，要一面学，一面做。“学”和“做”要连起来。英语 Learn by doing，也就是这个意思。我们要应用学理来指导生活，同时再以生活来印证学理。

将来诸君有的升学，有的就职业，但是为学的方法全要研究。学农的人要有科学的脑筋和农夫的手；学工的人，也要有科学的脑筋和工人的手。这样他才可以学得好。

我希望到会的个人，是四万万人中的一个人。诸君还要时常想：

中国有几个整个的人？

我是不是一个整个的人？

陶行知强调教育要以育人为先，教学次之；传道为主，授业次之。他引用《抱朴子》里的话，开宗明义提出“完人”话题，从什么是“完人”，与如何做一个“完人”两个方面展开演讲。语言简洁凝练，用一首打油诗来表现独立精神，宣扬不单单要在物质生活上独立，更要在精神生活上独立，这样才是一个“整个的人”。

同学们，我们正站在新的历史起点上，在这奋发向前的新时代，努力成为中国特色社会主义的建设者和接班人是我们每一个人的责任与义务。只有踏踏实实地修好品德，志存高远，用敢于担当、不懈奋斗的精神，才能成就自强不息、刚健有为的人生。如果让你引用陶行知先生的话，来表达你要成为有德行、有责任、敢担当、敢作为的好青年，你想引用哪几句话呢？请你写下来，背下来，诵出来吧！

____

____

____

课堂练习 3-22

新教师小李刚刚入职，在具体工作上热情肯干，但由于没有经验，做起事来总是不得要领。同组的老教师王老师平时给予他很多指导，这让小李不论是在授课上，还是在具体学生管理工作上都进步很大。为了表示感谢，这天，小李就买了些水果去拜访王老师。因为事先没有准备，王老师开门迎接小李时就为家里窄小、简陋而连说“家里实在简陋”“招待不周”之类的话。小李觉得王老师家虽然不宽敞，但藏书颇丰，让人仿佛置身于浩瀚书海。窗台上还有盆君子兰含苞待放，令人心旷神怡。

那么这时小李应该怎么说才能消除王老师的顾虑，并表达对王老师家的赞美呢？请同学们开动脑筋，想想引用哪些名言警句、哪些诗词歌赋，能帮助小李化解尴尬呢？

____

____

____

提示：同学们可以搜索关于书的格言、诗词，以及关于简朴生活意趣的诗词名句。我们曾学过刘禹锡的《陋室铭》，你还会背吗？看看那里有没有可以引用的话？要怎样引用才能自然恰当，让人愉快接受？

3. 对比

对比修辞，是把具有明显差异、矛盾和对立的双方安排在一起，进行对照比较的表现手法。在口头表达中使用对比修辞能有效地帮助听者分清好坏、辨别是非，使得语言的表现力大大增强。

案例分析 3-10

有的人——纪念鲁迅逝世十三周年有感

臧克家

有的人活着
他已经死了；
有的人死了
他还活着。
有的人
骑在人民头上：“啊，我多伟大！”
有的人
俯下身子给人民当牛马。
有的人
把名字刻入石头，想“不朽”；
有的人
情愿作野草，等着地下的火烧。
有的人
他活着别人就不能活；
有的人

他活着为了多数人更好地活。
骑在人民头上的，
人民把他摔垮；
给人民作牛马的，
人民永远记住他！
把名字刻入石头的，
名字比尸首烂得更早；
只要春风吹到的地方，
到处是青青的野草。
他活着别人就不能活的人，
他的下场可以看到；
他活着为了多数人更好地活着的人，
群众把他抬举得很高，很高。

当代诗人臧克家用凝练的笔触高度概括总结了两种人、两种人生选择和两种人生归宿，讴歌了鲁迅先生甘为孺子牛的一生，抒发了对那些为人民而活的人们由衷的赞美之情。通篇使用对比，在相互对照中将现实世界中两种截然不同的生命方式及其历史结果进行艺术呈现。

请同学们大声朗诵这首诗，体会对比修辞在表达中的妙处。

凌峰的开场白

1990 年中央电视台邀请台湾影视艺术家凌峰先生参加春节联欢晚会。当时，许多观众对他还很陌生，可是他说完开场白之后，一下子就得到了观众的喜爱和认可，并且从此以后他的名字也家喻户晓。凌峰是这样介绍自己的：“大家好，在下凌峰，我和文章(另一台湾明星，当时非常有名气的歌星)不同，虽然我们都获得过‘金钟奖’和最佳男歌星称号，但我以长得难看而出名……一般来说，女观众对我的印象不太好，她们认为我是人比黄花瘦，脸比煤炭黑。”这一番嬉而不谑、妙趣横生的话令观众捧腹大笑。凌峰也给观众留下了坦诚、风趣、幽默的良好印象。不久，在“金话筒之夜”的文艺晚会上，凌峰满脸含笑地对观众说：“很高兴又见到了你们，很不幸你们又见到了我。”至此，凌峰的名字传遍祖国大地。

凌峰把自己和另一位观众熟悉的台湾艺人对比，调侃自嘲形象困难，让人捧腹的同时，也委婉地介绍了自己的实力，这样的介绍让人在轻松愉快的氛围中记住了自己，既打破了尴尬，又赢得了观众，真是一举多得。在第二次和观众见面时，凌峰依然使出对比招数，在“幸”与“不幸”上做了小文章，实在是幽默风趣，让人印象深刻。

课堂练习 3-23

著名的哲学家、思想家、文学家胡适先生在大学演讲时，曾引用孔子、孟子、孙中山先生的话，并且他在黑板上分别写上“孔说”“孟说”“孙说”，而发表自己的意见时，他在黑板上也写下了两个字，同学们猜猜，胡先生写的是什么？

积累对比修辞的名言警句。

有缺点的战士终究是战士，完美的苍蝇终究不过是苍蝇。

——鲁迅

亲贤臣，远小人，此先汉所以兴隆也；亲小人，远贤臣，此后汉所以倾颓也。

——诸葛亮

虚心使人进步，骄傲使人落后。

——毛泽东

去年花里逢君别，今日花开又一年。

——唐·韦应物

点燃蜡烛照亮他人者，也不会给自己带来黑暗。

——(美)杰弗逊

从绝望处寻找希望，人生终将辉煌。

——俞敏洪

横眉冷对千夫指，俯首甘为孺子牛。

——鲁迅

你要记得，永远要愉快地多给别人，少从别人那里拿取。

——(苏联)高尔基

成功的时候，谁都是朋友。但只有母亲——她是失败时的伴侣。

——郑振铎

由俭入奢易，由奢入俭难。

——宋·司马光

历览前贤国与家，成由勤俭破由奢。

——唐·李商隐

敌军围困万千重，我自岿然不动。

——毛泽东

贫者因书富，富者因书贵。

——宋·王安石

在克服恶习上，迟做总比不做强。

——(英)利德益特

习惯不是最好的仆人，便是最坏的主人。

——(美)爱默生

不自作聪明，就是最聪明。

——(古希腊)佩里安德

笨人的可怕不在其笨，而在其自作聪明。

——李敖

一万年太久，只争朝夕。

——毛泽东

不饱食以终日，不弃功于寸阴。

——东晋·葛洪

盛年不重来，一日难再晨。

——东晋·陶渊明

同学们，把你知道的运用对比修辞的名言警句也写下来吧。

____

____

____

____

4. 排比

排比修辞也是口头表达中常用的修辞，尤其是在演讲、辩论、劝说时常用来加强气势，深化表达含义。排比就是把三句或三句以上、结构相同或相似、意思密切相关、语气一致的词语或句子成串地排列的一种修辞方法。排比具有强烈的感染力，用来说理，可收到条理分明的效果；用来抒情，可以增强节奏，感情洋溢；用来叙事写景，能使层次清楚、描写细腻、形象生动。总之，排比的表达具有节奏感，让表达朗朗上口，既有音律美感，又能增强口头的表达效果和气势，具有极强的说服力，能深化表达中心。

案例分析 3-11

习近平总书记在十九大报告中明确指出：

中国特色社会主义进入新时代，意味着近代以来久经磨难的中华民族迎来了从站起来、富起来到强起来的伟大飞跃，迎来了实现中华民族伟大复兴的光明前景；意味着科学社会主义在 21 世纪的中国焕发出强大生机活力，在世界上高高举起了中国特色社会主义伟大旗帜；意味着中国特色社会主义道路、理论、制度、文化不断发展，拓展了发展中国家走向现代化的途径，给世界上那些既希望加快发展又希望保持自身独立性的国家和民族提供了全新选择，为解决人类问题贡献了中国智慧和中国方案。

报告中用三个“意味着”排比句式，层次清晰、旗帜鲜明地表明我国发展进入了新的历史阶段，中国特色社会主义进入了新时代，这是我国发展新的历史方位。排比修辞的运用高度概括性地回顾了我们过往取得的伟大成就，又提纲挈领地展望了新方向，这样不仅使表达内容更加集中、条分缕析，而且使表达节奏鲜明，气势恢宏。

那么在这样一个承前启后、继往开来的新时代，我们青年人应责无旁贷地肩负起实现中国梦的青年责任，用我们的活力、斗志和精气神，从眼前着手，从小处做起，学好本领，练好技能，在每一个平凡的日子里踏踏实实地养成有思有行、踏实奋斗的行动自觉。要学而笃志、坚定信念，自觉把个人成长融入民族伟大奋进的历史进程中，用勤勉进取、行而有为的实干精神当好中国梦的践行者。梁启超说“少年强则国强，少年智则国智”，同学们，让我们发扬青春之精神，发挥青春之优势，创造青春之伟业，以实际行动肩负起实现中华民族伟大复兴中国梦的青年责任！让我们勠力同心，在新的历史条件下不断创造美好生活，为奋力实现中华民族伟大复兴中国梦作出我们自己的贡献吧！

课堂练习 3-24

请同学们结合青年责任、中国梦、新时代、新征程，展开丰富的联想，完成下列排比句式。

没有理想的人，他的生活就如同荒凉的戈壁，冷冷清清，没有活力。

没有理想的人，______________________________

没有理想的人，______________________________

没有理想的人，______________________________

生命就要像贝壳一样，即使卑微，也要一丝不苟。

生命就要像蝉一样，即使短暂，也要固执地等待。

生命就要像______________________________

生命就要像______________________________

生命就要像______________________________

一朵鲜花点缀不出绚丽的春天，一个音符谱写不了动人的乐章，______________________________，只有万众一心，群策群力，才能建设好我们的家园。

(二)幽默

《实话实说》是著名主持人崔永元曾经主持的一档关注热点时事的谈话类节目，非常受老百姓的欢迎。节目的现场一直是追求开放、平等、民主的氛围，因此，经常有不同观点的激烈交锋，在辩论的过程中，不同观点的人难免情绪激动，矛盾激化。有一次，在话题《盗版怎么反》录播现场，一位观众站起来发言，情绪激动地说道：“既然有盗版，就有这个需求存在，我想这一点刚才冯导讲了，说这和人的素质有关系，我不同意这个说法。我觉得，首先我不承认我是一个低素质的人，但是我承认我买过盗版，而且还很多。”面对情绪激动的现场观众和台上有些尴尬的嘉宾，主持人崔永元马上接过话头：“就冲这点，他的素质就非常高，很多人买过还说从来没买过呢。”现场爆发一阵笑声。

语言的力量是神奇的。就如上文所呈现的那样，素质高低因为涉及个人尊严，本身就是敏感话题，如果主持人就此参与话题，不管是赞同或者批驳，还是把话题抛回给现场嘉宾，势必会产生更激烈的交锋，引发更浓的火药味。而崔永元用风趣幽默的语言，剑走偏锋，稀释了现场争执的火药味，让节目在轻松愉快的氛围中继续进行。

风趣幽默是口头表达的高段位，能让口头表达熠熠生辉，让听众兴味大增。如果说清晰、准确、简洁的口头表达是高效的口头表达，那么风趣幽默的表达就是生动、精彩的口头表达。懂点幽默不仅让表达更生动精彩，更能帮助诉说者化解尴尬、打破困境，还能消除敌意，缓解摩擦，防止矛盾升级，并赢得交流对象更多的好感和信赖。

1. 幽默的前提和作用

幽默感的基础是亲切感，在口头交流的同时，诉说者能准确感知说话对象的状态，并作出人性化的回应，用“出人意料”“出其不意”的逆向思维，给听话对象以意外惊喜，是换位思考、人性化交流的表现。

从心理学角度剖析，幽默是一种绝妙的防御机制。这种机制，不仅能让话语当事人从尴尬中解脱，化烦恼为欢畅，变痛苦为愉快，而且还可以化干戈为玉帛，使当事人平息激动，回归理智，使彼此在新的基础上重拾默契，增进感情。在生活中掌握一点幽默能减轻压力、有助于交流，能战胜恐惧、使人舒适，能培育乐观精神、传播幸福情绪。

文学家富有幽默感，会使其作品趣味无穷；演说家富有幽默感，会使听众笑声不断；企业家富有幽默感，会使下属感到亲切；教育家富有幽默感，会更有效地启迪受业者的心灵；生活中充满幽默感，会使平凡的生活快乐温馨。

2. 打造幽默感的方法途径

幽默是一个人的学识、才华、智慧、灵感在语言表达中的体现，是一种“能抓住可笑或诙谐想象的能力”，是对社会上的种种不协调、不合理的荒谬现象、偏颇、弊端、矛盾实质的揭示和对某些反常规言行的描述。

培养这种幽默的能力首先要求我们平时多看书，看不同类型的书，在积累知识的同时，拓宽自己的知识视野。当知识累积到了一定程度，我们自然是“腹有诗书气自华”，与不同的人打交道时就会胸有成竹、从容自如。

其次，我们在平时的生活中要努力培养高尚的情趣和乐观的信念。一个心胸狭窄、思想消极的人是不会有幽默感的，幽默属于心胸宽广、对生活满怀热情的人。

再次，我们要提高观察力和想象力，要善于在学习和生活中运用联想和比喻。通过积极参加社会活动，接触不同性格的人，增强社会交往能力，在交往中识得人性百态，从而提高自己的幽默感。

最后，要懂得换位思考，所有的幽默都是换位思考的结果，别忘了，幽默的基础是亲切感，正是具备同理心，才能用幽默的方式解决剑拔弩张的问题。

具体方法如下。

1) 利用无限制夸张，产生幽默

马克·吐温有一次坐火车到一所大学讲课。因为离讲课的时间已经不多，他十分着急，可是火车却开得很慢，于是他想出了一个发泄怨气的办法。当列车员过来查票时，马克·吐温递给他一张儿童票。这位列车员也挺幽默，故意仔细打量，说：“真有意思，看不出您还是个孩子哩。”他回答：“我现在已经不是孩子了，但我买火车票时还是孩子，火车开得实在太慢了。”

火车开得很慢确实是事实，但也绝不至于慢到让一个人从小孩长成大人。这里便是将缓慢的程度进行了无限制的夸张，产生了特殊的幽默效果，令人捧腹。

林肯因身体不适，不想接见前来白宫要官的人。但是，一个要官的人却赖在林肯的身边，准备坐下来长谈。正好这时，总统的医生走进房里。林肯向他伸出双手，问道：“医生，我手上的斑点到底是什么东西？”林肯接着说，“我全身都有。”林肯又说：“我看它们是会传染的，对吗？”“不错，非常容易传染。”医生说。那位来客信以为真，马上站了起来，说：“好了，我现在不便多留了，林肯先生，我没有事，只是来探望你的。”

林肯与医生假戏真做，夸张“斑点”非常容易传染，虚张声势，虽不动声色，却把那位要官的人吓跑了，使林肯摆脱了纠缠。

2) 仿拟现有材料，制造幽默

在实际交流中可以根据已经出现的词、句、态势进行模仿、模拟，在丰富的想象和联想中把原来的语言要素用于新的语言环境中，形成幽默感。

毛泽东同志在陕北时，有一天夜间进入田次湾，住在一个老大娘家里，大娘见毛泽东与十几个同志挤在一座窑里睡，心里不安，一再说：“这窑洞太小了，地方太小了，对不住首长了。”

毛泽东听了这话，依着房东大娘说话的节奏喃喃道：

“我们队伍太多了，人马太多了，对不住大娘了。”

房东大娘和大家听罢都哈哈大笑起来。

毛泽东运用老大娘的句式回答大娘，轻松愉快地打消了房东大娘的顾虑。

一位美国女教师在课堂上提问：“‘要么给我自由，要么让我去死’这句话是谁说的？”过了一会儿，有人用不熟练的英语答道：“1775 年，巴特利克·亨利说的。”“对。同学们，刚才回答问题的是日本学生，你们生长在美国却回答不出来，而来自遥远的日本的学生却能回答，多么遗憾啊！”“把日本人干掉！”教室里传来一声怪叫。女教师气得满脸通红，问：“谁？这是谁说的？”沉默了一会儿，有人答道：“1945 年，杜鲁门总统说的。”

这位同学模仿老师的提问，在新的语言环境中作出了回答，产生了幽默效果。当然，这样的行为不值得提倡。

据说，罗斯福在任美国总统之前，曾在海军部任要职。

一天，一位朋友向他打听海军在加勒比海一个小岛上建立潜艇基地的计划。这显然是一个不准向任何人泄露的军事秘密。

罗斯福听后，向四周看了看，压低声音问：“你能保密吗？”

“当然能！”朋友毫不犹豫地回答。

“那么，”罗斯福微笑着说，“我也能。”

罗斯福模仿对方的语气和神态，巧妙地将话题岔开，通过这种方式让朋友体会到他的为难之处，既保守了军事机密，又维护了朋友之间的感情，从而摆脱了窘境。

适当地运用模仿与夸张，不仅令语言生辉，更能拉近人与人之间的距离，从而化解矛盾，缓和气氛，增进友谊。

3) 有意曲解，制造幽默

幽默有时可以通过有意曲解来营造幽默氛围，把具体对象进行“歪曲”“荒诞”的解释，以一种轻松、调侃的态度，将两个表面上毫不相关的东西联系起来，造成一种不和谐、不合情理、出人意料的效果，从而产生幽默感。同学们在具体语境中不妨尝试有意违反常规、常理、常识，利用语法手段，打破词语的约定俗成，临时给它以新的解释，甚至对问题进行歪曲性解释，把毫不相关的事捏在一起“拉郎配”，从而造成因果关系的错位或逻辑矛盾，得到出人意料的结果，形成幽默感。有意曲解还包括偷换概念。将对方谈话中使用的概念借用过来，并赋予新的内容，也会产生幽默的效果。

一位妻子瞪着丈夫说：“我一见你就来气。”

丈夫却慢条斯理地回答：“好啊，我练了一年气功还没气感，原来是你把我身上的气都吸到你身上去了。”

这位丈夫巧妙地将生气的“气”偷换成气功的“气”，逗妻子一乐，她的“气”也就在笑声中消了。

有一次，一名新闻记者问萧伯纳：“请问阁下，乐观主义者和悲观主义者的区别何在？”这是一个范围很大且很抽象的问题。如果要从理论上作出一个准确的回答，恐怕得费好大劲也不一定能令对方满意。于是萧伯纳说：“假如这里有一瓶只剩下一半的酒，看到这瓶酒的人如果高喊，‘太好了，还有一半！’这就是乐观主义者。如果悲叹，‘糟糕，只剩下一半了’，那就是悲观主义者。”

在这里，萧伯纳巧妙地使用“以偏概全”的方法，选择了一个生动的事例，化大为小，回答得轻松自如，不仅颇有幽默感，而且令人回味无穷。

美国总统林肯年少在学校读书时聪慧过人，有一次老师想难住他，便问：“我想考考你。你是愿意回答一道难题呢？还是回答两道容易的题目？”“回答一道难题。”“好吧，那么你说，蛋是怎么来的？”“鸡生的。”林肯答道。“鸡又是哪里来的呢？”“老师，这是第二个问题了。”林肯说。

老师想把林肯引入“鸡生蛋，蛋生鸡”这个纠缠不清的问题中，但林肯却以巧妙的解释避开了。

英国著名女作家阿加莎·克里斯蒂同比她小 13 岁的考古学家马克斯·马温洛结婚后，有人问她为什么要嫁给一个考古学家，她幽默地说：“对于任何女人来说，考古学家都是最好的丈夫。因为妻子越老他就越爱她。”

这一巧妙的解释，既体现了克里斯蒂的幽默感，又说明了他们夫妻关系的和谐。

4) 词语双关，智慧幽默

一个人谈吐幽默，是同他的聪明才智紧密相连的。这就要求我们有良好的文化素养、丰富的文化知识。如果一个人对古今中外、天南地北、风土人情等各方面都有所了解，再加上有较强的驾驭语言的能力，那么说话就容易生动、诙谐。古今中外著名的幽默大师，往往都是语言大师。幽默并不是矫揉造作，而是自然地流露。有人深有感触地说：“我本来无心讲笑话，笑话自然就从口里出来了。”其中的道理正说明了这一点。“一语双关”可谓是幽默最厉害的招式之一，它不只是“幽默”而已，同时还隐含了“智慧”的成分。

所谓双关，也就是你说出的话包含了两层含义：一是这句话本身的含义；另一个是引申的含义，幽默就从这里产生出来。也可以说是言在此意在彼，让听者不只从字面上去理解，还能领会言外之意。

猴子死了去见阎王，要求下辈子做人。阎王说，你既要做人，就得把全身的毛拔掉。说完就叫小鬼来拔毛。谁知只拔了一根毛，这猴子就哇哇叫痛。阎王笑着说：“你一毛不拔，怎么做人？”

这则寓言表面上是在讲猴子的故事，却很幽默地表达了“一毛不拔，不配做人”的道理，虽然讽刺性很强，却也委婉、含蓄。

传说李鸿章有一个远房亲戚，胸无点墨，却热衷科举，一心想借李鸿章的关系捞个一官半职。他在考场上打开试卷，竟无法下笔。眼看要交卷了，便“灵机一动”，在试卷上写下“我乃李鸿章中堂大人的亲妻(戚)”，指望能获主考官录取。主考官批阅这份考卷时，发现他竟将“戚”错写成“妻”，不禁拈须微笑，提笔在卷上批道：“所以我不敢娶你。”

“娶”与“取”同音，主考官针对他的错字，来了个双关的“错批”，既有很强的讽刺意味，又极富情趣。

5) 反语式幽默，正话反说的魔力

所谓反语式，即正话反说，采取正话反说的幽默方式，往往会达到令人意想不到的效果。

有一则宣传戒烟的公益广告，上面完全没有提到吸烟的害处，相反却列举了吸烟的四大好处：一省布料：因为吸烟的人易患肺痨，导致驼背，身体萎缩，所以做衣服就不用那么多布料；二可防贼：抽烟的人常患气管炎，通宵咳嗽不止，贼以为主人未睡，便不敢行窃；三可防蚊：浓烈的烟雾熏得蚊子受不了，只得远远地避开；四永葆青春：不等年老便可去世。

这里说的吸烟的“四大好处”，实际上是吸烟的害处，非常幽默，让人们从笑声中悟出其真正想说明的道理，即“吸烟危害健康”。这就是所谓的正话反说，说出来的话，所表达的意思与字面意思完全相反，如字面上肯定，而意义上否定；或字面上否定，而意义上肯定。这也是产生幽默感的有效方法之一。

秦朝有个很有名的幽默人物，名叫优旃。有一次，秦始皇要大肆扩建御园，多养珍禽异兽，以供自己围猎享乐。这是一件劳民伤财的事，但大臣们谁也不敢冒死阻止秦始皇。这时优旃挺身而出，他对秦始皇说：“好，这个主意很好，多养珍禽异兽，敌人就不敢来了，即使敌人从东方来了，下令麋鹿用角把他们顶回去就足够了。”秦始皇听了不禁破颜而笑，并破例收回了成命。

优旃之所以能成功地劝服秦始皇，主要是使用了幽默的力量。他的话表面上是赞同皇上的主意，实际意思则是说如果按皇上的主意办事，国力就会空虚，敌人就会趁机进攻，而麋鹿是没有能力用角把他们顶回去的。这样的正话反说，字面上赞同了秦始皇，也足以保全自己；而真正的含义，又促使秦始皇在笑声中醒悟，从而达到了他的说服目的。

案例分析 3-12

著名培训机构新东方的金牌讲师每一个都堪称是“演讲大师”。他们在为学生们讲授课程时，总会不断地使用幽默风趣的语言来调节课堂气氛，以此调动同学们听讲的热情和积极性，这也是众多学子选择新东方的原因之一。但是这些老师们并不是天生讲话滔滔不绝、亦庄亦谐，其实他们课上的精彩金句都是上课之前精心准备的结果。

曾经有新东方的老师在一场演讲中介绍说：“新东方所有的老师在刚刚入职的培训阶段，都需要写一种叫作‘逐字稿’的东西。”简单来讲，就是备课写教案。但是，这个教案不仅要求写出你本堂课要讲的内容以及课堂设计，而且还要包括你讲每句话时的表情、动作以及你要讲的笑话等。学校要求每位老师将这些一字一句地写出来，然后交由上级或更有经验的人进行审查并提出修改意见。如此打磨之后，这些老师对于自己本堂课所要讲述的内容已经烂熟于心。接下来还要进行模拟演练，同一备课组的老师们聚在一起，大家轮换着上台进行模拟讲课，然后所有的老师进行点评和交流。正是这种精心打造，才让高强度的集中大课妙趣横生。

这提示我们，只要平时养成多读书、多积累的好习惯，有意识地积累有趣的小笑话、相声、小品等素材，并努力在表达中尝试使用幽默，不久的将来，一定能提升自己的幽默能力。现在，请同学们先来读一读下面的笑话，然后挑选几个，讲给你的朋友、父母听，并征求他们的意见，找到自己讲笑话的不足之处，并改善，以锻炼自己的口头表达能力，培养幽默感。

课堂练习 3-25

情人节的时候，我妈问我："怎么不出去约会？"

我说："我还没想到约哪一个。"

我妈说："我就喜欢你这点，没有人追还能吹。"

军训时点名答到态度不端正，被罚站墙根，对着墙喊 100 次"到"。当喊到 68 次的时候，墙塌了，一辆卡车的屁股探了过来。只见司机跳下车，暴跳如雷地指着我的鼻子说："都是你，一个劲地喊'倒'。"

丈夫下班回到家，看见桌子上有个小蛋糕，上边还插着三根蜡烛。丈夫问："今天谁生日？"一旁的妻子冷淡地回答："是我身上的这件衣服，它今天已经 3 岁了！"

学长："你是大一的吧？"

学姐听完窃喜，以为夸自己年轻："你怎么知道的？"

学长："看你皮肤啊！"

学姐听完更高兴了，心想：没想到我皮肤这么好！她摆摆手说："其实我是大三的。"

学长沉吟道："看你的肤色，还以为你刚军训完。"

有个伪善的人，捉到了一只乌龟，想吃，但又碍于面子，不好意思直接开荤，于是在煮开的锅上架了一条铁板，让乌龟爬，并对乌龟说："是生是死，一切天定，若你能爬过去，那你命不该绝；若中途掉下去，休怪我了。"小乌龟忍着高温竟然爬了过去。这人一惊，东张西望了一阵，伸手抓起小乌龟道："小乌龟，刚才我没喊'开始'，你抢跑了，来，重新来一次。"

这天，我背着双肩包坐车，车上人挤人。突然我感觉包在下沉，因为包里没啥贵重物品，所以我挪了挪位置没怎么在意，谁知那个小偷更加得寸进尺了。我火了，一转身对着他大声道："掏起来没完了你！来来来，你想要语数外化物政哪本书？我给你掏！"小偷被我吼蒙了，好一会儿才嘟囔了句："看着不像是上学的那个年纪啊……"

一天，古玩店老板在店门口贴出一张告示："本店已易主。"可是，人们依旧看见他还在店里卖东西。有人奇怪地问他："老板，您不是把店卖给别人了吗？怎么还在店里操持？"店主回答说："没有，是我结婚了。"

去女友家见她父母，饭桌上聊起打篮球。

我说我很喜欢打篮球，怎样过人、投篮……

她妈对她爸说："和你年轻时一样。"

我问："叔叔以前也爱打篮球？"

她爸答道："我以前和你一样，吃饭时话多。"

同学们读完、讲完后，结合课堂所学，分析一下上面的笑话是怎么产生幽默感的。

三、声音有起伏、体态有变化

口头表达是立体的，可听、可见、可感的表达。在日常生活中，人们往往通过声音、体态等副语言来判断对方的情绪、性格、涵养等。学会控制声音，掌握必要的声音表达技巧，不仅是生动表达的需要，也是构建良好人际关系的需要。生动的口头表达最忌讳自始至终采用一成不变的语调与语速，忌讳呆板、木讷的表情与身姿。说话人要具备根据说话的内容、说话的对象、说话的环境，随时调整自己的语调和语速，恰当地使用态势语等表达副语言的能力，这样才能让自己的口头表达充满魅力。

(一)口头表达中的朗诵训练

朗诵是一种语言艺术活动，是把书面语言转变成发音规范的有声语言、带有创造性的口语表述活动，是语音训练的继续、巩固和提高，是口头表达交际活动训练的基础，是训练说话者思辨力、领悟力、有声语言运用以及态势语言表现力提升的有效手段。朗诵能力与思维能力、口头表达能力息息相关。我国"杂交水稻之父"袁隆平在湖北汉口博学中学读高中时就养成了看书必朗读的读书习惯。袁隆平说，开口诵读我们就会从感性上、从直觉上、从整体上去认识、去体验、去占有所读书籍的精髓，主动去消化和吸收；诵读还是一种"思维体操"，它可以使大脑皮层的抑制和兴奋过程达到相对平衡，人的思维格外活跃。

1. 朗诵基本要求

1) 整体把握作品

朗诵的前提是对作品的全面、透彻的把握，解决作品本身字、词、成语典故、专有名词的语义障碍，理顺作品层次脉络，体会蕴藏在字里行间的思想情感。只有这样，朗诵的技巧、朗诵的声音才不是无本之木、无源之水。

2) 清晰准确、流畅自然

首先语音表达要准确，不添字、不少字、不改字，用标准的普通话清晰发声；其次要抓住作品特点，运用节奏、停连等朗诵技巧使朗诵流畅、自然。

3) 情绪饱满、恰当使用体态语言

朗诵是较直接、较强烈、较细腻的声音艺术表现形式。要通过变化的音色、语调来描述景物、塑造人物，要做到以情带声、声情并茂，在创作的过程中要恰当使用态势语副语言。

2. 朗诵基本技巧

1) 停顿技巧训练

停顿也叫停连，是语句或词语之间声音上的暂时休止与接续，是语言节奏和意义的不可缺少的表达手段。停顿，是朗诵者(说话人)在朗诵(说话)时生理上的需要(换气)，也是句子结构的需要，还是表达思想、引起听众注意思考的需要。停顿一般分为语法停顿、逻辑停顿、感情停顿。

读一读：

哥哥丢了妹妹爸爸妈妈急得团团转。

停顿可以帮助读者和听者理清语句的结构、辨明语意、分辨语气。上面例句如果没有停顿，就会造成语意混乱。请同学们试试都可以怎样停顿，能表达出什么意思？

哥哥丢了/妹妹/爸爸妈妈/急得团团转。

哥哥丢了妹妹/爸爸妈妈/急得团团转。

哥哥丢了妹妹爸爸/妈妈/急得团团转。

(1) 语法停顿。

语法停顿是指句子间语法关系的停顿，如句中主谓之间的停顿，修饰、限制词与中心词之间的停顿，还有分句之间、句子之间、段落层次之间的停顿等。一般来说，用标点符号所表示的停顿与段落之间的停顿都属于语法停顿，停顿的时间长短与标点符号大致相关，如句号、问号、感叹号后面的停顿要比分号、冒号长；分号、冒号后的停顿要比逗号长；逗号后的停顿要比顿号长；段落间的停顿要比句子间的停顿长等。

例如：

她一手提着竹篮。/内中一个破碗，/空的；//一手拄着一支比她更长的竹竿，/下端开了裂：///她分明已经纯乎是一个乞丐了。

——鲁迅《祝福》

冬天/已经来了，/春天/还会远吗？

——雪莱《西风颂》

(2) 逻辑停顿。

逻辑停顿是指为准确表达语意，揭示语言内在联系而形成的语流中声音的顿歇。逻辑停顿由内容决定，不受语法停顿的限制，没有明确的符号标记，往往是根据表达内容与语境要求来决定停顿的地方和停顿的时间。

例如：

没有/一片绿叶，没有/一缕炊烟，没有/一粒泥土，没有/一丝花香，只有/水的世界，云的海洋。

几十万年前/由伟大的自然力堆积成功的/黄土高原的外壳。

这么长的一个词组，一口气读下来会感到吃力，听的人也会觉得不舒服。为了表达清晰，中间停顿两次，这样的停顿也属于逻辑停顿。

(3) 感情停顿。

感情停顿是指为了突出某种感情而作出的语言间歇。这种停顿通常出现在感情强烈处，诸如悲痛欲绝、愤怒至极、兴奋异常等。

例如：

他如此/欺人，他/太不像话了。

周/总理，我们的/好/总理，你在哪里啊，你在哪/里？

——柯岩《周总理，你在哪里》

这种几乎一字一顿地朗诵，表达了人民在失去周总理以后心情极度沉痛、泣不成声的深切悲哀，虽然该停顿的地方没有标点符号，但在朗诵过程中由于感情的需要应进行相应的停顿。

此外，还需要注意一种，就是与停顿相对应的是连读。有时候，由于表达的需要，有标点符号的地方反而不能停顿，需要连起来读。

例如：

猴子叫起来：糟了，糟了，月亮掉在井里了啦！

要表现猴子吃惊的语态，第一个“糟了”和第二个“糟了”应该连起来读；甚至全句的标点符号都应该忽略，把整个句子连起来读。

课堂练习 3-26

朗读下面的句子，注意停顿的位置。

白发三千丈，缘愁似个长。不知明镜里，何处得秋霜。

在船上，为了看日出，我特地起个大早。那时天还没有亮，周围是很寂静的，只有机器房的声音。

我读过的世界名著有《红与黑》《基度山伯爵》《红楼梦》等五部书。

看到这迷人的景色，心都醉了。

反复朗读下面的句子，体会停顿位置不同产生的句意分歧。

改正/错误的意见	改正错误的/意见
通知到了	通知/到了
他望着我/笑了起来	他望着/我笑了起来
他请/我也请/你怎么办?	他请我/也请你/怎么办?
我错了!	我/错了。
我来!	我/来。

根据符号提示，朗读下列语句。

小草∧偷偷地/从土里钻出来，嫩嫩的，绿绿的。园子里，田野里，瞧去，一大片/一大片/满是的。坐着，躺着，打两个滚，踢几脚球，赛几趟跑，捉几回迷藏。风/轻悄悄的，草/软绵绵的。

天上风筝/渐渐多了，地上孩子/也多了。城里乡下，家家户户，老老小小，也赶趟儿似的，一个个/都出来了，舒活舒活筋骨，抖擞抖擞精神，各做各的一份儿事去。∧“一年之计/在于春”，刚起头儿，有的是/工夫，有的是/希望。

2) 重音训练

为了突出主题、抒发情感，在朗诵、演讲、具体语言交流中，可以通过增加声音的强度来突出那些在表情达意上起重要作用的字、词或短语，以显示语义的层次，感情的色彩。这种技巧就是重音。重音是突出语言意义和感情倾向的重要手段，对增强语言的表达效果十分重要。

(1) 重音的分类。

① 语法重音。

语法重音是根据语法结构的特点表现出来的重音，它是由语法结构本身决定的，一般位置固定。语法重音常见的规律是：一般短句子里的谓语部分常重读；动词或形容词前的状语常重读；并列关系、对比关系、转折的语句中，关键词一般重读；数量词常重读；有些疑问词、指示代词也常重读。具体如下。

主谓词组或短句中的谓语应稍重些。

例如：风停了，雨住了，太阳出来了。

动宾结构中的宾语一般应稍重些。

例如：踢球，走路，上学，买书。

定语、状语、补语比中心语稍重些。

例如：这是革命的春天，这是人民的春天，这是科学的春天！

疑问代词和指示代词一般应稍重些。

例如：是什么使你这样高兴？

列举事物，并列的词语应较重。

例如：早晨，我起床，洗脸，还喝了茶。

双音节轻声词，第一个音节要重些。

例如：姑娘 爷爷 东西 窗户。

人名、地名的最后一个字稍重。

例如：鲁迅 北京。

比喻句中的喻体较重。

例如：老师像妈妈一样关心我们。

如果一句话里成分较多，重读也就不止一处，往往优先重读定语、状语、补语等连带成分。

例如：在苍茫的大海上，狂风卷集着乌云。

在乌云和大海之间，海燕像黑色的闪电，在高傲地飞翔。

值得注意的是，语法重音的强度并不十分强，只是同语句的其他部分相比较读得比较重一些罢了。

② 强调重音。

强调重音是根据上下文内容的提示对那些具有强调色彩的词或词组进行重读。它是为了表示某种特殊的感情和强调某种特殊意义，而故意说得重一些的音，其目的在于引起听者注意自己所要强调的某个部分。语句在什么地方该用强调重音并没有固定的规律，而是受说话的环境、内容和感情支配的。同一句话，强调重音不同，表达的意思也往往不同。

我没有说他拿了你的东西。(谁说的？)

我没有说他拿了你的东西。(你说没说？)

我没有说他拿了你的东西。(你好像说他拿了我的东西？)

我没有说他拿了你的东西。(谁拿了我的东西？)

我没有说他拿了你的东西。(他把我的东西怎么样了？)

我没有说他拿了你的东西。(谁的东西？)

我没有说他拿了你的东西。(拿了什么？)

我喜欢朗诵。(谁喜欢朗诵？)

我喜欢朗诵。(你喜欢朗诵吗？)

我喜欢朗诵。(你喜欢什么？)

我请你吃饭。(请你吃饭的不是别人。)

我请你吃饭。(怎么样，给面子吧？)

我请你吃饭。(不请别人。)

我请你吃饭。(不是请你唱歌。)

强调重音与语法重音的区别如下。

- 从音量上看，语法重音给人的感觉只是一般的轻重区别，而强调重音则给人鲜明突出的印象。强调重音的音量大于语法重音的音量。
- 从出现的位置上看，强调重音可能与语法重音重叠，这时语法重音服从于强调重音，只要把音量再加强一些就行了。有时两种重音出现在不同的位置上，在这种情况下，强调重音的音量要盖过语法重音的音量。
- 从确定重音的难易上看，语法重音较容易找到，在一句话的范围内，根据语法结构的特点就可以确定，而强调重音的确定却与朗诵者对作品的钻研程度、理解程度紧密相连。

不论是说话还是朗读朗诵、演讲，最重要的是把握强调重音，原因如下。

- 语法重音是就一般情况而言的，在一定的语言环境里，语法重音要服从强调重音。

例如：

“我说你记”，按语法重音的规律，应是“我说你记”，但如果回答“咱俩谁说谁记”，就应该改为“我说你记”。

- 对朗诵来说，强调重音正确与否，关系到能不能准确地表达作品的内容和感情。

例如：

有的人活着/他已经死了；/有的人死了/他还活着。

——臧克家《有的人》

这样的重音处理才能准确地表达出诗歌的思想感情。

如何正确把握强调重音？

办法只有一个：理解作品内容。理解内容，要根据上下文，看作者要表达的主要意思、要突出的主要情感是什么，这个意思和情感体现在哪些词语上，找到这些词语就找到了强调重音的位置。

③ 感情重音。

感情重音是为了表达强烈的情感而着重强调的部分。它可以使朗读的色彩丰富，充满生气，有较强的感染力，大部分出现在表现内心节奏强烈、情绪激动的地方。就具体说话而言，和内容有直接关系，但更主要是由朗诵者(说话人)的感情决定的。

例如：

我的女儿，只看见过你的坟墓，我清明带她上坟，让她跪在你的墓前磕头，叫你爷爷。你这个没福气的人，没有活到她张口叫你爷爷的年龄。如果你能够，在那个几乎活不下去的年月，想到多少年后，会有一个孙女附在耳边轻声叫你爷爷，亲你胡子拉碴的脸，或许你会为此活下去，但你没有。

——刘亮程《先父》

这段话的重音主要是由作者对父亲的深厚的哀悼和缅怀决定的，属于感情重音。

(2) 重音的表达技巧。

确定了重音，就要注意重音的表达技巧。表达重音的方式多种多样，有快慢法、强弱法、虚实法，就是通过语音的快慢、强弱、虚实对比的方法，来体现重音。具体的方法是如下。

① 加强音量，以强显重，即把音节说得重一些、响一些。一般用于表达明朗的态度、观点以及形象鲜明的事物。

② 拖长音节，以慢显重，即把重音音节拖长。一般用于渲染内在的情感，表达真挚情谊，富有抒情色彩。

③ 减弱力度，以轻显重，即把需要突出的词语故意压低音量，以造成突出的效果。这种方法常用来烘托意境，表达深沉含蓄的细腻感情，听起来轻柔深挚、真切感人，给人以回味的余地。

④ 变换音色，以变显重，即采用特殊的语言技巧——颤音、破嗓音、沙哑音等显示重音，以表达特殊情感。颤音表示激动或恐惧，尖叫声或破嗓音表示歇斯底里，沙哑声表示疲劳等。

课堂练习 3-27

请同学们根据标注，朗读、朗诵下列句子，体会重音在口头表达中的重要作用。

(1) 在**苍茫**的**大海**上，狂风聚集着乌云。在乌云和大海之间，**海燕**像**黑色**的**闪电高傲**地飞翔。

(2) 海燕**叫喊**着，**飞翔**着，像**黑色**的**闪电**，箭一般地**穿过**乌云，翅膀**刮**起波浪的飞沫。

(3) 是**勇敢**的**海燕**，在**闪电**之间，在**怒吼**的**大海**上**高傲**地飞翔。这是胜利的**预言家**在叫喊：——让暴风雨来得**更猛烈**些吧！

(4) 以后我就时常做那样的游戏，有时和**太阳**赛跑，有时和**西北风**比快。

(5) 哦，雄浑的大桥敞开胸怀，汽车的**呼啸**、摩托的**笛音**、自行车的**叮铃**，合奏着进行交响乐；南来的**钢筋**、**花布**，北往的**柑橙**、**家禽**，绘出交流欢乐图……

(6) 如果你处在社会的底层——相信这是大多数，请千万不要自卑，要紧的还是打破**偏见**，唤起**自信**。

(7) 落光了叶子的柳树上挂满了**毛茸茸亮晶晶**的银条儿；而那些冬夏常青的松树和柏树上，则挂满了**蓬松松沉甸甸**的雪球儿。

(8) 比起在大平原上、浩瀚的海边，或峰峦的顶巅观望日出，心中竟有完全不同的感受，那儿是**寂寞**的、**孤独**的、**忧郁**的，这儿却是**热闹**的、**昂扬**的、**欢快**的。

(9) 太阳在**白天**放射光明，月亮在**夜晚**投洒清辉，——它们是相反的；你能不能告诉我：太阳和月亮，究竟谁**是**谁**非**呢？

(10) 世界上的任何东西，不管是**大**是**小**，是**多**是**少**，是**贵**是**贱**，都各有各的用处，不要随便就浪费了。

(11) “**什么**是永远不会回来呢？”我问着。“所有**时间里的事物**，都永远不会回来。……”

(12) “第二天一早，老鼠走在前边，猫跟在后边，奔大庙走去。”下文分别写道：“猫第一眼就看到梁上满是老鼠的脚印……”“老鼠刚张口，见猫已经扑过来，就转身跳下地。”

(13) 葡萄灰，梨黄，茄子紫，这些颜色天空都有，还有些说也说不出来，见也没见过的颜色。

(14) 英国威尔斯有个谷口村，村外有座小山。山下有一家酒店、两家快餐店、两个咖啡馆和一个书店。

(15) 竹叶烧了，还有竹枝；竹枝断了，还有竹鞭；竹鞭砍了，还有深埋在地下的竹根。

(16) 天上风筝渐渐多了，地上孩子也多了。城里乡下，家家户户，老老小小，也赶趟似的，一个个都出来了。

(17) 他除了寄支票外，还寄过一封短柬给我……

(18) 我决定不占为己有，而把它送给博物馆，让更多的人来欣赏。

(19) 所以你们要像花生，它虽然不好看，可是很有用，不是外表好看而没有实用的东西。

(20) 巴尼拿起手边的斧子，狠命朝树身砍去。可是，由于用力过猛，砍了三四下后，斧子柄便断了。

(21) 我非常喜欢启功先生的书法。(表示不是喜欢他的画或诗)

我非常喜欢启功先生的书法。(突出喜欢的对象)

我非常喜欢启功先生的书法。(表明喜欢的程度)

我非常喜欢启功先生的书法。(突出强调喜欢的主体是谁)

(22) 可是，在北中国的冬天，而能有温情的天气，济南真的算个宝地。

(23) 在城里住久了，一旦进入山水之间，竟有一种生命复苏的快感。

(24) 那又浓又翠的景色，简直是一幅青绿山水画。

(25) 三十多年过去，我戴着满头霜花回到故乡，第一紧要的便是去看望小桥。

(26) 南方北方的溶洞，我看过许多处，觉得唯有云南建水县的燕子洞独具特色。

(27) 她是从小河走向那个世界的，那轻轻的流水声多像母亲温柔的语声，那缓缓拍打堤岸的河水，多像母亲温柔的手。

(28) 湛蓝的天空，像一池倒映的湖水；清新的空气，似醇酒的芳香，令人心旷神怡。

(29) 家乡村边有一条河，曲曲弯弯，河中架一弯石桥，弓样的小桥横跨两岸。

(30) 玉屑似的雪末儿随风飘扬，映着清晨的阳光，显出一道道五光十色的彩虹。

3) 语调训练

语调是指口语中声音高、低、升、降的变化，它的基本单位是句调，是说话人或朗读者的感情色彩。语调是有声语言所特有的，它是句子的语言标志。任何句子都带有一定的语调，口语表达中语调和句子的语气紧密结合，使表达有了表现力、生命力，如“我看好你”，人们可以用不同的语调表现出真挚热情、平淡随便、无可奈何、讽刺嘲笑等。在朗诵和口头交流中，深入理解体会作品、围绕说话内容主旨，注意语调的升降变化，语音就有了动听的腔调，表达的意义与情感就会准确到位，从而提高效率。

语调是千变万化的，它的基本类型有以下四种。

(1) 平调。

这种语调大都平直舒缓，没有明显的重读、强调的变化，用来表示庄重、严肃、平静，一般多用在叙述、说明或表示迟疑、思索、冷淡、追忆、悼念等思想感情的句子里。

例如：

那时我十四岁，她大约十三岁吧。

——周作人《初恋》

在我的家里，珍藏着一件白色的的确良衬衫。

——刘秀新，刘宗明《一件珍贵的衬衫》

在一个晴朗的下午，总部和党校的同志刚做完宿营准备工作，朱总司令就到来了。

——刘坚《草地晚餐》

愿母亲在地下安息！

——朱德《回忆我的母亲》

我到现在终于没有见，大约孔乙己的确死了。

——鲁迅《孔乙己》

(2) 升调。

这种语调大都由低到高，句尾语势上升，多在疑问句、反诘句、短促的命令句，或者是表示愤怒、紧张、警告、号召、惊异、呼唤、心情激动的句子里使用。朗诵时，应注意前低后高、语气上扬。

例如：

——暴风雨！暴风雨就要来啦！

——(苏联)高尔基《海燕》

“这到底出了什么事儿？”奥楚蔑洛夫挤进人群里去，问道，“你在这干什么？你究竟为什么举着你那个手指头……谁在嚷？”

——(俄)契诃夫《变色龙》

“共产主义是不可战胜的！”

——杨沫《坚强的战士》

……这是胜利的预言家在叫喊：——让暴风雨来得更猛烈些吧！

——(苏联)高尔基《海燕》

如今建国伊始，百废待举，不正是齐先生实现多年梦想，大有作为之时吗？

——沙叶新《陈毅市长》

(3) 降调。

降调一般用在感叹句、祈使句或表示坚决、自信、赞扬、祝愿或沉重、悲愤等思想感情的句子里，语调大都由高到低，句尾语势渐降，到末字时，更是低而短。

例如：

然则抱此无涯之憾，天乎人乎！而竟已乎！

——袁枚《祭妹文》

十二年过去了，那小姑娘的爸爸一定早回来了。

——冰心《小桔灯》

他从破衣袋里摸出四文大钱，放在我的手里，见他满手是泥，原来他便用这手走来的。

——鲁迅《孔乙己》

然后他呆在那儿，头靠着墙壁，话也不说，只向我们做了一个手势："散学了，你们走吧。"

——(法)都德《最后一课》

(4) 曲调。

曲调用在表示特殊的感情，如讽刺、讥笑、夸张、双关、不满、踌躇、特别惊异等的句子里。语调曲折变化，呈波浪形；有时表现为首尾低，中间高；有时表现为首尾高，中间低；有时表现为由低到高，再由高到低，又由低到高。朗诵时，需要把句子中某些特殊的音节特别加重加高或拖长，形成一种升降曲折的变化。曲调的位置，有时在句尾，有时在句首或句中。

例如：

好个"友邦人士"，是什么东西！

——鲁迅《友邦惊诧论》

"哈！这么样了！胡子这么长了！"一种尖利的怪声突然大叫起来。

——鲁迅《故乡》

"友邦人士"，从此可以不必"惊诧莫名"，只请放心，来瓜分就是了。

——鲁迅《友邦惊诧论》

课堂练习 3-28

1. 朗诵句子

请同学们根据提示，用不同的语调朗读下列句子，体会语调在口头表达中的重要作用，并谈谈感受。

同样一个"我"字，采用不同的语调可以回答各种不同的问题。

谁是班长？——我。(语调平稳，句尾稍抑)

你的电话！——我？(语调渐升，句尾稍扬)

谁负得了这个责任？——我！(语气降得既快又低)

你来当班长！——我？！(语调曲折)

同样一句话"他怎么来了？"采用不同的语调可以表现不同的语气。

他怎么来了？——柔而扬，表示询问。

他怎么来了？——柔而抑，表示疑问。

他怎么来了？——刚而抑，表示责问。

他怎么来了？——刚而扬，表示反问。

2. 朗诵诗歌

七律·长征

毛泽东

红军不怕远征难，↗□↗□
万水千山只等闲。↗□↗□
五岭逶迤腾细浪，↘□↘□
乌蒙磅礴走泥丸。↗□↗□
金沙水拍云崖暖，↘□↘□
大渡桥横铁索寒。↗□↗□
更喜岷山千里雪，↘□↘□
三军过后尽开颜。↗□↗□

这首诗朗读时将“难、闲、丸、寒、颜”字处理为升调，“浪、暖、雪”读为降调，升降调互为映衬。读时，升调要高扬、慢、长，降调则急而短促。

3. 朗诵台词

辛巴：刀疤叔叔，你猜怎么着？

刀疤：我讨厌这么猜来猜去的游戏。

辛巴：我就要成为国王了。

刀疤：哦，不错呀。

辛巴：爸爸刚才领我看了所有的国土，它们很快就是我的了。

刀疤：是吗？……嗯，真是抱歉，我不能为这一喜讯而欢呼了，你要知道，我这……这腰痛的老毛病。

辛巴：刀疤叔叔，我要当了国王，那你就变成什么？

刀疤：一个小毛头的叔叔。

辛巴：哈哈。你可真是让人琢磨不透。

刀疤：你是不会明白的。你的爸爸领你看了整个王国？

辛巴：是的。

刀疤：他告诉你北边山岭的后面是什么地方吗？

辛巴：没有……他说我不能去那。

刀疤：嗯，他说的一点儿也不错，那里太危险了，只有勇敢的狮子才能去。

辛巴：噢，我很勇敢，那……

请你谈一谈“刀疤”叔叔？是怎么运用声调技巧暗示、引导“辛巴”的。

4)　节奏训练

节奏是在一定的思想感情的支配下，在朗诵、说话交流过程中呈现的声音抑扬顿挫、轻重缓急而形成的循环往复形式。朗诵时语速、节奏变化没有定式，但语速的徐疾、语势的强弱是节奏的外部标志，节奏的确定依靠对作品思想内容的仔细揣摩，然后加以恰当变化。常见的节奏类型有轻快型、沉稳型、舒缓型和强疾型。

(1) 轻快型。

一般来说，描绘欢乐、诙谐的场景，塑造活泼年少的形象，表达轻松、愉快的心境用轻快型节奏。其特点是语速较快，多扬少抑，多轻少重，声轻不着力，词语密度大，有时有跳跃感。

例如：

雨是最寻常的，一下就是三两天。可别恼。看，像牛毛，像花针，像细丝，密密地斜织着，人家屋顶上全笼着一层薄烟。树叶儿却绿得发亮，小草儿也青得逼你的眼。傍晚时候，上灯了，一点点黄晕的光，烘托出一片安静而和平的夜。在乡下，小路上，石桥边，有撑起伞慢慢走着的人，地里还有工作的农民，披着蓑戴着笠。他们的房屋，稀稀疏疏的在雨里静默着。

——朱自清《春》

春天来了，万物复苏，雨中的春天别有味道。在朗读时要将人们轻松愉悦的心情，用轻快的节奏表达出来。

“它不咬人吗？”“有胡叉呢。走到了，看到猹了，你便刺。这畜生很伶俐，倒向你奔来：反从胯下蹿了。它的皮毛是油一般的滑……”

——鲁迅《故乡》

这是少年闰土和“我”的一段愉快的对话，读起来要轻快些，以表现说话者活泼的天性和对话内容的趣味。

(2) 沉稳型。

这种节奏语势沉缓，多抑少扬，多重少轻，声音强而有力，词语密度疏，常用来表现庄重、肃穆的气氛和悲痛、抑郁的情感。

例如：

她又擦了一根。火柴燃起来了，发出亮光来了。亮光落在墙上，那儿忽然变得像薄纱那么透明，她可以一直看到屋里。桌上铺着雪白的台布，摆着精致的盘子和碗，肚子里填满了苹果和梅子的烤鹅正冒着香气。更妙的是这只鹅从盘子里跳下来，背上插着刀和叉，蹒跚地在地板上走着，一直向这个穷苦的小女孩走来。这时候火柴灭了，她面前只有一堵又厚又冷的墙。

——(丹麦)安徒生《卖火柴的小女孩》

这个童话记叙了一个卖火柴的小女孩在大年夜冻死街头的悲惨故事。这个小女孩又冷又饿，在临死前为了暖和暖和擦燃了一根根火柴，从火柴的亮光中，她看到了种种幻象。这种种幻想与她饥寒交迫的现实生活形成了鲜明的对比。作者通过这个童话，表达了对穷苦人民悲惨遭遇的深刻同情。全文的基调是痛苦愤懑的，朗读时要以沉重的语势，缓慢、沉稳的节奏来完成。

(3) 舒缓型。

这种节奏语速较慢，语势较平稳，声音轻柔而不着力，常常用来叙述平静、庄重的场面，描绘自然美丽的景物，烘托宁静、平和气氛，展现浪漫情怀。

例如：

这时候我的脑海里忽然闪出一幅神异的图画来：深蓝的天空中挂着一轮金黄的圆月，下面是海边的沙地，都种着一望无际的碧绿的西瓜……

——鲁迅《故乡》

这是一段描绘月下瓜地的美丽景色，应放慢节奏，给人以想象的余地。另外，作品中发人深省的警句，朗诵时要慢些，让听众体会到沉重的情感与深刻的哲理，留下回味的余地。

例如：

希望是本无所谓有，无所谓无的。这正如地上的路；其实地上本来没有路，走的人多了，也便成了路。

——鲁迅《故乡》

(4) 强疾型。

这种节奏语速较快，多扬少抑，声音强劲而有力，常用来表现焦虑、恐惧、愤怒、激动、热切、紧张的情绪及急迫急剧变化的场面。

例如：

我只愿蓬勃生活在此时此刻，无所谓去哪，无所谓见谁。那些我将要去的地方，都是我从未谋面的故乡。以前是以前，现在是现在。我不能选择怎么生，怎么死；但我能决定怎么爱，怎么活。

——王小波《黄金时代》

什么叫失败？也许可以说，人去做一件事情，没有达到预期的目的，这就是失败……一个常常在进行着接近自己限度的斗争的人总是会常常失败的……只有那些安于自己限度之内的生活的人才总是“胜利”。

——王小波《一只特立独行的猪》

作品中表达了作者强烈的感情和价值判断，读的时候应短促有力、声音强劲。

课堂练习 3-29

请同学们先研读下列语段，体会作品中的思想感情，然后选择恰当的节奏进行朗读。

一进街门，他把米袋放下，先声势浩大地跺了一阵脚，而后用粗硬的手使劲地搓了搓脸，又在身上拍打了一回；这样把黄土大概的除掉，他才提起米袋往里走，一边走一边老生老气地叫：“祁大哥！祁大哥！”虽然他比祁老人小着十好几岁，可是，当初不知怎么论的，他们彼此兄弟相称。

——老舍《四世同堂》

那么，挥霍与慷慨的区别在哪里呢？我想是这样的：挥霍是把自己不珍惜的东西拿出来，慷慨是把自己珍惜的东西拿出来。社交场上的热心人正是这样，他们不觉得自己的时间、精力和心情有什么价值，所以毫不在乎地把它们挥霍掉。相反，一个珍惜生命的人必定宁愿在孤独中从事创造，然后把最好的果实奉献给世界。

——周国平《交往的质量》

生活不能等待别人来安排，要自己去争取和奋斗；而不论其结果是喜是悲，但可以慰藉的是，你总不枉在这世界上活了一场。有了这样的认识，你就会珍重生活，而不会玩世不恭；同时，也会给人自身注入一种强大的内在力量。

——路遥《平凡的世界》

清欢是生命的减法，在我们舍弃了世俗的追逐和欲望的捆绑，回到最单纯的欢喜，是生命里最有滋味的情境。在燥热的暑天喝一杯茶。在雪夜的风中看一盏烛火。在黄昏的晚霞里观夕阳沉落。在蝉声高唱的树林里穿行。在松子掉落的深夜想起远方的朋友。在落下的一根白发里，浮出一生最爱的面容……

——林清玄《人生最美是清欢》

(二)口头表达中的态势语

人的表情姿势传达着一定的信息，是表达交流中的副语言。良好的身姿、舒服的表情、恰当的眼神都有助于提升口头表达效能。态势语言主要包括眼神、手势、身姿和仪态，它是口头表达的辅助手段。

1. 眼神

说话的时候需要通过眼神向对方传递自己的内在情感信息，眼神要灵动有光，与听者有眼神的交流。

2. 手势

口头表达虽然是靠声音来传情达意，但必要的手势辅助，能帮助听众理解话语的潜在含义，也能帮助说话者更好地诠释情感，感染听者。恰到好处的手势语会大大增强表达的表现力，给听者留下深刻的印象。

3. 身姿和仪态

在说话的过程中，说者往往关注话语本身，对话语内容选择、表达技巧使用投入了很大精力，但在实际表达中却发现效果并不理想。注重说话本身一定没有错，但在正式表达沟通中一定不能忽视个人的身姿和仪态。因为我们在和别人交流时是作为一个整体呈现在听者面前，传递给他人的不仅仅是声音。试想，谁愿意和一个举止粗俗、仪表邋遢的人处在同一空间，更何况还要倾听他的谈话？所以，在口头表达中，饱满的精神状态、优雅的身姿、得体的仪态具有非常重要的作用。

具体训练会在第五章非语言沟通中集中讲述。

知 识 总 结

(1) 通过使用修辞、选择句式、匹配具体语境情感的表达方式能让口头表达生动感人。

(2) 积累幽默素材，并尝试在实际交流中使用，不仅能让表达有趣、吸引听众，也能展示个人魅力，赢得更多支持。

(3) 通过朗诵、讲笑话、使用态势语副语言能有效地提高口语表达能力，并能让自己更自信。

拓展阅读

张一鸣妙言要道激励团队

渐入佳境

“字节跳动是一家务实浪漫的公司。所谓务实浪漫，就是把想象变成现实。信息创造价值是我们的务实，记录美好生活是我们的浪漫。尊重用户是务实，开放谦虚是务实，坦诚清晰是务实；追求极致是浪漫，始终创业是浪漫，全力奔跑是浪漫。创业就像一场旅行，我们一起去看最美好的风景，不要在半途逗留徘徊，不走巧径误入歧途。”字节跳动科技董事长、今日头条创始人、抖音之父张一鸣在 2019 年公司七周年庆典上如此妙语激励团队。张一鸣之所以能在短期内创造一个强大的流量帝国，是与他善于激励、唤醒、鼓励员工分不开的。

做事不设边界

有新员工问张一鸣：“为什么第一份工作就能让你快速成长？”张一鸣说：“2005 年我从南开大学毕业，加入酷讯。一开始我只是一个普通工程师，但第二年我就成了管理四五十人团队的主管。成长很快不是因为我技术最好，更不是我有经验。其主要原因有两个：一是我工作起来不分你我，我做完自己的工作后，对于大部分同事的问题，只要我能帮助解决，我都去做。工作前两年我基本每天都是凌晨回家，回到家继续编程，我是因为兴趣，而不是公司有要求；二是我做事从不设边界。当时我负责技术，但遇到产品上有问题，也会积极地参与讨论，想产品的方案。很多人说这个不是我该做的事情，但我想说，你的责任心，你希望把事情做好的动力，会驱使你做更多的事情，让你得到很大的锻炼，让你在很多领域都不会一无所知。”

张一鸣以身说法明要旨，他将自己初入职场就成长很快的原因和做法娓娓道来，工作不分你我，做事不分边界，甚至时间也没有边界，总是愿意主动做更多的事情，而不是去斤斤计较“这是不是我该做的事”。有本事的人，100%都是在实践中锻炼出来的。一番话不由得让人领悟职业的无边界意识，树立百炼成钢的自我引导价值取向，不计得失、不焦虑、不迷茫地去做更多事。

不要局限在北京买一套房

谈到不甘平庸，张一鸣说：“我的大学同学以及同事中，有很多人的技术、成绩都比我好，但 10 年过去，很多人没有达到我的预期：我觉得他应该能做得很好，但他却没有做到。为什么？很多人毕业后，目标设定就不高。有的同学加入银行 IT 部门，只是为了快点解决北京户口，或者当时有些机构有分房补助，可以购买经济适用房。如果你一毕业，就把目标定为在北京五环内买一套房，你把精力都花在这上面，那么工作就会受很大影响，你的行为就会发生变化，不愿冒风险。比如，我见到以前的朋友，他业余做一些兼职，获取一些收入。那些兼职其实没什么技术含量，既影响他的本职工作，也影响他的精神状态。我问他为什么，他说，唉，快点赚钱付个首付。我觉得他看起来赚了，其实是亏的。”

张一鸣善用事例击要害，为什么同样优秀的大学生，差距咋就那么大呢？原因是步入社会后目标的设定问题，如果自己把买一套房作为首要或最大的目标，那么就会拘泥于此，一切为此着想，很可能偏离事业的主轨道。成大器者不拘小节，往往有大格局、大境界。正如马云所说：大格局才有大作为，才有大事业。所以年轻人一定要不甘平庸，应该给自己设定更高的标准，有更高的事业目标。

高薪只会迟到，但从不缺席

在新员工入职培训上，张一鸣讲道："选什么专业、公司、职业、发展路径，自己要有判断力，不要被短期选择而左右。现在很多人毕业后愿意去外企，不愿意去新兴公司。他们都是出于短期考虑：外企可能名气大、薪酬高一点。刚毕业时薪酬差三五千元钱，真的可以忽略不计。在经济学中，有一个理论叫'迟来的奖金'。美国的一位经济学家分析了餐厅里两种常见的低级职位'厨师学徒和服务员'的薪水，发现一个奇怪的现象：人手紧、技术含量较高、工作量也很大的厨师学徒薪水反而没有技术需求一般、人人都能干的服务员高。原因是厨师有很多级别，从学徒帮工到正式厨师、大厨、主厨，每一步需要大量的技术积累，需要长年累月的技术经验积累，而一个可以持续积累的职业，高薪只会迟到，但从不缺席。"

张一鸣情理兼备言要道，他直指人们存在急功近利的选择问题，并援引"迟来的奖金"理论，真诚地告诫大家短期薪酬差别并不重要，重要的是有正确选择的判断力，作判断要有长远眼光，高瞻远瞩，干事业要踏实沉淀，厚积薄发。眼光有多远，未来就有多远，事业就能走多远。实践证明，目标远大而又持之以恒的人，往往会在人生的后半程发力，经过养深积厚，才堪大用，才能创造大成功、大财富。

2019 年 4 月，36 岁的张一鸣登上了《福布斯》全球亿万富豪榜，并被《时代》杂志评为全球 100 位最有影响力的人。李开复称赞说："根据许多量化指标，张一鸣是世界顶级企业家……他是一位了不起的领袖。"相信张一鸣的这些良言妙语，也能让你和你的团队深受激励，为你带来行动上的改变，让一切变得更好。

——选自《演讲与口才》2019 年第 17 期

九岁的凡卡·茹科夫，三个月前被送到鞋匠阿里亚希涅那儿做学徒。圣诞节前夜，他没躺下睡觉。他等老板、老板娘和几个伙计到教堂做礼拜去了，就从老板的立柜里拿出一小瓶墨水，一支笔尖生了锈的钢笔，抹平一张揉皱了的白纸，写起信来。

在写第一个字以前，他担心地朝门口和窗户看了几眼，又斜着眼看了一下那个昏暗的神像，神像两边是两排架子，架子上摆满了楦头。他叹了一口气，跪在作台前边，把那张纸铺在作台上。

"亲爱的爷爷康司坦丁·玛卡里奇，"他写道，"我在给您写信。祝您过一个快乐的圣诞节，求上帝保佑您。我没爹没娘，只有您一个亲人了。"

凡卡朝黑乎乎的窗户看看，玻璃窗上映出蜡烛的模糊的影子；他想象着他爷爷康司坦丁·玛卡里奇，好像爷爷就在眼前——爷爷是日发略维夫老爷家里的守夜人。他是个非常有趣的瘦小的老头儿，65 岁，老是笑眯眯地眨着眼睛。白天，他总是在大厨房里睡觉。到晚上，他就穿上宽大的羊皮袄，敲着梆子，在别墅的周围走来走去。老母狗卡希旦卡和公狗泥鳅低着头跟在他后头。泥鳅是一条非常听话非常讨人喜欢的狗。它身子是黑的，像黄鼠狼那样长长的，所以叫它泥鳅。

现在，爷爷一定站在大门口，眯缝着眼睛看那乡村教堂的红亮的窗户。他一定在跺着穿着高筒毡靴的脚，他的梆子挂在腰带上，他冻得缩成一团，耸着肩膀……

天气真好，晴朗，一丝风也没有，干冷干冷的。那是个没有月亮的夜晚，可是整个村子——白房顶啦，烟囱里冒出来的一缕缕的烟啦，披着浓霜一身银白的树木啦，雪堆啦，全看得见。天空撒满了快活地眨着眼的星星，天河显得很清楚，仿佛为了过节，有人拿雪把它擦亮了似的……

凡卡叹了口气，蘸了蘸笔尖，接着写下去。

“昨天晚上我挨了一顿打，因为我给他们的小崽子摇摇篮的时候，不知不觉睡着了。老板揪着我的头发，把我拖到院子里，拿皮带揍了我一顿。这个礼拜，老板娘叫我收拾一条青鱼，我从尾巴上弄起，她就捞起那条青鱼，拿鱼嘴直戳我的脸。

“伙计们捉弄我，他们打发我上酒店去打酒，他们叫我偷老板的黄瓜，老板随手捞起个家伙就打我。吃的呢，简直没有。早晨吃一点儿面包，午饭是稀粥，晚上又是一点儿面包；至于菜啦，茶啦，只有老板自己才大吃大喝。

“他们叫我睡在过道里，他们的小崽子一哭，我就别想睡觉，只好摇那个摇篮。亲爱的爷爷，发发慈悲吧，带我离开这儿回家，回到我们村子里去吧！我再也受不住了！……我给您跪下了，我会永远为您祷告上帝。带我离开这儿吧，要不，我就要死了！……”

凡卡撇撇嘴，拿脏手背揉揉眼睛，抽噎了一下。

“我会替您搓烟叶，”他继续写道，“我会为您祷告上帝。要是我做错了事，您就结结实实地打我一顿好了。要是您怕我找不着活儿，我可以去求那位管家的，看在上帝面上，让我擦皮鞋；要不，我去求菲吉卡答应我帮他放羊。

“亲爱的爷爷，我再也受不住了，只有死路一条了！……我原想跑回我们村子去，可是我没有鞋，又怕冷。等我长大了，我会照应您，谁也不敢来欺负您。”

“讲到莫斯科，这是个大城市，房子全是老爷们的，有很多马，没有羊，狗一点儿也不凶。圣诞节，这里的小孩子并不举着星星灯走来走去，教堂里的唱诗台不准人随便上去唱诗。有一回，我在一家铺子的橱窗里看见跟钓竿钓丝一块出卖的钓钩，能钓各种各样的鱼，很贵。

“有一种甚至钓得起一普特重的大鲇鱼呢。我还看见有些铺子卖各种枪，跟我们老板的枪一样，我想一杆枪要卖一百个卢布吧。肉店里有山鹬啊、鹧鸪啊、野兔啊……可是那些东西哪儿打来的，店里的伙计不肯说。”

“快来吧，亲爱的爷爷，”凡卡接着写道，“我求您看在基督的面上，带我离开这儿。可怜可怜我这个不幸的孤儿吧。这儿的人都打我。我饿得要命，又孤零零的，难受得没法说。我老是哭。有一天，老板拿楦头打我的脑袋，我昏倒了，好容易才醒过来。

“我的生活没有指望了，连狗都不如！……我问候阿辽娜，问候独眼的艾果尔，问候马车夫。别让旁人拿我的小风琴。您的孙子伊凡·茹科夫。亲爱的爷爷，来吧！”

凡卡把那张写满字的纸折成四折，装进一个信封里，那个信封是前一天晚上花一个戈比买的。他想了一想，蘸一蘸墨水，写上地址。

寒风呼呼地刮着，大街上的人都裹着厚厚的棉袄，而凡卡呢，穿着一件单薄，有五六个补丁的破衣裳；裤子呢，只有半条。因为老板觉得凡卡有时太不听话了，打他也不能消气，便叫他心爱的狗来扯凡卡的裤子，久而久之，凡卡的裤子就被扯得只剩下半条了。凡卡没有袜子、鞋子，他只能赤着一双被大雪冻得通红的脚走在冷冰冰的大街上。时不时，凡卡还得紧一紧腰带……

突然，凡卡对面飞来一辆马车，凡卡没注意，顿时倒在了血泊之中。“吁——”马车停了下来。原来是喝得醉醺醺的邮差驾着马车撞到了凡卡，邮差非但不下马车救凡卡，而是轻蔑地对凡卡说：“穷小子，撞死活该！写封信——不贴邮票，不写收信人地址，谁给你寄！”说完，便用手一撕，再一撕，再撕，再撕……手一扬，风一吹，凡卡给爷爷写的信变成千万只蝴蝶，漫天飞舞……凡卡用剩下的最后一口气，轻轻地叫了一声：“爷——爷……”用剩下的最后一点力气，捡了一张碎片，放在胸前，慢慢地死去了……

太阳升起来了，柔和的阳光照在凡卡瘦小的身子上，他嘴唇发白，嘴角却挂着一丝微笑：他可能在想，爷爷一定会来接他脱离苦海的。

——选自苏联作家契诃夫创作的短篇小说《凡卡》

谢顶者的趣说

李燕

艾森豪威尔总统是个秃头，他的财政部长汉弗莱也是个秃头。他们第一次会见时，艾森豪威尔和他亲切地握手并且说：“我注意到你梳头的方式完全和我一样。”他的幽默给汉弗莱留下了好印象。

艾森豪威尔用幽默打开话题，一下子就拉近了两个人的距离，交流起来更愉快。这种开场白就是一种谈话技巧，更体现出艾森豪威尔那种随和而平易近人的作风。

美国著名演说家罗伯特头上不长一发，却从来不戴帽子，有人提醒他光着头容易着凉受热，罗伯特回答：“那是你们不晓得光着头的好处，我可是第一个知道下雨的人，又是第一个感知太阳温暖的人。”

罗伯特不愧是演说家，幽默里都是喜语，没有头发覆盖在脑袋上居然还有这么多“好”处。他不但把幽默用在演说上，同样用在生活中，那些信手拈来的幽默给他带来更高的人气。

苏联领导人赫鲁晓夫天生秃头，年轻时当过矿工。矿主嘲笑他的秃头大概是出生时营养不良所致。赫鲁晓夫当即予以否认：“不，这是我母亲伟大的杰作。因为她看到当今世界黑暗面太多，特意让我给大家送来一片光明。”

赫鲁晓夫的幽默反映出他的机敏。他从侧面赞美自己的母亲，既深情又意味悠长。这样的幽默不但让嘲笑他的人达不到看他出丑的目的，反而起到让嘲笑者积极向善的作用。

戴维斯是一位环保专家，也谢顶，时刻帽不离头。有好事者讥讽他“欲盖弥彰”，戴维斯回应道：“要知道，这里(指头顶)绝对是一片净土，我必须提防外界对它的污染。”一语双关，既不得罪好事者又表明自己的立场，还堵住了对方的嘴。

——选自《演讲与口才》2019年第22期

生如胡杨

阿紫

朋友，让我们穿越亘古的洪荒，穿越钢筋水泥筑就的屏障，脱去红尘华美的衣裳，赤裸着我们的双臂，赤裸着我们的胸膛，一起去大漠，去跪拜千年不死，千年不倒，千年不朽的胡杨。

你看那戈壁荒漠，沙粒飞扬，你听那风沙呼啸，肆虐持强；而胡杨却在沙漠上站成了一道永恒的风景，一座永恒的雕像。它孤独地承接荒漠的风剑刀霜，用无悔的守望，执着地生长生命的渴望。

它努力地深扎根系，努力地繁衍梦想。它高昂着枯竭而扭曲的肢体，仰天高歌与自然、与生死较量。用自己感天动地的悲壮，昭示生命的律动，生命的坚强和生命的歌唱。

你也许在为患得患失黯然神伤，你也许在奔波的路上迷失了心海的方向，你也许在物欲横流中浮躁了深邃的思想，你也许在世俗的纷扰中无法抑制膨胀的欲望，那你就来大漠，看一看寸草不生的戈壁滩，看一看生长在戈壁滩上高傲的胡杨。

你会瞬间悟出，生命不在于昼短夜长，而是每个章节都要尽显英雄气概，尽显精彩和辉煌，都要活得筋骨铮硬，都要活得凛然豪放。

也许有一天，胡杨也会倒成一弯古道、一抹斜阳。但胡杨不倒的精神，永远会激励我们的英勇顽强，永远会激发我们挑战苦难、战胜命运的勇气和力量。

朋友，让我们用胡杨撑起的希望，对抗风霜，对抗雨雪，对抗生的迷茫，对抗死的恐慌。做人：

生如胡杨，千年不死！

死如胡杨，千年不倒！

倒如胡杨，千年不朽！

第四章　书 面 表 达

学习导航

书面表达是语言表达的另一种形式，和口头表达一样，都是重要的人际沟通交流手段。现代职场由于组织内部生产运作、经营管理越来越信息化、全球化、网络化，导致组织内部工作大量应用诸如报告、快讯、邮件、内刊之类书面化的电子或印刷材料进行沟通，以便实现实时的、无边界的、全天候的内部沟通。此外，在组织外部，信息沟通技术手段的便利，使得类似的书面材料的应用也成为经常性的沟通要求，如向国家权力机关、上级主管单位提供汇报材料、情况报告，向客户和社会宣传推广业务和产品，以及进行危机事件公关处理等，文字材料的提供总是必备的要求。因此，书面表达能力是新时代职场人必备的能力之一，是个体高素质的直观反映。我们职业学校的学生必须跟上时代步伐，努力提升自己的书面表达能力，才能拥有更宽广、更高质量的职场空间。

学习目标

(1) 了解书面表达的优势，建立学习书面表达的信心。

(2) 掌握书面表达的原则和技巧。

(3) 能够运用通用格式进行书面交流。

(4) 了解现代职场人力需求，树立整体职业意识。

游戏引导

书面表达能力小测试

你是否善于运用书面形式表达自己的观点？请根据自己的实际情况回答以下问题。

(1) 在与他人沟通时，你经常采用书面表达方式吗？(　　)

A. 从来没有　B. 很少　C. 有时　D. 大都是　E. 经常是

(2) 你是否认为书面表达比其他方式要更容易？(　　)

A. 从来没有　B. 很少　C. 有时　D. 大都是　E. 经常是

(3) 当你与你的高中同学联系时，经常采用书面表达方式吗？(　　)

A. 从来没有　B. 很少　C. 有时　D. 大都是　E. 经常是

(4) 你是否因为麻烦，拒绝使用书面表达形式与人沟通？(　　)

A. 从来没有　B. 很少　C. 有时　D. 大都是　E. 经常是

(5) 通过书面表达观点时你是否非常注意措辞？(　　)

A. 从来没有　B. 很少　C. 有时　D. 大都是　E. 经常是

(6) 你在使用书面表达时，是否很少注意表达的格式与规范呢？(　　)

A. 从来没有　B. 很少　C. 有时　D. 大都是　E. 经常是

(7) 你是否能够熟练地运用各种书面表达方式进行沟通呢？( )

A. 从来没有 B. 很少 C. 有时 D. 大都是 E. 经常是

(8) 你是否认为你能够准确地使用书面表达方式达到沟通的目的？( )

A. 从来没有 B. 很少 C. 有时 D. 大都是 E. 经常是

计分方法：A=1分，B=2分，C=3分，D=4分，E=5分。

分析：

总分8～16分：你的自我表达和书面表达能力还很不够，需要大力加强训练。

总分17～32分：你具有一定的自我表达欲望和书面表达能力，同时又具有一定自控力。

总分 33～40 分：你的自我表达欲望和书面表达能力都很强，甚至有时过于表现自己，这既是你的优点，又有可能是你和别人关系不够融洽的原因。

游戏感悟

请同学们客观看待测试结果，认真分析自己不愿意进行书面表达，或者喜欢书面表达的原因是什么？你认为在未来的职场中，书面表达对你是否重要，为什么？请先写出你的想法，再说给伙伴们听。

____

____

____

成功的企业，都有自己独到的经营管理理念。这些理念也都会以书籍、报告的方式流传，但在这些商业理念公开流传之前，一定是由企业内部早已形成的文字资料汇聚而成的，而那些文字资料就是企业内部的书面表达材料。这些优秀的企业都是在书面化的思想或方法指导下发展起来的。

我们观察这些企业内部，会发现，那些相对能写的年轻人的发展通常都比较快，相对善写的管理者的最终成就都比较大。他们都是在工作中乐意和善于使用书面沟通方式，因为写出来的东西更能展现当事人或当事人单位的思路、思维和思想，便于他们的下级落地执行。任何内容，写出来必然更清晰、更深刻、更准确，一句话，“写”是思想的表现。

但是大多数人从心里拒绝书面表达，认为自己积淀不足、内涵不够，写不出文采卓著的东西，与其这样还不如口头一说了事。其实这是对书面表达的狭隘认识。沟通中的书面表达不同于文学创作，它不需要华丽的辞藻、繁复的辞格、灵动的想象及创造性的跌宕起伏的故事构成。它的本质要求就是把要表达的事情说清楚、说明白。因此，我们职校生有能力掌握并运用书面表达，而且“写”的能力是可以越来越强的，初期可能“事倍功半”，但“书面表达”驱使表达者先想明白、理解透彻后再进行沟通交流的特性，会有效地锻炼表达者的思维逻辑。如果同学们坚持书面表达练习，“写”就会逐渐变得“事半功倍”，那么你的整体能力一定会有一个质的飞跃。更重要的是，别人普遍不容易做好的事，你做好了，你就超越了那些“普遍”的人，从而拥有更广阔的职场空间与选择的余地。

一、书面表达的优势

1. 具有准确性，权威性

与口头语言相比，书面表达更稳定、更准确、更易于流传。口头语言的变化是非常快的，在一定的时间段经常出现不同的流行词汇，但随着时间的流逝，潮水退后，这些盛极一时的词汇都渐渐隐匿，退出了历史舞台。相比之下，书面语言则要稳定得多，几百年以前的文献，现代人依然能够看得懂，所以书面语言在传递信息时更具有准确性。书面语言落笔为证的唯一性使得它成为法律事务、商务沟通、内部管理的首选沟通方式，具有比较强的权威性。

2. 具有较强的规范性

在口头沟通中，不同的人表达同一事物采用的语言往往存在很大的差异，反之，同样的语言对不同的人来说可能表达了不同的含义。而由于书面表达强调规范性，即同样的书面语言在固定的语法规则下要表达相同的含义，不同的人也要在同一语法规范下遣词造句，使得顺利沟通得到了保障，因此，一些重要、艰涩、复杂的信息往往采用书面的形式来表达，如各种书面声明等。企业内部管理即使在具体沟通中采取了口头形式，事后也会通过纪要、记录、备忘录等书面形式加以确认。

3. 便于存档查阅和引用

采取书面形式的信息可以长期保存，不受时间地点的限制，书面信息便于查阅和引用，并且其在传递解释的过程中造成的失真也比较少。

4. 有利于减少信息错误

书面沟通一般属于非同步沟通，信息的发送者和接收者使用信息的时间可以不同，发送者可以在发送信息以前进行比较充分的准备、核对和文字修改以最大限度地减少错误和不恰当的表述。书面沟通还能较好地将非常复杂的材料进行删改提炼，使信息接收者更容易理解。

5. 可以减少沟通摩擦

在具体沟通行为中，沟通对象之间在地位上不平等或者存在一定摩擦，如果采用口头沟通，往往会使双方产生冲突或感到尴尬，此时采用书面沟通形式则可以达到很好的效果。

例如，在集体宿舍的抽屉里留下一张“私人物品，请勿接触”的字条，比直接告诉其他人，不要翻阅自己的东西要好得多。

二、书面表达的原则

1. 完整

书面沟通时应完整地表达所要表达的内容和思想。要素包含何人、何时、何地、何事、何种原因、何种方式等。在书写时，有时由于条件限定，可能在书面材料中不能提供所有的要素，但要保证不遗漏重要的信息。

2. 准确

书面材料中的信息应表达准确无误。大到句子结构、语法逻辑，小到词序选择、标点标注，都不能出错。因为材料中的内容往往会涉及交流信息双方的权利、义务、利害关系，如果出错，会造成不必要的麻烦甚至损失。

3. 清晰

所有的词句都应该能够非常清晰明确地表现真实的意图，读者可以不用猜测，就能领会作者的意图，避免双重意义的表达或者模棱两可。清楚的表达包括选择简单、明确的词汇、短结构的句子、言简意赅的段落提示语等。

4. 简洁

尽量用言简义丰的方式表达想法，通过去掉不必要的词，把最重要的内容呈现给接收者，以节省接收者阅读的时间。

5. 具体

内容要具体而且明确，尤其是要求对方答复，或者对之后交往产生影响的函电。只要可能，就用一个具体的数字或事实代替笼统的说法，或用先概括后举例的方法，也能使文字材料具体可感，便于把握理解。

6. 礼貌

礼貌是一切沟通方式的必备要素，只有在有礼貌的前提下，沟通才可能是良好的沟通。在书面表达中，要通过文字表达的语气表现出一个人的职业修养。及时回复对方，使用通用的礼貌用语，在内容上不因彼此意见的分歧而过多计较，去掉个人情绪，用积极的心态组织书面语言，表达观点看法，多用“您”“我们”，少用“你”“我”。

7. 体谅

为对方着想，这是拟订书面沟通文稿一直强调的原则，即站在对方的立场，在起草文书时始终应该以对方的观点来看问题，根据对方的思维方式来表达自己的意思，只有这样，与对方的交流才会有效。

三、书面表达的要求

(1) 意思明确，明白无误，让人一目了然。
(2) 文理通顺，流畅表达，表达自然。
(3) 观点正确，要有逻辑，不搞歪理。
(4) 实事求是，真实不夸张。
(5) 及时迅速，讲效率不拖拉。
(6) 简明生动，增加可读性，防止套话。

(7) 层次分明，有先有后，段落清晰。

(8) 标点规范，正确运用，防一逗到底。

(9) 格式适宜，不同文种，用不同格式。

四、书面表达沟通的一般技巧

1. 换位思考

换位思考是书面表达有效沟通的前提。书面沟通不同于文学创作，它的目的是解决沟通遇到的实际问题，因此在表达逻辑上，应该从接收者能理解的角度出发，而不是自说自话，抒发自己的情感。所以，表达时要从接收者的角度出发，考虑接收者需要的实际内容，用接收者能看得懂、理解得清的文字语言表达。

2. 强调积极面，合理处置负面信息

具体书写过程中，要多用积极的语言表达内容，对负面的信息处理时要尽量委婉。书面表达中避免不了传递负面信息，但是可以用礼貌用语、较弱语气等办法最大限度地降低文字材料中的否定意义和消极性。

3. 要在书面沟通中表达书写语气

语气暗示作者对待接收者的态度，在书面表达中，不能借助肢体动作、语音语调来判断我们的信息的强度和想法，因此理解上可能出现偏差。日常文书写作的恰当语气应是专业但不僵硬、友善但不虚伪、礼貌但不卑微。在新媒体沟通中，也可以辅助使用表情符号，帮助塑造表达语气。

4. 突出重点内容

书面表达要把重要信息放在段首，并用改变字号、字体颜色，加项目编号等方法做出标注，这样方便信息接收者概要性地了解书面文字内容。不建议把重要信息放在段尾，作为总括性的语言出现，因为这样做降低了沟通效率。信息接收者需要在头脑中加工、整理、判断详细信息后，才看到总括性的信息，这大大浪费了信息接收者的宝贵时间，增加了沟通的成本。

要点要聚焦在一个点上。一篇文章就论述一件事情，这是全文的中心。文章中不同的要点之间，不要太过分散，应该聚焦这个中心点进行阐述。同时，在表达之前就要考虑好不同要点之间的逻辑关系，合理地进行分配，不要互相交叉，造成信息接收者理解上的困难。

不用长句子，要学会使用短词、短语、短句子组织书面语言，不论是说话还是写作，我们都不提倡使用长句子。在口语表达中，尽量用易懂的短句去陈述，以免听者产生误解。书面表达同样如此，长句子阅读起来比较困难，很容易造成文章意思的偏差，因而书面表达应尽量做到用词浅显、逻辑清晰。

5. 注重文章格式安排

在段与段之间留出充分的空格，在纸面四周要有充分的留白，缩短文章段落的长度，

使用主标题和副标题，每个小节增加一个小标题。小标题可以作为文章的“眼”。通过小标题，信息接收者可以对内容一目了然，也会让他们在阅读时有的放矢，这样反而比把内容全盘灌输给他们更容易被接受。同时，思考小标题的过程可以让你重新认识文件资料的整体结构，有利于更好地把控全文。

6. 学会利用图表

描述复杂的信息时可以考虑借助使用逻辑层次更清晰明了的图表，这样能让信息接收者更容易把握本次沟通的内在逻辑。

五、书面表达沟通的一般格式 SCRAP

SCRAP 格式适用于一切职场书面表达沟通，被称作万能格式，具体包含以下几方面：事态描述(Situation)、复杂性(Complication)、解决方案(Resolution)、行动(Action)、礼貌用语(Politeness)。

SCRAP 这种格式能使你的文字简洁明了，但又不会漏掉基本信息，这种办法帮助你避免成为不受欢迎的人。

1. 事态描述

陈述事件当前的发生状况，让收到信息的人能够知道要说的事情，而且能够理解事件的前因后果。例如，给同事发电子邮件，询问他什么时候有时间，以便安排一次会议，那么只要陈述一下写信的目的就够了。

2. 复杂性

解释出现复杂状况的原因。上例中，如果每个人的日程安排都很紧张，而且会议主要领导当月下旬要出差，那么会议就要改期。

3. 解决方案

情况比较复杂，就需要找到解决方案，需要解释准备如何解决整个问题。上例中，书写人可以建议与会成员通过文字反馈自己具体的空暇时间，以方便协调重新安排会议时间。

4. 行动

不要忘记告诉别人希望他们做什么，以及什么时间。例如，请在明天星期二下班前给我电子邮件，这样我就可以在周末之前告诉你们一个确定的日期。

5. 礼貌用语

应保证礼貌地进行每一次书面沟通，这很简单，只需多说几句非常感谢，致以最美好的祝愿等，这比仅仅签上自己的名字更友好，还可以选择再多说几句其他的话。例如，如果您能光临寒舍，本人将不胜感激。

案例分析 4-1

尊敬的李冰老师：

前几日您问我，是否能参加下月在广州举行的主题为“国际教育和培训新进展”的会议，由于国际教育与培训的最新成果对你的工作非常重要，因而我非常认真地考虑了你的申请。

然而问题是，这次会议与学校专业建设评估最后一轮的测试时间发生了冲突，这事您也知道，我认为在这样一个关键的时刻无法给您三天时间让您去参加会议，因此我目前不能答应您的要求。如果将来还要召开类似会议，请您告诉我，如果时间不是那么紧迫，或者不与其他重大事件发生冲突，那么我会很愿意让您去参加会议。

感谢您有意愿参加这样的专业提升会议，但这次真的非常抱歉，不能让您前去参加。

祝工作顺利。

王明

×年×月×日

- 事态描述：以前，您问我是否能参加下月在广州举行的主题为“国际教育和培训新进展”的会议，由于国际教育与培训的最新成果对您的工作非常重要，因而我非常认真地考虑了您的申请。
- 复杂性：然而问题是，这次会议与学校专业建设评估最后一轮的测试时间发生了冲突，这事您也知道。
- 解决方案：我认为在这样一个关键的时刻无法给您三天时间让您去参加会议，因此我不能答应您的要求。
- 行动：如果将来还要召开类似会议，请您告诉我，如果时间不是那么紧迫，或者不与其他重大事件发生冲突，那么我会很愿意让您去参加会议。
- 礼貌用语：感谢您有意愿参加这样的专业提升会议，但这次真的非常抱歉，不能让您前去参加。祝工作顺利。

这五个步骤组成的格式可以用来起草简洁清楚的商业函件，如信件、传真、备忘录、其他文件等。你可以试着用这个格式来组织你日常工作的许多书面文稿。

课堂练习 4-1

假如你是本市方拓公司的骨干员工，目前有一个脱产学习的机会，请你根据书面表达原则和技巧，依照 SCRAP 格式，向领导写一封脱产学习的申请书。你的具体情况如下。

你是方拓公司质量部检测员。在原有岗位已经工作四年，并两次取得先进工作者称号。有过参加公司内部培训的经历。你希望自己有更好的发展，愿意有更多的渠道提升自己的工作能力。目前了解到有一个省级的关于质量管理的进修班。该班需要脱产学习三个月。

申请书

尊敬的主管领导：

您好！

____

____

____

____

____

____

____

____

____

____

此致

敬礼

申请人：

年　　月　　日

假如你是某公司销售业务员，你的顾客张先生想向你订购 500 个畅销型号产品，并希望一周后交货。而这款产品由于销量好，暂时脱销。你现在无法满足他的需求，为了表示歉意和诚意，以及保留好潜在客户资源，与客户长期合作，你需要给他写一封致歉信函。

请你按照 SCRAP 格式组织语言，既要给对方以周到、礼貌的感觉，又要简洁、明了地表明意图。

____

____

____

____

____

____

____

请阅读下面的简历，按照书面表达原则，分析这则简历的优缺点，并以此简历为模板写一份自己的简历，交由小组成员互评，看看是否符合书面表达原则。

个人简介

姓名：李嘉一	性别：男	出生年月：2004.8
籍贯：辽宁	学历：中专	政治面貌：共青团员
毕业时间：2021.7	健康状况：良好	联系方式：136××××××××

求职意向：软件测试、网站开发维护等计算机相关工作

受教育情况：2018.9—2021.7　　　××中等职业学校计算机专业

专业技能：

1. 有扎实的计算机基础，能熟练运用汇编语言、C 语言、C++语言进行编程、懂 Python。

2. 熟悉软件测试流程，掌握相关的测试方法、测试工具。

3. 具有一定的计算机网络知识，有网站制作和维护的相关工作经验。

4. 熟悉计算机操作系统。

工作经验：

××年××月曾在×市方拓公司技术部实习，负责维护网站工作。

××年××月曾参与学校专业技能大赛，成绩优异。

自我评价：

本人勤奋努力、虚心好学、积极向上，具有较强的自学能力和刻苦钻研精神。性格积极，对待事情认真负责、踏实肯干，乐于与人合作，执行力强。

知 识 总 结

(1) 书面表达能力是职场必备能力，通过训练，职校生可以掌握这项能力。

(2) 依据书面表达沟通原则和 SCRAP 格式，能完成一般性的书面沟通工作。

(3) 任何能力的提升都需要刻苦的训练，可以通过阅读书面表达范例及仿写的方式提高自己的书面表达能力。

拓 展 阅 读

一张最温情的 A4 纸

徐爱卿

2019 年 7 月 10 日，湘江衡山站汛情危急。当天武警某部 200 名官兵赶赴衡山县抗洪抢险，计划驻扎在衡山县城西完小学。

虽然放暑假了，但一听说武警官兵要驻扎学校，老师们立刻进入工作状态。10 日晚上 6 点，总务处主任周文带领老师一起打扫教室卫生，准备好水杯、被子、矿泉水，检查风扇、开水壶等设备。周老师担心武警官兵吹风扇着凉，中途专门回家取来毛毯；担心官兵们被蚊虫叮咬，又在办公室点了一支驱蚊艾条。最后，周老师拿出一张 A4 纸，写下叮嘱的话："致最可爱的人：因条件简陋，敬请谅解！室内的纯净水、茶叶等物品，请放心使用。房间 WLAN 为 zwc，密码是 12345678，为衡山抗洪抢险的你们辛苦了！顺颂晚安。"

第二天早上，周老师赶到学校，发现教室里干净整齐，如同原样。他没有见到武警官兵，但那张白纸上多了一段“回复”：周老师，你好，借宿贵地，不胜感激。兵者，守卫国土家园，可爱；师者，培育国之栋梁，可敬。岗位不同，责任相当。愿身体安康，桃李芬芳。某部第×支队敬上。”写下这段话的是武警某部副大队长何善钦。11 日凌晨 3 点，经过一夜抢险，他和战友们才来到学校，只休整了三个小时，便又赶赴抗洪一线。何善钦说，当时看到老师们热心、细致的安排和桌上的留言很感动，所以有感而发。

就这样一张 A4 纸的故事在灾区广为传播。

——选自《做人与处世》2019 年第 19 期

致歉信

尊敬的各位领导：

201×年 4 月××日在接待×××的过程中，由于我个人在工作上的不规范操作，给公司带来了非常不利的影响，严重影响到公司的声誉和企业的形象。我现在已经深刻认识到自身工作的负面表现，完全是我个人所为，是我没能管理好自己所致。我也深刻地认识到事情的严重性，深刻理解到由于我工作流程的缺陷，给公司造成负面效应有多严重。在此，我郑重地给各位领导、同事道歉，也恳请各位领导能在一定的程度上原谅我！我也愿意接受公司对我个人的任何处罚。

在××工作这段时间里，我得到了公司各位同事的多方帮助，我非常感谢公司的各位同人。在公司我学到了很多东西，学习到了新的各项业务方面技能，今后无论走向哪里，从事什么工作，这段经历都是我一笔宝贵的财富。我为在××的这段工作经历而自豪！由于我个人的原因，给公司造成了非常不利的影响，请求给予记大过处分。如果根据×××的意愿，公司对我作出离职的处理才能让他满意，我也无怨言。并且我在此郑重向公司领导作离职后的承诺：

1. 离开公司后严格保守公司的一切商业秘密。
2. 离开公司在外不会做有损公司企业形象事情。

以上承诺本人一定严格履行，请各位领导放心！

致歉人：×××

×年×月×日

工作总结

20××年弹指间已过。总结我这一年来的工作，只能说是忙碌而充实。一年来在领导的指导、关心下，在同事们的帮助和亲切配合下，我的工作取得了一定的进步，为了总结经验、记取教训，更好地前行，现将我这一年的工作总结如下。

一、端正态度，热爱本职工作

态度决定一切，不能用正确的态度对待工作，就不能在工作中尽职尽责。既然改变不了环境，那就改变自己，尽到自己的本分，尽力完成应该做的事情。 只有热爱自己的本职工作，才能把工作做好，最重要的是保持一种积极的态度，本着对工作积极、认真、负责的态度，踏实地干好本职工作。

二、培养团队意识，端正合作态度

在工作中，每个人都有自己的长处和优点。培养自己的团队意识和合作态度，互相协作，互补不足，工作才能更顺利地进行。仅靠个人的力量是不够的，我们所处的环境需要大家心往一处想，劲往一处使，不计较个人得失，这样才能把工作圆满完成。

三、存在不足

工作有成绩，也存在不足。主要是加强业务知识学习和克服自身的缺点，今后要认真总结经验，克服不足，把工作干好。

(一)强化自制力

工作中无论你做什么事，都要对自己的工作负责，要加强自我克制和容忍，增强团队意识，理智地处理问题，不给他人和团队造成麻烦，培养大局意识。

(二)加强沟通

同事之间要坦诚、宽容、沟通和信任。我能做到坦诚、宽容和信任，但欠缺沟通，有效沟通可以消除误会，增进了解，融洽关系，保证工作质量，提高工作效率，工作中有些问题往往就是因为没有及时沟通引起的，以后工作中要与领导和同事加强沟通。

(三)加强自身学习，提高自身素质

积累工作经验，改进工作方法，向周围的同志学习，注重别人优点，学习他们处理问题的方法，查找不足，提高自己。

最后还是感谢，感谢领导和同事们的支持和帮助，我深知自己还存在很多缺点和不足，工作方法不够成熟，业务知识不够全面等。在今后的工作中，我要积累经验教训，努力克服缺点，在工作中磨炼自己，尽职尽责地做好各项工作!

总结人：×××

×年×月×日

第五章　非语言沟通

学习导航

语言是沟通交际中最重要、最便捷的工具，但并不是唯一的沟通工具。人类沟通交际实际上是语言沟通和非语言沟通相互依托、相互作用的结果。语言沟通和非语言沟通各有其特点，在沟通交际过程中共同帮助人们传递情感和信息。人们在具体的沟通交际中，往往有意无意地使用眼神、表情、手势、动作来反映内心的喜怒哀乐，并通过着装服饰、交往空间距离等非语言符号传递信息。国际著名的心理学教授、研究肢体语言的先锋人物艾伯特·麦拉宾在20世纪70年代，通过10年的一系列研究得出了"73855定律"，又叫麦拉宾法则，即在人们进行语言交流时，55%的信息是通过视觉传达的，如手势、表情、外表、装扮、肢体语言、仪态等；38%的信息是通过听觉传达的，如说话的语调、声音的抑扬顿挫等；剩下只有7%的信息来自纯粹的语言表达。而美国语言学家萨莫瓦则明确提出，在面对面交际中，信息的社交内容只有35%左右是语言行为，其他都是通过非语言行为传递的。这些研究和发现证实了非语言在沟通交际中的重要作用，这要求我们职校生要重视非语言沟通，要从生活的点滴中养成良好的行为习惯，注重得体的仪表姿态，培养健康的审美情趣，为成为高素质、强竞争力的准职业人才做好充分的准备。

学习目标

(1) 了解非语言沟通的含义和作用等基础知识。

(2) 能通过肢体语言解读沟通对象的隐含信息。

(3) 掌握非语言沟通的一般方法。

(4) 能运用非语言沟通塑造良好的形象，做优秀的准职场人。

游戏引导

(1) 以小组为单位，每组派出两名同学作为代表依次上场参赛。

(2) 教师拿着成语卡片，让一人看成语后向另一人表演该成语，不能使用语言，一人表演一人猜。

(3) 猜词过程中，全体不能说话，否则该词条作废。

(4) 在规定时间内，猜得多的获胜，并作为小组成绩计入个人平时成绩。

推荐成语：手舞足蹈　喜上眉梢　目瞪口呆　横眉冷对　彬彬有礼
前仰后合　蹑手蹑脚　指手画脚　悲喜交加　抓耳挠腮
小心翼翼　暗送秋波　快马加鞭　欲哭无泪　高歌猛进

游戏感悟

请谈谈你玩这个游戏的心得体会，也请你举例说一说你熟悉的同学有哪些习惯性动作和表情。

____

____

第一节　初识非语言沟通

林肯是美国历史上家喻户晓的人物，他在任美国第 16 届总统期间，主导废除了美国黑人奴隶制，被美国人民评为最伟大的总统。林肯当律师时，有一次作为被告的辩护律师出庭。原告律师在陈述一个简单的论据时，翻来覆去地讲了两个多小时。终于轮到林肯辩护了。只见他走到台上一句话不说，脱下外衣，放在桌上，拿起杯子喝了口水，紧接着重新穿上外衣，然后又喝水，动作前后重复了五六次，听众笑得前仰后合。这时，林肯才开始在笑声中展开他的辩护。

林肯用这一连串动作表达了对原告律师冗长发言的不满，收到了“此时无声胜有声”的表达效果。林肯所使用的沟通方法正是非语言沟通。这种沟通让林肯在正式辩护之前就赢得听众的好感，为自己的辩护开了个好头。

一、非语言沟通的概念

非语言沟通指的是使用除语言符号以外的各种符号系统，包括形体语言、副语言、空间利用以及沟通环境等进行沟通。在沟通过程中，非语言沟通与语言沟通关系密切，通常相伴相生。沟通信息的内容部分往往通过语言来表达，而非语言则作为提供解释内容的框架，来表达信息的相关部分。因为非语言沟通大都通过身体语言体现出来，所以通常也叫身体语言(肢体语言)沟通。它主要包括面部表情、肢体动作、仪态服饰、空间距离等。

二、非语言沟通的作用

1. 产生良好的“首因效应”

“首因效应”就是我们常说的第一印象，是指在印象形成的过程中，信息出现的顺序对印象形成产生的重大影响，最初获得信息的影响比后来获得信息的影响更大的现象。初次见面，人们往往通过衣着、神态、表情、举止对对方作出整体判断，形成第一印象。如果第一印象好，心理状态就较为兴奋，言谈也会主动，有继续交谈、相处的愿望，给进一步的沟通打下了良好基础。比如前文中林肯智慧的动作暗示，让法庭上的听众会心一笑，缓解了听审过程的乏味与疲劳，从而赢得了听众的喜爱，为下一步的正式辩护开了好头。反之，如果第一印象不好，就不愿意与对方建立融洽的交际关系，甚至出现敌对情绪，从而回避沟通。

心理学研究表明，视觉印象在头脑中保持的时间超过其他器官，因此，肢体语言在第一印象的形成中起着举足轻重的作用。初次见面时，人们彼此互不熟悉，这时外貌、表情、举止、仪态给人的印象往往比语言更直观、更迅速、更深刻。

案例分析 5-1

木心是中国当代作家、画家，他有一首小诗广为流传。

从前慢

从前的日色变得慢
车，马，邮件都慢
一生只够爱一个人

红笺小字、纸短情长，一段简短而有力的小诗将人们对爱情最美好的愿景呈现在世人眼前。

1932 年的一个早春，在清华大学古月堂门口，钱钟书和杨绛初次偶遇。钱钟书说看到杨绛的第一眼感觉是那么玄妙，如“颉眼容光忆见初，蔷薇新瓣浸醍醐”般的清新脱俗；杨绛则说她眼里钱钟书眉宇间“蔚然而深秀”。后来钱钟书在给杨绛的信中写道：“没遇到你之前，我没想过结婚，遇见你，结婚这事我没想过和别人。”

文学大家、历史学家沈从文的爱情源于无意间碰到了在操场上吹口琴的张兆和。张兆和边走边吹，走到尽头将头发潇洒一甩，动作干净利索，不远处的沈从文就这样被这洋溢着青春气息的女孩深深地吸引了，从此便开始了一发不可收拾的追求。

克林顿回忆说：“一天，在爱默生教授的课上，我坐在后排，突然看到一个以前从未见过的女孩……她一头浓密的深金色头发，戴着眼镜，不施粉黛，却透露出一股坚定、冷静的力量——这是我从未在其他任何人身上见到过的，不论是男人还是女人。”

——卡尔·伯恩斯坦《希拉里传》

英国形象设计师罗伯特·庞德说：“这是一个两分钟的世界，你只有一分钟展示给人们你是谁，另一分钟让他们喜欢你。”在实际的沟通交际中，第一印象的形成往往比这更快，所以任何想在未来取得成功的人都应该学会保持昂扬的精神面貌、展现优雅的举止神态。

2. 体察对方的真实态度

在人际交往时，为了实现沟通交际目标或出于自我防御保护的需要，人们常常用隐藏情绪的面具掩饰内心真实的想法，用语言伪装自己，但正如心理学大师弗洛伊德所说：“任何人都无法保守他内心的秘密。即使他的嘴巴保持沉默，但他的指尖却喋喋不休，甚至他的每一个毛孔都会背叛他。”这话听起来有些夸张，但事实上，在具体的沟通交际场景中，一个人的身体语言更能反映出当事人的真实想法，因为身体语言具有习惯成自然的、下意识的特性，所以它比有声语言更能表现出人的心理状态。

案例分析 5-2

美国一知名运动员被控谋杀罪，面对检察官的质问，在进行陈述时，平均每四分钟摸一下鼻子，事后查明，他每次摸鼻子的时候都在说谎。(据说，人在撒谎时，多余的血液会流到脸上，鼻尖会发痒，便会不自觉地去摸。这也是一般成年人撒谎时的典型动作。)

孩子幼年时向父母撒谎会下意识地用手捂嘴巴，这一动作在他的一生中会一直使用下去，只不过随着年龄和阅历的增长动作不那么明显。有的人是轻轻摸下鼻子，有的人是眼球向右上方看，有的人是不停地搅动手指，或把手放在裤子口袋里等。

也就是说，当人的大脑有某种打算时，其思维活动会支配身体的各个部位发出各种细微信号，这是人们不能完全控制的，也是难以充分意识到的。我们可以控制语言的内容，但无法控制肢体的细微变化；我们能短时间内克制体态，但无法长时间控制肢体语言。因此，沟通时不仅要关注对方话语内容，更要关注对方传递出的肢体信号；同时，也要求我们在平时注意仪态细节，养成良好的体态习惯，构建积极的非语言沟通模式。

3. 增强口头表达的表现力和感染力

非语言符号作为语言沟通的辅助工具，又作为“伴随语言”，使语言表达得更准确、有力、生动、具体。在本教材第三章第四节曾经介绍态势语能让口头表达更生动形象，具有感染力。态势语就是非语言沟通的一种。有效地借助肢体语言能让口头表达更具魅力。苏联教育家赞可夫说：“人说出来的话，不单是靠它的内容来激发对方的思想和感情，这里有交谈者一副兴致勃勃的面孔，有表情，还有手势……”在交际过程中，肢体语言有时比口头语言更明确地传递感情，一个拥抱、一个微笑、一个跳跃，都更直观地打动交际对象，使表达更加鲜活、灵动。

4. 部分代替有声表达

有声语言沟通虽然是我们表达思想感情的重要工具，但它同样有言不尽情、词不达意的时候。不愿说、不能说、不敢说、不便说的时候使用非语言符号比使用语言更具有雄辩力。身势学的创始人伯德惠斯戴尔说：人脸可以做出 25 万种不同的表情。这还不包括躯干语言。面对面交流的时候要留意对方的身姿体态、举手投足、面部表情，虽然有时双方默默无语，但实际上沟通并没有停止。

三、非语言沟通的特点及分类

(一)特点

1. 无意识性

正如弗洛伊德所说，没有人可以隐藏秘密，假如他的嘴唇不说话，则他会用指尖说话。一个人的非语言行为更多的是一种对外界刺激的直接反应，基本都是无意识的反应。例如，与自己不喜欢的人站在一起时，保持的距离比与自己喜欢的人要远一些；有心事，不自觉地就给人忧心忡忡的感觉。

2. 情境性

与语言沟通一样，非语言沟通也展开于特定的语境中，情境左右着非语言符号的含义。相同的非语言符号，在不同的情境中，会有不同的意义。同样是拍桌子，可能是“拍案而起”，表示怒不可遏；也可能是“拍案叫绝”，表示赞赏至极。

3. 可信性

由于语言信息受理性意识的控制，容易作假，人体语言则不同，人体语言大都发自内心深处，极难压抑和掩盖。

当某人说他毫不畏惧的时候，他的手却在发抖，那么我们更相信他是在害怕。英国心理学家阿盖依尔等人的研究表明，当语言信号与非语言信号所代表的意义不一样时，人们相信的是非语言所代表的意义。

4. 个性化

一个人的肢体语言，同说话人的性格、气质是紧密相关的，爽朗敏捷的人同内向稳重的人的手势和表情肯定是有明显差异的。每个人都有自己独特的肢体语言，它体现了个性特征，人们时常从一个人的形体表现来解读他的个性。

(二)分类

《毛诗序》中写道："情动于中而行于言，言之不足，故嗟叹之，嗟叹之不足，故咏歌之，咏歌之不足，不知手之舞之，足之蹈之也。"意思就是说，当我们无法使用语言来表达我们的感受的时候，我们就唱歌；假使唱歌也不能表达时，我们就干脆将身子扭动起来。古罗马政治哲学家、演说家西塞罗也说："一切心理活动都伴有指手画脚等动作，手势恰如人体的一种语言，这种语言甚至连最野蛮的人都能够理解。"可见，非语言沟通在沟通交际中的重要作用早已为人类所认识。非语言沟通已成为国内外众多学者的系统研究对象，但对其分类意见并不一致，目前比较流行的说法是将其大致分为三类。

(1) 以面部表情为主、以躯干动作为辅的态势语。这包括眼神、脸部、眼眉、额头、嘴巴等部位的动作变化，以及一个人的坐姿、站姿、手势动作等身体语言。

(2) 言语者穿着打扮、服饰搭配等在人际交往中呈现信息的副体态表达系统。俗话说"人靠衣服，马靠鞍"，一个人的穿衣打扮不仅是其生活中的小节，更是一个人修养、性格、心理状态的无声表露，在具体的沟通场景中，着装配饰除了起到给人良好"第一印象"的作用外，还是推进商务活动的有效信号。越是先进的企业，越具有国际化视角的平台，越注重服装配饰在人际沟通中的重要作用。

(3) 言语者的空间语言表达系统，被称作界域语言。人类会在具体的沟通交际场景中根据彼此情感关系的亲疏，自觉不自觉地保持不同的交往距离。懂得恰当地使用界域语言是友好尊重对方的体现。

课堂练习 5-1

"二战"期间的艾森豪威尔将军，是一个严谨严肃的将军。他极少吐露赞美之词，但在 1944 年冬天，他将"首屈一指"这四个字送给了一个从来没上过战场战斗的高级军官。这位军官就是"二战"期间最高反间谍权威、荷裔英军上校——奥莱斯特·平托。奥莱斯特·平托是一个具有传奇色彩的反间谍英雄。他从 1914 年就开始反间谍生涯。在长期的反间谍工作中，他练就了一双火眼金睛，具有别人无法比拟的敏锐嗅觉，能够注意到别人无法注意到的细节，在反间谍战线上取得了卓越的成就。

第二次世界大战后期，盟军攻入比利时，德军仓皇溃败。一天，盟军在部队驻地附近抓住一个自称艾米里约·布朗格尔的人。大家怀疑他是德国间谍，可他拒不承认，于是他被送到了荷兰籍的著名反间谍专家奥莱斯特·平托上校处。

上校对嫌疑犯进行了审问。嫌疑犯穿着与当地农民没什么两样，说话口音也与当地口音无异。他自称是个比利时的农民，村庄被炸毁了，妻子也被炸死了。看上去一切都没有破绽。但是平托上校凭借多年反间谍经验仍感到这个嫌疑犯非常值得怀疑。因为一般的农民在这种情况下通常都会表现得非常紧张，说话也会语无伦次。然而，这个人却表现得太镇定了。

另外，这个人虽然穿着和谈吐与当地农民并无二致，但他粗壮的颈部和魁梧的运动员体型与当地常见的惰性十足的人截然不同，于是，平托决定对他进行审讯。

平托上校决定从语言方面入手，寻找破绽。因为这一地区的比利时人都讲法语，如果这个嫌疑犯是德国间谍，那么不管他对法语掌握得多好，都会不自觉地把自己的母语流露出来。平托上校开始了对嫌疑犯的语言测试。

“把这些豆子数数吧。”平托上校命令道。嫌疑犯端过满满的一盘豆子慢慢地数了起来。“1、2、3……”当他数到 72 时，平托上校命令他停住了。原来当地人在说“72”时不是用标准的法语，而是说一个当地的特殊方言，这样就能检验出嫌疑犯是不是地道的当地人。然而，嫌疑犯在数到“72”时，发音无懈可击。平托上校的第一次测试失败了。

平托上校决定进行下一项测试。他命令把这个人关在一间马棚小屋里。半夜，几个士兵在平托上校的吩咐下，在小屋外悄悄地点燃了几捆草。烟一下子蹿进了马棚。

“着火了！着火了！”士兵们用德语大喊起来。这个人醒过来，翻了个身，又接着睡了。见没有什么反应，士兵们又用法语大声喊道：“着火了！”这个人一下子跳起来，焦急地敲打着紧关着的门。这一次测试又没有奏效。

第二天，这个人被带到了审讯室。平托上校坐在桌子后面，面前放着从这个人身上搜出的铅笔头和几枚硬币。平托上校拿起铅笔头：“你带这个干什么？给德国人写情报吗？”他带着轻蔑的笑看着嫌疑犯。继而平托上校转过头对身边的一位军官用德语说道：“可怜的家伙！他还不知道自己就要被绞死了！”平托上校一边说，一边偷偷地观察这个人的神情。然而，他又一次失望了，这个人全然没有反应。看起来就像根本不知道他们在说什么。

接二连三的测试都失败了，没有任何证据能够证明这个人是德国间谍。平托上校决定再进行最后一次测试，如果再失败，只能将嫌疑犯当场释放。

第二天清晨，嫌疑犯像往常一样沉着、平静地走进审讯室。平托上校正埋头看一份文件。看了一会儿，他拿起笔在文件上签了字，然后抬起头对嫌疑犯用德语说道：“好了，一切都清楚了，你现在自由了!”

嫌疑犯长长地舒了口气，像是卸下了一个沉重的包袱，脸上露出了愉快的神色，然后转身往外走。他刚走两步，猛地停下了。他一下子意识到自己犯了一个致命的错误，可是一切都晚了。平托上校一拍桌子，厉声喝道：“戏该收场了！”两个士兵立刻上前抓住了这个间谍。

真是再狡猾的狐狸都有露尾巴的时候！平托上校以其高明的审讯技巧在最后关头一举反败为胜。

请同学们结合课堂所学，谈一谈上文体现了非语言沟通的哪些作用？本案例对你又有怎样的启发？你如何看待非语言沟通？

第二节 解读沟通中的非语言信号

身姿不同、体态不同、穿着打扮不同，沟通交际时所处的位置距离不同，都会不同程度地透露出隐含的信息。如果我们能在沟通交际过程中学会识得人们的肢体动作、面部表情、穿着打扮等传递隐含信息的本领，就能大大提高沟通的效率，并能提醒自己养成良好体态习惯，培养健康的审美观，从而更好地在未来的职场崭露头角。

一、常见的肢体语言信号

1. 面部表情信号

1) 眼神

(1) 交谈时，如果对方作出了眼睛从眼镜上面的缝隙中窥视的动作，表明对方的鄙视和不敬，一般表示没有诚意，他提出的要求可能是不合理的，对我们的要求也不会真正地接受。

(2) 对方不停地转动自己的眼珠，并频繁而急促地眨眼，可能是准备说谎或在想应对的办法，也有可能是正掩饰某种不可告人的事情，且大都与内疚或恐惧紧张的情绪有关。

人类大脑会随着脑海中所想事物的不同，调配眼球活动也会随之变化。一般来说，右利手的人(俗称“右撇子”)，眼球若向左上方看，他的大脑在搜索记忆，所说的是真话；眼球向右上方看，他的大脑在制造想象，所说的是谎言；眼球向左下方看，试图回忆某种感觉或味觉；眼球向右下方看，是在感觉身体上的痛苦。

(3) 有意回避躲闪对方的视线，将目光移到别处，是在传递某些负面的信息，如不诚恳、有所隐瞒、不够自信、没有把握、不感兴趣或厌恶；长时间盯住对方一般有两种意思，一是说明我们对对方本身比对谈话内容更感兴趣，二是向对方挑衅或施加某种压力，以起到震慑的作用。

根据研究显示，常规的注视时间占整个谈话时间的 30%～60%，超过这一平均值，可认为对谈话者本人比对谈话内容更感兴趣，低于这个平均值，则表示对谈话者和谈话内容都不感兴趣。与对方眼神交流时，视线保持在对方脸上的双眼到嘴之间的三角形区域较恰当。

(4) 瞳孔的变化。瞳孔放大表示爱慕，喜欢这个人或对某些事情感兴趣；瞳孔收缩，表示厌恶、戒备、愤怒，对某些事情不喜欢。

(5) 眼睛炯炯有神，说明心情愉快，对整个谈话充满自信，可以赢得别人的好感，促进沟通。

2) 眉毛

(1) 皱眉：反映内心不愉快、迷惑、讨厌、不赞成，有时表示为难，陷入困境。

(2) 眉毛上扬：一般理解为非常欣喜、极度惊讶。

(3) 单眉上扬：表示怀疑、不理解。

(4) 眉毛完全抬高：表示太难以置信。

(5) 紧锁眉头：在深思的情境中，很可能置身麻烦、困境中。

(6) 双眉下垂：表示沮丧悲伤。

(7) 双眉倒立，眉毛下拉：表示极端愤怒。

(8) 眉毛迅速上下活动：心情愉快，内心对提议赞同，以及表示亲切。

(9) 眉毛下垂且嘴唇紧绷，头及下颌向前挺起，和对方怒目相视：意味着挑战敌对。

3) 嘴部

(1) 双唇闭拢：表示和谐、安静、端庄、自然。

(2) 嘴角向上：表示善意、礼貌、喜悦之意，让对方感到真诚，善解人意。

(3) 嘴角噘着：一般表示生气、不满意的意思，也是不尊重对方的表现。

(4) 嘴唇紧绷：多半表示愤怒对抗或者决心已定；若故意发出咳嗽声，并借势掩住嘴，表示心里有鬼，有说谎之嫌。

4) 下巴

(1) 用下巴颏来示意他人：属于骄横傲慢，具有强烈自我主张的表现，或不方便表明明朗态度，对对方的暗示。

(2) 用力缩下巴：表示紧张畏惧和驯服的意思。

(3) 抚摸下巴：表示为了掩饰不安、话不投机的尴尬场面。不过，如果是与面部积极的表情相配合，也可以解释为自得和胸有成竹之意，需要多方面结合进行分析。

(4) 女性手支下巴：反映出内心需要有人给予安慰。

5) 笑容

(1) 对对方感兴趣的微笑：一般采取亲密注视的方式，即视线停留在对方双目与胸部三角区域，眉毛轻扬或平，嘴角向上。

(2) 交际应酬时常用的微笑：社交注视方式，视线停留在双目与唇之间三角区域，眉毛平，嘴角向上。

(3) 快乐高兴的微笑：眼睛睁大，瞳孔放大，闪动频率加快，眉毛上扬、嘴角微翘。

(4) 与对方保持距离或冷静观察的微笑：平视或视角向下，眉毛平，嘴角向上，视线停留在前额表示严肃。

(5) 开怀大笑，笑声爽朗：这样的人大都是坦率而真诚的。这类人虽然表面上看起来坚强，但内心在一定程度上是极其脆弱的。

6) 头部

(1) 头部微微侧向一旁：将头从一侧略倾斜到另一侧，基本含义是“关注”，这说明他对谈话内容很感兴趣，正在集中精神地听。结合面部表情的不同，可能显现“感兴趣”“怀疑”两种意思。

(2) 低头：对对方的谈话不感兴趣或持否定态度，在商务交往中要少用，同时也可能表示顺从、羞涩、内疚、沉思等。

(3) 头一摆：一般是暗示某人快走的意思。

(4) 摇头晃脑：在点头或者摇头时，紧抿嘴唇的女人很自信，甚至有点唯我独尊的专断。这样的人，在交际场合很会表现自己，但却容易遭到别人的嫌恶。不过他们通常对事业有一往无前的大无畏精神。

(5) 身体直立，头部端正：表现的是自信、正派、诚信、精神旺盛，这种姿态是商务交往中的首选。

2. 躯体动作信号

1) 手势

(1) 双臂交叉：用一只手握住另一只胳膊，这是一个人处于陌生的场合，缺乏自信，有些紧张不安时采取的姿态，同时也是一种试图控制紧张情绪的方式；若两个拇指往上翘，表示泰然自若或超然物外，或冷静旁观、优越之上的信息，其中又包含着一定防御态度。

(2) 双手插在胸前：一般表明胸有成竹，对将要发生的事早有思想准备，这样的姿态具有防御性信号。

(3) 轻轻抚摸下巴：说明他在考虑如何作出决定，有可能接纳对方的意见。

(4) 用手指敲击桌子：表示无聊或不耐烦。

(5) 交谈中右手用手指做小幅的动作：表示对某些事情不感兴趣、不耐烦或持反对态度。

(6) 说话时喜欢玩弄身边的小东西：表示特别紧张和掩饰内心恐慌。

(7) 双手置于双腿上，掌心向上，手指交叉：希望得到别人的理解，并给予支持。

2) 站姿

(1) 两腿站直，胸部挺起，双手自然下垂，双目平视：表示精神振作，充满自信。若上述站姿将双手自然下垂，改成背后相交，就更显得精神饱满而有气势。

(2) 两腿略屈，两脚稍微分开，身体重心不断地由一只脚移到另一只脚，胯骨放松：显得轻松自如，神态自若。

(3) 两腿分开，上身挺直，双手叉腰：是极端自信、乐观、豁达、积极向上的表现。

(4) 挺身直立，双肩上耸，双手扣在裤线上，全身肌肉绷得很紧：显得拘谨和胆怯。

(5) 弯腰屈背，两手无力下垂，甚至脑袋低俯：是精神不振或意志消沉的表现。

3) 肩部

(1) 从生理解剖的角度来看，肩部处于手臂和身体的连接部位，因此起到缩小和扩大势力范围的作用，肩部接近人的视平线，肩部活动容易引起人的注目。

(2) 肩部常被看作象征着男性尊严的敏感部位。例如，古代武士穿戴盔甲、现代军人佩戴肩章、西装的厚实垫肩，显示男子汉气概。肩膀的动作均能最直截了当地将自我的存在传递给对方，而且一个人的肩部是绝对不肯轻易让他人侵犯的。

(3) 肩部舒展，说明有决心和责任感。这种肩部姿态在商务活动中是对方非常愿意看到的。两肩相依，手与肩互相接触，可以确认这两个人的关系十分深厚。

(4) 用手拍打对方肩膀，有双重意义：一方面表示友好；另一方面是借机擅自闯入代表着男性尊严的部位，是轻视对方人格的表现，可以看作是一种软硬兼施的行为，这是一种同时挥舞胡萝卜和大棒的姿态。

4) 腿姿

(1) 人体中，越是远离大脑中枢的部位，所流露的信息往往可信度越高；离大脑中枢越近的部位，大脑的有意识控制越明显。

(2) 人在站立时，脚往往朝着心中惦念或追求的方向。例如，三个男人谈话，表面很专心，谁也没理会站在一旁的漂亮姑娘，其实每个人，都有一只脚的方向对着她。

(3) 将手和腿交叉：表示心中不安，或想拒绝对方。

(4) 当你向上级提出某个建议时，他听了一会儿，便把腿架了起来：表示他对你的建议不感兴趣。

(5) 把脚搁在桌子上，或拉开的书桌抽屉上：表示有着强烈支配欲和占有欲，想扩大自己的势力范围，表现自我。

(6) 双方谈判时，一方或双方把腿架起来：当问题提出来进行讨论，或当激烈的争论发生时，一方或双方总会把腿架起来，就是向对方发出了要竞争、挑战的信号。若双方放下了架起的腿，身子向前倾移的话，则意味着谈判将顺利达成协议了。

(7) 交谈的对方突然转动身子，坐着把脚对着门口：意味着此人想尽快结束这次交谈、聚会或正在进行着的活动。

5) 坐姿

(1) 手脚伸开，懒洋洋地坐在椅子上：此人相当自信，表示拥有权力和自信，或是对谈话对象稍微有些瞧不起和轻视。

(2) 骑在椅子上：说明对方抱有敌意，或采取一种寻衅斗殴的自卫立场。

(3) 习惯坐在椅子边上：说明对方不自信，还有几分胆怯，在做随时“站起来”和中断谈话的准备。

(4) 重重地坐下去的人：此时的心情一定是烦躁的，我们最好不要和他们谈要紧的事，那是不会有满意结果的。

(5) 在我们面前猛然坐下的人：其内心或隐藏着不安，或有心事不愿告诉我们。

(6) 喜欢与我们对着坐的人：是因为他希望能够被你理解。

(7) 有意识从并排坐改为对着坐的人：或是对我们抱有疑惑，或是对我们有了新的兴趣。

(8) 斜成一个半躺姿态或是深坐入椅内，腰板挺直头高昂的人：表明他在心理上对对方有优越感，想在气势上压住对方。

(9) 椅背朝前，跨骑在椅子上的人：此刻的心情是想显示自己，对你的讲话感到厌烦，而想压抑住。

(10) 跷起二郎腿的女性：或是她对自己的容貌有信心，或是她想引起对方注意。

(11) 一个人想作出某种决定时，他不但会在座位上坐立不安，而且还会无意识地猛扯裤子，等到下了决心之后，这些动作就会停止。

课堂练习 5-2

请同学们结合前文，猜一猜在沟通场景中，下列肢体语言传递了什么样的隐含信息？

- 边说边笑：______
- 掰手指节：______
- 摆弄饰物：______
- 抹嘴捏鼻：______
- 解开外衣纽扣：______
- 顺手在纸上乱涂乱画，或玩手机等：______

- 鼓掌：________________
- 抬头挺胸：________________
- 原地快速地来回走动：________________
- 摊开双手或耸肩：________________
- 避免目光接触：________________
- 打哈欠：________________
- 扭绞双手：________________
- 正视对方：________________
- 双手放在背后：________________
- 眉毛上扬：________________
- 咬嘴唇：________________
- 双臂环抱：________________
- 眯着眼：________________
- 向前倾：________________

参考答案：

- 边说边笑：让人感到非常轻松愉快，性格开朗，对生活要求从不苛刻，很注意知足常乐，富有人情味，感情专一，珍惜友情、亲情。
- 掰手指节：这样的人通常精力非常旺盛，非常健谈，喜欢钻“牛角尖”，对事业和工作环境都比较挑剔。喜欢做的事，他会不计较任何代价而踏实、努力地去做，若不喜欢做的事，无论如何他都不会去做。
- 摆弄饰物：多数是女性，性格内向，她不会轻易使自己的感情外露，做事认真踏实，凡有座谈会、晚会，人们都散了，最后她会收拾会场。
- 抹嘴捏鼻：大都喜欢捉弄别人，却又不敢“敢作敢当”，爱好哗众取宠，最终还是被人支配。这类人购物时会拿不定主意。
- 解开外衣纽扣：内心真诚友善，向外人开放自己，不隐藏自己，有包容力。
- 顺手在纸上乱涂乱画，或玩手机等：说明对现在的谈话内容十分不感兴趣，认为根本没有必要听。
- 鼓掌：赞成或高兴。
- 抬头挺胸：自信果断。
- 原地快速地来回走动：焦虑、发脾气或受挫。
- 摊开双手或耸肩：表示遗憾，无可奈何。
- 避免目光接触：自卑、冷漠、逃避、不关心、缺少安全感、消极、恐惧或紧张等。
- 打哈欠：困倦或厌烦。
- 扭绞双手：紧张、不安或害怕。
- 正视对方：友善、诚恳、外向、有安全感、自信、笃定等。
- 双手放在背后：愤怒、不欣赏、不同意、防御或攻击。
- 眉毛上扬：不相信或惊讶。
- 咬嘴唇：紧张、害怕或焦虑。
- 双臂环抱：愤怒、不欣赏、不同意、防御或攻击。

- 眯着眼：不同意、厌恶、发怒或不欣赏。
- 向前倾：注意或感兴趣。

二、着装、配饰语言信号

1. 着装风格

(1) 穿着华丽的人，大都自我表现欲强。这一类人除了自我表现欲极强之外，还伴有歇斯底里的性格倾向，对于金钱的拥有也保持着强烈的欲望。

(2) 衣着朴素的人，多半属于顺应体制的类型。这类人通常都执着于传统，对事物的观察缺乏主体性。

(3) 对流行时装敏感的人也属于顺应体制型。这类人不但缺乏主见，也对自己缺乏信心，看到别人穿什么，不考虑身材、年龄是否适合随即跟进，结果混在流行服饰的浪潮中，让自己消失在统一的格调里，因为这样他们就不需要直接面对自己，或思考自己应该如何展现自我。

(4) 衣着无固定类型的人。式样、颜色、质量变化无常，让人无法了解他的真实爱好的人，大都属于情绪不稳定、缺乏协调性的类型。他们在潜意识里有一种逃避现实的心理。

(5) 原本穿着特定格调的服饰，突然之间风格大变，穿起与以往格调完全不同的服装来。这种人很可能在物质或精神方面受到了刺激，情绪有所变化，或内心有了新的决定，外表也出现了崭新的造型。

2. 饰品搭配

1) 领带

(1) 领带结又小又紧的人。如果他们的身材瘦小，则说明他们想凭借小而紧的领带结让自己显得“高大”一些。如果他们身材不是瘦小干枯型，则说明这是他们在向别人展示自己的威力，就像在说：“你对我最好不要有半点的轻视与怠慢。”这种男人的气量一般很狭小，他们的性格孤僻，凡事先想到自己，热衷于物质享受，在金钱方面很吝啬，一毛不拔，几乎没有什么人愿意和他们交朋友。

(2) 领带结不大不小的人。男人配上这种领带结，大都会容光焕发、精神抖擞。他们可以获得心灵上的鼓舞，会在社交场合注重自己的言谈举止，所以不管本性如何，都显得彬彬有礼。由于认识到领带的作用，他们在打领带结的时候常常一丝不苟，把领带打得恰到好处，给人以美感。这类人通常会把大部分的时间放到工作当中，且安分守己、勤奋上进。

(3) 领带结既大又松的人。领带能使男人显得更加温文尔雅，但打这种领带结的男人所展现的风度翩翩，绝不是矫揉造作，而是货真价实，是他们丰富的感情所展现出来的风采。他们不喜欢拘束，喜欢积极地拓展自己的生活空间，喜欢主动与他人交往，有高超的交往艺术，在社交场合深得女人的欢心和青睐。

(4) 不会打领带的人。他们或是有某种常人没有的绝技在身，或是先天具有领袖才能，使他们不屑将精力消耗在打领带这样的细节问题上。这类人大都心胸豁达而不拘小节，性情随和，有同情心，朋友甚多，口碑亦好，且夫妻情笃，家庭祥和。

2) 手提包

(1) 喜欢休闲式提包的人。这类人大都很懂得享受生活。他们对生活的态度比较随意，不会过分苛刻地要求自己，他们比较积极和乐观，也有一定程度的进取心，能很好地安排工作、学习和生活，能够在比较轻松惬意的环境中，把属于自己的事情做好，并取得一定的成就。

(2) 喜欢公文包的人。他们可能是某个企事业单位的总经理，或比较正规单位的职员。选择公文包可能是出于工作的需要，但其中或多或少也能表现他们的地位。这种人大都办事比较小心和谨慎，对人也会相当严厉。当然，他们对自己的要求往往更高。

(3) 喜欢方形提包的人。装有小把手的方形或长方形手提包，有时候可以当成一件饰品，这种手提包外形和体积都相对较小，所以使用起来并不是特别方便。喜爱这一款手提包的人，大都是没有经历过什么磨难的人，他们比较脆弱，遇到挫折容易退缩和妥协。

(4) 喜欢肩带式手提包的人。这个类型的人，在性格上相对独立，但在言谈举止等各个方面却是相对传统和保守的。他们有一些相对自由的空间，但不是特别大，交际圈子比较狭窄，朋友也不是很多。

(5) 喜欢小巧精致的手提包的人。虽然非常小巧精致，但不实用，是装不了什么东西的手提包，一般来说是年纪比较轻，涉世也不深，比较单纯的女孩子的最好选择。但如果已经过了这样的年纪，步入成年之后，还热衷于这样的选择，那就说明这个人对生活的态度是非常积极而乐观的，对未来充满了美好的期待。

(6) 喜欢具有浓郁民族风情的手提包的人。这类型的人，自主意识比较强，是个人主义者。他们个性突出，往往有着与别人截然不同的衣着打扮、思维方式等，有些时候表现得与他人格格不入，所以他们的人际关系并不理想。

(7) 喜欢超大型手提包的人。这个类型的人，性格多是自由自在、无拘无束的。他们很容易与他人建立某种特殊的关系，也会很容易破裂，这是由他们的性格决定的。因为他们的生活态度太散漫，缺乏必要的责任感，显然他们自己感觉无所谓，但却并不是所有人都能接受和容忍的。

(8) 喜欢金属质手提包的人。这个类型的人，性格都是比较敏感的，能够很快跟上时代的步伐，他们对新鲜事物的接受能力也较强。但是这一类型的人在很多时候并不肯轻易地付出，而总是希望别人能够付出。

(9) 喜欢中性色系手提包的人。其表现欲望并不是很强烈，他们不希望被人注意，目的是减缓压力。他们凡事多持得过且过的态度，比较懒散。在对待别人方面也喜欢保持相对中立的立场。

(10) 不习惯带手提包的人。这一类人要分几种情况来说，有可能是因为他们比较懒惰，觉得带一个手提包是一种负担，太麻烦了，还有一种可能是他们的自主意识比较强，希望能够独立，而手提包会在无形当中造成一些障碍。这两种情况都是把手提包当成一种负担，可以看出这种人的责任心并不是特别强，他们不希望对任何人、任何事负责。

(11) 喜欢男性化皮包的女性。这个类型的女性都比较坚强能干，并且趋于外向化。

(12) 提包内的东西摆放很凌乱的人。提包内的东西摆放得非常凌乱，没有一点规则，要找一件东西需要把提包内的所有东西全部拿出来，这样的人可以看出他们的生活是杂乱无章的，奉行的是“无所谓”的随便态度。这一类型的人做事大多条理不清，目的性也不是很明确，但对人通常比较热情和亲切。可是由于他们的生活态度有些过于随便和无所谓，所以常常会使自己陷入比较难堪的境地。

(13) 提包内的东西摆放得很有条理的人。提包内的各种东西摆放得层次分明，想要什么伸手就可以拿到，这说明提包的主人是很有原则性的人，他们大都具有很强的进取心，办事认真可靠，待人也很有礼貌。一般来说，这一类型的人有很强的自信心，且组织能力突出。其缺点是他们大都比较严肃、呆板，会过多地拘泥于生活中的某些细节。

3) 鞋子

(1) 喜欢穿细高跟鞋的女人有很强的表现欲，喜欢引起他人的注意，尤其是异性。

(2) 喜欢穿时髦鞋子的人，缺乏考虑，有点不切合实际，会顾此失彼；但是接受新事物的能力比较强，喜欢表现，虚荣心很强。

(3) 喜欢穿运动鞋的人，对生活积极乐观，为人亲切，生活没什么规律，很随便。

(4) 喜欢穿没有鞋带的鞋子的人，思想很保守，很守规矩，喜欢整洁，不爱表现。

(5) 喜欢穿系带鞋的人比较矛盾，喜欢别人把事情安排好，但对这种安排好的事情又有点反抗。

(6) 只喜欢穿一款鞋子，这双坏了再去买另一双的人，思想相当独立。他们的目标很明确，知道什么是自己喜欢的，什么是自己不喜欢的。这种人做事非常小心谨慎，他们在接受一件事情时都要经过仔细认真地思考，要么不做，要么就全身心投入地去做。他们不会轻易背叛对自己的亲人、友人、爱人的感情。

能力提升

请同学们利用业余时间到商场挑选、试穿你认为合适的职场着装及饰品配饰，并拍照。在小组中说明自己这样挑选及搭配的理由，小组集体讨论后，给出是否合适的意见。

____

____

____

____

三、空间距离语言信号

人类学家观察发现，人与人之间在面对面的情境中，常因彼此间情感的亲疏不同，而不自觉地保持不同的距离。这种距离一般分为亲密距离、私人距离、社交距离、公共距离。彼此间可以接近到 0.5 米，说明他们是最亲密的人；彼此间可以接近到 0.5~1.2 米，表示他们是有私交的朋友；彼此间可以接近到 1.2～3.5 米，表示他们是互相认识的人，绝大多数的商业交往发生在这个距离上；如果彼此间的距离通常维持在 3 米以上，这基本上属于公共场所的陌生人之间的沟通。譬如，正式场合中的演讲，或其他公共事务中的人际交往，此时的沟通往往是单向的。

这种因情感亲疏而表现的人际间距离的变化，在心理学上称为人际距离。显然，人际距离的变化，是由双方当事人沟通时，在肢体语言上的一种情感性的表示：彼此熟悉时就亲近一点，彼此陌生时就保持一定的距离。

此外，界域语言还可表现为主客体双方位置的移动。比如，有客人拜访，主人到门口迎接等，这些空间上的位移都表明当事人对来者的态度倾向，需要我们在沟通交际场景中细细体会。

案例分析 5-3

正确解读“界域语”

刘筱筱

很多消费者或许有过这样的经历：当你高高兴兴地走进一家服务单位，准备对其服务内容进行了解、加以选择或予以享用时，往往会有一些服务人员围拢上来，尾随不放，使人产生“螳螂捕蝉，黄雀在后”的感觉和当即“临阵脱逃”的逆反心理。

这表明，服务人员在自己的工作岗位上与服务对象间所保持的人际距离是有一定之规的。心理学实验证明：在不同的场合和不同的情况下，交往对象之间的人际距离通常会有不同的要求。人际距离过大，容易使人产生疏远之感；人际距离过小，则又会使人感到压抑、不适。对于服务人员来说，要想在自己的工作岗位上为服务对象提供热情而满意的服务，必须正确解读“界域语”。

界域语，也叫个人空间、人际距离、势力范围等，它是交际双方通过距离的差异来沟通情感、传递信息的体态语言。

根据美国心理学家的研究，人的心理上的个人空间就像一个无形而可变的“气泡”，如果有人靠得太近，突破了“气泡”，我们就会感到不舒服或不安全。同时认为：个人的空间就是我们所占有的称作自己的宇宙的那一部分，包含在每一个人周围那看不见的界域中，并且由我们来决定谁可以踏入和为什么踏入这一界域。当我们的空间未经允许而被侵犯的时候，我们便以各种各样的方式作出反应，退让着回避，或停止在那儿，双手由于紧张而出汗变得潮湿，或者有时以一种激烈的方式表现出来。

界域语在社会交往中的作用，不仅表现在它适应了人们不同的心理定式，使人们在社会交往中能够轻松自然、相互尊重与信任，而且对塑造交往者自身的形象也是大有裨益的。在社交过程中，交往者能根据环境与气氛的需要，同交往对象保持最合理的距离，是交往者能否给予对方美好印象的重要因素。

(资料来源：http://blog.sina.com.cn/s/blog_493f607a0100zgcb.html)

第三节　非语言沟通训练

非语言沟通能力测试

请根据自己的情况选择适当的选项。

- 当与人初次会面时，经过一番交谈，你能对对方的言谈举止、知识素养等作出积极准确的评价吗？(　　)

  A. 不能　　　　B. 很难说　　　　C. 我想可以

- 当你和别人告别时，谁会提出下次会面的时间、地点？(　　)

  A. 对方提出　　　　B. 谁也没有提出　　　　C. 我提出的

- 当你第一次见到对方时，你的表情是怎样的？(　　)
  A. 热情诚恳，自然大方
  B. 大大咧咧，漫不经心
  C. 紧张局促，羞怯不安
- 你是否在寒暄之后，很快就找到了双方共同感兴趣的话题？(　　)
  A. 是的，对此我很擅长
  B. 我觉得这很难
  C. 必须经过较长时间才能找到
- 通常你与别人谈话时的坐姿是怎样的？(　　)
  A. 两膝靠拢　B. 双脚岔开　C. 跷起“二郎腿”
- 当你同对方谈话时，眼睛望着何处？(　　)
  A. 直视对方的眼睛
  B. 看着其他的东西或人
  C. 盯着自己的纽扣，并不停地玩弄
- 你选择的交谈话题是怎样的？(　　)
  A. 两个人都喜欢的　B. 对方感兴趣的　C. 自己所热衷的
- 在第一次交谈中，你们各自讲话所占用的时间情况如何？(　　)
  A. 差不多　B. 他多我少　C. 我多于他
- 当你与人面谈时，说话的音量如何？(　　)
  A. 很低，别人听得较困难
  B. 柔和且低沉
  C. 高亢且热情
- 当你说话时，姿态是否丰富？(　　)
  A. 偶尔有些手势　B. 从不指手画脚　C. 常用手势来补充语言表达
- 你讲话的速度怎么样？(　　)
  A. 频率相当高　B. 十分缓慢　C. 节奏适中
- 假如别人谈到了你兴趣索然的话题，你将如何？(　　)
  A. 打断别人，另起一题　B. 显得沉闷、忍耐　C. 仍然认真听

评分标准(见表 5-1)。

表 5-1　评分测试答案

题　目	选项(5 分)	选项(3 分)	选项(1 分)
1	C	B	A
2	C	A	B
3	A	C	B
4	A	C	B
5	A	C	B
6	A	C	B
7	B	A	C

续表

题　目	选项(5分)	选项(3分)	选项(1分)
8	B	A	C
9	B	A	C
10	B	A	C
11	C	B	A
12	C	B	A
合计			

分析说明:

- 分数为 0~22 分：也许你感到吃惊，因为很可能你只是依着自己的习惯行事而已。你原本是很愿意留给别人一个美好印象的，可是你的漫不经心或缺乏体贴或言语无趣，无形中让别人作出对你的错误判断。必须记住交往是一门艺术，而艺术是不能不修边幅的。
- 分数为 23~46 分：你的表现中存在着某些令人愉快的成分，但有时也有不够精彩之处，这使得别人不会对你印象恶劣，却也不会产生强烈的好感。如果你希望提高自己的魅力，首先必须在心理上努力重视，在沟通的第一回合就要迅速显出最佳形象。
- 分数为 47~60 分：你的适度、温和、合作，给第一次见到你的人留下了良好的印象。不论对方是你工作范围内的合作者，还是私人生活中的朋友，无疑他们都有与你进一步接触的愿望。

一、肢体语言沟通训练

在口头表达沟通的过程中，把人的有声语言和肢体动作有机地结合起来，才能达到对彼此真正的了解，从而取得良好的沟通效果。在具体的沟通场景中，肢体语言虽然起着重要的传情达意的作用，但不是越多越好，而是在有效训练的基础上顺乎自然，动作的幅度、频率、力度都要恰到好处，才能有好的成效。

(一)面部表情沟通

在非语言沟通中，面部表情是最丰富、最具有感染力的，是全社会、全世界较为一致的表达方式。来自不同地域、说不同语言、文化背景不一致，这些都不妨碍人们识别喜悦、厌恶、惊异、悲哀、愤怒、恐惧等表情。因此，掌握非语言沟通，应从学习面部表情语开始。

1. 眼神

罗大・瓦多・爱默生曾说：“人的眼睛和舌头所说的话一样多，不需要字典，却能从眼睛的语言中了解整个世界，这是它的好处。”

在人际沟通中，目光是交流的基础。俗话说：“眼睛是心灵的窗户。”在非语言的沟通行为中，眼睛起着重要作用。人们在沟通中所获得的信息，70%来自眼睛所见。另有研究证明，在信息交流中，人们用 30%～60%的时间与他人进行目光注视、眼神交流。事实证明，眼睛是能表达思想感情，反映人们的心理变化的，人的喜怒哀乐、内心隐秘的细微变化都可以透过眼神流露出来：高兴时眼睛炯炯有神；悲伤时目光呆滞；注意时目不转睛；吃惊时目瞪口呆。需要注意的是，眼神交流应该是自发的，而不是被迫的，或者过于主动的。与人沟通时注视对方既是对对方的尊重，也是自信的表现，那么我们应该怎样恰当地运用眼神呢？

案例分析 5-4

清朝名将曾国藩具有高超的识人术，尤其擅长通过人的身体语言来判断对方的品质、性格、情绪、经历，并对其前途作出准确的预言。

一天，新来的三位幕僚来拜见曾国藩，见面寒暄后便退出告辞。曾国藩身边近侍问曾国藩对三人的看法。曾国藩说："第一人，态度温顺，目光低垂，拘谨有余，小心翼翼，乃一小心谨慎之人，是适于做文书工作的。第二人，能言善辩，目光灵动，但说话时左顾右盼，神色不端，乃属技巧狡诈之辈，不可重用。唯有这第三人，气宇轩昂，声若洪钟，目光凛然，有不可侵犯之气，乃一忠直勇毅的君子，有大将风度，将来的成就不可限量，只是性格过于刚直，有偏激暴躁的倾向，如不注意，可能会在战场上遭遇不测的命运。"

这第三人便是日后立下赫赫战功的大将罗泽南，后来他果然在一次战争中中弹而亡。

在人际交往中，人们往往通过适当的注视来表示对对方的关注，为了既能赢得对方的喜爱与信任，又不会让对方不舒服，在谈话中注视对方的时间，应把握在 60%～70%的样子。

1) 注视

使用注视时，目光局限于上至对方额头，下至对方衬衣的第一粒纽扣，左右以两肩为准的方框中。在这个方区域中，依据目的、对象、场合的不同分为三种类型。

(1) 公务性注视。这种注视一般用于洽谈、磋商、谈判等严肃场合，也可用于一般性社交场合。注视的位置在双眼到额头之间的三角区域，比较庄重、正式。

(2) 社交性注视。这是人们在社交场合中所使用的注视，如舞会、酒会上。注视的位置在对方嘴巴到双眼之间的三角区域内，表示柔和、亲切。

(3) 亲密性注视。这是亲人之间、恋人之间、家庭成员之间使用的注视方式，位置在对方双眼到胸部之间。

2) 环视

这种方法常常用在说话或演讲的开头。演讲者站在台上，眼睛从前到后、从左到右，有目的地扫视一圈，既是向听众打招呼，又能使听众关注讲话者并安静下来，从而把握住说话的主动权。

3) 虚视

演讲者的目光并不具体落到某一个或某一部分观众或听众身上，但是台下的人都能感受到演讲者对自己的关注。

在交谈、演讲、沟通中，一定要重视与对方的目光眼神交流。要用柔和、友善的目光注视着对方，表示你对对方的重视、关注；如果看都不看对方一眼，或用不正确的眼神注视对方，如斜视、长久地盯看、眼睛滴溜溜乱转、偷看、频繁眨眼、挤眼等，都表示对对方的轻蔑、不友好，甚至是敌意，也会给对方留下不自信、不可靠、不正派的印象。

课堂练习 5-3

(1) 请同学们以小组为单位，练习注视、环视、虚视，并在组间选择伙伴体会公务性注视、社交性注视、亲密性注视的不同，并谈谈感受。

(2) 通过眼部操分解动作训练眼部肌肉。

- 眼球转动方向：平视、斜视、仰视、俯视、白眼等。
- 眼皮瞳孔开合大小：大开眼皮、大开瞳孔(开心、欢畅、惊愕)；大开眼皮、小开瞳孔(愤怒、仇恨)；小开眼皮、大开瞳孔(欣赏、快乐)；小开眼皮、小开瞳孔(算计、狡诈)。
- 眼睛眨动速度快慢：快(疑惑、调皮、幼稚、活力、新奇)；慢(深沉、老练、稳当、可信)。
- 目光集中程度：集中(认真、动脑思考)；分散(漠然、木讷、游移不定、心不在焉)。
- 目光持续长短：长(深情、喜欢、欣赏、重视、疑惑)；短(轻视、讨厌、害怕、撒娇)。

(3) 课后训练。

- 购物时，观察服务员的眼神和态度之间的关系。
- 与亲朋好友进行目光交流，考察眼神是否与自己的思想感情相符。
- 校园里与擦肩而过的同学进行眼神接触，试着揣摩对方的心理。
- 与不同年龄、不同性别、不同职业、不同性格、不同情境的人交流，大胆地尝试使用不同的眼神，并考察社交效果如何。

(4) 读一读。

世界各民族的人们，往往用特定的眼神来表示一定的礼节或礼貌。

例如：

- 注视礼：阿拉伯人在倾听尊长或宾朋谈话时，两眼总要直直地注视着对方，以示敬重。日本人交谈时，往往恭恭敬敬地注视着对方的颈部，以示礼貌。
- 远视礼：南美洲的一些印第安人，当同亲友或贵客谈话时，目光总要向着远方，似东张西望状。如果对三位以上的亲朋讲话，则要背向听众，看着远方，以示尊敬。
- 眯目礼：在波兰的亚斯沃等地区，当已婚女子同丈夫的兄长交谈时，女方总要始终眯着双眼，以示谦恭。
- 眨眼礼：安哥拉的基母崩杜人，当贵宾光临时，总要不断地眨着左眼，以示欢迎。来宾则要眨着右眼，以表答礼。
- 挤眼礼：澳大利亚人路遇熟人时，除说“哈罗”或“哈”以示礼遇之外，有时要行挤眼礼，即挤一下左眼，以示礼节性招呼。

(5) 想一想。

眼睛不会说谎。人的思想情绪和瞳孔的变化关系密切。

- 看到感兴趣的人或事物时，瞳孔会扩大；受到令人厌恶的刺激时会使瞳孔缩小，因此，瞳孔的变化是中枢神经系统活动的标志。眼球的转动可以显示正在进行的思维活动，如两人交谈眼球比较稳定很少转动，说明他态度诚恳；如果目光游移闪烁，说明他暗藏打算。

- 眼皮的张合程度，一般能反映出人的精神状态。沮丧懊恼会使人耷拉眼皮，与人交谈半闭双眼是轻狂傲慢、目中无人的表现。
- 眼睛里写着喜怒哀乐。眼睛半闭表现喜悦，眼睛睁大表示惊讶，眼睛斜视表示看不起，眯着眼斜着看，说明心存怀疑，瞪圆了眼睛表示愤怒，不停打量表示挑衅……

面部各个器官是一个有机整体，协调一致地表达出同一种情感。当人感到尴尬、有难言之隐或想有所掩饰时，其五官将出现复杂而不和谐的表情。在日常沟通中，我们要尽量克服不雅状态，如掩口、抠鼻、摸头、吐舌、皱眉、挤眼……给别人留下健康、友善、有修养的印象。

2. 微笑

世界名模辛迪·克劳馥说："女人出门若忘了化妆，最好的补救方法便是亮出你的微笑。"这不是一句戏言，因为微笑是人类最美好的语言，是一种不学就会的世界通用语。俗话说："面带三分笑，礼数已先到。"微笑在人际沟通中是一种无言的答语，起着很微妙的作用。一个舒心的微笑是友好、热情并愿意进行沟通的强有力的暗示，会瞬间缩短你与对方的心理距离，为沟通和交往营造出和谐氛围。微笑能展示你热情开放的交谈态度，是一个人能力和品行的最好体现，它能使别人感到信任和依靠。可以说，"微笑是人际关系的润滑剂，礼貌之花，友谊之桥"。面对陌生人，微笑是友善的标志，可以缩短双方的距离，创造良好的沟通氛围，让交际更加融洽、更加和谐、更加顺畅。因此，人们要善于微笑。

1) 微笑的原则

(1) 真诚原则。

只有真诚的微笑才能使对方感到友善、亲切和融洽。只有发自内心的微笑才是大脑映射出的友善的信息，也只有这样的信息，才能使双方的沟通在一个轻松和谐的氛围中进行，才能够真正打动对方。

严禁下述几种笑的出现。

① 假笑，笑得虚假，皮笑肉不笑。

② 冷笑，含有怒意、讽刺、不满、无可奈何、不屑一顾、不以为然等情绪因素。

③ 怪笑，笑得怪里怪气，令人心里发毛，多含有恐吓、嘲讽之意。

④ 媚笑，有意讨好别人，非发自内心，具有一定功利性和目的性的笑。

⑤ 怯笑，害羞、怯场，不敢与他人交流视线。

⑥ 窃笑，偷偷的、扬扬自得或幸灾乐祸的笑。

⑦ 狞笑，面容凶恶，多表示愤怒、惊恐、吓唬。

(2) 自然原则。

笑的共性是面露喜悦之色，表情轻松愉快。但是，如果发笑的方法不对，也会显得虚伪不合适。

笑得自然要能够做到以下几方面。

① 发自内心，自然大方，显出亲切。

② 声情并茂，使得笑容与自己的举止、谈吐有很好的呼应。

③ 气质优雅，笑得适时、尽兴，更要讲究精神饱满、气质典雅。

④ 表现和谐，从直观上看，是眉、眼、鼻、口、齿以及面部肌肉和声音所进行的协调性的综合运动。

(3) 适度原则。

适度就是要微笑得有分寸，既然是微笑就不要笑出声，绝对不能哈哈大笑、捧腹大笑。

(4) 得体原则。

微笑要与所处的工作、生活场景和沟通对象的心情相协调。得体就是要恰到好处，当笑则笑，不当笑则不笑；否则，会适得其反，给对方留下不好的印象。

例如：

当对方身体不适或陷入纠纷时，如果微笑，则会使对方觉得你内心冷漠，不关心他的痛苦，没有同情心和同理心。这个时候一个关切的眼神、一个拥抱，就比脸上微笑来得更真诚适宜。

2) 找到适合自己的微笑

沟通中的微笑是通过面带笑容，不显著的、不出声的笑来表达信息的一种态势语。微笑的种类有很多，日本明治保险公司的“推销之神”原一平在其推销过程中就曾总结出 38 种微笑，因此找到适合自己的微笑，形成适合自己的微笑非常重要。

第一步：通过放松嘴唇周围的肌肉，练习微笑。

我们可以用常用的“哆来咪”微笑练习法，帮助自己。该练习是从低音哆开始到高音咪，大声地清楚地说每个音，每个说三遍。需要注意的是，不是连着练，而是一个音阶一个音阶地发音，为了正确地发音应注意嘴型。

第二步：通过嘴唇姿态的变换给嘴唇肌肉增加弹性。形成笑容时最重要的部位是嘴角，如果锻炼嘴唇周围的肌肉，能使嘴角的移动变得更干练好看，整体表情就给人有弹性的感觉，不知不觉中你会显得更年轻有活力。请挺起背部，坐在镜子前面，反复地进行如下练习。

① 张大嘴。

张大嘴使嘴周围的肌肉最大限度地伸张。张大嘴能感觉到颚骨受刺激的程度，并保持这种状态 10 秒。

② 嘴角紧张。

闭上张开的嘴，拉紧两侧的嘴角，使嘴唇在水平位置上紧张起来，保持 10 秒。

③ 聚拢嘴唇。

使嘴角紧张的状态下，慢慢地聚拢嘴唇。出现圆圆的卷起来的嘴唇聚拢在一起的感觉时，保持 10 秒。

保持微笑 30 秒，反复进行这一动作，三次左右。

课堂练习 5-4

微笑练习(见图 5-1)

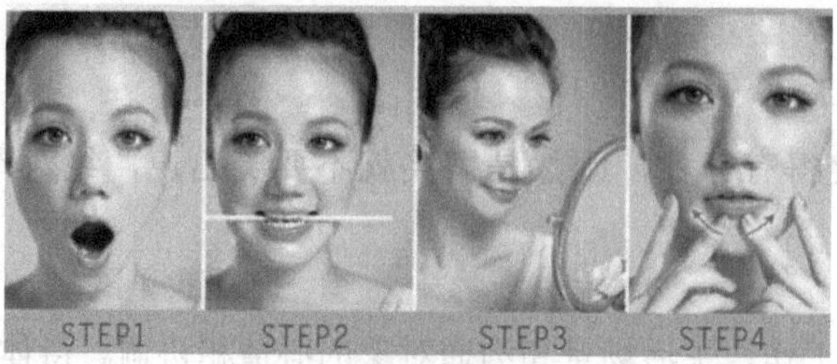

图 5-1　微笑练习示意

用门牙轻轻地咬住木筷子。把嘴角对准木筷子，两边都要翘起，并观察连接嘴唇两端的线是否与木筷子在同一水平线上。保持这个状态 10 秒，在第一状态下，轻轻地拔出木筷子之后，练习维持这种状态。

第三步：在放松状态下形成微笑。练习的关键是使嘴角上升的程度一致。如果嘴角歪斜，表情就不会太好看。在练习各种笑容的过程中，就会发现最适合自己的微笑。

① 小微笑：把嘴角两端一齐往上提，让上嘴唇有拉上去的紧张感，不露或者稍微露出两颗门牙，保持 10 秒之后，恢复原来的状态并放松。

② 普通微笑：慢慢地使肌肉紧张起来，把嘴角两端一齐往上提，给上嘴唇拉上去的紧张感。露出上门牙 6 颗左右，眼睛也笑一点，保持 10 秒后，恢复原来的状态并放松。

③ 大微笑：一边拉紧肌肉，使之强烈地紧张起来，一边把嘴角两端一齐往上提，露出 10 颗左右的上门牙，也可稍微露出下门牙，保持 10 秒后恢复原来的状态并放松。

第四步：保持微笑。一旦寻找到满意的微笑，就要进行至少维持微笑表情 30 秒的训练，如果重点进行这一阶段的练习，就可以获得很大的效果。

第五步：修正微笑。虽然认真地进行了训练，但如果笑容还是不那么完美，就要寻找其他部分是否有问题。但如果能自信地、敞开地笑，就可以把缺点转化为优点，不会成为大问题。

① 嘴角上升时会歪。

意想不到的是两侧的嘴角不能一起上升的人很多，这时利用木制筷子进行训练很有效。刚开始会比较难，但若反复练习，就会在不知不觉中两边一起上升，形成自然微笑。

② 笑时露出牙龈。

笑的时候特别容易露很多牙龈的人，往往笑的时候没有自信，不是遮嘴，就是腼腆地笑。自然的笑容可以弥补露出牙龈的缺点，但由于本人太在意，所以很难笑出自然靓丽的笑。露出牙龈时，通过嘴唇肌肉的训练弥补弱点，以各种形状尽情地试着笑，在其中挑选最满意的笑容，并且确认能看见多少牙龈，能看见大概两毫米以内的牙龈就很好看。然后照着镜子，在稍微露出牙龈的程度上，反复练习美丽地微笑。

第六步：修饰有魅力的微笑，如果同学们认真练习，就会发现属于自己的有魅力的微笑。现在请你挺直背部和胸部，用正确的姿势在镜子面前修饰并展现你的魅力微笑吧。

微笑是上翘嘴角，双颊肌肉上抬，眼神中透露笑意，但微笑绝不能单纯地从动作上分解发出，它一定是和真诚的心态、心地和心境相结合的产物。

能力提升

请同学们课下到公共场所(购物中心、快餐店、超市收银台等)观察售货员、服务员、收银员是如何与顾客沟通的。要观察大约 20 分钟，记录下他们给顾客的非语言信号，并回答以下问题。

(1) 顾客都发出了哪些非语言信号?

---

(2) 服务员们的非语言信号主要是什么?效果怎么样?如果使用面部表情语言会怎么样?

(二)躯体动作沟通

恰当的躯体动作不仅传达积极的沟通信息，更是个人饱满精神状态、高素质修养的自然流露。非语言沟通的躯体动作包括头、手、站、坐、走、蹲等躯体动作。

1. 头势

(1) 点头：表示同意、赞成，还可以表示理解和同情。在沟通中结合有声语言，配合使用点头，能让对方感到被重视，从而赢得对方的好感。

(2) 偏头：基本表示“关注”，结合面部表情判断“感兴趣”或“怀疑”。

(3) 摇头：表示不赞成或不相信，也有不满意的意思。在公共交际和社会交际中尽量避免使用。

(4) 此外，头部前倾，表示期待、关心、倾听；头部向后，表示害怕、迟疑、惊奇；头部正直，表示自信、自豪、庄严等，在实际沟通交际场景中要灵活使用和判断。

2. 手势

手势语在非语言沟通中也比较丰富，表现力很强。有人说手是人的第二双眼睛，手势的魅力不亚于眼睛。美国心理学家詹姆斯则明确指出，在身体的各个部分中，手的表达能力仅次于脸。恰当地使用手势语，能弥补口头交际的不足，为沟通交际形象增辉添彩。

1) 手势语的分类

(1) 按表达功能特点分类。

象形手势：模拟人或事物的形状、高度等，使听众觉得形象、生动。

情意手势：表达说话人的思想情感、态度，感染力强。

象征手势：表示复杂的情感或抽象概念，引起人们的联想。

指示手势：指示具体的对象，一般不带感情色彩。

(2) 按活动区域分类。

上区手势：这种手势在肩部以上区域活动，一般表示理想、希望、积极等内容和情绪，手势向内、向上(手心也向上)。

中区手势：这种手势在肩部以下到腰部的范围内活动，经常用来叙述事物和说明事理，一般不带有强烈的感情色彩。

下区手势：这种手势最后完成时是在腰部以下的区域里，一般表示憎恶、反对、批判、鄙视等感情，手势向外、向下(手心向下)。

(3) 按使用单双手分类。

单式手势：听众少，语意轻，宜用一只手完成。

复式手势：在大型活动场合，听众较多，或者要表示强烈的感情时，宜用双手完成。

2) 手势运用技巧

(1) 手指：手指的不同造型可以表示不同的意思。比如，竖起大拇指，表示佩服、称赞等。

(2) 手掌：沟通中手掌的运用较多。一般认为掌心向上的手势有诚恳、尊重他人的含义；掌心向下的手势则意味着不够坦率、缺乏诚意等。在演讲中，手掌挺直，用力往下劈，表示果断，可以增强说话的力量；手掌从胸前向外推出，表示拒绝或不赞成；手掌向下压，表示制止、否定；手掌向前上方，表示勇往直前、进攻等；“搓掌”表示期待，快速搓表示增加可信度，慢搓表示有疑虑；手心向上往往没有恶意，表示妥协、服从和邀请；翻转手掌，手心向下则代表权威命令和抗拒。同学们在沟通中可以多采用手心向上的手掌姿态，并且在介绍某人、为某人引路指示方向、请某人做某事时，应该掌心向上，以肘关节为轴，上身稍向前倾，以示尊重。

(3) 拳头：拳头动作在口语表达中运用较少，主要有：用拳头捶打桌子，表示愤怒、警告；捶打胸部，表示悲痛；挥拳表示义愤、仇恨、抗议；右臂在体侧曲肘举起，紧紧握拳，表示决心坚定。

3) 不适宜的手势语

手势语是有声语言极好的辅助，使用恰当，既可以传情达意，又可以加强语言的表现力。如果使用不当，不仅起不到积极的作用，有时还会引起误会，带来不必要的麻烦，因此，要尽量避免以下这些不恰当的手势语。

(1) 指手画脚，手势过多，幅度过大，让人觉得眼花缭乱。

(2) 动作不够自然，太僵硬，手势和内容不同步。

(3) 说话时用食指指人，用手指指自己的鼻尖儿。

(4) 双手交叉放在胸前，背在身后，手插在口袋里。

(5) 用手掏鼻孔抓头发，活动关节并发出声音。

4) 使用手势语要考虑文化背景

有些手势在使用时应注意区域和各国不同的习惯，不可以乱用。因为各地习俗迥异，相同的手势表达的意思，不仅有所不同，而且有的大相径庭，如在有些国家，竖起大拇指，其余四指蜷曲，表示称赞夸奖，但在澳大利亚，人们认为竖起大拇指，尤其是横向伸出大拇指是一种侮辱；英国人竖起大拇指是拦车要求搭车的意思。用大拇指和食指构成一个圆圈，其他三指伸直就是“OK”的手势。这一手势在欧洲表示赞扬和允诺的意思，然而在法国南部、希腊、萨丁岛等地，意思刚好相反；在巴西，人们打“OK”这个手势表示的是“肛门”。阿拉伯人用两个小手指拉在一起表示断交，吉普赛人弹去肩上的尘土表示你快滚开。由此不难看出，每种文化都有自己的“手势语言”，千姿百态的手势语言，饱含着人类无比丰富的情感。它虽然不像有声语言那样直接表情达意，但在人际交往中却能起到有声语言无法替代的作用。

课堂练习 5-5

请同学们根据所学的以上内容，运用正确的手势表达如下词语传递的感情，并谈一谈运用正确手势语在沟通交际中的好处。

招手致意　挥手告别　拍手称赞　拱手致谢　举手赞同　摆手拒绝

____

____

注意握手礼仪。

(1) 握手时，若掌心向下显得傲慢，似乎处于高人一等的地位。

(2) 用指尖握手，即使主动伸手，也会给对方一种十分冷淡的感觉。

(3) 通常是长者、女性、职位高者、上级、老师先伸手，然后年轻者、男士、职位低者、下级、学生及时与之呼应。

(4) 社交场合，男士和女士之间，绝不能男士先伸手，这样不但失礼，而且还有占人便宜的嫌疑。但男士如果伸出手来，女士一般不要拒绝，以免造成尴尬的局面。

(5) 握手时软弱无力，容易给人缺乏热忱、没有朝气的感觉；但是也不要用力过大。

(6) 握手时间可根据双方的亲密程度灵活掌握。初次见面者为一两下即可，一般控制在三秒钟之内，切忌握住异性的手久久不放。

(7) 忌用左手与他人握手，除非右手有残疾，特殊情况应说明原因并道歉。

(8) 男士勿戴帽子和手套与他人握手，但军人不必脱帽，而应先行军礼，然后再握手。在社交场合女士戴薄纱手套或网眼手套可不摘；但在商务活动中只讲男女平等，女士应摘手套，且男士仍不为先。

(9) 握手后不要立即当着对方的面擦手，以免造成误会。

(10) 不要交叉握手。在西方主要是欧洲，如果几个朋友相会或道别，大家要注意千万不可越过另两个人拉着的手去与第三个人握手。据说，这样交叉握手会招来不幸，可能是因为这时四个人的手臂正好形成一个十字架。

(11) 握手时不宜发长篇大论，点头哈腰，过分客套，这样只会让对方不自在、不舒服。握手时另一只手也不能放在口袋里。

3. 站姿

站立是人们生活中最常见的仪态之一，良好的站姿能最大限度地引起对方的关注，是现代服务业从业人员必备的服务基本功之一。站姿的总体要求是挺拔优雅、精神饱满。

1) 根据手放置的位置划分的基本站姿

(1) 侧放式。

身体挺拔，目视前方，双肩放平，手臂自然下垂，放在身体两侧，两腿放松，身体重心平稳，双膝贴近，脚跟靠拢，脚掌呈“V”字形分开。这种站姿为标准站姿，男女通用。

(2) 手背式。

身体挺拔，目视前方，双肩放平，双手轻握置于身后，通常右手搭在左手上，贴在腰部位置，双腿分开，两脚平行。此为男性站姿。

(3) 前腹式(见图 5-2)。

一种是双膝并拢，脚跟靠紧，脚掌分开呈“V”字形；另一种是一脚在前，将脚跟置于另一脚内侧，两脚尖向外略展开，形成斜写的“丁”字，双手在腹前交叉，可将左手搭在右手上，贴放在腹部。这种站姿通常为女性站姿。男士可把两腿分开，分开宽度不超过肩宽，双手相握，放置于腹前。

图 5-2 前腹式站姿

2) 摒弃不雅站姿

在站立时垂头、含胸、脖子前伸或后仰、腹部松弛、耸肩、驼背、曲腿、塌腰、两腿重心不平衡、倚靠、双手抱在胸前、无精打采、目光呆滞等，都是不雅站姿，是失礼的表现，在沟通交际中要绝对摒弃。

4. 坐姿

坐姿是一种静态造型，也是人们在社交场合中经常采用的姿势。坐姿包括入座的姿势和坐定的姿势。俗话说“坐如钟”，是指坐着时要端庄稳重，文雅，自然大方。

1) 男士坐姿的要求

(1) 入座要轻、缓、稳，一般应遵循左进左出原则，不能用力过猛，不可将凳子坐满。

(2) 头部要平稳，神态从容，两眼平视前方，面带微笑。

(3) 双肩放松，腰部挺直，两臂自然弯曲，两手放在腿上或沙发的扶手上。

(4) 两膝分开，但不超过肩宽，两脚应尽量平放在地上，如果坐的时间较长，可将双腿交叉重叠，但要注意把上面的腿往回收，脚尖向下。

(5) 离座时要自然稳当，右脚向后收半步，然后站起。

2) 女士坐姿的要求

(1) 左侧入座，入座时要轻、稳，只坐凳子的 2/3，如果着裙装，应用手将裙子稍稍拢一下。

(2) 坐正，上身挺直，双肩平正放松，神态自然，面带微笑，目视前方。

(3) 两臂自然弯曲，双手放在膝上，双膝自然并拢，双脚平落在地上。

(4) 根据时间的长短、椅子的高低，以及有无扶手和靠背，坐姿的选择有所不同，但要注意不能将两腿岔开。

(5) 起身离座时动作要缓，起立，右脚向后收半步，而后站立。

3) 摒弃错误坐姿

(1) 弯腰驼背，上身趴在桌上或瘫在椅子上，手支在桌上。

(2) 双腿分开过大，跷二郎腿，腿部不断抖动摇晃。

(3) 双腿直伸出去，或者放在桌上、椅子上。

(4) 双手抱住腿，或者将手夹在双腿之间。

(5) 脚尖高高翘起，或者把脚尖指向他人。

无论男女，在沟通交际时，坐下后都要自然放松，面带微笑。落座后不可把头仰靠在座背上，或低头注视地面，身体也不可前俯后仰，歪向一边。

5. 走姿

行走姿态是一种动态形体美。走姿美具有独具的特点，基本要求是自然放松，头正颈直，目视前方，神情爽朗，身体挺直，挺胸收腹，双臂自然下垂，两臂收紧，自然前后摆动。

(1) 走路要从容。步伐均匀、步幅大小合适、节奏流畅，不能过快或过慢。

(2) 走路要平稳。抬头挺胸，上身保持挺拔的身姿，双肩保持平稳，双臂自然摆动，走路时身体不可左右晃动，腿部应是大腿带动小腿儿，脚跟先着地，保持步态平稳，步伐轻盈。

(3) 走路要文雅。走路时不要左顾右盼，双脚尽量走在同一条直线上，脚尖正对前方，不能呈现“内八字”或“外八字”。

(4) 常见的错误走姿：速度过快或过慢、笨重、身体摆动不优美、上身摆动过大、含胸、歪脖、挺腹，扭动臂部幅度过大等。

二、着装、配饰语言沟通训练

犹太人在正式场合非常讲究服装及饰品的搭配。在《犹太法典》中有这样一句话：“人在自己的故乡所受的待遇由评价而决定，在外乡则由服饰而决定。”意思是说：一个人在自己的故乡，即使是衣衫褴褛，只要大家知道他的品行和才能，就会一如既往地尊重他；但是一旦到了陌生环境，若不认真、得体地打扮自己，难免就会被人以貌取人。所以，犹太人会根据不同的场合选择不同的服饰着装，因为在他们的眼中，这些看似微不足道的非语言细节，往往会左右事情的发展方向。

传播学家认为，一个人可以用四种不同的方式表达自己的意思，即服饰、语言、表情、姿势。服饰是其中最含蓄的一种。服饰表达不落一语、不着痕迹，但无时无刻不在进行着无声的发言。英国前首相丘吉尔说：“服装是最好的名片。”一个人的着装反映出他的个性、经济地位、文化修养、审美情趣，也能体现出着装人的某种心境，是一个人精神世界的表露。在现代社会，服饰已经是一种历史、社会、礼仪、情感、个性的符号集合，在沟通交际中已成为有着特殊意义的交际语。

1. 服装的分类

服装分类很难找到固定标准。如果按功能分，可把服装分为社交服、日常服、职业服、休闲服、室内服、舞台服等；如果按着装场合分，也可分为礼服、正装、便装、运动装四类。

2. 着装的原则

着装的总体要求简洁素雅，庄重大方，具体原则如下。

(1) 简洁原则。这是服装饰品打扮的一个最基本原则，服饰干净整洁，能够呈现出良好的精神状态，给人传递出做事有规律、责任心强的信号。

(2) 得体原则。服饰既要注意和自身的性别、年龄、肤色、身材相适宜，又要和自己的性格气质及职业身份相协调，总体上应当做到正规、干净、整洁、文明。

(3) T.P.O 原则。着装时要根据时间(Time)、地点(Place)、场合(Occasion)，让服饰与之协调。例如，在庄重场合，参加会议庆典仪式、盛宴隆重的活动时，要力求庄重、高雅、规范、严肃；在喜庆场合着装需要时尚潇洒、鲜艳明快一些；反之在悲伤场合，务求素雅、简洁、肃穆、严整。

(4) 整体性原则。在服饰方面要着眼于整体，服装与饰物以及服装的颜色都要协调一致。尽量使自己的着装与自己所处的环境保持和谐一致。

(5) 个性原则。要充分了解自己的个性和气质，选择最适合自己风格的服饰，突显自己的个性，不盲目跟风。

3. 办公室服饰礼仪要求

(1) 符合身份。在正式场合的着装应注意避免过分杂乱，着装应按规范着装，不要自行混搭，如正装西服不能搭配牛仔裤，也不能搭配得色彩过于鲜亮花哨。

(2) 避免暴露。工作场合一般强调六不露，一不露胸，二不露肩，三不露腰，四不露背和脐，五不露脚趾，六不露脚跟和大腿。

(3) 避免透视、短小、过分紧身。

(4) 服饰要干净整洁。服装不折不皱，无污渍、油渍、汗味等，平整无残缺。休闲西服袖子上有补丁的，在正式场合不能穿着。

(5) 办公室女性服饰礼仪，以大方舒适，便于行动为主。一般以套装或衬衫裙子搭配为宜，套装色彩一般以黑色、藏青色、灰褐色、灰色和暗红色为佳，衬衫的颜色没有严格限制，最常见的是白色、黄色和米色。穿西服套裙或旗袍时需要穿肉色的长筒丝袜，不宜光脚或穿彩色丝袜、短袜。

(6) 办公室男士服饰礼仪，正式场合男士一般以穿西装为宜。男士西服穿着应注意以下要素。

讲究规格，西服有两件套、三件套之分，正式场合应着同质、同色的深色毛料套装。两件套西服在正式场合不能脱下外衣，西服里面一般不穿毛背心或毛衣，西裤的裤线任何时候都应当熨烫挺直。

① 衬衫搭配，西服衬衫搭配有五大原则：干净平整，领子挺括，无污渍；浅色系，一般以蓝色、白色为佳；纯棉加厚；袖长一指，一般衬衫衣袖要稍长于西装衣袖 0.5~1 厘米；领高两指，领子高出西装领子 1~1.5 厘米，以显示衣着的层次。

② 领带选用。西装脖领处的“V”字区最为显眼，领带应处在这个部位的中心。领带面料最好选择真丝面料，图案一般选用小巧的几何印花、柔和图案的涡旋纹或条纹

为佳。

③ 西装的口袋很多，但不能随便装东西。一般上装外面左胸口的衣袋，是专门用于插装饰性手帕的。上装的两个口袋只作装饰物，一般不放物品。西裤前面的裤兜，亦不装物品，可用于插手，但行走时却一定要把手拿出来。右边后裤袋用于放手帕，左边用于存放平整的零钱或其他轻薄之物。

④ 纽扣系法：单排扣的西服扣子可以全部不扣，显得潇洒；单排两粒扣的上装，一般只扣上面一粒，三粒扣的则扣上边两粒；双排扣的西服要把纽扣全部系上，以示庄重，就座时可将最下面的扣子解开。

⑤ 鞋袜匹配，穿西服一定要穿皮鞋，裤长以盖住皮鞋面为宜。男性的皮鞋最好是黑色或与衣服同色，正式场合一般选用黑色、无花纹、系带的皮鞋，不穿旅游鞋、轻便鞋、布鞋或露脚趾的凉鞋。袜子以到小腿中部为宜，以免坐下后露出腿上的皮肤和汗毛。材质以棉袜为好，颜色应为黑色、棕色或藏青色，也可选用与西裤相同或相近颜色的袜子。

⑥ 腰带一般选择纯皮的腰带，颜色应为黑色、棕色或暗红色，并与包和鞋的颜色一致，皮带扣以简洁为上。

4. 着装的色彩

服饰的色彩对人有强烈的暗示作用，恰到好处地运用，能起到突出个人身形优点、掩饰不足的作用。在正式场合着装要遵循“三色原则”，即全身上下的衣着应当保持在三种色彩之内。

读一读：

色彩的心理暗示

在社交活动中，你选择不同的颜色着装会给对方以不同的心理暗示。

红色：活跃、热情、健康、精力旺盛

橙色：充实、快乐、友爱、轻松

黄色：忠诚、希望、喜悦、接受新事物

绿色：公平、自然、和平、理智、平衡

蓝色：可靠、自信、真实、沉默、冷静

紫色：高贵、优雅、孤独、权威、敏感

黑色：严肃、气势、稳重、主见、压力

白色：神圣、无私、朴素、干净、认真

5. 配饰要求

配饰是有生命和感情的，恰到好处的配饰不仅能让人熠熠生辉，还能表明佩戴者的立场、倾向(见图5-3)。

央视著名主持人王小丫，长相甜美，主持风格亲切，深受广大观众喜爱。王小丫在荧屏前非常善于妙用丝巾配饰，当她主持较为严肃的访谈类节目时，她会在剪裁略微宽松的鹅黄色西服外套里，内搭同色系的条状丝巾，让硬朗风格的西服外套显得温和些；在主持《开心辞典》综艺类节目时，王小丫将活力红和黑白波点元素的方巾巧妙地系在白色衬衫前，这样搭配，既体现了综艺节目活泼热闹的特点，又符合《开心辞典》节目本身的知识品位，也彰显了王小丫的秀外慧中的气质，可谓一举三得。

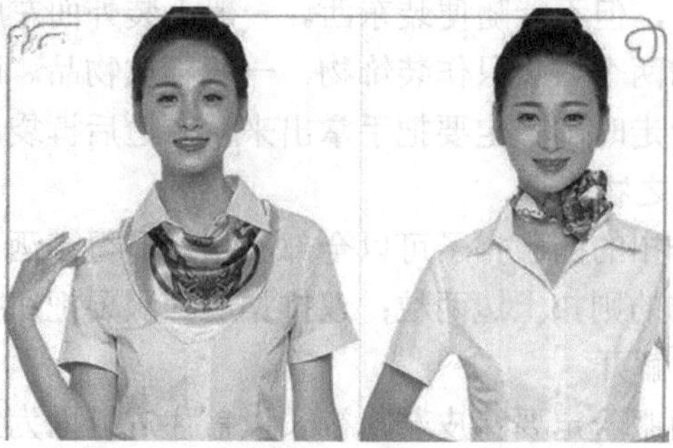

图 5-3　丝巾搭配

在社交场合中选择配饰应遵循一定的原则。

(1) 少而精原则。佩戴不要太多，美加美不一定等于更美，选择质地优良、符合着装颜色款式的，一两样就好。

(2) 扬长避短原则。配饰的目的是画龙点睛，要通过配饰突出自己的优点，掩盖自己的缺点。例如，脖子短而粗的人，不宜佩戴紧贴着脖子的项链，最好戴细长的项链，这样从视觉上把脖子拉长了；尖脸或瓜子脸的女性，可选择较细、较短、秀气的项链，戴太长的项链会拉长脸型，有失美感；方脸或圆脸的人，体态大都丰腴，宜选细长些的项链，即 V 形垂吊式为好，使其与脸型相协调；尖脸且瘦小的女性，不宜佩戴宽幅或线条粗犷的项链，容易给人一种不协调的感觉。个子不高的人不宜戴长围巾，否则会显得更短小；短而粗的手指不宜戴重而宽的戒指，戴一个窄戒指反而能使手指显得细长一些。短粗胖的手型不宜戴宽手镯等。

(3) 协调一致原则。选择的配饰一定要和出席的场合、活动的内容、着装的整体风格一致，避免出现突兀、不协调的情况。

课堂练习 5-6

小李(男性/女性，根据自己的性别选择)入职后很长一段时间，都穿得像个学生。他(她)的直属领导找到他(她)，让他(她)准备合适的服装。他(她)换上了职业套装，但同事们又笑他(她)过于老成。请同学们利用上文所学内容，帮他(她)想想办法吧。

____

____

____

____

英国哲学家培根说：“相貌的美高于光泽的美，而秀雅合适的仪态美，又高于相貌的美，这是美的精华。”良好的仪态是一种修养、一种风度，是沟通交际中最精美的名片，请同学们在生活中根据所学知识，运用得体的仪态，打造优雅的准职场新人形象吧。

三、界域语沟通训练

界域语，也叫人际距离，是交际双方通过身体朝向、位置、距离等差异来沟通传递信息的非语言沟通方式。研究表明，人体周围都有一个属于他个人的空间，犹如他身体的延伸，沟通交际中只有在这个空间允许的限度内才会显得自然，否则一旦冲破这个界限，就会使交往双方或某一方作出本能的反应，给进一步的交流沟通带来困难。

1. 朝向

朝向是指在沟通的过程中，自己与对方身体的角度。一般身体的朝向，能在一定程度上表明意图。有时沟通中的一方，即便是在身体朝向上有所掩饰，但是脚的方向往往也会泄露真实的意图与想法，一般脚尖的朝向会指向自己喜欢的人或即将行走的方向。

2. 位置

位置在沟通中主要表现信息发出者的身份。在人际沟通中，位置对人的心理影响是非常明显的，越是在正式的场合，位置的表意作用越突出。在办公、商务会议、乘车宴请等场合，位置表现在座次上。

1) 乘车的座次

一般来说，司机驾驶，以后排右座为首位，左座次之，中间座位再次之，前排右座为末席。司机驾驶，领导配有秘书外出，则领导坐后排右座，秘书坐前排右座，如彼此有事沟通时，秘书则坐在后排左座。主人亲自驾驶时，以前排右座为首位，后排右座次之，左座再次之，而后排中间座为末席。主人夫妇驾车时，则主人夫妇坐前排，客人夫妇坐后排。主人亲自驾车，坐客只有一人，应坐在前排右座。

2) 宴请的座次

总体来讲，座次是“尚左尊东”“面朝大门为尊”，若是圆桌，则正对大门为主客，主客左、右手边的位置，则以主客的距离来看，越靠近主客位置越尊，相同距离则左侧尊于右侧。如果为大宴，桌与桌间的排列讲究首居中居前，左边依次二四六席，右边为三五七席，根据主客身份地位亲疏分坐，如果你是主人，你应该提前到达，然后在靠门位置等待，并为来宾引座，如果你是被邀请者，那么就应该听从主人安排。

3) 会议的座次

一般参加者较少、规模不大的小型会议中，座位的安排也比较随意。其主要特点是全体与会者均应安排座位，不设立专用主席台。可采用以下三种设置方式。

(1) 自由选座：不排定固定的具体位置，而由全体与会者完全自由地选择座位就座。

(2) 面门设座：一般以面对会议室正门处为会议主席的位置，其他与会者可在两侧自由地依次就座。

(3) 依景设座：会议主席的位置，不必面对会议室正门，而是应备一会议室之类的主要景致之所在，如字画讲台等，其他与会者的排座略同于前者。

4) 行进中的位次

并排行进的要求是中央高于两侧，内侧高于外侧，一般要让客人走在中央或走在内侧；当与客人单独行进时，即一条线行进，标准的做法是前方高于后方，以前方为上，如果没有特殊的情况，应该让客人在前面行进。

3. 距离

人与人之间需要保持一定的空间距离，离得太近，会让人紧张、不舒服，甚至是觉得被挑战；离得太远，会让人觉得冷漠、生疏、不好接触、无法交流。美国人类学家爱德华·霍尔博士根据研究结果将人类关系划分了四种距离。

1) 亲密距离

0～50 厘米。在这个空间里，特别亲近的人和物，如恋人、家人、孩子、小动物，才允许进入这个距离。我们在正常的沟通行为中要注意，不经对方同意，不要进入他人亲密距离。

2) 私人距离

50～120 厘米。这是人际关系距离中稍有分寸感的距离，较少直接身体接触，可以出现握手、友好交谈等场景，一般是熟人间的交际距离。服务行业中根据具体场景可选择这个空间距离为顾客服务。比如，导购员引导顾客、乘务员回答乘客问题等。

3) 社交距离

120～350 厘米。这是社交性或礼节上的人际距离。初识的人采用这种距离相处给人一种安全感，双方既不会感到受冒犯，又不会觉得太生疏。

4) 公共距离

350 厘米以上。这是人们在较大空间中保持的距离，一般发表演说、公共演讲、重要的谈判时都使用这种距离。

当然，不同的国家由于文化背景不同，对交往距离的解释也不尽相同。比如，法国人就喜欢保持较近距离，甚至连呼吸都能让对方感受得到；而英国人就不习惯这样，在面对面交流中，往往步步后退，以维持必要的个人空间。

此外，人际交往距离还体现在对别人隐私的尊重。我们中职学生更应重视这个细节，不要随便谈论别人，也不要探寻别人的隐私。学会尊重他人，不仅是不随便动别人的物品，更包含尊重别人的隐私。这是一个人良好道德修养的体现，也是个人文明魅力的具体展示。在现实沟通交际中，同学们要根据实际情况，随时调整自己的举止言行，把握恰当的非语言沟通，才能取得良好的沟通效果。

知识总结

(1) 非语言沟通是沟通交际中重要的方法，通常与口头沟通配合使用。

(2) 肢体语言能解读出沟通对象隐含的信息。

(3) 运用肢体语言、服饰语言、空间语言技巧能有效地提升非语言沟通效果。

(4) 通过非语言沟通训练可以塑造良好形象，做优秀的准职场人。

拓展阅读

请改变一下你的形象

张达明

鲍尔·吉泽拉今年 34 岁，是德国莱茵兰-普法尔茨州的一名流浪汉，他失业已经 6 年了，在人们的心目中，他就是一个街头小混混。而他的命运在 2018 年 7 月 22 日这天被彻底改变，改变他命运的人，是莱茵兰-普法尔茨州的州长德莱尔。

7月22日是个很平常的日子，吉泽拉反正也没什么事，就在一家超市闲逛。这时从远处走过来一个人，超市里有顾客说这个人就是莱茵兰—普法尔茨州的州长德莱尔，吉泽拉听到这句话，当即把自己失业的原因归咎于眼前这位州长。他不禁怒火中烧，要把自己的满腔怨气发泄到这个气质非凡的州长身上。于是，吉泽拉拨开人群，冲到德莱尔面前，大声指责道："你作为州长，难道不觉得你的经济政策是失败的吗？那简直就是一堆垃圾，不但没有带来就业率的提高，给像我这样的人带来任何好处，反而害得我流落街头，你是一个地地道道的大混蛋！"

此时的吉泽拉，一身"朋克"装扮，头发乱糟糟的，一半还漂染成白色，挂着一对鼻环，耳朵上挂着一串耳环，身着脏兮兮的外套。他一直很生气地指着德莱尔州长破口大骂，唾沫星子都喷到了州长脸上。

对吉泽拉的"精彩"表演，有人幸灾乐祸，有人嗤之以鼻，更多人则持观望态度，看看德莱尔该怎样收拾眼下这一尴尬的局面。

吉泽拉终于发泄完了，此刻也显得很得意，正要离开，却被德莱尔州长叫住了，州长笑着问他："你不是想要一份工作吗？这很好办，只要你能彻底改变一下邋遢的形象，你就能得到一份满意的工作。你如果不信我的话，那你就来找我试一试。"

吉泽拉一脸惊愕，他完全没料到州长会说出这样的话来，于是半信半疑地问道："你说的可是真的？"得到肯定的回答后，吉泽拉说："如果我照你的话去做了，我还没有工作，那我下一次见了你，还要狠狠地臭骂你。"

吉泽拉回到家，当即刮掉了乱糟糟的胡子，取下了鼻环，洗净了肮脏的脸，换上一身干净的衣服，在22日当天，他召开了新闻发布会，对记者说："我一直靠领取救济金生活，我现在已经改变了自己的形象，做好了充分的准备，按照德莱尔州长的话说，我应该得到一份满意的工作。"

记者们一阵哄笑，认为吉泽拉是在说疯话。而此时，德莱尔已经悄悄派人观察吉泽拉，当得知他确实已经改变了形象后，就邀请他参观自己的办公室，并为他提供了5家公司的工作机会，其中包括吉泽拉熟悉的建筑行业。

德莱尔的举动，大大出乎吉泽拉的预料，他做梦也不会想到，自己大骂了州长，而州长却竭力为他找工作，他不由得感动了。吉泽拉经过权衡对比，觉得还是干自己的老本行比较拿手。于是，他选择了一家建筑公司，然后高高兴兴地去上班，结束了流浪生活。

德莱尔没有因为吉泽拉在人多之地辱骂自己而计较，却在吉泽拉改变自己流浪汉的形象后，当即兑现了自己的承诺。

对此，德国《焦点周刊》指出：这件事让我们得到这样一个启示：面对不幸，应该时刻保持整洁的外表和不甘沉沦的精神，始终坦然地微笑，因为只有微笑，才能给自己折射来一个明媚而温馨的世界。

（资料来源：选自《演讲与口才》2019年第7期）

茶师与浪人比武

日本江户时期有一个著名的茶师跟随着一个显赫的主人。有一天主人要去京城办事，舍不得离开茶师，就说："你跟我去吧，好每天给我泡茶。"那时的日本社会很不稳定，浪人(日本幕府时代失去俸禄而流浪的武士)依恃武力横行无忌。茶师很害怕，对主人说："您看我又没有武艺，万一路上遇到浪人怎么办？"主人说："你就挎上一把剑，扮成武士的样子吧。"茶师只好换上武士的衣服，跟着主人去了京城。

一天，主人去办事，茶师就一个人留在外面。这时迎面走来一个浪人，向茶师挑衅说："你也是武士，咱俩比比剑。"茶师说："我不懂武功，我只是个茶师。"浪人说："你不是武士而穿着武士的衣服，就是有辱武士的尊严，你就更应该死在我的剑下！"茶师一想，躲是躲不过去了，就说："你容我几小时，等我把主人交办的事做完，今天下午我们在池塘边见。"浪人想了想答应了。

这个茶师直奔京城里面著名的大武馆，来到大武师面前说："求您教给我一种作为武士的最体面的死法吧！"大武师非常吃惊，说："来我这儿的所有人都是为了求生，你却来求死。这是为什么？"茶师把与浪人相遇的情形说了一遍，然后说："我只会泡茶，但是今天不得不跟人家决斗了。求您教我一个办法，我只想死得有尊严一点。"大武师说："那好吧，你就为我泡一杯茶，然后我再告诉你办法。"

茶师虽然很伤感，但他想：这可能是我在这个世界上泡的最后一杯茶了。他做得很用心，很从容地看着山泉水在小炉上烧开，然后洗茶、滤茶，再一点一点地把茶倒出来，捧给大武师。大武师一直看着他泡茶的整个过程，他品了一口茶说："这是我有生以来喝到的最好的茶了，我可以告诉你，你已经不必死了。"茶师说："您要教给我什么吗？"大武师说："我不用教你，你只要用泡茶的心去面对那个浪人就行了。"

茶师按时赴约，浪人见到茶师，立刻拔出剑来说："你既然来了，我们就开始比武吧！"茶师一直想着大武师的话，以泡茶的心面对这个浪人。他笑着看了看对方，然后从容地把帽子取下来，端端正正地放在旁边。再解开宽松的外衣，一点一点叠好，压在帽子下面。又拿出绑带，把里面的衣服袖口扎紧，然后把裤腿扎紧……他从头到脚，不慌不忙地装束，自己一直气定神闲。

浪人越看越紧张，越看越恍惚，越看越心虚，因为他猜不出对手的武功究竟有多深。等到茶师全都装束停当，最后一个动作就是拔出剑来，把剑挥向了空中，然后停在了那里，因为他不知道往下该怎么用了。这时浪人扑通一声跪倒在茶师面前，说："求您饶命，您是我这辈子见过的武功最高的人。"

投诉信和表扬信

飞机起飞前，一位乘客请求空姐给他倒一杯水吃药。空姐很有礼貌地说："先生，为了您的安全，请稍等片刻，等飞机进入平稳飞行后，我会立刻把水给您送过来，好吗？"

15 分钟后，飞机早已进入了平稳飞行状态。突然，乘客服务铃急促地响了起来，空姐猛然意识到：糟了，由于太忙，她忘记给那位乘客倒水了！当空姐来到客舱，看见按响服务铃的果然是刚才那位乘客。她赶忙小心翼翼地把水送到那位乘客跟前，面带微笑地说："先生，实在对不起，由于我的疏忽，延误了您吃药的时间，我感到非常抱歉。"这位乘客抬起左手，指着手表说道："怎么回事，有你这样服务的吗？"空姐手里端着水，心里感到很委屈，但是无论她怎么解释，这位乘客都不肯原谅她的疏忽。

接下来的飞行途中，为了补偿自己的过失，每次去客舱给乘客服务时，空姐都会特意走到那位乘客面前，面带微笑地询问他是否需要水，或者别的什么帮助。然而，那位乘客余怒未消，摆出一副不合作的样子，并不理会空姐。

临到目的地前，那位乘客要求空姐把留言本给他送过去，很显然，他要投诉这名空姐。此时空姐心里虽然很委屈，但是仍然不失职业道德，显得非常有礼貌，而且面带微笑地说道："先生，请允许我再次向您表示真诚的道歉，无论您提出什么意见，我都将欣然接受您的批评。"那位乘客脸色一紧，嘴上准备说什么，可是却没有开口，他接过留言本开始在本子上写了起来。

等到飞机安全降落，所有的乘客陆续离开后，空姐本以为这下完了，没想到，等她打开留言本，却惊奇地发现，那位乘客在本子上写的并不是投诉信，相反地，是一封热情洋溢的表扬信。

在信中，空姐读到这样一句话："在整个过程中，你表现出的真诚的歉意，特别是你的 12 次微笑，深深地打动了我，使我最终决定将投诉信写成表扬信！你的服务质量很高，下次如果有机会，我还将乘坐你们这趟航班！"

目光与谋杀

一天夜晚，警察局接到从海边打来的报警电话。一个女人在电话里称她和她的男朋友正在海边散步，一个蒙面人从黑暗中跳了出来抢劫，两个男人打了起来，强盗用刀杀死了她的男友，向远方跑去，启动了事先准备好的汽车逃走了。

警察迅速来到海边的现场。出事地点在海边的公路上，一边是大海，另一边是山崖，前后都是看不到尽头的公路。月光很亮，照得四周十分清晰。首先年轻的警察们检查了现场，然后经验丰富的警官开始询问女士。

"你的名字和你的住址是？"

"……"

"你与你的男朋友认识多久了？"

"大概三个月了吧。"

"怎么认识的？"

"在舞厅里。"

"你们几点钟出来的？几点钟来到这里的？"

"我们晚上 7 点钟左右出来的。大约乘车半个小时到了那边的公共汽车站，走到这里大约 15 分钟吧。"女士回答时目光由右上方转向左上方。

"凶手逃走时开的车是什么牌子的？什么车？"

"丰田佳美。"女人回答时目光转向左上方。

"凶手逃走时开的车是什么颜色的？"

"哦，黑色的。"女人思考了一阵回答道，目光仍转向左上方。

警官仔细听了女人的回答后，来到勘查现场的同事身边，小声说："那个女人在说谎，请仔细检查现场。"

经过调查，果不出警察所料，那个女人正是凶手。原来，这个女人和男友发生了激烈的争吵，女人用事先准备好的匕首趁男友不备，杀死了他，并试图把男友被杀嫁祸给并不存在的强盗身上，以逃避责任。

展示我们最好的一面

每个人的求职经历都是一本书，有人历经艰辛，也有人轻松获得。如何在众多求职者中脱颖而出，我的故事也许会给您启发。

我的运气属于最差的那类。第一次，有家电器公司通知我去面试文秘，说好了时间是上午 9 点，但我因为出门前打扮得太久，耽误了时间，加上路上遇到堵车，结果整整迟到了一个小时。工作人员扬起手上一堆报名表对我说："小姐，你不适合做文秘，适合做老总。"

第二次，我记取教训，素面朝天地提早出了门，可是那家礼仪公司的工作人员依然摇着头对我说："注重仪表是对别人的尊重，你在学校没有学过吗？"

这些经历仿佛一场噩梦，谁叫就业市场供过于求呢？尽管牢骚满腹，但工作还得继续找。

那天又应聘失败，我垂头丧气地回学校，忽然看到一家银行门口贴着招聘广告，我想反正不要交报名费，就试试吧！我认真地填完表，一看报名队伍，自信心立刻跌到谷底，整整排了几层楼，简直比当年考大学过独木桥还难！

同学们知道我去参加了银行的应聘，都笑："不要做梦了，银行招聘都是做幌子，关系户把门槛都快踏破了，还需要你吗？"

可三天以后，我还真接到了银行的面试通知。同学们劝我没必要去，说面试不过走走形式罢了！但我不肯服输，一意孤行地去了。

参加面试的人很多，大厦里寂静无声，特有的肃穆让大家都严阵以待。面试的那间办公室的门闭得紧紧的，每次有人从那间房走出来，大家的心也跟着一紧一紧的。排在我前面的女孩长得很漂亮，一脸倨傲地告诉我们，她前不久还参加过某次选美大赛，进了复赛呢。美少女进了那间神秘的办公室，下一个就轮到我了。我想我可真够倒霉的，主考官刚看完一个美女，再看我这么个"豆芽菜"，印象分一定不高！正想着，里面已传来声音："下一个！"我整整衣裳，大着胆子往里走……

很幸运，问题不算刁钻，"5 分钟内背诵古诗词三首"——也许是考记忆力和思维能力。我背完后，主考官点点头，面无表情地说："你可以走了。"没看到微笑，我心想也许没戏了！朝门口走去，我正准备开门，又反身出于礼貌地朝他们鞠了一躬："谢谢！"

从银行大厦走出来，我安慰自己，银行的工作太刻板了，不适合我！可是我还是有些茫然，不知道还有没有勇气去参加下一次应聘。半个月后，银行方面给我打来电话，我被录取了。

第一天上班的时候，我去领高级西装制服，碰到了那天面试我的一个主考官。她对我说："我记得你。那天我们接待了约 500 个应聘者，你是唯一一个向我们鞠躬，并且关门关得那么有礼貌的人。"她的脸上满是和蔼的笑容，"我们是服务行业，无论客户的态度怎么样，我们展示出的就应该是我们最好的一面！"

这是我的求职经历，虽说是误打误撞地成功了，却让我建立了自信。我明白了一件事，也许我们不是最优秀的，但切记无论何时一定要展露我们最好的一面。

衣着上的尊重

蓝若兮

尊重别人，我们常常看到的是尊重别人的习惯、性情等。有一种尊重，是从尊重自己开始的。

钱学森是我国著名的科学家。年龄渐长后，每次下楼吃饭，都穿得整整齐齐，像出席正式活动一样，从来不穿拖鞋、背心。勤务员问他：咱们只是去吃个饭，又不是开会，值得花那么大工夫吗？钱学森说：衣着是对自己的要求，花点时间打理干净，咱们自己心情好，人家服务员和老板看了也高兴，是利人利己的事。勤务员知道，这是因为钱学森尊重别人。钱学森的儿子钱永刚听说后，也学了父亲的样子，每逢去餐厅吃饭，都穿戴得整整齐齐，为的也只不过是尊重他人罢了。

国学大师陈寅恪晚年有眼疾，在岭南大学居住的两层楼房的一楼给学生上课。当时选修陈寅恪课程的不过五六人，但是陈先生绝不因选课学生多少而影响他的讲课。夏天，他身着便装与助手一起在楼下工作，每当学生到家里听课，他都要自己拄杖扶梯缓步上楼改换夏布长衫，然后才下来上课。陈寅恪说：你们看老师的衣服还算整齐吧？走上讲台，衣着也是一种基本的尊重，尊重自己也是尊重别人。看着老师摸索着下楼的身姿，学生们感动不已，大师的高大，在他们心中已然耸立，因为这些学生们深深地感受到了陈寅恪的尊重。

这两位大师都是鼎鼎大名的人物，他们时刻严格要求自己，衣着上的整齐，也成为他们对自己的一种要求，折射出的却是对别人的尊重之心。这种发自内心的尊重，展现的是大师的情怀和人格，也获得很多人对他们的尊重。

（资料来源：《演讲与口才》2019 年第 23 期）

提 升 篇

第六章 职 场 沟 通

学习导航

职场人际关系是现代社会关系的重要组成部分，良好的人际交往和职场沟通能力已成为当代职场人初入社会的必备素质。职校生了解职场沟通特点、掌握职场沟通要领，是顺利进入职场的必备技能。在本章中同学们从职场中的性格密码和团队沟通两个方面来培养发现、觉察、体谅他人感受和需求的能力；从合作、行动角度树立职业意识，初步打造职场沟通框架，为提升精准沟通能力做好准备。

第一节 职场中的性格密码

学习目标

(1) 明确职场沟通的对象是来自不同背景的各式各样的人，每一个人都有自己的性格特点。

(2) 掌握职场基本性格类型，认识自己、了解他人。

(3) 激发性格优势，了解他人感受，与他人建立和谐沟通关系。

游戏引导

测测自己的性格类型(见表 6-1)

请同学们在以下各行的四个词语中选一项与自己最相符的，每行必须选一项。

表 6-1 性格类型测评参照

优点	S	M	C	P	缺点	S	M	C	P
1	生动	善于分析	富于冒险	适应力强	1	露骨	扭捏	专横	乏味
2	喜好娱乐	坚持不懈	善于说服	平和	2	散漫	不宽恕	无同情心	缺乏热情
3	善于社交	自我牺牲	意志坚定	顺服	3	唠叨	怨恨	逆反	保留
4	使人认同	体贴	竞争性	自控性	4	健忘	挑剔	率直	胆小
5	使人振奋	受尊重	善于应变	含蓄	5	好插嘴	无安全感	急躁	优柔寡断
6	生机勃勃	敏感	自立	满足	6	难预测	不受欢迎	缺同情心	不参与
7	推动者	计划者	积极	耐性	7	即兴	难以取悦	固执	犹豫不决
8	无拘无束	有时间性	肯定	羞涩	8	放任	悲观	自负	平淡
9	乐观	井井有条	坦率	迁就	9	易怒	孤芳自赏	好争吵	无目标

续表

优点	S	M	C	P	缺点	S	M	C	P
10	有趣	忠诚	强迫性	友善	10	天真	消极	鲁莽	冷漠
11	可爱	注意细节	勇敢	易相处	11	喜获认同	不善交际	工作狂	担忧
12	令人高兴	文化修养	自信	贯彻始终	12	喋喋不休	过分敏感	不圆滑	胆怯
13	富激励性	理想主义	独立	无攻击性	13	生活紊乱	抑郁	跋扈	腼腆
14	感情外露	深沉	果断	幽默	14	缺乏毅力	内向	不容忍	无异议
15	喜交朋友	音乐性	发起者	调解者	15	杂乱无章	情绪化	喜操纵	喃喃自语
16	多言	考虑周到	执着	容忍	16	好表现	有戒心	顽固	缓慢
17	活力充沛	忠心	领导者	聆听者	17	大嗓门	孤僻	统治欲	懒惰
18	惹人喜爱	制图者	首领	知足	18	不专注	多疑	易怒	拖延
19	受欢迎	完美主义	勤劳	和气	19	烦躁	报复型	轻率	勉强
20	跳跃型	规范型	无畏	平衡	20	善变	好批评	狡猾	妥协

请将上面每列被选中的词语统计总数，每个 1 分。

S(活泼型)列总分:

M(完美型)列总分:

C(力量型)列总分:

P(和平型)列总分:

总分得出后，请按分数由高到低将 SMCP 四个字母进行排列，如果哪一个分数最高，那么你就可能是偏重于这个类型的。

游戏感悟

同学们做完上面的测试后有什么感受吗？你觉得你是以这样的性格为主吗？性格中的“活泼型”“完美型”“力量型”“和平型”到底指什么呢？和我们的职场沟通又有什么关系呢？

俄国作家克雷洛夫写了这样一则寓言：

一天，天鹅、梭子鱼和虾要拉一个箱子上山。它们分别套上了绳索，用足狠劲，身上青筋根根暴露，天鹅往天上飞，虾往后拖，梭子鱼往水里钻。每个人都筋疲力尽，然而它们拉的小车却纹丝不动。

有人说，小车不动是因为它们拉的方向不一致，只要沟通好就可以解决。说得对，但不知道同学们是否注意到，寓言的主人公们不仅是方向不一致，而且物种都不一致啊！如果仅仅简单地说“沟通好”，可能不会那么容易解决方向的问题。“鸡说鸡语，鸭说鸭话”，这是沟通中最常出现的问题，沟通的主体已经尽全力表达自己的意图，沟通的对象也使出浑身解数去理解，可是，沟通还是不顺畅，原因就在于我们的沟通对象是由来自不同文化、素养、教育、年龄、立场、地位以形成固定认知的不同性格的人构成的。

一、性格概述

在职场沟通中，不管是向上级汇报工作，还是和同事协同奋战，抑或是给下属布置任务，我们都是和实实在在的人打交道。就像说世界上没有完全相同的两片叶子一样，世界上也不存在完全一样的人，在现实生活中，每个人都是独一无二的，有的人刚强，有的人柔弱；有的人热情，有的人含蓄；有的人率直，有的人婉转。了解自己、认识别人是建立良好人际沟通的前提。

1. 性格定义

性格是指一个人在个体生活过程中所形成的，对现实稳固的态度，以及与之相适应的习惯了的行为方式方面的个性心理特征，是一个人的品质、行为模式、道德力量等的反映，是一个人在社会生活实践中逐步形成的个性风格。它决定着人的行为方式，影响着人的人际交往关系和工作效率及工作效益。

性格的个别差异很大，但其具有的本质性格可称为“主体性格”，对一个人的一生有着稳定且主要的影响。性格往往决定人的思考和行为方式，从而支配着人作出最终的决定。因此，了解、掌握必要的性格知识对我们日常生活和职场工作都有重要的意义。通过对职场中沟通对象性格的研究分析，可以有效地发挥个人性格优势，找到与之相协调的沟通办法，从而实现职场的有效沟通，促进个人职业生涯的发展。

2. 性格分类

人类的性格虽然千姿百态，但经无数心理学家、社会学家、行为学家的不懈研究发现，不同人的性格也有一定的共性。我们把一类人身上所共有的性格特征的独特结合称为性格类型。

多年来，这些学者、研究家们试图对性格进行类型分类，也形成了各种各样的性格类型学说或性格类型论，但由于性格问题的复杂性，至今还没有公认的一致意见。

目前，国内外较为流行的性格分析工具一般有九型人格、十六型人格、SMCP 四型性格等。美国著名的性格分析大师弗洛伦斯·莉托(Florence Littauer)女士的 SMCP 四型性格理论以其简单易懂、操作性强而备受青睐。

(1) S：(Sanguine)——活泼型。

主体特性：外向，以人为中心，生活的主要目标是为了寻找乐趣等。

(2) M：(Melancholy)——完美型。

主体特征：内向，以事为中心，敏感、细致，追求完美，易忧伤。

(3) C：(Choleric)——力量型。

主体特征：外向，以事为中心，神采奕奕，充满支配欲、控制欲。

(4) P：(Phlegmatic)——和平型。

主体特征：内向，以人为中心，温和顺从，避免冲突，愿意给人留下好印象。

就个人而言，性格非常复杂，现实生活中拥有单一性格的人非常少，往往是一个人的身上同时包含多种性格倾向。但一般来说，一个人会有一个主体性格，以及一个到两个隐性性格，但在关键时刻影响我们行事判断的都是主体性格。

此外，性格本身没有好坏之分，每一种性格中都有积极的一面，也都有消极的一面。我们要了解不同性格的特点，有意识地发挥性格中的积极成分、克服消极倾向，这会让我们的工作和生活更加顺利、幸福。

二、四种性格分析

1. S 活泼型

1) 非常活泼、好动、爱说话

活泼型的人能很容易从人群中被发现出来，因为这种人往往是人群中说话最多的人，旁人越表现爱听，他们越讲得眉飞色舞。这类人注意力也很容易转移，喜欢新鲜的事物，乐于冒险，静下来处理事情比较难，并且偏好不断变化的环境。

2) 乐观且开朗，幽默感强

活泼型性格的人通常总是笑声朗朗，脸庞如同一朵含苞待放的花儿一样随时准备开放，这类人的周围总是充满着欢乐，有他们在的场合，气氛总会显得比较轻松且活跃。

3) 愿意、善于结识新朋友

活泼型性格的人特别容易交朋友，他们认识刚 3 分钟的朋友就好像认识了 3 年似的。他们之所以易于结识新朋友，缘于他们天性中对人际交往“三宝”的注重(所谓的“三宝”，即“点头”“微笑”和“赞美”)。然而，虽然他们的朋友很多，但他们又最容易把朋友忘记。活泼型性格的人回家后手中可能攥着一大摞名片，但往桌子上一放，他就一个也想不起谁是谁了。因为在交换名片的时候，一般人接过来会先看一下对方的姓名，而活泼型的人却不在乎这些，对他们来说最重要的是要把自己的魅力和好感留给对方，所以交换完名片他连看都不看一下就塞到了口袋里。

4) 口无遮拦，容易犯错

活泼型性格的人属于那种先张嘴后思考的类型，他们往往在话说出口之后才开始思考，所以很容易犯“言多必失”的禁忌。与此相对应的，他们的优点在于知道错了会赶快道歉，可是他们犯错误的速度总是远远快于他们道歉的速度，所以刚道完歉可能又犯错误了，他们只好连声说道：“对不起，对不起，我又错了。”

5) 表现欲强，喜欢成为众人中的焦点

活泼型性格的人在穿着打扮方面，总乐于穿比较明艳一点的色调，以便于他们在人群中突显自己。同时，在人群众多的公共场合说话大声以惹人注意，也往往是这类性格的人。

6) 日常生活比较马虎，处事缺乏条理性，讨厌细小琐碎的工作

在日常工作生活中，活泼型性格的人往往不修边幅、马马虎虎，住所、办公桌上乱七八糟就是他们最好的写照。不注重事物的细节，做事情也没有什么条理，凡事完全依据自己的心情而定。

7) 重视享乐

活泼型性格的人通常生活在今天，不会把昨天发生的事情放在心上，而对于明天发生什么也先不做考虑，只求今天快乐即可。

8) 儿童的心态——天真、善变与好奇

活泼型性格的人，其心态永远会像一个长不大的孩子一样，内心始终充满着喜悦。他们往往在小时候不论在家里还是在学校，都是家长和老师的“掌中宝”，是长辈们喜欢与呵护的对象。也因为如此，他们的心理往往不愿意长大，总愿意享受这种受宠的状态。总

而言之，活泼型性格的人身上总能折射出一些孩子般的天性。

9) 以人为重心，期待他人的夸奖与赞美

活泼型性格的人是以人为重心的，他们感兴趣的是人而不是事物本身。因此，他们通常很需要赞扬和夸奖，如他们在工作当中重视的并不是工作本身，而是通过工作取得他人对他们的评价。

活泼型性格的人通常感性大于理性，多是外向、多言、乐观的群体，他们的存在给世界带来了无穷的欢乐，他们把幸福和快乐视为人生的目标。

2. M 完美型

1) 一生追求完美

完美型性格的人眼中没有完美的东西，因此他们在处理事务，或者与人交往中总是抱着审慎的态度以及挑剔的眼光，通常表情都会相对严肃或者冷漠，不会像活泼型性格的人那样容易让人接近。另外，由于世界上没有完美的东西，所以他们总是活得很累。但也正因为他们对完美的不懈追求，所以他们通常可以把事情做到最好。

2) 为人严谨，不愿意成为人群中的焦点

完美型性格的人随时都在审视自己，与自己的思想进行对话，所以他们不能做出任何超出他们规范的事情。在着装上，他们根据时令和场合使自己显得非常得体。不仅如此，完美型性格的人一般都是先思考后发言，而且善于分析并且往往剖析得非常深刻，解决问题的能力也特别强。与此同时，完美型性格的人对待工作也是完美主义者，凡事都按照计划按部就班地进行，有组织有条理，善始善终，并且在过程中注意对细节的把握。

3) 忠诚可靠

完美型性格的人通常是甘愿留在幕后的人，不愿意抛头露面，心甘情愿做配角。也因为如此，他们往往能够结交到在关键时刻能够提供实际帮助的真心朋友，虚头巴脑的承诺很少，在朋友之间都是真诚相待、相互欣赏的。

4) 想得多，要做就做到最好

对于完美型性格的人而言，“要么不做，要做就做到最好”是其座右铭，因此，他们考虑事情往往非常周全详细，凡事三思而后行。这也会导致走到了另一个极端，即总是停留在思考的阶段而迟迟不行动。他们做任何事情都可以做到最好，但是遗憾的是他们耗费太多时间在反复评估事情上。从穿衣打扮上也可以看出这一点，完美型性格的人通常都是那种出门前花时间打扮最多的人，化妆和服饰精挑细选之后还是不满意。因此，他们可以成为这个世界上任何行业顶尖的人物，但前提是他们需要将自己的行动力提升起来，把计划与行动紧密地结合在一起。

5) 十分矛盾，容易紧张

在公开场合中，完美型性格的人既害怕别人太在意，又担心别人丝毫不在意，他们是非常矛盾的一个群体。如果在公开场合中，所有人的眼光全部集中在他们身上时，他们往往会很紧张，感觉太扎眼；而如果没有一个人关注他们，他们又会觉得很不舒服。

6) 过于消极和悲观

完美型性格的人不仅非常矛盾，而且看待事物的视角通常都是悲观的和负面的，就如同一台调到负面的收音机，他们接收的信息都是负面的和消极的。例如赏花，活跃型性格的人看到美丽的花一般都会很兴奋和高兴，但是完美型性格的人则不同，他们会边赏花边思考，通常会产生“花很美，不过旁边的杂草太丑了”等类似的内心独白。

7) 十分敏感，多愁善感

完美型性格的人能注意到别人注意不到的细节，有时过于敏感，会为一些没有指向性的信息多思多愁，较容易情绪化。

8) 不容易赞美别人

完美型性格的人总是在追求完美，看问题透彻明晰，所以他们又往往会走上吹毛求疵的极端。因此，他们一般情况下是不轻易赞美别人的，再好的事情能得到他们“还不错”的评价就已经相当难得了。

9) 以事为重心

完美型性格的人是以事为重心的。他们在原则问题上绝对不会马虎，不会为了维系良好的人际关系而违背原则地追求一团和气，往往会尖锐地指出问题的所在而根本不留情面。因此，完美型性格的人有时候会感觉到人际关系比较紧张。

完美型性格的人对别人要求严格，对自己要求更严格。对于完美型性格的人而言，其生命的意义就是贡献、牺牲。健康的完美型性格的人对每件事都很擅长，世界上绝大多数顶尖的专家、高手都是完美型性格的人。

3. C 力量型

1) 热情奔放，精力充沛

力量型性格的人总是在实现目标、完成任务中，属于典型的工作狂，在工作的过程中，又往往表现出热情奔放、精力充沛、雷厉风行的特点。

2) 自信十足，天生的领导人

力量型性格的人不论是外形还是仪表仪态都显示出非同寻常的自信，举手投足都是干脆利落、硬朗强悍，从气质上来看就是天生的领导人，喜欢发号施令，发表意见。

3) 意志顽强，目标明确

力量型性格的人做事充满动力与决心，坚持不懈，不达目的誓不罢休，意志顽强，极度自信，喜欢坚持己见。

4) 处事果敢，当机立断

力量型性格的人一般都是非常有主见的人，能够在关键的时刻当机立断作出一个决定，具有冒险精神和挑战精神，越是有困难、有压力越能激发他的潜力，但独断专行，认为自己比任何人都强，做事我行我素。

5) 勇争第一，愈挫愈勇

力量型性格的人通常在各种事情中都以“第一”为目标，在过程中绝对不会轻言放弃，勇于接受来自对手的挑战。同时，这种性格的人能够承受来自各个方面的压力和打击，永不言败，运用极强的应变力愈挫愈勇，但同时他们脾气大，总想占上风。

6) 非情绪化

力量型性格的人一般不容易动真感情。面对困境时，他们强调的是迎难而上，敢于冒险和挑战，绝对不相信眼泪能够解决问题。因此，他们往往很难与人建立亲密的关系，在亲情方面容易被人误解。除非遇到比他更强的人，他才会真心服气。

7)　以事为重心，独立性非常强

与完美型性格的人一样，力量型性格的人也是以事为重心的人，与工作无关的社交，他们都觉得是浪费时间，做任何事情他们自己的感觉永远是对的，因此态度通常会很强硬。

力量型性格的人是对别人要求严格，对自己无所谓。他们充沛的注意力与精力总是向外集中。他们神采奕奕地随时准备投入新的领域，用自己强悍的姿态不断地获得新的兴趣和新的能力。

4. P 和平型

1)　温柔顺从，没有任何侵略性

和平型性格的人脸上总是带着微微的笑容，既不矜持勉强，也不夸张虚浮；穿着打扮也十分温和，与人相处相对害羞和腼腆，非常保守，不愿意引人注意，在工作和生活方面也不喜好变化。

2)　仁慈善良，善于关心和同情别人

和平型性格的人总是支持别人的观点和行为，是出色的好帮手。

3)　全世界最好的聆听者

和平型性格的人可以静下心来，面带微笑听别人说任何东西，并基于聆听的结果对别人表示关心和体谅，因此，他们也容易结识真心的朋友。

4)　以人为重心，无法拒绝别人

和平型性格的人十分在乎人际关系，刻意地追求人与人之间的和谐，乐于服务他人，不容易拒绝别人。

5)　喜欢维持现状，安于现状

和平型性格的人缺乏主动性，喜欢按部就班地做事，做事有条理并且讲究效率，希望做事的方式永远保持不变，愿意从事很多沉闷的、重复性的工作，而且喜欢每次只做一件事。

6)　胆小怕事，优柔寡断

和平型性格的人不愿意提出反对意见，缺乏激情，害怕丢脸，避免一切冲突，隐忍顺从的个性特点，使得他们善于调解不同人之间的矛盾，容易与人和谐相处。

7)　保守秘密，善始善终

和平型性格的人最能保守秘密，他们可以成为对方最忠实的好朋友。与此同时，他们做事善始善终，属于最糟糕的起步者、最出色的完成者。

和平型性格的人是对别人不要求，对自己不苛求。他们普遍内向，乐做旁观者。其性格写照是：自制、自律、平静、满足、有耐性、好脾气，支持别人；但同时他们也守旧、胆小、难以作决策，是老好人。

三、四种性格职场沟通策略

中国有句俗话：“劈柴不照纹，累死砍柴人。”与人沟通也是如此。不同性格类型的人有不同的行事倾向，世界上最容易的事就是站在自己的角度看人、看物；世界上最难的事就是站在他人的角度看己、看事。我们经常说与人沟通要用同理心，同理心最根本的就是感情移入，换位思考。如果我们在对沟通对象性格有了基本判断后，再照着劈柴的纹，运用同理心，那这种情感移入、换位思考就有了理性的依托，而不是单纯地从感性倾向出发，才能最大限度地理解对方的行为，找到符合对方性格特质的沟通视角。

1. 活泼型性格的需求与沟通策略

1) 需求

认可+赞赏+关注

活泼型的人总是希望站在舞台的中央，引人注目，成为中心人物。他们说话、做事都喜欢用夸张的方式，目的就是引起他人的关注，并获得别人的认可。别人的认可、表扬对他们来说就是最大的奖赏。

2) 策略

(1) 与活泼型人沟通要表扬先行，而且要公开表扬、大力表扬。

活泼型的人对夸张的事物才敏感，只有用色彩明朗的词汇，他才能够感受到。比如，你要对他说“你真是一个聪明人”，他不会觉得你在夸他，他仅仅认为你在陈述事实。但是如果你对他说“你是我见过的最聪明的人之一，”他就会非常开心，并且马上和你建立有效联系。

(2) 要给出具体的细节。

活泼型的人是以人为中心的类型，但他以人为中心的目的并不是为对方服务，而是为了获得对方认可。也就是说，他的落脚点在自己身上。所以他通常不关心细节，也看不到细节。因此，我们在与活泼型的人沟通时，一定要给出具体、细致、可以执行的指令，而不是宽泛地说：“你明白了吧，好，那就去做吧。”

(3) 需要限定时间回访。

活泼型的人对人、对事都很热情，但这份热情通常维持不了太久，来得快，去得也快。因此，与活泼型人沟通不能是一次性行为，要把沟通行为分解成几段，每一段都应该按事情先后次序细化、量化，然后保持与其定期接触，每一次接触都有新的内容，才能引起活泼型的人的注意与兴趣。

(4) 表扬多样化。

多少表扬对活泼型的人都不嫌多。但要注意表扬的策略，不能太单一。这次是口头的，下次就是非语言的；这次是私下的，下次就是公开的。总之，表扬要多样化。

课堂练习 6-1

小李是某大型健身馆的销售人员，为人乐观、开朗、善表达。他每天都开开心心地接待客户，对每一位来访客户都热情相待，为客户详细介绍健身馆情况，来访的客户都很喜欢他。但是不知道什么原因，他的成单量并不高，他也很苦恼。你有什么好的建议吗？说说你的看法？

____

____

____

____

提示：销售过程中服务热情是基本要素，但听懂客户的需求和顾虑才能有的放矢，满足顾客。另外，销售中当场签单的情况很少，与顾客保持有效联系和定期回访非常重要。

2. 完美型性格的需求与沟通策略

1) 需求

安全感+空间+明确+高标准

完美型的人注重自我修养的提升，对自身的要求非常严格。他们深沉认真，善于分析，计划性强，做事善始善终，以解决问题为中心，由于有敏锐的感知力，所以总能看到事情危机的一面，内心有不安全感，远离人群是对自己的一种保护；同时富有强烈的同情心和自我牺牲精神，是典型的理想主义者，愿意帮助有困难的人，容易被感动。

2) 策略

(1) 与完美型性格的人沟通要给他足够的安全感。

不管是给他提供信息还是布置工作，都要打出提前量，给他充分的时间适应变化。

(2) 要保留出一定的空间与他讨论沟通事项的利弊。

完美型的人标准都很高，外化的表现就是挑剔、爱批评。要留出一定的空间与他讨论利弊，这样有利于他整理自己的思绪，说服他自己。完美型的人不需要别人说服，只需要等待他自己说服自己。

(3) 给出具体、明确的信息。

完美型的人做事严谨，注重逻辑，他们的思维模式是非黑即白，没有中间地带。所以他们特别注重沟通时信息的具体、准确。模棱两可的话会让他们非常不安。

(4) 和他一起构建高标准的愿景。

完美型性格的人有高度的责任心和自我牺牲精神，批评会让他非常不安，他通过把事情做得尽善尽美来规避这种风险。因此与他沟通时，要表明态度，把强有力的价值观及理想融入具体的沟通内容中去，并表示愿意全力协助他，以完成高标准的任务。

课堂练习 6-2

2019 年国庆，全国各大影院上映的国庆献礼片《我和我的祖国》除了让国人心潮澎湃、无比自豪外，更是让我们对那些为祖国建设无私奉献、默默付出的无名英雄们产生了崇高的敬意。正是因为有了这些前辈们的兢兢业业、百折不挠，才有了我们今天富足安康、幸福美好的生活。

电影中第一个故事《前夜》，讲述了在开国大典的前夜，天安门广场整个旗杆设计制作的总设计师林治远，在不能到达天安门现场的情况下，想尽一切办法，保证国旗顺利升起的故事。

请同学们去看看这个故事，并结合所学，说一说林治远的性格特征，以及负责协助林治远工作的那个军人又是怎么和他沟通的？

____

____

____

____

____

3. 力量型性格的需求和沟通策略

1) 需求

挑战+控制+公平

力量型性格的人最大的心理需求就是挑战。他们对一切有难度、有挑战的事情都感兴趣。越是有压力、越是有难度，越能激发他们内在的动力。他们喜欢永远走在前边的感觉，能控制事情的发展方向，能在自己的努力下攻坚克难会让他们非常有成就感。

2) 策略

(1) 与力量型性格的人沟通第一件要做的事，就是让他充分认为这是一个挑战。

不管何种情况，都要给他一种感觉——这是一件棘手的事，非常难办，要让他清晰地感受到这件事的难度。这里需要注意，与力量型性格的人沟通，一定要把事情的难度放在前面描述，这样才能激发他的斗志。

(2) 如果你是他的上级，就一定要表现出你的权威性、不容质疑性。

因为力量型性格的人不喜欢别人对他指手画脚，除非你比他更坚决；如果你是他的同事，请你用准确、简洁的口吻和他描述沟通事项，不要拖泥带水，避免和他发生正面的争论。

(3) 在保证公平的情况下，给出合理的建议。

力量型性格的人非常在意公平性，他们能坦然接受坏消息，但如果刻意隐瞒，他们会觉得是背叛。尽可能支持他们，让其发挥天生的领导力，如果有不同的意见可以开诚布公地和他们谈，但切记是给出建议，或摆出事实，而不是命令。

课堂练习 6-3

电影《我和我的祖国》压轴故事《护航》，讲的是纪念抗战胜利七十周年大阅兵式中，为保障空中阅兵万无一失，女飞行员吕萧然“备飞”的故事。

在电影中，我们能明显感觉到吕萧然的性格特征。她从小就敢站在高高的烟囱上往下跳，上学时打遍班里、学校里的男生无敌手，在成为女飞行员后更是狠命地训练，在进行离心机训练时，面对男飞行员的挑衅，硬是把训练 G 值调到“8”，不过她说的可不是“调到 8”，而是“给我整个 8!”

就是这样一个力量型性格特征极其明显的吕萧然，在得知自己被选为备用飞行员时，立刻火冒三丈，直接冲进直属领导的办公室，拍着桌子和领导喊：“我是队里最好的，凭啥让我‘备飞’？！”

吕萧然的领导毫不示弱，桌子拍得比她还响，气势比她还足，斩钉截铁、不容质疑地喊道：“正是因为你是最优秀、技术是最全面的，领导们才决定让你‘备飞’，因为在阅兵大典上，一旦哪个位置出了问题，你都能立刻、马上顶上，保证阅兵大典的成功！”本来领导还想继续说啥，结果刚才还怒不可遏的吕萧然直接说：“我服从安排！”

请同学们去看看这个电影片段，然后谈谈你的感受，把你总结的和力量型性格的人沟通的策略写下来。

4. 和平型性格的需求和沟通策略

1)　需求

欣赏+信任+友好

和平型性格的人都非常温和、稳定。他们是最好的倾听者、陪伴者。他们做事踏实努力、看重传统，对离经叛道的事不赞同，但不会发表意见去批评。他们愿意帮助别人、协助别人，愿意以朋友的方式和别人相处。

2)　策略

(1)　与和平型性格的人沟通要给他尊重，让他感觉到是朋友在请他帮忙。

和平型性格的人是以人为中心，非常在意自己在对方心里的位置，他希望你能把他当作朋友、合作的伙伴。

(2)　要给予和平型性格的人充分的信任。

和平型性格的人通常都是最好的执行者。他们做事认真、负责，井井有条。沟通时只要把需要他负责的事情交代清楚就行，剩下的事就交由他自己完成。在限定的时间内，他一定会完成他自己的工作。

(3)　不批评和责备。

和平型性格的人不愿意和人发生冲突，但不代表他没有意见。当他对你有意见时，他基本不会公开反抗，但他也会想办法不执行或拖延执行。只要用商量的口吻让他看到问题的所在，他就会很好地去解决。

案例分析 6-1

小王是办事处职员，在办事处已经工作了三年，办事认真负责，与同事的关系也很融洽，但是，在大型活动组织上推进的力度似乎不够。而在办事处工作人员较少的情况下，独当一面的能力又是非常重要的。

- 要点分析：对和平型性格的人，要帮助他作决定，但又要让他觉得是自己的决定。要敢于给和平型的人委以重任，让和平型性格的人有表现的机会。和平型性格的人很羡慕力量型性格的人的果断坚决，也很羡慕活泼型性格的人的表现能力，但是他自己却不喜欢被人强迫。他们不喜欢作决定，不喜欢发表看法。但是，一旦他们自愿作出决定，他们会有持之以恒的态度。和平型性格的人是最好的倾听者，又很容易和不同的人相处，他们的沟通协调能力其实是很好的。作为办事处的主任，你既要让和平型性格的人发挥能力，又不要给他很大的压力和强迫感，他会比你想象的干得更好。
- 方法和对策：“小王，咱们办事处里你做事最踏实，要组织这样大的活动别人去我还真的不太放心。这几个部门你帮我去和他们沟通一下，看看他们对这次活动有什么想法和建议，然后你归拢一下，做个方案给我。”
- 情景分析：第一，没有命令；　第二，表示信任；第三，请小王帮忙，是朋友式的请求，无压迫感；第四，告诉他具体做什么、怎么做。直接带入工作程序，不需要小王作大决定、下大决心，因为和平型性格的人天性悠闲、胆小；第五，具体的引导不让小王感觉到困难，因为和平型性格的人本来就擅长听取不同意见。

课堂练习 6-4

请同学们根据上面的例子，自己设计一个与和平型性格的人沟通的方案。

____

____

____

____

四、认识自我，完善性格

没有完美的性格，只有积极的人生。同学们要在生活中学会调整自己的性格，通过觉察自我，发现自己性格中的积极优势，通过积极锻炼、同理心把握，克服自己性格中的消极因素。

1. 活泼型性格的自我调整

(1) 要学会倾听。不要总是自己一言堂，用心听听别人的意见和观点对自己有好处，不轻易打断别人说话。

(2) 学会安静下来，制订计划，并按时完成计划。

(3) 工作中要注重细节，对待每一项工作都要细致、认真。

2. 完美型性格的自我调整

(1) 做事不必太完美，不要苛责自己，也不要苛责他人。

(2) 遇事多想积极的一面，不想或少想消极的一面，多参加户外活动，用阳光情绪带动自己。

(3) 要学会谅解、理解与包容，不要总是吹毛求疵，不要太过于关注细节，要看到整体。

3. 力量型性格的自我调整

(1) 学会温和一点，温和是被控制的力量。

(2) 学会服从权威，才有可能拥有权威。

(3) 学着适当地表达情感，遇到不同意见时冷静一下，而不是马上就回应，表达自己的想法时，要多考虑对方的情感和需要。

(4) 学会谦虚，通过自我控制，把危机转变为挑战。

4. 和平型性格的自我调整

(1) 要学会说“不”，提高自己的决断能力。

(2) 不要总是埋头工作，要学会聪明地去思考。

(3) 要突破自己设定的间隙、界限和保护性的舒适区。

(4) 大胆地锻炼自己在公共场所说话的能力，克服恐惧，敢于尝试。

能力提升

(1) 请同学们结合下文描述完成以下问题。

不认真，你连输的资格都没有

一梨

和闺密去买鞋，在一家专柜前，我看上了一双小白鞋，叫导购找一下38码鞋，导购摆摆手，表示断码了。我很满意鞋的款式，就在觉得遗憾准备离开时，闺密拿起展台上的鞋子，惊喜地问，这不是38码吗？没想到，导购大惊失色："怎么会有只38码的？"她旁边的同事接了句："呀，下午那个顾客要的是双37码的，你是不是错装了38码的？"导购满脸惊慌，赶紧拿出发票底单查看，最后确定装错了鞋子。可能是怕受到批评，她又理直气壮地接了句："没事，他发现装错了会回来的，怕什么！"

我和闺密对视一眼，怎么会如此理直气壮地不负责任。这么粗心的员工，因为她的失误，可能要废掉两双鞋。一个品牌的壮大，可能需要几代人奋斗几十年，覆灭往往只在旦夕之间。作为员工，不能为自己的失误负责任，反而用借口去搪塞工作，怎么会不拖企业的后腿？

——选自《做人与处世》2019年18期 有删改

请推测文中导购的主体性格是什么？你判断的依据是什么？如果你是她，你想从哪些方面改善性格上的弱点，请具体回答。

请同学们根据文中事例谈谈员工在工作岗位的职责和操守？什么样的员工才是合格的员工？一个员工对企业应该有怎样的责任？

(2) 请同学们结合本节知识点分析自己的性格特征，找出自己的主体性格，以及辅助性格。分析自己的性格优势有哪些，性格弱点又有哪些？结合自己的性格弱点，制订完善计划，并在生活中实施。

知识总结

(1) 沟通是因人而异的，沟通对象的性格差异导致沟通过程千差万别。
(2) 掌握SMCP性格分类知识，识别职场中沟通对象的主体性格特征。
(3) 运用不同的性格沟通策略与不同性格的沟通对象进行沟通。
(4) 了解自己的主体性格特点，制订完善计划并在实际生活、学习场景中实践。

拓展阅读

别栽在你的短板上

郭韶明

同学Z性子很烈，一急起来就不管不顾，每次见他，都要新增几个段子。最近一次是和单位领导一起出行，转机的过程中偏偏丢了行李。航空公司不仅没道歉，态度还相当差。结果，Z急了。不知是哪一方先骂了人，后来，Z突然蹿到工作台上，“啪”就卡住了对方的脖子。要不是拉得快，就是一场血战。没错，他是捍卫了自己的权利，可是从此也给领导留下了“鲁莽”的印象。几次几乎是水到渠成的晋升，都没有他。

认识一位头儿，在业界相当有名气，可就是霸道。比如大家一起攻坚一个项目，其实他没做什么，就是总督导一下，结果该分红的时候，80%的钱进了他的腰包，剩下一帮人，分那可怜的20%。再比如出国，一个国家他恨不得去十几次，别的部门都是轮流来，大家机会均等，或者把机会让给更大的领导，可是他不行，每次都亲自披挂上阵，搞得公司上下怨声载道。期满，他自己还觉得可以继续聘用，却突然惨遭解聘。

有一个规律叫“短板效应”，说的是一个木桶要想盛满水，必须每块木板都一样平齐且无破损，如果有一块不齐或者某块木板下面有破洞，这个桶就无法盛满水。也就是说，一个水桶能盛多少水，并不取决于最长的那块木板，而是取决于最短的那块木板。

而现实中，让你栽了跟头的，通常都是你的短板。

比如，性子烈的那位朋友，其实能力很强，可是每一个职位他都待不长，不是干了一件过激的事，就是对领导拍了桌子。好不容易干长了一个职位，也是关键时刻被甩下，负气离开。熟悉他的朋友都说，这人就是栽在自己的性格上。可是本性难移，每次到了关键时刻，他还是铁了心要发飙。

再如那个吃独食的头儿，其实背景相当显赫，当年和他平起平坐的一拨人，不是名家就是老总，只有他，徒有一身才气，却在哪儿都混不开，好不容易聘到一个业务单位，最后也是黯然离开。其实每个人都知道，这人如果在短板上留心一下，不至于到现在的地步，可他就是不自知，还每次都觉得自己是“被牺牲”了。

其实，我们每个人都有自己的短板，你可能人际关系不行，你可能没出身名校，你可能生活技能偏差，你可能不太有自己的想法。每个团队也都有自己的短板，如总有那么一两个人能力稍差、积极性不高，或者合作意识不强只想单干。可以说，短板处处存在，想要完全克服是不可能的。

一根链条总会有一节比其他环节要薄弱一些，即便它可能比另一根链条中的任何一个环节都强，因为强弱只是相对而言的。问题在于，这种弱点的强度如何，是否影响了你的职业发展，或者你自己能容忍这种弱点到什么程度。

有的短板无伤大雅，而且在个人领域，对他人不造成直接影响。比如，我一位同事特别健忘。你和他说一件事，答应得好好的，等到了事头上，“忘了！”绝非推诿，是真的彻底忘记。生活中，也是今天丢这个，明天忘那个，简直是一个马大哈，是需要“生活说明书”的那类人。可是工作上，他还真没误过什么大事，每次都在紧要关头，给你一张相当靠谱儿的答卷。

有的短板，对你有影响，但是你自己很清楚，并尽量扬长避短。比如你内向，不太会打交道，但是你的业务能力很强，用成绩说话，其实也没多大问题；你不太会创新，但是你吸取别人的经验为我所用，通常也没什么大障碍；或者，你资历不深硬件不够，但是你虚心好学，这些都可以削弱这些短板对你的负面影响。

最可怕的就是，你的短板实在很显著，已经严重阻碍了你的工作，还对其他人造成影响，这时你还不自知，并且没什么动作，那么结局只能是，这块短板切断了你的路，让你栽得一塌糊涂。

有的时候，问题不在于你的木板有多短，而是短在哪些方面、你自己对它的态度、你周围人对它的评价。如果仅仅是个人习惯，就算再短，影响不到他人也没人干涉你；但是如果到了公共领域，与别人有交集，那么你就要注意了，千万不要让你的短板打到他人。

没人有义务容忍你的短板，就算你最长的那块板比谁都长，最短的那块板如果没有达标，一样出局。

(资料来源：《中国青年报》2010 年 12 月 28 日)

特立独行的猕猴

有一只特立独行的猕猴，它非常喜欢表现自己，处处都要显得与众不同。有一天，吴王乘船在长江中游玩，登上猕猴山。原来聚在一起玩耍的猕猴看到吴王前呼后拥地来了，立即一哄而散，躲到森林中了。

但这只“特别”的猕猴，想在吴王面前卖弄灵巧。它在地上得意地旋转，旋转够了，又纵身到树上，攀缘腾荡。吴王看了不舒服，就展弓搭箭射它，它却能从容地拔开射来的利箭，又敏捷地把箭接住。但它并不清楚，这种炫耀对掌握天下生杀大权的君王来说是一种侮辱。吴王脸都气红了，命令左右一齐动手，箭如风卷，猕猴无处逃脱，立即被射死。

吴王回头对随从说：“这猕猴炫耀自己的聪明，倚仗自己的敏捷傲视本王，以致丢了性命，这完全是它咎由自取！”

可悲的猕猴过于迷恋出头冒尖的感觉，一味张扬，表现自我，浑然不觉自己的行为多么怪异、幼稚。它的目的达到了，的确引起了所有人甚至一位君王的注意，可惜这种注意带来的是负面看法和评价。这只猕猴成了众人反感、厌恶的对象，以致搭上了身家性命。

“与众不同”造成了它的悲剧命运，这不得不让我们引以为戒。回到现实中来，过分张扬而不懂收敛的个性，常常会使你在职场中错失许多机会，甚至可能会处于孤立的地位。

佳宜是一个个性张扬的前卫女孩，她热爱无拘无束的生活方式，把平凡、规矩、条条框框视为死敌。

大学毕业后，她获得了一家合资企业的面试机会。当天，她的举止打扮令所有的面试官目瞪口呆：露脐装、超短裙、冲天辫，手腕上一串数十个银手链——出门时母亲一再让她穿得“正常”点，她却依然我行我素。

佳宜的专业能力和外语口语能力确实不俗，面试官最后和颜悦色地说：“你的条件很优秀，可以胜任这项工作。不过，我想提醒你，我们公司有着自己的企业文化。单说着装方面，就有一定的要求，不能太随便，更不允许暴露……”佳宜立刻打断了他：“我的能力与我的衣着没有任何关系，这么穿我觉得最舒服。如果非要穿正装上班，我会连气都喘不过来！”

面试官被这么抢白还真是头一遭，他表情严肃起来，冷冷地说：“那么好吧，请你去能让你随心所欲的地方发展，我们公司不欢迎像你这么有个性的天才。”

张扬个性肯定要比压抑个性舒服。但是如果张扬个性仅仅是一种任性，仅仅是一种意气用事，甚至是对自己的缺陷和陋习的一种放纵的话，那么，这样的张扬个性对你的前途肯定是没有好处的。不懂收敛的个性就这样让佳宜失去了一个难得的工作机会。

俗话说得好，“出头椽子总先烂”“枪打出头鸟”。以卖弄、炫耀为爱好的人必将品尝自酿的苦果。“烦恼皆由强出头”，这个“强”字，一指勉强，也就是说自己的能力还不够，却勉强去做某些事，固然有可能获得意外的成功，但这可能性实在太低，结果不但失败了，还会招来嘲笑和白眼。“强”的另外一个意思是指你的能力虽强，但外部环境、条件尚不成熟。大势不和，机会不来，此时出头，必将遭到别人的排挤和打压，仇恨的种子从此埋下。你我本一般，为何独露脸？

大潮来时，大风起处，必须三思而后行。为了虚荣，平常人丢一点面子，受一点小辱，虽无伤元气，尚足可惜；豪杰英雄，不谙世情，草率行事，往风头上碰，不免遗憾终生。因此，请郑重地告诫自己，喜欢怎么想没关系，关键是行为要和职场规范一致。别做“强出头”的讨厌鬼。如果你一定要逆流而行，神气活现地炫耀自己反传统的观念和怪异的行为方式，那么人们会认为你只是想哗众取宠，引起别人的注意，而且他们还会因此而轻视你。他们会找出一种方法惩罚你，因为你让他们觉得自己低人一等，不如你。

过分地“特立独行”是危险的，如果你想成就一番事业，就应该把个性表现在创造性的才能中，尽全力使自己的行为符合职场要求与规范，这是一种成熟、明智的选择。

与“性格”有关的名言

性格由习惯演变而来。

——(古罗马)奥维德

一个人失败的原因，在于本身性格的缺点，与环境无关。

——(美)毛佛鲁

我们的性格即我们的自身。

——(法)柏格森

一个人无论做出多少件事来，我们都可以在里面认出同样的性格。

——(美)艾默生

性格，既不坚固也不是一成不变，而是活动变化着的，和我们的肉体一样也可能会生病。

——(美)爱略特

习惯形成性格，性格决定命运。

——(英)约翰·凯恩斯

第二节 团队沟通

现代企业的有效运行机制离不开良好的团队沟通协作，任何一项企业活动都是在团队成员的沟通协作下完成的。越是现代的企业，越是具有核心市场竞争力的机构，越重视团队沟通与合作。从长远职业发展的角度来看，职校生必须了解团队沟通内涵，掌握团队沟通要领，培养团队协作意识，提高团队合作能力。

学习目标

(1) 了解团队沟通的内涵及意义。

(2) 了解团队沟通的原则。

(3) 掌握团队沟通的技巧与方法。

(4) 培养主动、尊重、真诚、谦逊的沟通态度及团队合作精神。

游戏引导

活动准备：若干用绳子编成的洞口大小不一的“蜘蛛网”。

以小组为单位，每组分配一张“蜘蛛网”。

强调安全，提示同学们游戏过程中要保护好彼此，避免摔倒。

活动步骤

(1) 任课老师描述活动任务。

各小组陷入在一片原始森林之中。走出森林的唯一出路被一个巨大的蜘蛛网封锁了，小组成员必须从蜘蛛网中钻过去(不能绕过去，也不能从网的上面或下面过去)。值得庆幸的是，蜘蛛目前正在睡觉。但是非常不幸，蜘蛛很容易被惊醒。在穿越蜘蛛网的过程中，任何人一旦碰到蜘蛛网，无论轻重，蜘蛛都会立刻被惊醒，并扑过来咬人，其结果是造成正在穿越的人和已经过去的人立刻双目失明。另外，每个网洞只能用一次，即不同的人必须从不同的网洞穿越过去。

(2) 各小组组织活动，教师巡视、鼓励、记录各组成员活动的行为表现。

(3) 先完成游戏的小组成员做监护员，观察其他小组成员完成游戏的情况。

(4) 所有的小组成员都做完游戏之后，引导组员们就团队合作、沟通、冲突和领导等问题展开讨论。

游戏感悟

(1) 你们小组在游戏过程中碰到了什么问题？组员是怎样分析问题并解决的？

(2) 在此期间，你的角色是什么？游戏环节中，你所在组的每个人的任务是什么？

(3) 哪些因素有助于你成功地完成游戏？游戏过程中有无冲突产生？你们是如何处理冲突的？

(4) 游戏过程中有无领导者产生？其他人是否属于被迫接受领导？

(5) 你在这个游戏中最大的收获是什么？

(6) 你觉得这个游戏和实际工作有什么样的联系？

一、团队与团队沟通

全球信息化时代的到来，改变了企业传统的垂直功能化管理组织模式。现代企业中以团队为核心的企业组织结构已成为现代职场基本的组织运行模式。

1. 团队

团队最基本的定义是一群有共同目标的人。我们每个人都置身在大大小小的群体中，但不是所有的群体都能称为团队，只有拥有共同目标的群体才能称为团队。

2004 年 6 月，拥有 NBA 历史上最豪华阵容的湖人队在总决赛中的对手是 14 年来第一次闯入总决赛的东部球队活塞队。赛前，很少有人会相信活塞队能够坚持到第七场。从球队的人员结构来看，科比、奥尼尔、马龙、佩顿，湖人队是一个由巨星组成的“超级团队”，每一个位置上的成员几乎都是全联盟最优秀的，再加上由传奇教练菲尔·杰克逊对其的整合，在许多人眼中，这是 20 年来 NBA 历史上最强大的一支球队，要在总决赛中将其战胜只存在理论上的可能性，更何况对手是一支缺乏大牌明星的平民球队。

然而，最终的结果却出乎所有人的意料，湖人几乎没有做多少抵抗便以 1∶4 败下阵来。

拥有最豪华阵容的湖人队输给了名不见经传的活塞队，原因为何？是因为看似是一个团队的湖人队，在那场比赛的当下却没有达成一致的共同目标：全明星组合队员相互争风吃醋，都觉得自己才是球队的领袖，在比赛中单打独斗，各出风头；而马龙和佩顿只是冲着总冠军而来的。缺乏共同目标，再强的组合也是一盘散沙，其战斗力自然就会大打折扣。

相反地，在共同目标的愿景下，再难的事也会成为可能！

2020 年年初，中国武汉爆发新型冠状病毒肺炎疫情。为了集中收治救助新冠肺炎患者，打好这场抗病毒战役，中央决策必须以生死时速新建“火神山”“雷神山”两座医院(见图 6-1)。接到命令后，近万名建设者奔赴武汉，仅用十余天就把原应最少两年工期的，拥有床位 1000 张和 1500 张的两座大型医院建成并交付使用。世界卫生组织总干事谭德赛惊讶地评论说：“我一生中从未见过这种动员。”奥地利的媒体说，在奥地利建造一座医院需要多年时间。法国媒体说，“这是了不起的壮举！”“今日俄罗斯”电视台网站报道说，令人惊讶的是，这座大型医疗设施是在不到两周内建成的，这座医院堪称工程奇迹！西班牙媒体称，火神山医院的神速建成向世界展示了中国抗击疫情的力量和决心。

图 6-1　武汉火神山医院

中国人不是“基建狂魔”，中国人也没有神力相助。但在中国共产党强有力的领导下，在中华儿女的家国情怀大爱下，为了战胜疫情，为了挽救同胞们的生命，大量国企、民企、外企的员工和群众集中发力，来自全国各地的建设者们驰援武汉，夜以继日加速施工，1000 多台各类大型机械设备及运输车辆 24 小时不间断施工，建设艰辛程度远超想象，为的就是与疫魔竞速。在这场抗疫斗争中，没有省份、职业、年龄、性别、收入之分，有的是亿万中国人众志成城的担当与责任。我们不是个体，我们是在党中央的领导下，有着中华民族顽强拼搏精神、共同建设伟大中国梦共同目标的超大团队。就是在这样的共同目标下，在这样超大团队的共同协作下，饱含着无数建设者汗水与泪水的，最有温度的，在极短时间内，“不可能完成的任务”，完成了！

2. 团队沟通

几个明星球员的内耗和冲突就能使整个湖人队变得平庸、无力，而在特殊背景下，组成的这支来自不同地域、不同行业、不同喜好的超大团队，却能创造奇迹，秘诀是什么？秘诀是组织内部有力、有效的团队沟通。

团队沟通是指团队成员之间为了完成预先设定的共同目标，在特殊的环境中互相交流、相互促进的过程。

团队沟通从沟通对象上看，包括与上级沟通、与下级沟通、与同事沟通。

二、团队沟通的重要作用

虽然本质上团队是围绕共同目标而建立的，但并不等于有了共同的目标，团队成员们便能自动朝着目标努力工作。在较简单的环境中结合而成的团队往往容易找到共同和清晰的目标，但在略微复杂一点的情况下，目标的明确性可以有很大的不同。我们最熟知的例子就是“两个和尚抬水吃、三个和尚没水吃”的故事。两个和尚相处环境简单，目标明确，找到水并生存下去；三个和尚，各自怀有私心、互相推脱责任，无法达到目标一致。在实际职场环境中，太多的个人或小组因为彼此的利益冲突，在表面看上去有共同目标的团队中，但内里却各怀鬼胎，如前文提到的“湖人队”。因此，越是复杂的职场，越是需要团队沟通。

1. 团队沟通是促进团队和谐发展的重要手段

团队沟通是团队成员合理利用个人或团队现有资源，沟通协调处理团队内部各种人员与事务，激发调动团队成员的积极性，以实现团队的共同目标和团队的和谐发展。

2. 团队沟通是组织内部人际交往的基础和前提

人际关系是个体之间在社会活动中形成的以情感为纽带的相互关系。社会心理学认为，人际关系就是人与人之间的心理距离。团队沟通可以缩短职场中人与人之间的距离，是组织内部人际交往的基础和前提，是人际关系中最重要的一部分。组织成员通过团队沟通，传递情感、态度、事实、信念和想法，使得团队内部人际关系明朗和谐。

3. 团队沟通是职场成功的关键要素

(1) 作为员工，保持与上级良好的沟通，有利于争取到更多的支持与资源，促进个人与所在团队的发展。

(2) 作为团队领导者，保持与下级的良好沟通，能真正激励员工，促进下级的能力发挥，打造和谐愉悦的团队，从而成就自己的事业。

(3) 团队成员间保持良好的沟通，可以消除误会，增进了解，融洽关系，促进团队的正常运转。

三、团队沟通要领

(一)与上级沟通

1. 与上级沟通的原则

与上级沟通，指的是团队成员通过一定的渠道和方式，与上级进行信息交流。由于上级在组织内部的独特性，在沟通过程中需要遵守以下基本原则。

1) 尊重而不吹捧原则

理顺与上级的关系是每名员工在职场顺利工作的前提，秉承的原则就是尊重而不吹捧。每一个人都渴望获得他人的尊重，上级也不例外。在工作中，尊重领导的意见，维护领导的权威，是每一个职场人的责任与义务，是一种修养、一种智慧。理解上级的难处和苦衷，即使提出不同的意见，也要以尊重上级为前提，讲究分寸。因为一个团队只有上级有威信，这个团队才能有发展，团队成员才有成长的空间。

但尊重不是吹捧。尊重是理解，是良好的沟通态度；吹捧是讨好，是为了达到不可告人的目的，两者有本质区别。在现实职场中，确实存在拍上级马屁、逢迎媚俗领导的人，但绝大多数领导对此类人都特别反感。因为此类人的存在不仅降低了上级在团队成员间的威信，更破坏了团队向上、向前的正能量氛围。所以，在与上级沟通中，第一原则就是尊重而不吹捧。

2) 以工作为重原则

上、下级之间的关系主要是工作关系，因此，下属在与上级沟通时，应该从工作出发，以做好工作为沟通协调之要义。既要摒弃个人的恩怨私利，又要摆脱人身依附关系，在任何时候、任何问题上都要以解决工作问题为要务。对领导交代的工作要积极主动，从工作的角度提出自己合理化的建议。

3) 服从而不盲从原则

上级(领导)在组织内部是信息资源的占有者，掌握企业的全盘情况，一般来说，考虑问题更全面，处理问题能从大局出发。因此，当我们与上级意见不一致时，应坚持服从原则。服从原则也是一切组织的通行原则，是组织获得巩固和发展的基本条件。当然，服从不是盲从。当下属发现领导决策有明显错误、重大失误时，就应该采取“以工作为重原则”及时向上级汇报，并请领导予以改正。

4) 非理想化原则

在与上级的沟通中，要根据上级的主体性格特征，全面地看待上级，不能用自己头脑中的固有模式去要求上级，对上级过分神化或过分苛责。在与上级的沟通中，既要看到上级的优点与长处，又要看到其缺点和不足，要用包容的心态对待上级的缺点。

2. 与上级沟通的方法

案例分析 6-2

一个替人割草的男孩出价 5 美元，请他的朋友为他给一位老太太打电话。电话拨通后，男孩的朋友问道：“您需不需要割草？”

老太太回答说：“不需要了，我已经有了割草工。”

男孩的朋友又说：“我会帮您拔掉花丛中的杂草，清理杂物。”

老太太回答：“我的割草工已经做了。”

男孩的朋友再说：“我会帮您把走道四周的草割齐。”

老太太回答：“我请的那个割草工也已经做了，他做得很好。谢谢你，我不需要新的割草工。”

男孩的朋友挂断了电话，接着不解地问割草的男孩：“你不是就在老太太那儿割草打工吗？为什么还要打这个电话？”

割草男孩说：“我只是想知道老太太对我工作的评价。”

这个故事的寓意是：只有勤与上级(领导)沟通，你才有可能知道自己的长处与短处，才能够了解自己的处境。

1) 与上级沟通的三种情况：接受指示、汇报工作、商讨问题

(1) 接受指示。

① 明确沟通时间和地点。

② 认真倾听、及时反馈，并问清沟通的内容。

- 用提问明确指示的相关内容：什么、为什么、怎么做。
- 重复内容进行反馈确认。

- 提出难点："如果……那怎么办？"

③ 注意表达方式，杜绝争辩。

(2) 汇报工作。

① 汇报内容与上级指示相对应。

② 重点明确(站在上级的角度组织语言)。

③ 寻求反馈："您觉得怎么样？"

④ 客观、准确，弱化自我形象。

⑤ 复述上级的反馈与评价。

(3) 商讨问题。

① 表达准确、简明、完整、重点突出。

② 客观表达自己的观点和想法，对事不对人。

③ 投入并寻求上级的反馈。

④ 避免争辩、控制情绪。

2) 与不同类型上级沟通的技巧

在与上级沟通前，应先了解上级的工作风格，这样才能实现有效沟通。上级的管理风格通常分为四类：活力型、平稳型、研究型、实效型。

(1) 活力型领导：反应速度快，从全局思考问题，非格式化。

① 邀请上级参与到问题的解决中来。

② 在沟通中宜采用"我建议""我一直在想""您怎么认为"语言表述沟通内容。

(2) 平稳型领导：注重过程，反应速度慢，程序化。

① 提前电话预约。

② 控制自己的情绪。

③ 不成熟的想法不要和盘托出。

④ 表述时放慢语速，最好辅以书面表达。

(3) 研究型领导：从全局思考问题，反应速度慢，非格式化。

① 准备好所有问题的背景资料。

② 把可能要出现的责任问题处理好。

③ 语言表述采用"这些问题，已经请……解决了""这方面由……负责"。

(4) 实效型领导：从局部思考问题，反应速度快，格式化。

① 注意主动性。

② 直接从问题结果入手。

③ 语言表述"这个问题不解决，就会……"。

3) 与上级沟通的基本策略

(1) 主动与上级沟通，保持主动与上级沟通的意识。

(2) 沟通过程中尽量不给上级问答题，尽量给上级选择题。

(3) 适度地与上级沟通，以工作为出发点。

(4) 与上级沟通不一定在办公室。

(5) 与上级沟通一定要有计划，事前想好。

4) 与上级沟通的注意事项和对待上级批评的建议

(1) 与上级沟通的注意事项。

① 把上级的话确认后，记在本子上。

② 尊重上级的面子和立场，不要当众给他难堪。

③ 有功劳要记在上级头上，避免“功高震主”。

④ 切忌越级汇报。

⑤ 上级有秘书，不妨通过秘书了解上级的情况，避免冲突。

⑥ 和新上级沟通，要避免开口闭口以前怎么样。

⑦ 提出问题，同时也要提出解决的方案。

⑧ 对你提出的建议或办法有相当把握时，不妨表现出“信心十足”的模样。

⑨ 提出你的观点或建议时，要简明扼要。

⑩ 提供重点信息，最后有“书面材料”或支持性“证据”。

⑪ 意见相左时，先认同上级，再表达自己的意见，请教上级。

⑫ 意见相同时，归功于上级的英明领导。

⑬ 问题十万火急时，赶快敲定时间和上级商讨对策。

⑭ 切忌“报喜不报忧”，有不利消息时一定要及时报告。

⑮ 随时让上级了解状况，特别是在刚出状况之时。

(2) 对待上级的批评有以下建议。

① 不要过多地解释。

受到上级批评时，如果确实有不公平的地方，可以找机会解释一下，但切忌纠缠不休，做到点到为止即可。过于追求弄清是非曲直，尤其是得理不饶人的话，上级会认为你是心胸狭窄的人。

② 切忌当面顶撞。

公开场合受到上级不公正的批评时，当面顶撞是最不明智的做法，这样你下不了台，上级也下不了台。相反地，你给了他面子，当他了解真相后会产生歉疚感，就会找机会适当地弥补你的。

③ 不要将批评看得太重。

一两次受到批评，并不等于你在上级心目中失去了地位，也不至于影响了你的前途。上级批评你，或许是对你的重视和器重，如果将批评看得太重而变得灰心丧气，则很容易让上级看不起，从而不再信任和器重你。

课堂练习 6-5

甲和乙是两位新上任的安检组班长，业务水平都很高。不过，在与上级沟通时采取的却是截然不同的态度。甲班长认为，一定要和上级搞好关系，于是，有事没事就往领导那里跑，弄得组内其他安检员议论纷纷，都说甲班长只会拍马屁，不关心员工的实际工作，后来，这话传到了部门领导耳朵里，领导感到很难堪。与此相反，乙班长则认为“打铁还要自身硬”，一天到晚只知埋头苦干，为了提高业绩，甚至连班组长会都不参加。可是组内其他安检员也不买账，他们认为这样的班长不会为基层安检员着想；而部门领导也因为他常常不去开会而心生不满，乙班长由此弄得里外不好做人。

甲班长和乙班长你喜欢哪一个？为什么？他们在与上级沟通方面存在什么问题？如果你被提为安检组班长，你将如何做？

____

____

____

____

(二)与同事沟通

1. 与同事沟通的基本原则

1) 真诚原则

无论做什么事，最根本的前提是真诚。在职场与同事相处中，只有真诚做人、真诚做事，才能襟怀坦荡，才能消除不必要的戒心和隔阂，从而打开同事的心灵窗口。

2) 尊重原则

尊重同事，重视团队成员的威望、名誉、地位、成绩、隐私。古语讲：敬人者人恒敬之。在职场中要懂得尊重伙伴的人格、尊重队友的劳动、尊重成员在团队中的地位和作用。

3) 体谅原则

在与同事的相处中，要多换位思考，脏活、累活主动做，不斤斤计较，不过度争论，本着从工作出发，求同存异，以大局为重。

4) 谦虚原则

不卖弄、不吹嘘、不指责、不居高临下。在与同事相处沟通时，要谦虚低调，多赞美同事的成绩，少说自己的功劳；多看对方的优点，少盯着别人的缺点；多主动消除误会，少议论他人。

2. 与同事沟通的方法

1) 主动协作

主动与同事沟通，先帮助别人，才有资格请别人帮助自己。帮助同事要热情，当同事遇到困难时，如果有能力，一定要竭尽全力去帮助，让同事感受到你对他的关心和关注。

2) 赞美欣赏

能够看到同事身上的优点，并及时给予赞美、肯定。对一些不足之处也要给予积极的鼓励，这是良好沟通的基础，不要背后议论同事。

3) 坚持多干事，少计较

接到领导的任务后，一定要积极想办法努力完成，千万不能推卸、偷懒，更不能与合作者斤斤计较、争功抢利，以工作的多少论功劳的大小，而应该学会主动让利，吃小亏。宽容大度会赢得更多同事的信任与尊重，需要同事信任与帮助时，大家会不遗余力地支持你。

4) 合作中的失误与差错，要勇于承担责任

以大局为重，不要互相拆台，要形成团队形象的概念，多从自身角度找原因，对事不

对人，不要忘了大的、共同的目标。

5) 保持平常心

工作中难免会遇到升职评定职称或者评先进等事情，一定要保持一颗平常心，光明正大地竞争，用欣赏的眼光看待同事的成功。

6) 宽容忍让，学会道歉

同事之间由于工作关系难免会出现一些磕磕碰碰，如果不及时处理就会形成大矛盾，此时你要保持冷静，主动忍让，勇于剖析自己，换位思考，避免矛盾激化，如果自己的做法的确欠妥，有错在先，一定要学会道歉。

7) 注意个人言行

对待同事要尊重平等礼貌，静坐常思己过，闲谈莫论人非，不热衷于打听别人的私事，开玩笑要有分寸，要注意场合。

8) 保持联络

在竞争激烈的现实生活中，铁饭碗已不复存在，一个人很少在一个单位终其一生，空闲时给朋友打个电话、写封信、发个微信，哪怕只是只言片语，也能起到交流感情的作用。

课堂练习 6-6

陆群的表姐是单位里管后勤的，所以单位里有什么好事、福利，陆群总能最先得到消息，自然他每次都能领到最好的。但不知出于什么想法，有什么好事，陆群从来不告诉同组的同事，时间长了，大家都不太喜欢他，离得他远远的。

这对你有什么启发？如果你是陆群，你觉得应该怎么处理才好？

____

____

____

____

3. 与同事沟通的忌讳

1) 万事不求人

不轻易给人添麻烦是正确的，但在职场环境中，同事间彼此帮忙、互相合作，是正常组织的常态。适当地向同事求助、请同事帮忙，不仅能开阔视野、促进工作，还能增进同事间的感情，改善同事间的关系。

2) 拒绝同事的小礼物

与同事间保持较单纯的同事关系是对的，办公环境中忌讳和某一个人走得过近，这样不利于团队的整体团结，但过度敏感也不好。同事旅游回来，精心为大家准备的小纪念品，是他的一番好意；同事带到办公环境，分给大家的糖果、小吃，是他的一番心意。这些我们都应该欣然接受，并给予回馈。说“谢谢”的同时，还要表达有品位、很喜欢、很好吃的感受。因为你接到的并不是礼物和小吃本身，接到的是同事传递给你的浓浓的善意与心意。

3) 喜欢说最后一句话

和同事相处，不是原则性问题不要争强好胜，去占嘴巴上的便宜。不管什么情况都非得做说最后一句话的人，那样不仅没有好处，还让人觉得你是个牙尖嘴利、处处好胜、难以合作的人。给别人留有余地是风度，更是智慧。

4) 神经过于敏感

时时处于提防状态，总觉得同事单独说话就是在议论你，总觉得同事和你的谈话话里有话，放大同事说的每一句话。要记住，你和同事能在一个空间相处，真的只是因为工作的缘故，所以不必要想得那么多，做好自己的本职工作、不拆台别人的工作，就没有人会故意针对你。

5) 在领导面前献殷勤、打小报告

尊重领导是职场人必备的素质，但尊重不是讨好，更不能踩着同事赢得领导的关注。千万不能假装说顺了嘴，在领导面前打同事的小报告，你以为你做得聪明、自然，但领导会一眼看出你的用意，只要是有作为的领导，都不会赏识这样的员工。你这样的行为更会伤害同事，同事真有问题，你应本着帮助他的初衷，推心置腹地和他沟通，而不是看他的笑话。

6) 搬弄是非，传闲话，自私自利

有些人特别愿意背后论同事长短、传同事闲话，拿同事的隐私当谈资。你要责问他，他还理直气壮地回答，咋这么开不起玩笑！工作上更是处处以自己的利益为重，斤斤计较。遇到困难，说怪话、说泄气的话，全然不顾团队的利益。从来不愿意主动为别人做点什么，永远等着别人替他出力。这样的人就是团队里的害群之马。我们要谨记一点：我们可以不是团队里最优秀、最可爱的，但应该是团队里最可靠的，绝对不做团队里的害群之马！

7) 干活偷奸要滑，该做的事不做

任何一个公共空间，都有公共卫生，保持并维护公共卫生是每个职场人的义务。但有些职场人，以各种各样的理由推脱逃避。出入职场的新人要懂得“细节看人品”的道理，中国自古就有“一屋不扫，何以扫天下”的古训，现代职场更注重从细节看一个人的品行。所以，主动打扫，行小动，成大德。

4. 新员工与同事沟通技巧

前文我们讲过“首因现象”，也就是“第一印象”在人际沟通中的重要性，所以，初入职场，给今后长期相处合作的同事们留下好的印象非常重要。职场新人们可以从以下几个方面努力。

1) 温和、有礼貌

对待职场的同事，绝大多数都是你的前辈，摆正自己的心态非常重要。对人、对事要温和、有礼，既不腼腆退缩，也不高调张扬。自信的同时，又谦虚有礼。主动和你遇到的所有人，大方得体地打招呼；进来出去一定要言语有声，告知同事你的去处，方便同事因工作的事找你。

2) 少发表个人意见

面对前辈，以多听少说为妙。在办公环境非正式交流中，不轻易发表自己的个人意见，实在问到你头上，又不好拒绝，也要委婉表达；在工作交流正式沟通中，发表意见要准确、成熟，没想好的话不说，没弄明白的事不办。

3) 不轻易站队

职场环境错综复杂，不要轻易附和别人，表现出和某一个人或某一群人特别亲近。你可能考虑得很简单，就是初入职场，想有个伴，不至于寂寞、尴尬，但无形中你的行为可能为你今后的职场生活挖下了坑，埋下了雷。最好的办法就是踏踏实实地做好自己的工作。

4) 虚心地向前辈学习

对待前辈要主动请教，放低姿态，才能收获经验。取得成绩，要多归纳出同事对自己的支持、帮助的原因，并恰当地表示你的感谢。只有多多学习前辈的优点、经验，才能避免职场中误区，助自己一臂之力。另外，和同事们愉快地相处，才会让大家真心地接纳你。

课堂练习 6-7

小李刚刚被单位录用一个月，处处小心做事，每每笑脸相迎，同事对他也颇友善。

一天，全组的人决定一块到餐厅聚餐以度周末，也邀请了小李。席间大家有说有笑，无所不谈。其中一个同事与小李最谈得来，几乎把单位的种种问题及组内的每一位同事的性格缺点都尽诉无遗。小李一时受宠若惊，很珍惜这位“知无不言，言无不尽”的同事，于是开始放松戒备，将一个月来对单位的意见，看到的不顺眼、不服气的人和事通通向这位同事道来，甚至还批评了一两个组内同事的不是。

不料这位同事是个搬弄是非的人，不几日便将这些“恶言”传给了其他同事，这使得小李狼狈至极，几乎在单位里无立足之地。小李如梦方醒，悔不该一时冲动，没管好自己的嘴巴。

小李与同事间的关系前后有何不同？是什么原因造成的？怎样做才能防止类似的事情发生呢？

____

____

____

(三)与下级沟通

与下级沟通是指上级作为信息发送者与作为信息接收者的下属进行沟通的一种形式，是指沿着组织结构中的直线等级进行自上而下的沟通，即组织内部的高层结构向低层结构传递信息的过程。与下级沟通的内容通常是传递管理决策、规章制度、工作目标和要求、工作评价和工作绩效反馈等。

1. 与下级沟通的主要目的

(1) 传递工作指示，提供工作资料和指导。

(2) 促进员工对岗位职责、福利、工作内容及其他任务的了解。

(3) 向下级传递组织文化，提供关于程序与实务的资料，统一组织成员的认知和行为。

(4) 向下级反馈其工作绩效，激励和管理员工。

(5) 向员工阐明企业的目标，使员工增强责任感。

2. 与下级沟通技巧

与下级沟通可以从传达命令、批评下属，以及听取汇报、商讨问题三个方面掌握。

1) 传达命令

(1) 态度和善，语言礼貌。

上级向下级传达命令时，管理者应保持理解，用和善的态度，因为在现代化企业管理实践中，上下级关系已经很难依靠上级的个人权威来维持，上级的态度和语言，能够直接影响下级对领导的看法，进而影响命令的执行。

(2) 给下属提出疑问的机会。

聪明的管理者向下属传达命令时，应主动询问下属的意见，以确保下属能全面、准确地领会。

(3) 引导下属认识到命令的重要性。

管理者对命令进行的重复和强调，并不能代表下属也这样认为，管理者要通过介绍命令的背景、要求、意义等信息让下属认识到命令的重要性。

2) 批评下属

(1) 尊重客观事实。

管理者批评下属，一定要从客观事实出发，坚持就事论事，充分了解事实情况，并了解下属全部的想法后，再作出相应的处罚决定。

(2) 选择恰当场合。

批评下属时要选择合适的场合，不能伤害下属的自尊心和自信心。

(3) 恰当地运用赞美。

管理者在批评下属的时候，适当地对下属加以肯定和赞美，让下属意识到自己的价值的同时，能够虚心接受领导的批评。

3) 听取汇报、商讨问题

(1) 要事先约定时间和地点，让下属做好充分的准备。

(2) 注意倾听，多鼓励，少插话，及时评价，适时引导。

(3) 做好充分预案，防止跑题，鼓励引导下属讲出真实的想法。

(4) 对下属提出的不同看法，应采用换位思考的方式尽快作出反应，并对下属的意见表示充分的认可。

(5) 将自己的工作业绩与下属的工作成效紧密关联，尽可能让下属产生责任感和使命感。

(6) 畅所欲言地交换意见，防止把讨论变成指示。

(7) 引导下属整理归纳出结论，激发下属的信心和责任感。

课堂练习 6-8

业务员小赵刚办完一个业务回到公司，就被主管刘芳叫到了她的办公室。

“小赵啊，今天业务办得顺利吗？”

“非常顺利，刘主管，”小赵兴奋地说，“我花了很多时间向客户解释我们公司产品的性能，让他们了解到我们的产品是最适合他们使用的，并且在别家再也拿不到这么合理的价格了，因此很顺利地就把公司的机器推销出去了 100 台。”

“不错，”刘芳赞许地说，“但是，你完全了解客户的情况了吗？会不会出现反悔的情况呢？你知道我们部门的业绩是和推销出的产品数量密切相关的，如果他们再把货退回来，对我们的士气打击会很大。你对那家公司的情况真的完全调查清楚了吗？”

“调查清楚了呀，”小赵兴奋的表情消失了，取而代之的是失望的表情，“我是先在网上了解到他们需要供货的信息，又向朋友了解了他们公司的情况，然后才打电话到他们公司去联系的，而且我是通过你批准才出去的呀！”

“别激动嘛，小赵，”刘芳讪讪地说，“我只是出于对你的关心才多问几句的。”

“关心？”小赵不满道，“你是对我不放心才对吧！”

请同学们想一想刘芳与小赵沟通失败的原因是什么？他们俩到底谁做错了？请分析沟通双方各自存在的问题。

____

____

____

____

____

知识总结

(1) 团队沟通是团队有效运行的保障，也是提高组织效率的关键所在。
(2) 团队沟通中的通行原则是尊重原则、以工作为重原则。
(3) 沟通对象不同，具体的沟通方法也不同。
(4) 在团队中，掌握主动、尊重、真诚、谦逊的沟通态度及团队合作精神非常重要。

拓展阅读

沟通定律

布朗定律

一旦找到了打开某人心锁的钥匙，往往可以反复使用这把钥匙去打开他的某些心锁。

提出者：美国职业培训专家史蒂文·布朗

【案例】不穿鞋子的修女

一个虔诚的修女为了拯救受难的人们只身来到印度，当她看到当地的人们因为贫困而衣衫褴褛甚至没有穿鞋子的时候，她决定自己也不穿鞋子，因为这样才能够更加贴近他们，从而更好地帮助他们。以至于后来戴安娜王妃听说了她的丰功伟绩之后来印度拜访她的时候，王妃因为自己穿了一双洁白的高跟鞋而感到无比羞愧……

后来中东发生了战争，这位修女孤身一人来到战场上，当作战的双方都发现这位修女来到的时候，竟然不约而同地停止了攻击，直到等她把战区里面的妇女和儿童都救了出来……

在这位德高望重的修女去世的时候，印度举国上下都为她而悲痛，在她的灵柩经过的地方，没有人会站在楼上，因为人们不愿意自己站得比她还高，而她遗体的双脚仍然是裸露的，向世人宣告她是与那些贫苦的人们平起平坐的。这位高尚的修女就是特里莎。

【点评】这个修女的真实故事告诉我们：找到心锁就是沟通的良好开端。知道别人最在意什么，别人的意愿就会在你的把握之中。

乔治定理

有效地进行适当的意见交流，对一个组织的气候和生产能力会产生有益的和积极的影响。

提出者：美国管理学家小克劳德·乔治

【案例】摩托罗拉(中国)电子有限公司的“沟通宣传周”活动

1998 年 4 月，摩托罗拉(中国)电子有限公司推出了“沟通宣传周”活动，内容之一就是向员工介绍公司的 12 种沟通方式。比如员工可以通过书面形式提出对公司各方面的改善建议，全面参与公司管理；可以对真实的问题进行评论、建议或投诉；定期召开座谈会，当场答复员工提出的问题，并在 7 日内对有关问题的处理结果予以反馈；在《大家》《移动之声》等杂志上及时地报道公司的大事动态和员工生活的丰富内容。另外，公司每年都召开高级管理人员与员工沟通对话会，向广大员工代表介绍公司经营状况、重大政策等，并由总裁、人力资源总监等回答员工代表的各种问题。

通过这一系列的举措，摩托罗拉公司让员工感受到了企业对自己的尊重和信任，从而产生了极大的责任感、认同感和归属感，促使员工以强烈的责任心和奉献精神为企业工作。

【点评】一般来说，在日常的沟通中我们的交流很难做到平等，这是因为，每个人的背景、身份、年龄、学历和社会地位等都有所不同，“位差”的存在，阻碍着我们的沟通与交流。要想实现定理的“有效”沟通，我们可以建立一个制度化、日常化的沟通规则，即把意见交流列入议事日程；定期开会，召开专门的“意见交流会”等。会上大家人人平等，可以畅所欲言，可以辩论和争议，任何人提出不同意见都不应当受到打击报复。长此以往，公司内部氛围会更融洽，员工更团结，更有利于提升团队士气，改善工作作风。

牢骚效应

凡是公司中有对工作发牢骚的人，那家公司或老板一定比没有这种人或有这种人而把牢骚埋在肚子里的公司要成功得多。

提出者：哈佛大学心理学教授梅约

【案例】松下幸之助的人体模型

在日本，很多企业都非常注重为员工提供发泄自己情绪的渠道。松下公司亦如此。

在日本松下公司，所有分厂里都设有吸烟室，里面摆放着一个极像松下幸之助本人的人体模型，工人可以在这里用竹竿随意抽打“他”，以发泄自己心中的不满。等他打够了，停手了，喇叭里会自动响起松下幸之助的声音，这是他本人给工人写的诗：“这不是幻觉，我们生在一个国家，心心相通，手挽着手，我们可以一起去求得和平，让日本繁荣幸福。干事情可以有分歧，但记住，日本人只有一个目标，即民族强盛、和睦。从今日起，这绝不再是幻觉!”当然，这还不够，松下幸之助说：“厂主自己还得努力工作，要使每个职工感觉到：我们的厂主工作真辛苦，我们理应帮助他!”正是通过这种方式，使松下公司的员工自始至终都能保持高度的工作热情。

日本公司的这种做法被世界许多国家的企业借鉴。在美国有些企业，有一种叫作

HopDay(发泄日)的制度设定，就是在每个月专门划出一天给员工发泄不满。在这天，员工可以对公司同事和上级直抒胸臆，开玩笑、顶撞都是被允许的，领导不许就此迁怒于人。这种形式使下属平时积郁的不满情绪都能得到宣泄，从而大大地缓解他们的工作压力，提高了工作效率。

HopDay 提供了一种给所有人更好的沟通机会的形式，起到了调节气氛的作用。所以，牢骚效应本质上是一种沟通效应，只是这种沟通更多是在员工有挫折感时发生而已。

不论是发泄还是提建议，其本质都是沟通，只要渠道通畅，就能取得好的效果。

(资料来源：https://wiki.mbalib.com/wiki/%E5%B8%83%E6%9C%97%E5%AE%9A%E5%BE%8B

https://wiki.mbalib.com/wiki/%E4%B9%94%E6%B2%BB%E5%AE%9A%E7%90%86

https://wiki.mbalib.com/wiki/%E7%89%A2%E9%AA%9A%E6%95%88%E5%BA%94)

千万别在领导面前耍小性子

国淑

每个人都有小性子，只是聪明的人从来不耍，或者在无关紧要处露了一下，无关大碍。

但有人喜欢在工作中、在领导面前耍小性子，那就有点愚蠢了，只能是聪明反被聪明误。

1

曾经有一个同事，在一个项目论证会上，信心满满地发表了不同的意见，希望能引起领导的重视和采纳。领导比较民主，请大家各抒己见，然后再形成决策。会议结束后，领导安排了计划，所有人就开始执行。

这位同事的意见并没有被采纳，他觉得自己不被重视，甚至觉得领导刚愎自用，于是在工作中态度消极，拖拖拉拉，影响了进度。领导就一句话：“撤职，换有执行力的人。”

无论你的意见怎样，未被领导采纳，你就只能服从和执行。领导一旦拍板决定，下属就只能尽力去完成，不折不扣地执行。如果领导和单位的决策有不当之处，你可以在执行过程中去完善，尽量避免其破坏性。如果耍小性子，执行力打折扣，影响大局，领导就会撤换你。

做好自己的工作，负应负的责任，不埋怨、不发牢骚，不耍小性子，一切就 OK。请记住，单位不是家，领导不是妈，没人迁就你。

2

周挺是公司项目一部的经理，老总交给他一项业务。他觉得此项目是难啃的骨头，花费时间较长，就提出部门奖金比例要高一些。老总说公司有规定，按规定来。周挺说：“这项目费心费力费时，我们项目一部估计这大半年就忙这个项目了，奖金应该高一些，才能带动大家拼命干。”老总没同意他的要求。他竟然耍小性子，回复老总说大家都不乐意干。老总说：“是你不愿意干还是大家不愿意干。你要是管不了他们，我换人来管。”

向领导提要求，这是员工的日常。但不是所有的要求都会被满足，哪怕你认为你的要求很正当很合理，领导也可能拒绝。因为你可能只站在你自己和所在部门的角度，领导则要考虑整体和全局。要求得不到满足就耍小性子，撂挑子，弃大局于不顾，这样的员工，无论你有多大能力，领导都不会用你。你是公司发展路上的绊脚石，不踢你踢谁？

3

赵磊提出了一个新业务拓展计划。老总没批，说时间不成熟。虽然有点失望，但赵磊也没怨言。过了半年时间，一位同事提出了一份差不多的计划，老总决定启动该业务，并让赵磊也参与做副手。这让赵磊觉得老总厚此薄彼，明明自己先提出的计划，最后却给别人当副手。

赵磊心生不满，就拒绝参与。最后该业务很成功，每个人都获得了不错的报酬，赵磊却只能成为旁观者。

开展一项新业务，需要时机，让谁负责领导也会有自己的安排。赵磊却觉得自己受了委屈，把自己主动排除在外。这样耍小性子实在有点幼稚。胸怀是委屈撑大的，身在职场，难免有受委屈的时候，我们要学会忍耐，而不是受点委屈就耍小性子。因为一点委屈都承受不住，你还能成什么大事呢？要成大事，须先有大胸怀大格局。有小性子可以，要把小性子化成干劲用在工作中，而不是任其发泄，成为破坏性的负能量。尤其在领导面前耍小性子，你会输得很惨。因为单位那么多人，领导不可能哄你一个人。

(资料来源：《演讲与口才》2019 年 05 期)

董明珠如何给职场新人系好“第一粒扣子”

侯睿哲

“格力不会直接给你高薪，但会直接给你创造高薪的平台。未来什么样子掌握在你们自己的手上。我只提供平台、提供机会，谁能抓住机会，谁就能走上这个平台，一切取决于你们自己。”这是格力电器董事长董明珠对 2019 届 2000 多名新入职的大学生开讲“第一课”，言之殷殷地帮助他们系好了职场的“第一粒扣子”。董明珠能言善道，并且妙语如珠，要言不烦，让人有一种“听‘董’一席话，胜读十年书”的感觉。

老是觉得自己怀才不遇，其实你根本就没才可遇

谈到一些自诩“怀才不遇”的人，董明珠说：“我认为老是觉得自己怀才不遇的人，其实就是一个没才的人，你根本就没才可遇。世界这么大，总有你的舞台，你不愿意吃苦、不愿意吃亏，就失去了成才最基本的条件。我曾经讲过：一个人的心胸有多大，他的事业就有多大。别以为自己很牛，真觉得自己很牛，拿工作结果出来看，这比你吹一万次牛更有说服力、更能得到公司的认可。如果整天只想着一些不切实际的‘大事’，不仅雄心壮志实现不了，连面前的饭碗都有可能保不住。不要总是穿着眼高手低的‘外套’，这种没有实际意义的妄想该脱就得脱。”

职场中总是有一些人自诩不凡，将自己的不成功推诿给时机、环境，一边向别人吹嘘着人生大计，一边感叹自己多么怀才不遇。董明珠一针见血，直击要害，老觉得自己“怀才不遇”的人都是眼高手低的空想家，没有最好的时代，但能做最好的自己，在感叹“不遇”之前，先审视一下自己是否拥有足够的才华。

懂得感恩，没有什么应不应该

谈到企业里的人情世故，董明珠说：“家里有困难别怕，公司会帮忙解决，但没有应该不应该，要懂得感恩。我们有个新员工的父亲查出脑瘤，需 5 万元钱做手术，他还没有积蓄，请假匆匆回去。同寝室的人将他的情况告诉领导，他前脚回家，公司后脚拿钱送到他家。不是钱不钱的问题，而是一种温暖和凝聚力。但是，人情世故不能代替规则制度，制度在墙没有偏袒。我们有一个老总从广西带来一个人，专门负责开票，想给谁开就给谁开。这个人自以为有后台，他就可以为所欲为。所有的人都不敢得罪他，都是察言观色在办事。我知道后马上对他的账目进行了清理，根据发现的问题作了严肃处理，并在全公司通报。我这一通报别人就在想，董明珠好厉害，老总带来的人她也敢搞，在全公司都引起了反应。”

职场中，如何认识人情世故和规则制度，董明珠以案说法、以例明理，团队管理永远是制度第一、人情第二。制度大于总经理，制度面前人人平等，必须消灭人情味，如果把人情和制度混为一谈，公司的执行力就会大打折扣。所以员工首先要敬畏规则制度。而作为制度执行者，又必须懂得人性，需要有拉近员工的人情，才能保证制度更好地执行。这也就要求员工懂得一个道理，帮你是情分，不帮你是本分。得到帮助和照顾，需要知恩感恩。

再响再爽的马屁也顶不上出色的工作成果的十分之一

谈到职场上的“马屁精”，董明珠说：“我最不喜欢手下员工拍马屁，我要培养一批敢讲真话的人，我不希望大家成为都说好听的、吹牛拍马屁的人。马屁少一点，我相信再响再爽的马屁也顶不上你出色的工作成果的 1/10。我对人的要求有三点：第一要忠诚，第二要有奉献精神，第三要讲诚信。如果这几个最基本的要素不具备，他的能力再强，对企业来说可能是埋了一颗定时炸弹。我在格力倡导的文化就是忠诚，看到韩剧里面的警察见面打招呼就是互相说‘忠诚’。我希望以后格力的员工见面也这样打招呼，从而形成格力独特的文化。”

拍马屁和讲忠诚是截然不同的，董明珠援引表意，正言昭人，要想获得领导的信任，是要拿成绩来证明自己，而不是花言巧语、溜须拍马。忠诚是一种信仰，是一个人自身的品牌。正如马云所说：“忠诚是你在公司存在的保命钱，就是依靠好的业绩和信誉。没了忠诚，就算你再牛，对公司来说什么都不是。”

请别再说“我没有功劳也有苦劳”

谈到吃苦，董明珠说：“别见人就说你有多苦，说久了一定会成为公司里最苦的那一个，苦了这么久还拿不出解决办法，只能说明你不是智商有问题就是情商有缺陷，因为没人在乎你苦的过程，只在意你得意的结果，包括你自己。请别再说‘我没有功劳也有苦劳’。请你记住，苦劳是企业的一种负担，它会让企业慢慢消亡，功劳才是你存在的条件和价值。对自己狠一点，逼自己努力一把，再过五年你将会感谢今天发狠的自己、恨透今天懒惰自卑的自己。我们不能只想着为自身争取多少利益，我们要去想能为社会贡献多少价值。别为小钱纠结，你那三块五毛二没人在乎，太在乎小钱的人将一辈子为小钱发愁，因为小钱思维对你来说会很容易成为习惯。把钱放在第一位的人只能赚眼前的钱，赚不到以后的钱，只有把事业放在第一位的人才能赚一辈子的钱。”

作为一名职场人，需要正视“苦劳”，董明珠鞭辟入里，指点迷津，要谨记一个“结果原理”，靠结果生存，而不是靠理由生存。企业需要的是员工劳动的结果，而不是劳动，劳动的结果才是最终的价值，也就是说，功劳是价值，苦劳不是价值。因此，为了功劳而承受一些委屈和压力，付出一些苦劳，都是正常的事情，不能只去关注自认为“痛苦”的点，而应该把注意力放在如何创造更大价值上。

董明珠既像一位循循善诱的长者，又像一位知心大姐，她用朴实无华却深刻隽永的道理告诉员工，传奇是干出来的，一切还得靠自己！

（资料来源：《演讲与口才》2019 年 23 期）

第七章　精准沟通

学习导航

个人生活、工作生涯中的每一次沟通都是一次真实的过程。它们是在一个个具体的场景下，与一个个鲜活的人进行的不同背景、不同目的的双向交流。它们不同于书本上的案例，不同于流传在业界的传说，它们就是那样普普通通，又琐琐碎碎地摆在你面前。你会发现，你对当下所面临的沟通场景好像有点熟悉，但又无从下手；好像能找到学过的对应技巧，但又有点无从发挥。那么，在这一章你或许能够找到答案。这一章，我们用概述的方式，锤炼沟通繁杂的知识与技巧，帮你从沟通的内在机理上获得精准沟通的能力。或许你会问："既然是这样，那么我们为什么一开始不从这一章学起呢？"你一定听过那句名言："有了量的积累，才会有质的飞跃！"是的，同学们只有了解并掌握了一定量的沟通常识，才能高屋建瓴、四两拨千斤地抵达精准沟通。

第一节　精准沟通框架

学习目标

(1) 明确沟通的核心要素，建构精准沟通框架。

(2) 确立精准沟通目标。

(3) 准确判定沟通对象。

(4) 确立高效的沟通内容。

游戏引导

活动目的：变不可能为可能，增强参与者的信心，发现自身的潜力，培养敢于尝试、积极探索的精神。

活动准备：一张座椅。

活动步骤：

(1) 挑选一位块头最大、体重最重的参与者。

(2) 再挑选出 4 位身材瘦小、体重最轻的参与者。

(3) 请这位重量级的参与者坐在椅子上，要求 4 位轻量级参与者，每人只准动用自己的一到两根手指，合力地将椅子上的"重量级"参与者抬起来，并至少坚持 1 分钟。

(4) 教师巡视、鼓励、保护。

游戏感悟：

(1) 你在游戏的过程中有什么感想？你当时认为 4 位轻量级选手能成功吗？

(2) 在获知游戏内容后，你认为这是不可能完成的任务吗？

(3) 你觉得在抬椅子的时候，4 位"轻量级"参与者利用某种技巧或方法了吗？

____

____

一、沟通中的三个核心要素

大家还记得我们在第一章学习“沟通概述”的时候向大家展示的沟通过程模型(见图 7-1)吗？通过这张图，我们了解到沟通的八大要素：沟通目标、信息发送者、信息编码、信息接收者、信息译码、信息渠道、信息反馈、信息噪声。这些要素在每一次的具体沟通中都以自己的方式出现在沟通场景中，但是它们在沟通中的地位可不一样，其中三个为核心沟通要素，构成了最精练的沟通模型(见图 7-2)。

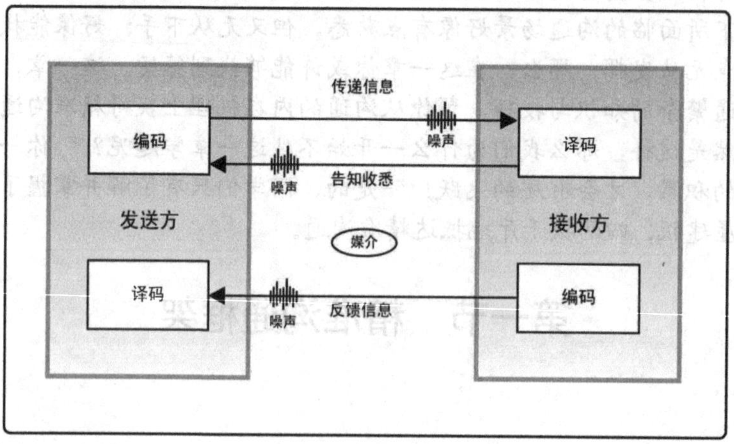

图 7-1　沟通过程模型

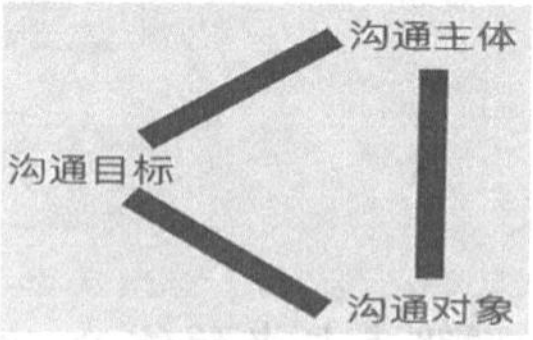

图 7-2　三核心要素沟通模型

1. 沟通主体

任何一次有效的沟通、精准的沟通都应该是有设计的沟通，而这个经过设计的沟通一定是始于信息发送者，也就是沟通的主体，所以沟通要素中的第一要素，一定是沟通主体。

2. 沟通对象

那么能够决定这次沟通最后是否成功的另外一个重要因素，就是信息的接收者，也就是沟通的对象，或者叫沟通的客体。因为如果没有沟通的具体对象，你的沟通再好也不能达到沟通的目的，只能是自言自语的自我表演。

3. 沟通目标

在沟通中还有一个核心要素，就是刚才提到的“沟通目标”。是的，所有的沟通都是为了达成一定的“目标”才开展起来的，没有目标的沟通不能称其为沟通，充其量是闲聊。从这个意义上来说，是先有 “沟通目标”，才有了后面的沟通主体与对象，才有了具体的沟通行为。

以上就是沟通中最核心的三要素。所有的有效沟通、精准沟通都在其架构下。每一次沟通，我们都需要在头脑中建构这个模型，从这三个沟通核心要素入手，做好沟通的基础与实质性工作。

二、核心要素的沟通对应

1. 沟通目标

沟通目标是什么？沟通目标是整个沟通行为的灵魂。沟通行为之所以能开启，就是因为沟通主体有具体的需求。每一次沟通之前，沟通主体都应厘清本次沟通的目标是什么。只有拥有明确的沟通目标，沟通行为才能有方向、有保障，不然沟通就变成了漫无边际的茫然与迷雾。

1) 确认自己的利益诉求，找到自己想要的目标

我们在沟通之前一定要用一定的时间，清楚、准确地确认自己的利益诉求，也就是你到底想要啥？想通过这次沟通达到什么目的？是传授知识、发布指令、卖出产品、寻求支持、获得理解、建立情感、达成共识，还是其他什么。对此，你必须特别清晰、特别明确。因为只有目标清晰明确，你才能在具体的沟通行为中获得理性的、清晰的指引。

2) 修正双方的沟通行为，锚定自己的目标

在现实沟通行为中，往往有很多干扰因素阻碍沟通顺利进行。这种阻碍可能是双方认知上的，也可能是表述水平与理解能力上的，还可能是情绪对抗上的。总之，在真实的沟通行为中，你也不知道为什么明明下了决心要好好沟通一番的沟通场景，最后却变成了不欢而散，或不明所以。那是因为在沟通的过程中，你忘记了你的沟通目标。在具体沟通中，我们要时刻牢记自己的沟通目标，并在沟通进程中不断地把偏离目标的行为拉回正轨，让目标消除分歧，让注意力回归正轨，这样才能保证有效沟通。

案例分析 7-1

老李和小张是楼上楼下的邻居，但最近因为噪声的事两家闹得很不愉快。

老李是一家家具卖场的销售主管，今年 50 岁。为了方便和自己居住的 80 多岁的老妈上下楼，他特意买了这个小区的一楼住宅。本来一直住得很开心，老李也在每天安顿好老妈后正常上班，但自从小张一家三口搬来后，一切被打乱了。

小张和爱人 30 岁出头，都在银行工作，他们有一个 6 岁的小男孩，前一阵因为想改善居住条件，就千挑万选，最后买了这个在老李家楼上的二手房。经过一番简单装修，一家三口就高高兴兴地入住了，可是没想到，刚入住没几天，楼下的老李就好几次敲他家房门，说他家声音太吵了，影响他们休息。一开始，小张家还能表示歉意，但随着老李找得频繁，小张家也不胜其烦，态度就有些不好，结果导致两家打了起来。

就这样，两家找到物业，想让物业帮忙解决问题，可是到物业之后，两家说着说着，又吵了起来，现场相当混乱。

那么，他们的问题究竟出在哪里了呢？

他们的问题就出在没有让“沟通目标”锚定自己的沟通行为。

他们来到物业，就是想寻求解决问题的办法，这就是沟通目标。具体地说，老李就是想达到无噪声，小张就是想达到不被老李找。但是在沟通过程中，双方再次沉浸在自己的情绪中，完全忘了自己是来解决问题的，而不是来打架的，如果他们在沟通中能一直用目标来匡正自己的行为，那就不会打起来，也就不会浪费这样一次沟通机会。

当在沟通的过程中，出现了情绪干扰等问题，导致对话不能愉快进行时，我们就可以通过锚定沟通目标来强化这次沟通，让话题重新回归理性轨道，具体可以用“不是……而是”句式来表述。

例如：

老李：“小伙子，你别激动，咱们今天来这，不是为吵架的，而是为了解决问题的。”

小张：“老大哥，您别生气，咱们今天来这，不是为吵架的，而是为了解决问题的。”

物业：“两位都别激动，消消气。咱们两家今天来这，不是为了吵架的，而是为了解决问题的。”

在这个具体表达中，同学们需要注意锚定目标，把话题拉回正轨时要使用陈述句，不能使用反问句，因为反问句有责问的口吻，容易激化矛盾。

例如：

老李：“小伙子，你别激动，咱们今天来这不就是为了解决问题的吗？”

小张：“老大哥，您别生气，咱们今天来这里是为了吵架吗？不是为了解决问题吗？”

物业：“两位都别激动，消消气。咱们两家今天来这难道不是为了解决问题的，而是为了吵架的吗？”

3) 打造美好的共同目标，营造和谐的沟通氛围

以前文老李和小张家的矛盾为例，两家如果都只站在自己的角度看问题，那他们之间的问题永远也不可能得到解决。谁也不想让步，谁也不想受委屈，最后的结果只能是矛盾升级，两家的关系恶化，最后演变成极端行为或事件。

如果有一方让步，事情是不是就能得到有效的解决？也不是。这种以牺牲一方诉求为代价的让步不仅不能让事情得到解决，还会为事情的极度恶化埋下隐患。人都是有自己的诉求的，如果完全被剥夺了这种权利，那这个人不论在物质层面还是在精神层面都会出现失衡的反应，失衡严重的，必然会引发极端行为。因此，以牺牲一方利益来解决问题是绝对不可行的。

其实，真正好的沟通一定是让双方共赢的沟通。那么在一开始的沟通目标设定中，我们除了厘清自己的需求外，还要充分考虑对方的利益，打造一个充满友善的共同愿景。光是这样的一个共同的愿景，就会让沟通的对象放下戒备的心。

案例分析 7-2

我们在第三章学习生动表达时，曾经在表达技巧方面向大家举了一个例子，就是著名的黑人领袖马丁·路德·金在《我有一个梦想》的演讲中使用“描述”的技巧为现场听众

呈现了一个可以感受到的场景。

我梦想有一天，在佐治亚的红山上，昔日奴隶的儿子将能够和昔日奴隶主的儿子坐在一起，共叙兄弟情谊。

我梦想有一天，甚至连密西西比州这个正义匿迹、压迫成风的地方，也将变成自由和正义的绿洲。

我梦想有一天，我的四个孩子将在一个不是以他们的肤色，而是以他们的品格优劣来评价他们的国度里生活。

我今天怀有一个梦想。

现在，我们再次把这一段呈现在同学们面前，这一次不是作为表达的技巧，而是作为美好的共同愿景目标展示给大家。

马丁·路德·金的这次演讲是于 1963 年 8 月 28 日在华盛顿林肯纪念堂发表的，其内容主要是关于黑人民权平等。这次演讲对美国甚至全世界影响都很巨大。

在相当长的一段时间里，马丁·路德·金仅只有少数的追随者，他所面对的对手，是强大的美国联邦政府和普通的南方白人。这些人在南方许多地方居于多数，在市议会中占据支配地位，其中一些人同时还是权力机构的执掌者或执行人。这里面包含着麻木、冷淡的多数人和一些激烈行为(爆炸、刺杀、恐吓等)的少数人。马丁·路德·金就是在这样复杂、不利的背景下，在 25 万人的注目下发表了这次演讲。

马丁·路德·金并没有用指责的话语，剥夺白人的现有利益，而是用充满愿景似的场景描述构建了美国白人和黑人拥有更加和睦关系的共同目标，从而赢得了绝大多数普通但也善良的白人的心。这就是构建美好的共同愿景目标的好处，它更有利于我们达成沟通共识。

课堂练习 7-1

回到老李和小张的问题，请同学们选择一方，以这一方的口吻创设这次沟通的美好愿景目标，以帮助老李和小张在更友善的氛围下沟通，尽快达成共识。写下你的想法，并说出来。

____

____

____

____

2. 沟通关系

这里的“沟通关系”是指在沟通具体行为中，沟通主体与沟通对象由于所扮演的角色不同、所处沟通权利的位置不同，造成的沟通关系不同。为了有效、精准地沟通，在沟通中，沟通主体应从以下三个方面了解、改善、构建积极的沟通关系。

1) 明确两者之间的权利构成

沟通主体与沟通对象在沟通行为中的权利占有并不一定是均衡的。有的时候，权利的主体在沟通主体一方；有的时候，权利主体在沟通对象一方；还有的时候，双方都拥有一定的权利。当权利主体不同时，在沟通行为中，相对应的有效、精准沟通策略也不同。因此，明确、清晰目标后，还要判定沟通主体与沟通对象之间权利主体份额。

(1) 权利主体。

所谓权利主体，实际上就是指在具体的沟通行为中，谁说了算。

(2) 沟通对象为权利主体。

沟通中，当沟通对象拥有权利时，也就是说，沟通主体的沟通行为最后能不能得到认可，完全由沟通对象来决定。那就提示我们，在沟通中要把自己的沟通内容调整为尽最大的可能给对方施加影响，尽力说服沟通对象。比如，向上级领导请求资源、售货员销售商品、游说你的家长给你买最新款的电子产品等，都属于沟通对象为权利主体。

(3) 沟通主体与沟通对象都不是权利主体。

在实际沟通中，有的时候，沟通主体和沟通对象都不是这次沟通的权利主体。比如，你所在的销售部和售后部因为争夺公司分配的资源起了争执，双方都想获得领导更多的资源分配，但资源的数量是有限额的。这时候你们双方的直接沟通不会起任何作用，因为权利不在你们中的任何一方，权利在你们的上级领导手里。因此，这个时候对应的沟通策略应该像辩论一样，辩论给上级领导听。记住，辩论不是压倒对方、驳斥对方，而是最大限度地影响领导，扩大你们在领导心中的位置，领导自然会为你们分配更多的资源。

(4) 沟通主体与沟通对象都拥有一定的权利。

在沟通中，如果沟通主体和沟通对象都拥有一定的权利时，在具体沟通行为中就能通过谈判的策略来达到合作共赢。比如，前文中提到的老李和小张，两个人在沟通行为中都有自己的权利主张，因此，只能是通过谈判的方式，达到彼此的利益诉求。再如，商业购买，你到商场去买衣服，你和店员之间的讨价还价，其实就是因为你们双方都有一定的权利，所以才能通过讨价还价的方式达到彼此最大的利益诉求。

2) 建构两者之间的有效联系

沟通主体一定要在沟通一开始的时候就和沟通对象建构良好的氛围，让对方第一时间认可你、喜欢你。因为在沟通行为中，如果沟通对象认可你这个人，那么，他通常也会认可你说的话，类似于“爱屋及乌”。

(1) 找到、创造和沟通对象的正向联系。

人们都喜欢和自己志趣相投的人交往，这是人的本性。因此在沟通中，如果你能让对方感觉到你和他志趣相投，那么恭喜你，你在第一时间赢得了对方的好感。那么我们从哪些方面找到或者创造和沟通对象的正向联系呢？

案例分析 7-3

(一)

在和顾客的攀谈中，销售员小张得知顾客的父母是内蒙古人，便开心地告诉顾客自己也是北方人，而且老家离内蒙古很近，以前上学的时候还去内蒙古旅游过。就这样，小张和顾客拉近了距离，在愉快的氛围中双方聊了很久，小张也在聊天中进一步获得了顾客更多的喜好、需求等信息，并结合这些信息，给顾客以更为合理的建议。顾客对小张的服务非常满意，小张也顺利地完成这次销售。

（二）

王东岳去参加公司的团建活动，但由于去晚了，所以被主持人随机分到了人数较少的团队。王东岳一看团队中的成员虽然都是一个公司的，但由于公司规模大，部门之间的互动又很少，所以这里根本没有他认识的人，他感到有些尴尬。在自我介绍环节，王东岳注意到团队里有一个男同事说自己的星座是“狮子座”，同为“狮子座”的他马上抓住机会在介绍自己时说道：“非常开心在这里能遇到大家，而且还能遇到另外一只‘狮子’……”在同组队员的笑声中，王东岳迅速地融入了这个团队，并在后续的活动中始终和另外那只“狮子”保持着很好的互动。

上述两个案例其实有一个共性，就是当事人都在积极努力找到并创建和对方的正向联系。请同学们结合材料来谈一谈他们是怎么做到的。

____

____

____

寻找共同点的具体方法如下。

① 寻找双方工作上的共同点。例如，共同的职业、共同的追求、共同的目标等。

② 寻找双方在生活方面的共同点。例如，共同的国籍、共同的生活经历、共同的信仰等。

③ 寻找双方在兴趣、爱好上的共同点。例如，共同喜欢的电视剧、体育比赛、国内外大事等。

④ 寻找双方共同熟悉的第三方。例如，都认识同一个互相认可的人等。

⑤ 创设双方穿着打扮的共同点。例如，依据对方的职业、嗜好等也穿着和对方趋同的服饰。

在构建与沟通对象正向联系时，要做好充分的事前准备，多了解沟通对象的个人经历、兴趣爱好等细节，这些很可能是取得沟通突破的关键。

(2) 多运用赞美语言，赏识沟通对象。

很多沟通障碍实际上来源于沟通对象一些心理上的需求和关切未得到满足。比如说，我们每个人都希望获得别人的认可，都希望得到别人的赞美，都希望自己在一段关系中处于主动、主导地位，都希望自己有更多的话语权等。这些，有的会在沟通中外化出来，比如“说个不停”“愿意插话”，有的会隐藏在自己的潜意识下。如果在沟通场景中，你能有效地激活沟通对象的心理需求，并给予满足，那你就会迅速赢得对方的好感，接下来的沟通就会顺畅很多。

初次见面有一个特别有名的“七秒钟效应”。初次见面的人会在七秒钟的时间内把你从头看到脚，从而对你产生第一印象。接下来，你开口的第一句话，就又是一个“七秒钟”。因此，我们在与别人沟通时一定要牢牢记住这个“七秒钟”，要让每一次的“七秒钟”都发挥最大的效力，最好的、最经济、最省力的办法就是赞美、赏识对方。

因为是在具体的沟通行为语境下，所以赞美赏识时要注意以下几方面。

① 赞美、赏识的原则。

- 真诚：真诚的赞美会激发沟通对象的内在需求，会让对方感觉愉悦、放松。

- 适度：在刚一见面时、沟通过程中、沟通结束后，适时、适度地使用赞美，较为恰当。不建议时时、处处赞美，糖给得太多，不仅不甜，还会损坏牙齿。
- 具体：从具体事件入手，更容易打动对方。比如，你事先了解过对方曾经取得的成绩，那么你用这件事赞美他，就远比空泛地说“您是特别有建树的人”来得有力。

② 赞美、赏识的具体方法

a. 从小事赞美对方。

例如，“你这衣服的纽扣真好看！”“错了一点点，你就重新抄一遍，真是认真。”

b. 以第三者口吻赞美对方。

例如，“他们都说你人很好！”“听你们班主任说，你的口才很好！”“刘老师，同学们都说喜欢上您的英语课。”

c. 有意将对方的优点公布于众。

例如，“大家看！汪睿又有一个新创意。”“告诉大家一个好消息，蒋宇又获奖了！”

d. 注意以赞美对方隐藏的优点。

例如，“你不但漂亮，而且细心。”“没想到你的字也写得这么好。”

e. 注意赞美对方新近的变化。

例如，“最近你的皮肤变白了。”“最近你的数学进步很大！”

f. 注意以非语言方式赞美对方。

例如，用眼神、点头、竖大拇指来赞美对方。

g. 赞美对方心理上的优点。

例如，赞美他人品好、能力强、有才华、有气质、性格好、聪明、有耐心、细心、有同情心、很善良、善解人意、有智慧、有风度等。

h. 赞美对方生理上的优点。

例如，赞美他人漂亮、帅气、苗条、高大、秀美、白皙、健康等。

i. 赞美与对方相关的人或事。

例如，赞美他人的服饰样式、颜色，或者他的妻子、孩子等家人。

j. 赞美他的缺点。

例如，对胖女士说：“你很富态。”对瘦女士说：“你很苗条。”对不胖不瘦的女士说：“你的身材正好。”对于苛刻的人说：“你是一个很认真的人。”对于散漫的人说：“你这个人很随和。”

诗人布莱克曾经说过：“赞美使人轻松。”生活在社会中的每一个人，都希望得到他人的赞美。赞美往往会激发听者的自豪感和自信心，使听者了解自己的优点和长处，认识自身的生存价值，并拥有美好的心境。

赞美别人是处世交际最关键的课程之一。假如你还没有认识到“赞美”的重要性，假如你还不愿意、不会或者是不善于赞美别人，那么你就还不能算是一个聪明成熟的人。赞美他人并不是虚伪，而是一种生活的艺术。

(3) 给对方自主选择的控制感氛围。

在沟通中，沟通主体要尽可能多地给对方一种自主决定的氛围，要让沟通对象有现场的控制感。要让对方充分感觉到是“他觉得”，而不是“你觉得”。给对方建议或反馈时要提供选择项，选择是对方作出的，这会让沟通对象觉得自己在把控沟通。此外，在和上级争取资源、汇报情况时，提供有选择的方案，更容易获得领导的认可与赏识。不要让领导具体指示做什么，而是给出多个方案，让领导选择你能做什么。

课堂练习 7-2

请同学们仔细阅读下面的话，并根据第一反应，第一时间作答。

假如你进了一家西餐店，点餐后，服务员问了一句：“甜品要什么？”

你的第一反应回答是：________________

假如你进了一家西餐店，点餐后，服务员说：“甜品有抹茶冰激凌和杧果草莓慕斯，您要哪一个？”

你的第一反应回答是：________________

心理学家研究发现：我们的行为很容易受到问题的影响，当你给出合适的选项时，对方往往都会从中选一个。至于这个选项的设置则是非常有讲究的，你看出其中的奥秘了吗？

3. 沟通内容

沟通内容是沟通目标与沟通主体、沟通目标与沟通对象的双向对应。成功的沟通内容应满足两方面的利益诉求：既基于沟通主体的沟通目的，又不损害沟通对象利益或者满足沟通对象部分利益。基于此，沟通内容可以从整体结构和具体操作两个部分入手。

1) 整体结构上

(1) 主题意识明确。

要始终清晰地标注出沟通中的核心，能用概括的方式把你要表达的内容精练成一段话、一句话、几个关键词，并在头脑中牢牢地记住。概括的具体方法可参看第三章复述技巧部分。

(2) 遵循一个逻辑顺序。

把自己的沟通内容嵌套在一个固定的逻辑顺序里，保持沟通内容的一致性，让沟通对象在思维上不用来回切换，降低大脑消耗，从而配合沟通。

具体方法可采用因果顺序(先原因，后结果/先结果，后原因/原因——结果——原因)、分类顺序(时间顺序、空间顺序、操作顺序)，参见第三章第三节“思维与思路”部分。

2) 具体操作上

高效的沟通内容可以从三个方面组建：信息、情感、思想内容。

(1) 以数据事实作为沟通内容的核心要义。

数据、事实是沟通的基础。没有数据，就没有信息，没有信息，谈何沟通。

工作沟通中基础的内容一定是相关的数据与事实。只是我们需要谨慎地选择关键的、准确的、最新的数据，否则会因为数据的泛滥或失真，让沟通活动失去有效的基础。

对于无法或难以量化的事实，需要准确地定性、评价。尤其是趋势性事实，容易使人陷入想入非非之中，在沟通中应该通过比较、基准的方法等手段予以“量化”。

(2) 以关注对方情感情绪为沟通内容的辅助要义。

情感情绪包含积极和消极两方面。积极方面如管理者对组织成员的关心，对优秀员工的表扬与激励，对犯错误员工的宽容和鼓励等；消极方面如对懈怠员工的批评与指责，对犯错误员工的讽刺和歧视等。

组织内部沟通中，优秀的管理者无一例外都是优秀的激励者。他们善于通过沟通，传达对组织的深厚情感，描绘组织光明的前景，从情感上影响员工，从情绪上将员工调动到组织需要的工作方向上去。

外部沟通中对情感的建造更有利于促成合作，达到双赢。具体办法可采用前文讲过的“赞美、赏识”和“寻找双方共同点”。

生活沟通中基础的内容一定是情感方面的。即使求人办事沟通，也得情感先行。

(3) 思想观念是沟通内容的有力依托。

思想观念如工作思想、思路、方法，工作制度、流程、举措等，这种沟通内容更多地传达着组织的某些策略、定位和文化，对具体工作具有指导意义。

真正高效的沟通内容，应该是上述三类内容的有机结合。既有数据事实支撑，又有思想观念指引，还有情感情绪依托，体现为人、事、情的融合，也可以说是法、理、情的结合，这样便从内容上奠定了成功沟通的基础。这一点非常重要，现实中的低效、无效沟通，就是缺乏这个内容组合导致的。说话说不到点子上，其实就是缺了关键内容的画龙点睛。

课堂练习 7-3

王旭童是某中等职业学校二年级的一名住校生。她平时在学校和班级表现普普通通，既没有为班级积极挣得过荣誉，也没有为班级抹过黑，但最近几天她却很烦恼。原来这个月的月末假临近了，王旭童想提前请一天假回家，这样就能赶上和父母一起去参加亲戚家哥哥的婚礼了。但是，班主任老师特意在前几天就强调要保障班级出勤率，学校有规定，没有极特殊情况不能请假。而且，之前以各种理由找老师请假的同学也都被老师拒绝了。

请你从这一节的课程内容入手，首先梳理此背景下的沟通核心要素关系，利用精准沟通模型，分析三要素之间的关系，清晰地拟定沟通目标，设计出沟通内容吧。

____

____

____

第二节　精准沟通对应策略

由于沟通主体与沟通对象在具体沟通行为中所处的权利位置不同，所以对应的具体沟通策略也不同。了解掌握在不同沟通权利主体下，灵活运用有效沟通技巧非常必要与重要。“对症下药”“量体裁衣”是真实沟通行为的不二法宝。

学习目标

(1) 掌握提问、说服、辩论、谈判等沟通技巧。

(2) 能根据沟通中的权利主体，运用不同的沟通技巧，助力沟通。

(3) 培养自信、自主、积极、合作的沟通态度，在实现个人利益的同时，满足组织和他人利益。

一、有效提问，助力沟通

不管是在哪种沟通情境下，都要首先掌握提问技巧。因为掌握并运用提问技巧，才能在沟通过程中，最大限度地探寻、收集、了解沟通对象的信息和需求，才能在纷至沓来的庞杂信息中找到最有价值的金沙，从而在下一步的沟通中作出正确的判断与取舍。

从提问方式上来说，沟通中通常有两种提问方式。

1. 封闭式提问

封闭式提问就是可以直接用“是”或“否”来回答是非式提问。这种提问方法通常用来确认信息。

例如：

小王问小李：“你昨天是没上班吗？”

小李回答道：“不是啊。”

“你是警察吗？”

“不是。”

这些都属于封闭式提问。需要注意的是，封闭式提问只适合确认信息，却不适合用来收集信息，因为这种提问方式是典型的直线思维，不能有效地引导沟通对象进行思维发散，不能提供更多有价值的信息；另外，这种提问方式，提问的同时，通常隐藏着提问者的主观判断。

例如：

“你怎么没去？是不舒服吗？”

“你今天迟到是又起晚了吗？”

在提问的同时，已经把自己的主观判断及个人情绪包含在里面了。在具体沟通中，如果大量使用这种封闭式提问方式，就容易引起对方的反感，因为这是从自己的经验和已知的预设出发进行的询问，让对方有一种被审问和被责备的心理。

2. 开放式提问

提出的问题是不可以用“是”或者“不是”加以回答的，必须给别人具体信息，这种是开放式的问题。比如说新闻记者深谙此道的那些问题，常见的：为什么？是什么？怎么样？在哪里？什么时候？这是开放性的问题。

例如：

“你今天早上吃什么了？”

“吃包子和小米粥了。”

这样的提问方式你不能回答“是”或“不是”，必须得给出具体信息。

再如：

“你为什么没去啊？”

“因为家里临时来了客人，实在是脱不开身，所以没办法，我就给小李发微信告诉他我去不了了。”

这样的开放式提问方式能获得更多、更准确的信息。因此，在沟通过程中，在了解沟通对象的需求、态度、困境及隐藏信息时，要多使用开放式提问方式。

此外，这样的提问方式，除了能获得更多的信息外，其实也包含着沟通主体对沟通对象的尊重。因为这样的提问方式通常能引发沟通对象按照自己思维方式、言语习惯去表述他自己的立场、态度及个人经历。这是沟通对象的主动表述，他在沟通过程中的话语权得到了充分的保障，因此，他的心理需求在一定程度上得到了满足，这更有利于沟通目标的实现。

因此，在探寻沟通对象利益、需求、真实意图时，请保持使用开放式提问。

3. 开放式提问的具体方法

案例分析 7-4

10 岁的儿子最近迷上了电子游戏，每天都缠着妈妈要求玩电子游戏，妈妈不胜其烦，最后两人决定坐下来好好谈一谈。谈的过程还比较顺利，妈妈给孩子讲了玩游戏的危害，孩子也表达了自己想了解游戏以及和同学交流时有话语权的愿望，并保证在家长的允许下、有限度地玩游戏。最后两人就一次玩游戏的时长发生了争执。

妈妈：好吧，那我同意你玩游戏。你打算一次玩多长时间？

儿子：谢谢妈妈。一次一个小时吧。

妈妈：什么？一个小时！你想什么呢？能让你玩就不错了？不都和你说玩游戏的危害了吗？还一个小时？你咋想的！只能是半个小时！

儿子：半个小时？！妈妈，那根本就不够！

请同学们思考这个沟通出了什么问题？

上文中沟通的不当之处在于，妈妈没有通过足够的提问收集信息，就已经进入了沟通争议阶段，这直接导致沟通中对抗情绪的产生，以致之前达成的友好沟通氛围及沟通成果被破坏殆尽。

通过开放式提问来收集信息有两种：横向提问和纵向提问。

1) 横向提问

对对方的利益信息进行横向收集，保证所有的重要信息都没有遗漏，它的标准提问句式是："还有别的吗？"当然，这句话有很多变化的提问方式，比方说，"有什么遗漏吗？""有什么要补充吗？""还有什么要说的吗？"这其实在本质上都是问："还有别的吗？"

回到刚才的案例，如果当妈妈听到孩子说"一次玩一个小时"时，不是马上火冒三丈，而是通过横向提问，来更多地了解孩子的心理需求，那这次沟通的效果可能就不仅仅局限在如何玩游戏上，而是通过这次沟通更多地看到孩子内在的需求。

妈妈：好吧，那我同意你玩游戏。你打算一次玩多长时间？

儿子：谢谢妈妈。一次一个小时吧。

妈妈：哦，一个小时。还有别的吗？

儿子：别的嘛，嗯，我就是希望我在玩的时候你们能不叫我。

妈妈：嗯，那还有别的吗？

儿子：我希望，我玩完游戏后你们能笑眯眯地看着我，而不是挂着脸，那样我会很难受，感觉自己玩游戏好像很对不起你们。

妈妈：哦，那还有别的吗？

儿子：没有了，就这些。

妈妈通过一次次横向提问，获得了更多关于孩子情绪、情感等方面的信息。在儿子的言语背后实际上表达的是希望得到父母的认可与爱意，希望父母不要把玩游戏和爱作为交换筹码，同时也在一定程度上反映了这个家庭以往亲子模式的误区。这样的信息收获远远大于之前的沟通预期，因为这是相当于和孩子做了一次深层次的内在交流，会让孩子与父母建立起更安全的信任。

因此，在沟通中，如果你问："还有别的吗？"你就会发现，原来还有那么多隐藏的信息被你忽略了，甚至你一直都不知道它的存在。在商业沟通中，横向提问更是对相关利益信息的收集，当足够多的信息出现时，你就可以发现，可以洽谈、沟通的内容真的很多。

找工作时，薪酬是沟通主体与客体都最看重的一部分，但如果只把眼光局限在薪酬的具体数额上，你可能就失去了更多的可能。因此，当对方给出薪酬的具体数值时，请你不要着急作判断，是超出你的预期太低了，还是太高了，而是要问问"还有别的吗？"可能在你的横向提问中，就了解到公司更多的信息，然后再作具体的分析、判断。

在商业谈判上也是如此。如果谈判双方只就定价拉扯，双方就在一个点上长期纠结，那么那些能创造更大价值增量的可能，就很可能在价格的你来我往中被忽视了。

因此，当沟通对象的意愿还不足够明朗时，沟通主体应尽可能地保持横向提问，这样才有利于沟通对象展现更多的重要信息，为你做下一步的沟通调整提供足够的信息支撑。

2) 纵向提问

除了能获得更多信息的横向提问外，还有一种提问的方法，它能够更深入地挖掘信息的内涵，这就是纵向提问。如果说横向提问是就信息的广度搜寻，那纵向提问就是对信息的深度进行锤炼。它像一条纵深的直线，不要求覆盖广，而要求挖得深。纵向提问的标准句式也非常简单，就是：为什么？

我们再次回到妈妈和儿子因为玩游戏沟通的场景中，还原刚才那个情景。

儿子：谢谢妈妈。玩一个小时吧。

妈妈：哦，一个小时，那你能说说为什么要玩一个小时的原因吗？

儿子：是这样，妈妈，这个游戏如果不能有一定的时间就不能很好地玩。我刚玩上，或者正玩得开心的时候，时间到了，我就不能玩了，那我会非常不开心，会心里很不舒服，还会想着游戏的。但如果是一个小时，我基本就能成功一次，或不成功，也能重复游戏几次。这样即便游戏时间结束了，我心里也不难受了，因为我好好玩了。还有，我已经知道长时间打游戏的坏处了，所以不玩太长时间，一个小时就可以了。

妈妈：哦，你是想在一个小时里获得更多的游戏乐趣？

儿子：是的，妈妈。

妈妈：可是，一个小时还是太长了，专注地盯着屏幕，会对你的眼睛造成伤害的，我担心你的健康。你还有什么别的办法吗？既能开心地玩游戏，又能不伤害眼睛？

儿子：妈妈，我玩完游戏后，就认真做眼保健操，然后当天也不再看电视了，您看这样行吗？

注意到了吗？妈妈通过纵向提问，挖掘出儿子给出一个小时的深层次原因，并了解到儿子并不是只关心自己对游戏的体验，而是把之前母亲与他的对话进行了充分的考虑，也就是说，他是经过认真思索后给出的判断，那这种行为一旦执行就会成为最好的动力，帮助他完成自己对时间约定的有效管理。然后，妈妈又给出横向提问，促使孩子作出更好的行为保障，获得更大的利益增量。

母子之间没有鸡飞狗跳，没有不欢而散，而是通过开放式的提问方式，做了既有广度，又有深度的亲子交流。母亲没有伤害儿子的自尊心，也没有攻击儿子的提议，而是用“为什么”和“还有别的吗”让儿子进一步优化调整玩游戏的方案了。

横向提问扩大范围收集信息，纵向提问挖掘深度了解背后内涵，这两种提问方法交互使用，我们就可以了解得更多，了解得更深入。

课堂练习 7-4

请同学们以小组为单位，回到上文提到的找工作的场景，设计出薪资沟通的方案，看看怎么设计开放式提问题，能获得更多的信息，实现更大的利益诉求。然后一方扮演招聘组，另一方扮演应聘者，模拟实验一下，看看效果怎么样？又有什么样的感受，互相交流一下，并把你们组的设计方案写在下面吧。

二、运用说服，争取利益

在真实多元的沟通行为中，你会发现很多时候你并不具备拥有决策的权力，反倒需要获得沟通对象的支持、理解、认可，才能达成你的沟通目标。比如说向上级领导请求更多的资源分配，向上级获取项目活动批准，向顾客兜售、推销产品，向同事传递新的理论、理念等。在这些沟通中，你都不处于权利主体的位置，换句话说，就是你说了不算。你无法要求你的上级一定分配给你需要的资源，你也无法要求你的领导必须对你的项目提案表示赞同，你同样无法让你的顾客必须买你推荐的产品，你更无法把你认可的理念和信息强塞入你的同事们的脑中。是的，在现实沟通场景中，有太多的时候我们都没有决策的权力，我们说的都不算，这个时候，我们最好的应对策略就是充分使用“说服”技巧，通过有效的说服力，扩大你对对方的影响力，促使对方作出有利于你实现沟通目标的行为或改变。

1. 说服

说服就是借助逻辑推理进行的信息交流、情感影响，促使他人改变观念、行为的一种有效手段。

人生不如意十之八九，在我们的人生常态中，没有办法全然控制的情境随处可见。如果我们没法控制和自我决定，不意味着只能无所事事，我们依然有可能对对方施加影响。说服实际上是一种对影响力的有效调动。我们可以通过说服转变沟通对象对事物的预判，从而达到沟通目的。

2. 说服的原则

1) 以理服人

讲清道理，有条不紊地阐述事件的理论依据，讲清过程。说理时哪些先讲、哪些后讲、哪些重点讲、哪些反复讲是理论的关键，在说服前要做好充分的准备。

2) 以情感人

说服的语言应该是包含着情感的语言，这样可以拉近双方之间的距离，增加语言的可信度。但要掌握好度，做到真诚不渲染就好。

3) 利益先行

说服他人时要让对方知道，采纳建议对他有哪些显而易见的利益。满足对方对沟通目的的需求，达到双赢。例如，推销员在介绍消费者的利益时，可以从商品的优惠、良好的品质和优秀的售后服务等方面来说服。

3. 说服的策略

耶鲁大学教授卡尔·霍夫兰指出，说服可以发生在我们人际沟通的所有环节，它会影响你是否留意，你是否理解，你是否认可，你是否记忆，以及你最终是否产生行动。因此，从一开始的注意力被吸引到最后改变态度、付诸行动，其实所有的沟通态度和沟通方向都可以施加“说服”这种隐而不显的影响，从而达到沟通目的。

1) 理性为主

理性为主，就是我们常说的“摆事实，讲道理”。采用说服策略的前提是你说的内容是正确的，是有道理的，这是说服的基础。只有叙述的内容是真的，或者是有道理的、可信的，才会让沟通对象更容易认可、赞同和采纳。

用大量实例来证明，使说服语言有力量。最好选取生活中的真实事例，或名人的有影响力的案例，以增强说服的可信性。

用可靠的数据支撑自己的说理内容。数字是最好的说明方法，它的直观性最容易改变沟通对象的认知。比如，你和客户多次就商品价格沟通，你说多少，都不如拿出你以往成交销售价格标的给他看，更能说明你给他的是最优惠的价格，这样最能打动他。

用恰当的对比优化你的沟通内容。鲁迅先生说：“如果有人提议在房子的墙壁上开个窗口，势必会遭到众人的反对，窗口肯定开不成。可是如果提议把房顶扒掉，众人则会相应退让，同意开个窗口。”

用简明扼要的语言把道理说清说透。说服时语气平和，不作判定式说服，切忌以权威、专家的身份给人意见，即便你真的是权威或专家，因为不要忘记，满足沟通对象自主选择的潜在心理需求，才能让沟通目标实现得到主观能动性的保障。

2) 感性为辅

调动感性的力量完善理性说理的内容，通过讲感情让对方觉得舒适和喜悦，从而达到说服的目的。可以从喜好、互惠、权威、从众等社会心理方面对沟通对象进行有效影响。

(1) 用积极的视角赏识沟通对象。

发现、认可对方的想法、行为以及观点，用欣赏的眼光与心态和对方交流。当你给出积极的赏识信号后，对方就会用同样的信号来回应你。这样就会达到让对方舒适和喜欢你的效果。这种方法说起来挺简单的，但是做起来并不容易。人的本性中自我美化的需求很强烈，都希望获得别人的赞美，但在赞美别人时却极端保守与吝啬，在沟通的过程中更愿意用审视、挑错的抵触性思维对待他人，内心中总有一个声音：“他这儿说得不对！”要求你和对方争辩。因此，我们需要克制自己的本能，在平时就尽可能多地发现别人的优点，赞赏别人好的行为，养成习惯后，在沟通中就非常容易做到让对方喜欢你。

(2) 让对方感觉有一种“控制感和选择权”。

这种方法非常考验说话的方式和方法，如我们在会上总结发言的时候，如果使用“无非”“不过就是”“没什么难的”这些词语，其实就是在否定别人的思考和行为，这就会让对方感觉非常不舒服。正确的说话方式应该是，充分肯定别人的语言和行为，然后自己作适当补充，并且把话语权再交还对方，告知对方如果自己说得不准确或有遗漏的地方，请对方更正和补充。这样就让沟通对象有控制权，内心会感到你对他个人是认可和尊重的，他反过来会支持你，以表达对你的谢意。

《奇葩说》里的黄执中老师曾说过，没有人喜欢被改变；没有人喜欢不知情；所有人都希望有退路。是的，如果在说服的过程中，你能够给对方足够的控制感和选择权，那你就能赢得对方的尊重。

(3) 与沟通对象保持一致性。

物以类聚，人以群分。每个人都喜欢两类人：和自己一样的人；自己希望变成的那个人。

在说服的过程中，有意识地模仿沟通对象，和他保持气场上的一致性，更有利于赢得对方的好感。当然这种模仿的目的是为了趋同沟通对象的喜好，不是恶搞，所以你在做的时候要有一定的时间延迟，或细微动作的改变，不然不仅起不到好的效果，还会让对方反感。具体方法可以参看本章第一节中“寻找共同点的具体方法”部分。

案例分析 7-5

伽利略巧妙说服父亲

意大利科学家伽利略年轻时立志学习哲学，可惜他父亲不同意。

伽利略又为这件事找父亲谈。

伽利略：“爸爸，我想问你一件事，是什么促成了你同母亲的婚事？”

父亲：“我看上她了。”

伽利略：“那你没喜欢过别的女人？”

父亲：“没有的事，孩子，老天在上，家里人要我娶一位富有的女子，可我只对你母亲钟情，要知道你母亲从前是一位姿色动人的姑娘。”

伽利略：“确实如此，现在也还看得出来。你知道，我现在也面临同样的处境。除了哲学，我不可能选择别的职业。哲学是我唯一的需要，我对它的爱犹如对一位美貌女子的倾慕。”

父亲终于同意了他的要求。

卡耐基说服饭店经理

有一次，卡耐基在纽约一家饭店租下大厅，准备做为期 20 天的季节性系列演讲。就在日期快到的时候他突然接到通知，要他必须付上比以前多三倍的价钱，那时他的演讲票已印好送出，所有的通告也都发出去了。

卡耐基自然不愿多付增加的钱，但是向饭店老板谈他自己的需要有什么用呢？饭店老板只会注意他们自己的需要。

(一般人遇到这种事的反应，一定会怒气冲冲地跑进饭店办公室里咆哮：“你们把租金上涨了三倍是什么意思？你们知道我的票和通知都印好了是不是？一口气涨了三倍，真是岂有此理！太不讲道理了！我拒绝付钱！”

这样的结果会怎么样呢？当然是唇枪舌剑争辩一番——而且你知道争辩的结果是什么。纵使说服了对方，使他相信他们的观点是错的，但是自尊心也必然使他不愿做太大的让步。

沟通阶段，一定首先要维护好关系：换位思考，理解对方。)

于是一两天后卡耐基直接去见经理：“接到你们的来信我感到十分震惊，但是我并不责怪你们。换了我在你们的处境上，说不定我也会这么做。身为饭店经理，当然得为饭店的利益着想，如果不这么做，上级一定会开除你的。”

(在这个阶段，主要运用的就是“换位思考”，同理心沟通，而不是发脾气，指责对方。)

说服第一步：找频率，分析利弊

“现在让我们拿张纸来，写下这件事对你们将产生的利与弊。”

卡耐基取过一张信笺，在上面从中画出两栏，一栏上面写“利”，另一栏上面写“弊”。

他在“利”栏下面写上“大厅可做他用”，并且说明：“你们的好处是大厅可以空下来，另外租给别人跳舞或开会，这比只租给我们开演讲会可以收入高一些。假如我把大厅占用了 20 个晚上，这当然表示你们失去了可能会有的大生意。”

“现在让我们看看弊的部分。首先由于我付不起你们要求的租金，当然要另外择地举行，这表示你们将得不到我的这笔收入。”

说服第二步：塑造并传递价值，引发他人的欲望

“第二点，这一系列的演讲会吸引许多受过良好教育的文化人士来到饭店，这是极好的广告机会。事实上，假如你们在报上做广告，每次得花 5000 美元，而且不一定能吸引这么多人前来参观。这对饭店来说，不是很值得吗？”

说服第三步：引结论

卡耐基一面说，一面在“弊”栏写下刚才说的两点。他把那张纸递给经理，说道：“希望你仔细考虑一下，并请尽快把最后的决定通知我。”

第二天信来了，告诉卡耐基租金只涨 50%，而非原来的 300%。

你看，卡耐基丝毫没有提到自己的需要便获得了减价，他一直谈的是对方的需要，并且告诉他们如何得到。

课堂练习 7-5

说服力测试

1. 请公寓的房东粉刷墙壁：(　　)

A. 我们已经住 3 年了，多少也照顾一下我们吧。

B. 比起我们付的房租，这点费用真是微不足道。

C. 我们也帮一部分忙吧。

D. 最近我有两三个朋友要来做客，他们很想在这里住一段时间，如果欣赏这里也许会住下来呢。

E. 如果我是你的话，一定二话不说就好好粉刷一番的。这里又不是你一个人有房子。

2. 在宴会中想使一个醉鬼安静下来：(　　)

A. 明天一清醒，你会后悔的。

B. 那边有个漂亮小姐在看呢，安静一点吧，我来介绍介绍。

C. 你还不知道吗？大家都在看你呢。

D. 安静一点，不要那么大声好不好。

E. 刚才听说你在最近的高尔夫球赛里得到优胜，可以告诉我一下详情吗？

3. 你儿子的成绩不及格，他的任课老师知道大部分的课业都是你代做的，可是你却和他商量要求让你儿子及格：(　　)

A. 可是我的儿子确实是用功的，请给他加点分奖励奖励吧。

B. 你们的校长是我的老朋友呢。

C. 是我糊涂，怪我不是，请给他一个发愤图强的机会吧。

D. 我那位当明星的弟弟最近要来，我给你介绍介绍。

E. 只要这一科让他及格，他就会进入好大学的。

4. 你正在为一项慈善事业募捐，对方却是个吝啬成性的人：(　　)

A. 只要你捐一点钱，我就签一张两倍数目的收据，好让你少付一些税金。

B. 我想本地的问题由本地人来共同解决，不要让官方插手进来加税，不知此意如何？

C. 请你了解，这是身为市民应尽的义务。

D. 如果你能捐款，就是赏我面子。

E. 这是十分有意义的慈善活动。

5. 暴徒拿枪顶着你的背，你不想让他抢你的钱：(　　)

A. 你真倒霉，我身上恰好没有带钱包。

B. 小心点吧，我是空手道三段的高手。

C. 老天爷，这是我一周来的血汗哪！

D. 拜托拜托！没有钱叫我怎么回家见老婆呢？

E. 我的皮夹子在裤子后面的口袋里，尽管拿去吧。

6. 你比老资格的同事高升了，却需要他的携手合作：(　　)

A. 这份工作只有靠你的协助才能进展。

B. 上司快要退休了，我接了他的空缺职位后，就升你为科长吧。

C. 真惭愧，他们把我提升了，其实你才是最合适的一位。

D. 现在我是上司，今后请听我的命令行事。

E. 这是你的新机会，可表现你的才能。

7. 你的儿子想看电视，你却想要他练钢琴：(　　)

A. 你弹得好的话，爸会开心呢。

B. 好孩子该听话的，每个人都不得不做些不喜欢做的事呀。

C. 我们来约好吧，我让你看完这个节目，你就乖乖练琴，不要再啰唆了。

D. 你把琴练好了，会很讨人喜欢的。

E. 不练琴，那学费不是都白交了。

8. 你的秘书有个约会，你却不得不请她加班工作：(　　)

A. 把约会取消吧。打完这份报告就请你吃一顿好的。

B. 上头吩咐，今天非把这份报告发出不可。

C. 我明知这是不情之请，可是事非得已，拜托拜托吧。

D. 必须打完这份报告，不然就回到过去的打字部去。

E. 我相信这项工作只有你才可以做好。

9. 你想劝你丈夫和你一起去度假：(　　)

A. 今天我见了王大夫，他说你得休息休息。

B. 你常常为工作出差，我想偶尔你也该去旅行一下。

C. 你说，到风景宜人的××去休假10天，不是很惬意吗？

D. 亲爱的，我好想去度个假呀，真是想死啦。

E. 不是很妙吗，只有我们两人一起去度假。

10. 你超速驾车，想请警察通融通融：(　　)

A. 仅此一次，请高抬贵手吧。

B. 我送你一些钱，请就这样算了吧。

C. 也许你不相信吧，我一直都是很规矩的。

D. 可能是稍稍开快了些，我只是一时糊涂没有觉察而已。

E. 实在是迫不得已，我有个急事非赶快不行啊。

分析：

1.D　　2.E　　3.C　　4.B　　5.E

6.A　　7.C　　8.E　　9.A　　10.E

这十个问题中如能答对八个，你的说服力就及格了。如果答对七道题以下的话，那就要再研究一下你的说话技术了。

三、学会辩论，产生影响

在多方沟通时，你和对方都不是权利主体，都不能直接有决策权，决策权在第三方的手里，这时要用的沟通策略就应该是辩论了。比如，你所在的部门和另一个部门都想获得更多的资源分配，你们双方说的都不算，决策权在你们双方的上级手里。你们谁能说动上级，让上级觉得你们谁更有优势，那谁就获得更多的资源支持。再如，在法庭上，控辩双方运用的就是辩论。辩论的目的不是为了把对方驳倒，为的是影响法官，让法官觉得自己一方是对的，从而获得胜诉。

1. 辩论

辩论，亦称论辩，是指观点对立的双方或多方，围绕同一辩题运用语言进行针锋相对的争论，力求证明自己的观点是正确的，指出对方观点的谬误。

强调一点：辩论的目的绝对不是要压倒对方，它的最大效力是影响第三方。不管是正式的辩论赛，还是严肃的法庭，都是如此。

2. 辩论的要素

1) 辩论的主体

辩论的主体是指辩论的人。通常，辩论主体至少由两方组成，每一方至少一人，即辩手。在辩论赛中，称为正方、反方。

2) 辩论的客体

客体在辩论赛中通常指“辩题”。在真实的沟通中，就是双方争论的对象。由于人们对同一事物或事理，有不同的利益诉求、不同的立场认知，形成了互相对立的观点或主张，由此构成争辩的对象。在沟通中的辩题通常是在工作、生活中由于利益诉求不同而产生的；辩论赛中的辩题是人为设计的。

3) 辩论的受体

辩论的受体是指不实施辩论行为，却因为某种因素参与他人辩论活动的人。比如听众、观众、评委、陪审团、法官等。他们关注辩论行为的进行，接受辩论的影响，反过来施加影响于辩论主体。

3. 辩论策略

我们只讲沟通中如何最大限度地使用辩论技巧，所以本教材不从辩论赛的角度教大家如何辩论。沟通中运用辩论技巧，需要注意的就是，不能就辩题而辩题。

1) 延长辩题的外延

看到这样一个辩题“事业/家庭何者更重要？”你打算怎么辩论？我们再简化一下，关键词就是“事业、家庭、更重要”这七个字。如果你只把注意力放在这七个字上，那你思维的延展空间会非常有限，用不了两个回合，你就被困住了。

在日常生活中有太多的限定固化了我们的思考，认为冰箱就只能装食物，建筑材料就只能盖房子。就像这个辩题，我们就只能打破脑袋想什么是事业，什么是家庭，什么是更重要了。其实，我们完全可以开启发散思维，让我们跳出这几个关键词的束缚，从不同的维度上找突破口，并拓宽和延长它们的属性。具体的方法，我们可以从五个角度去发散思考。

(1) 发散一：基于什么隐含的前提，才会有这样的比较？(为什么把家庭和事业对立起来？在什么具体情况下，两者需要比较？)

(2) 发散二：我们讨论的概念，是你说的这个意思吗？(质疑对方的论点、论据，找到谬误)

(3) 发散三：在什么场合这样说，在什么状况下这样说？(寻求背景和情境)

(4) 发散四：谁在说，对谁说？有这种想法的，是什么人？(探求角色，是什么样的人持有这样的观点？受众又是谁？)

(5) 发散五：如果人人都按照你说的做，会有什么后果？(寻找后果，推出结论，以证谬误)

需要注意的是，辩题的关键词是辩论中的重要部分，并不能忽略，那是辩论的基础。但如果只关注基础，会被牢牢地限制住，所以需要从五个方面进行发散，打破常规，以便更好地影响第三方。

课堂练习 7-6

《奇葩说》辩论背后的核心技巧——维度

高茂源话创新

《奇葩说》是一场以辩论为基调的综艺节目，里面隐藏着两个大家心照不宣的规则。

(1) 不能说“不一定”。

(2) 拼命地将自己观点场景描述为普遍场景，并得到大家认同。

我们就先从第五季《奇葩说》决赛辩题是“我不合群，我需要改吗？”来让大家亲临一场辩论背后维度解读的思维盛宴。

我们首先来拆解一下这里面的维度都有什么。

(1) 我：我是谁，职业(艺术家，社交家)、年龄、状态等维度。

(2) 合群：什么群？如何合？利益等维度。

(3) 需要：需要不等于做(考虑成本和收益)，类型、大小、谁的需要，判定标准(从不同的人来看，标准不一样，个人或群体)等维度。

(4) 改：怎么改？改什么？改行为，改规则，改拒绝的借口？改思维等维度。

辩题维度的拆解大同小异，一个辩题由主语+谓语+宾语组成，对每个词汇进行维度拆解，就得其辩论要义了。写文章、谈判皆同理。通俗来说，就是从多个角度看问题，从维度的解读得出观点，可在接下来解读的内容中一探使用维度的奥妙之处。很欣慰，这是一道非常贴近生活的辩题，值得一辩，也值得一次解读。

首先正方一辩，杨奇函就以“忠孝仁义”的典型个人辩论标签进行了正方观点的阐述。忠孝仁义代表了四个常见维度，是整个辩题的维度。从个人成长、父母家庭、社会影响再到国家兴旺表达合群的重要性，进而诠释出你不合群，你需要改的这一观点。用层层递进的真实案例支撑起论点。胜在条理清晰。

反方一辩奶茶一开口就指出对方没诠释我不合群四个字，只提到合群的重要性。重要不代表一定去做，这是逻辑的缺失，反方一辩对“合群”这一词汇进行了另一维度的重新定义，表示只要找对群就没有合群一说。接着从大概率的社会现象中提炼出如下两个观点进行了辩论。

观点一：一个人最好的状态是可以有选择。

观点二：你合群了，你就消失了。

进而对“做自我值得骄傲”这一价值观进行了塑造，把观点下的场景描述为普遍场景，让观众产生共鸣，在逻辑和常理上站住了脚，赢得了观众认可。

正方二辩熊浩，更善于对价值的打造。他说，在文明时代里，做自我固然值得骄傲，但并不崇高。熊浩说，中国的哲学家冯友兰先生说人有四重境界，最下面的是自然境界，之后是功利境界、道德境界、天地境界。天地境界，是一览众山小，是无我的境界，是最了不起的境界。你不与天地合群，不与群山合群，你不与更大的那个世界合群，却跟众生合群，永远在强调自己，这是青春期的价值观，好像在说，我永远不想长大。

这里“群”和“合群”都有维度的切换，使用的相当有高度，虽是对“自我”的反驳，但无我境界在这里却显生硬，因为推崇“无我”，这对于整个人类来说太强人所难了。

在辩论中，实例往往大于逻辑。

熊浩接着用亲身经验来说明其团队因每一个人的“改变”最终让团队更加和谐美好的正方观点。

反方二辩赵帅不赞同熊浩提出的“改”，因为维度变了，赵帅说，只有伤害了自己或是集体才需要“改”。两人都在抢占“改”维度。

辩论的要点就是对辩题每个词汇的重新定义，也是辩的入口，重新定义显然就是维度的使用。

定义一：“不合群”与“招人讨厌”是两回事。不合群是酷，是一束微光，微光会吸引微光，不同的光点，这样才有了世界的五彩缤纷。

定义二：“不合群”与“不好合作”是两回事。不合群反而更好合作，因为充分配合的背后，是为了换取不合群的空间。

定义三：“不合群”不比“合群”差。人生没有固定的统一的人生优质模板，每个人都可以做一座孤岛，这是自由。

请同学们仔细阅读上面的文章，并细细体会作者的分析，结合所学知识，看看各位辩手分别是从哪几个维度做的思维发散？把你的思路写下来，并说一说。

____

____

____

2) 挖掘辩题的逻辑

“延长辩题的外延”能让我们从不同的维度扩大思维视野，但它还需拥有缜密的思维逻辑相配合。我们在遇到具体辩题时，除了关注外延外，还要注重挖掘辩题的逻辑。主要从以下四个方面进行挖掘。

(1) 这到底是不是一个问题？

遇到辩题，首先考虑受众有没有这个问题的需求、有没有麻烦、有没有烦扰、有没有痛苦？它到底能不能成为一个问题？

(2) 这个问题产生的根本原因是什么？

深度分析产生问题的各种潜在原因，并挖掘出最根本的原因。

(3) 目前提出的应对策略的解决能力怎样？

给出的方案能解决目前的问题吗？能在多大程度上解决问题？

(4) 这个办法的优缺点是什么？

目前给出的方案有什么隐患？如果执行会造成什么后果？有什么后续的麻烦？麻烦的程度如何？有具体的应对策略吗？

课堂练习 7-7

很早以前就有人提出过取消实体学校，学生只需在家通过互联网的网上授课形式就能获得相关的学习与成长。这种用网上上课的方式，不仅高效，还大大节约了社会的成本，家长不需要接送孩子上下学，交通堵塞的情况也会得到缓解。老师在实体学校上课，一次课的受众有限，而网上上课，大大突破了环境限制，可以有更多的人学习到知识，并且能促使老师提升自己的专业能力，那些学业不精的老师自然会被社会淘汰，有利于学生们获取更优秀的教学资源，从而解决了学区房等老大难问题。

就此观点，请尝试从挖掘辩题逻辑的四个角度去分析，看看能得出什么结论。

____

____

____

____

日益成熟的现代社会，给更多的人提供了发表见解、展示才华、宣传主张、决策参与的平台，人们有了更多的机会充分展示自己的才华。只要你增强了自己的本领，让自己拥有发散的思维能力，严谨的辩论技巧，它们就一定会成为你职场竞争的有效助力器。因此，不要怕，重要的就是，不断练习、大胆练习。

四、懂得谈判，合作共赢

美国著名谈判专家赫本·柯恩教授说："现实世界就是一张谈判台，不管你高不高兴，你已经坐在谈判席了。"

上午，你参加公司的创新会，你向上司们展示你花费两个星期准备的项目方案，费尽心力介绍这个方案的优势，但是却被上司否决；下午，因为你最近一直在顶替离职的同事的工作，承担了更多的任务，所以你向老板提出加薪的要求，向老板说明自己的工作与价值；晚上，你应约去参加朋友的生日聚会，去的路上为朋友挑选礼物，你与店员商量价钱，希望能比卖价便宜一些买入。

以上这些都是谈判。生活中、工作中，处处有谈判，可以说它无时不在、无处不在。它贯穿于一个人每天的生活。只要你想从别人那里获得自己想要的东西，并准备为之协商交涉时，谈判就开始了。

1. 谈判

谈判是一个满足双方需求的沟通与合作的过程。谈判必须具有合作意向和愿望，需要坚持公正、平等、互惠的原则。但由于双方的利益和角度不一样，双方的利益需求既矛盾又统一，这就要求双方不断地调整、妥协，有时还需要经过必要的争论、交锋，最终达成一致意见。"谈"，就是谈各自关于合作的意向需求、必要性、发展的前景、采取的措施和实施手段；"判"就是因为合作而引起的责任、权利分享和义务等。总之，谈判是人们为了协调彼此之间的关系，满足各自的需要，通过协商而争取达到意见一致的行为和过程。

2. 谈判的核心思维方式

人们对于谈判存在一定的误解：认为大事需要谈判，谈判是专业行为。关于这个问题，我们在"谈判概念"中已经说明了，就是生活中、工作中处处有谈判；认为谈判就是非赢即输，是无限制地打压对手，要么赢，要么输。其实造成这样误解的原因就在于不了解谈判的核心思维方式。

谈判是一种思维活动，只有坚持正确的思维和运用科学的思维方法，才能有效地进行谈判，解决实际问题。在具体谈判过程中，共赢思维是谈判中的核心思维方式。大到国家利益合作，小到个人商品买卖，只有遵循共赢思维，才能有效地达成沟通，实现沟通目的。

3. 共赢思维在谈判中的作用

1) 相互的利益能建立有效、长久的关系

共赢思维下达成的利益分配方案往往是经过双方反复沟通、协商形成的。在这样的方案中，彼此都认为对己方有利，因而在方案执行过程中就比较顺利。长此以往，彼此就会建立稳固的信任关系，为长期合作奠定基础。

2) 以合作代替竞争

人们对有争论的资源，总是存在一种思维定式：或是我方得到，或是对方得到，或是一人一半，似乎没有更好的选择形式。这种观念导致谈判者总是用竞争的方式来解决利益纷争。而共赢思维突破了传统的利益分配模式，提出合作，让双方获得更多的利益共赢。

4. 共赢思维在谈判中的应用

1) 解决谈判中的冲突

由于谈判双方所处的利益主体、利益需求不同，因此决定在谈判过程中一定会有冲突出现，如果冲突处理不好，就会让谈判陷入僵局。因此在应用谈判技术时，同学们首先应学会判断导致冲突的到底是双方的利益需求，还是立场不同。

利益不等于立场

所谓利益，就是你的谈判对象内心真正的诉求。需要你通过开放式提问、有效倾听、积极反馈来探求对方的真实利益诉求。而所谓的立场，其实是你设想、揣测、认为的对方想要什么。网上有一个非常流行的例子刚好能说明这个问题。

两个兄弟在争夺橘子，争得不可开交，一起找到妈妈裁决。妈妈可以有三种做法：第一种，妈妈对哥哥说，你是哥哥，应该让着弟弟；第二种，妈妈对弟弟说，孔融让梨的故事你不是刚学过嘛，这个给哥哥吧；第三种，妈妈直接用刀把橘子分成两半，一人一半。

你思考一下，觉得妈妈做得怎么样？

妈妈选择了第三种方法，把橘子平均分成两半，一人一半。两个兄弟拿到半个橘子后，哥哥把橘肉吃了，扔掉橘皮；弟弟把橘肉扔下，留下了橘皮。

原来，哥哥想吃的是橘肉，而弟弟只想要橘皮用来做生活小实验。看到这里，你是否明白妈妈的问题了呢？妈妈在处理这件事时就是典型的把立场等同于利益。她没有探寻两个孩子争夺橘子的利益需求，而是认为两个孩子都是想要一个橘子。记住，是妈妈认为。

我们在谈判中经常会陷入这样的误区。要明白，“我们认为”，不代表是对方的需求；“我们认为”，仅仅是基于自己的立场、经验的判断，那不是对方的需求。在谈判中弄明白这一点非常重要。

课堂练习 7-8

小李在商贸公司上班，每天兢兢业业，对待工作特别负责，他觉得他是公司里最好的员工，他希望获得老板更多的赏识和信任。但让他很郁闷的是，他发现老板对他并没有比对别人更好，老板也没有对他委以重任或提高他的薪资待遇，他不禁和朋友们抱怨老板太没良心，太不长眼睛。

请同学们结合“利益不等于立场”分析上文，看看问题出在哪里？

____

____

____

提示：小李做的不一定是老板的需要，只有做老板内心需要的，老板才会觉得好。就像你特别想吃麻辣烫，就馋这一口，可对方非给你一盆饺子。

因此，在谈判过程中遇到冲突，不要想当然“我们认为对方怎样”，而应该是用开放式提问，既问“还有吗？”还问“为什么？”从而搜集、探寻对方的根本需求，并通过有效倾听、积极反馈，发现双方的共同利益。

2) 把蛋糕做大

在谈判的过程中，由于认为能分配的价值总量是一定的，所以双方会展开厮杀，你多我就少，你少我就多。比如，一对一销售健身卡，客户要求在你给出的价格后再打折，那就意味着销售提成变少了。这时，如果只关注价值总量，那结果就是健身卡要么卖不出去，要么降价卖出去。

其实，这个时候，最应该做的是拓宽思路，通过之前的搜集信息，判断双方的共同利益是什么(销售成功、顾客能健身、销售能提成)，不同利益是什么(销售赢得多的提成，顾客花少的钱获得健身卡)，冲突利益是什么(顾客压价，销售提成少)。共同利益，对应策略就是双方合作，一起促成这次销售。不同利益，对应策略就是交换，比如说，给出团购价格，顾客和朋友一起购买，销售能给什么样的价位。或者，价格不能变，能够提供小的赠品等。通过这样的方式，双方发现更多的非冲突性利益，一起把蛋糕做大，使双方的共同利益得到增长，最终使双方获得更大利益。至于冲突利益的对策，就是根据自己共同利益的增长来取舍了。

课堂练习 7-9

刘明昊在大学毕业后找了很多家公司应聘。那时，他认为自己是名牌大学毕业生，就应该获得较高的工资，所以对于工资有很高的偏执，认为多少钱就应该多少钱，不给够钱根本就没有必要谈下去。当换了几个工作之后他才发现，公司如果未来的发展不行，钱再多也是虚幻的。后来，他入职一家大型房产中介公司，基本工资不高，赚钱都是依靠业务成交后的提成。有一次，在提成分配问题上和领导产生了矛盾，再加上一些别的原因，他就辞职了。后来，他相继做了一些工作，但都因为各种各样的原因干不长久。

请同学们结合“把蛋糕做大”策略，分析刘明昊的问题所在。

____

____

____

3) 提出新的解决方案

在谈判遇到瓶颈的时候，要用创造性思维探寻新的思路和解决问题的方法。一方面收集大量的信息为新思路提供依据；另一方面，要突破原有思维定式，倡导与鼓励新的见解，集思广益，找到恰当的解决办法。

头脑风暴法，是指小组成员在正常融洽和不受任何限制的气氛中以会议形式进行讨论、座谈，打破常规，积极思考，畅所欲言，充分发表看法。头脑风暴法，是最容易产生创意的方法，是现代团队中经常用到的创新方法。

案例分析 7-6

美国阿拉斯加冬季电缆维护，天气极其恶劣，需要人工去敲击电缆，但是后来，外勤的工人遭到了阿拉斯加棕熊的袭击，所以电力公司就召集开会，讨论用什么样的方式可以解决安全问题。

第一个工人说：老板，我们应该给工人们配枪，这时候大家并没有说话，其实大家都知道，阿拉斯加棕熊的体格和凶猛的程度，64 式手枪把一弹夹打完，都不一定能打死它。相反地，你的处境会更危险。

第二个工人说：老板，其实没有必要配枪，配蜂蜜就行。因为棕熊最爱吃甜食，如果遇到棕熊，我们就把蜂蜜扔出去，大家就获得了安全。

第三个工人接着说：老板，没有必要自己带蜂蜜，我们用飞机飞过电线杆，往下倒蜂蜜，然后让棕熊去舔，舔的过程可以晃动电线杆。

第四个人说：既然这样，就直接让直升机低空飞行，因为它会产生极强的空气振动，就可以把电线杆上的冰凌震落。

据说，现在阿拉斯加的冬季电缆维护就是用的这个方法。

这就是头脑风暴法。所有的讨论者都说出自己想到的办法，可以天马行空地想。唯一的条件就是，不对别人的办法做任何评价，记住，是任何评价。社会心理学的研究发现，如果我们在 12 个人内部来做头脑风暴的话，那个真正好的点子不大可能是第二个、第三个，而是要到后面才会出现。这就意味着，前面不能让讨论停止，不要判断、评价，不要在刚刚有一点点方案的时候就作决定。让创意的过程不断积累，让好的想法得以酝酿。否则，也许那个好的点子还没有来得及被激发，就已经被扼杀。

4) 做好替代方案

做什么事都尽量不要孤注一掷，要多几个篮子放鸡蛋。因此，谈判前也应该结合自己的情况，准备替代方案，一旦谈判没有达到自己的利益诉求，还有其他可以替代的办法。我们在谈判的过程中，会有自己的底线思维，比如说高于 800 元就不买了。你确实可以不买，但你的谈判失败了，你需要被动地去找下一家，在找的过程中，发现你想要的全都远远高于 800 元，这时，你开始后悔，还不如当时就同意对方的价格。

之所以这样，是因为你只准备了底线思维，却没有准备替代方案，只有替代方案才能让底线思维理直气壮。还是刚才的例子，你很喜欢这件商品，但是价格始终谈不拢，你心里想如果高于 800 元，我就去买另一品牌的同款，因为质量差不多，就是外观上有一点差异而已。看，这就是替代方案。你之前有准备，才不会被对方辖制。

能力提升

你想向你的上级提出加薪的申请，你打算做哪些准备？怎么和他谈？说说你的想法吧。

随着社会的发展，科学技术的进步，教育的普及，人与人之间的接触越来越频繁，也越来越便捷。社会变得越来越平等，让更多的人有了发声的平台与途径，人和人之间的对话也由以前的俯视更多地趋于平视，我们很容易在各个领域，与他人谈判、辩论、沟通与合作。因此，中职学生们更应该努力掌握这些知识、技巧，以便让自己在未来的社会工作中取得更大的成功。

知识总结

(1) 沟通主体、沟通对象、沟通目标是沟通中的核心要素，对应一个沟通精练模型。

(2) 沟通过程要始终锚定自己的沟通目标。

(3) 沟通中权利在对方时用说服策略，权利在第三方时用辩论策略，权利在双方时用谈判策略。

(4) 沟通中用开放式提问探寻对方的根本利益诉求。

(5) 沟通中要运用共赢思维。

拓展阅读

你愿意每天为我多花 1.7 美元吗？

刘学明

数字表示数量的多少，自然是十分客观的。但在某些特定的情境中，人们通过恰当的说明、运用，客观、“冷静”的数字也会变得“温暖”，变得富有“人性”。来看一个齐格·齐格勒买房的故事。

美国最杰出的销售点子大王齐格·齐格勒，曾经被妻子成功地说服。那是 1968 年，他和妻子刚到达拉斯的时候，急需购买一套房子，两人商定准备最多花 2 万美元。开始看了几套房，都不太满意，后来齐格勒因为工作脱不开身，买房子的事就由妻子负责。

有一天，妻子告诉他，有一套特别合适的房子，但是要价 3.8 万美元。齐格勒觉得比原先预算整整多出了 1.8 万美元，很犹豫。他的妻子太喜欢那套房子了，一个劲儿地软磨硬泡，又带他去实地参观。回家的路上，妻子问他感觉怎么样。他也喜欢上了那套房子，只说：“的确是个漂亮的房子，但是价格太高了。”妻子没说什么。

第二天在早餐桌上，妻子突然问他：“亲爱的，我们会在达拉斯住多久？”

“嗯，至少 30 年吧。”

“那么 1.8 万美元除以 30，每一年是多少钱？”她问。

“600 美元。”

“那一个月呢？”她继续问。

“50 美元。”

“一天呢？”

“大约是 1.7 美元。算这个干什么，亲爱的？”齐格勒其实有些明白妻子的用意了。

“亲爱的，我可以再问你一个问题吗？”

“当然。”

“亲爱的，为了我的快乐和幸福，你愿意每天多花 1.7 美元吗？”

每天不过多花 1.7 美元，却能带给爱妻无穷的快乐和幸福，于是齐格·齐格勒毫不犹豫地签了购房合同。

看似冰冷的数字，当它们与幸福、爱情、人的生命相结合之后，立即变得有了温度，有了光彩，充满了人性，这些数字也就具有了强大的说服力。

（资料来源：《演讲与口才》2019 年 23 期）

用愿景代替说教

云长万丈

1

《小王子》作者圣·埃克苏佩里有一句名言：“如果你想造一艘船，不要抓一批人来搜集材料，不要指挥他们做这做那，你只要教他们如何渴望浩瀚的大海就行了。”这句话启示我们，语言交际中，用营造的愿景代替枯燥的说教，对方更容易接受。

邱晨小时候特别害怕说错话，所以很讨厌跟人说话和举手发言，在课堂上老师都点她名字了，可她就是不肯站起来。有一天，邱晨的爸爸拉她一起看国际大学生辩论赛。看完之后，爸爸对邱晨说：“你是不是不热衷于举手发言，我是无所谓，那是你们老师的事。我觉得，你也不需要当蒋昌建那样的好辩手……只是，他们做的事好像还挺好玩的，可以去新加坡等很多地方、见很多有趣的人，他们可以穿西装而不是校服，他们旁征博引啥都知道，你要不要也试试呢？不过是说说话而已。”

邱晨爸爸劝勉女儿敢发言，并没有要求她具体做什么、如何去做，而是通过营造愿景的方法，描绘了好辩手蒋昌建他们“靠一张嘴就打遍天下”的风采。这个美好愿景勾起了邱晨对未来“惬意生活”的向往。正是为了实现这个愿景，邱晨变得越来越敢说会说。后来的事儿大家都知道，邱晨不仅成为一位身经百战的辩手，而且还拿到了第二届《奇葩说》的冠军。

2

湖南卫视《偶像来了》节目中，林青霞是最配得起“偶像来了”这一名字的。当时，湖南卫视总导演陈汝涵专程到香港邀请林青霞，面对面对她说：“我一开始在想这个节目时，就在想要请谁才不辜负这四个彪悍的大字‘偶像来了’。在华语影视界，我的偶像就是您。我在台里说出来想请您，好多人都笑我痴狂与疯傻。我想请您参加的这档真人秀，类似于学生们的夏令营，可以交到一帮好朋友，还可以跟很多素人一起玩，展现最真实的自己，享受真正的快乐。”林青霞一听就很开心，说：“那很好玩耶，快乐和朋友是我最想要的。我从没想过我会参加电视真人秀，不过人生的精彩，不就在于它的未知吗？”没想到林青霞这么爽快地答应了，那一瞬间，陈汝涵心里的甜蜜呀，真是无法形容。

陈汝涵在和林青霞不熟识的情况下，给对方描绘出了一幅“夏令营交朋友”的愿景，打动了天真未泯的林青霞的心，使得林青霞睽违舞台 20 年后，重新回到幕前。很多事务凭什么吸引别人参与，如果你能给人描绘出一幅令人向往的愿景，让人有意想不到的收获，那别人肯定乐于参加。

3

徐克筹拍《智取威虎山》首先定下张涵予出演杨子荣，并希望梁家辉出演“座山雕”，而梁家辉却没有一口答应。张涵予主动担当起说服的重任，他找到梁家辉说：“家辉哥，不瞒你说，演杨子荣一直都是我的梦。我 5 岁的时候就经常把自己打扮成杨子荣，一到冬天就盼望下雪，我就可以唱《打虎上山》了。现在，如果咱俩能合作，那该多好呀，可以一圆我 30 年来的梦想！你知道，演戏讲求遇强则强，对手很重要。杨子荣是‘大英雄’，座山雕是‘大枭雄’，英雄和枭雄是互相依附而存在的，一个人若能称雄，除了自己足够强大之外，一定是因为他有一个同样强大的对手。而我的对手一定要是家辉哥这样的重量级影帝，才能令我劲头更足，让整部影片更精彩！”就这样，梁家辉被说动上了“威虎山”。

说道理不如讲故事，讲故事不如造一个梦、一个共享愿景。张涵予之所以能说动梁家辉，就在于他能把演英雄的“梦想”和相互成全的“愿望”结合在一起，营造了一个相当有意义、相当令人期待的“双赢”愿景，激发了梁家辉的最大兴趣和潜能，从而使得他俩饰演的杨子荣和座山雕成为“史上最强正反派”，赢得好评如潮，口碑爆棚！

谈话运用营造愿景的方法，就是这么神奇，它能让谈话事半功倍。我们何妨一试呢！

(资料来源：《演讲与口才》2019 年 22 期)

利他的求助更能打动人

雪松

农村情感励志剧《岁岁年年柿柿红》正在央视热播，主人公杨柿红接到了一份订购合同，但自己家里的柿子不够，一旦违约，就要赔一大笔钱，杨柿红马上动员全家人到村里其他农户收柿子。王长全来到马艳秋家说：“我家的柿子达不到合同数，你那两筐柿子就借给我吧，我明年再还你！”马艳秋二话没说，就回绝了他。这时，杨柿红匆匆赶来说：“马姐，你那两筐柿子一下子也吃不了，时间长了就会坏掉的，多可惜呀，不如我帮你卖掉吧。这样，你既能换点零花钱用，也能帮我完成订购合同。我家东坡上的柿子眼看就要熟了，你想吃的话可以去摘！”马艳秋一听说柿子能换钱，还能赚个人情，忙不迭地说：“你看长全也没把话说明白，好，我马上给你们送过去！”

庄子说：“真者，精诚之至也，不精不诚，不能动人。”王长全为解燃眉之急，一心收柿子，只从自己的角度向马艳秋求助，遭到拒绝亦在情理之中。而杨柿红站在马艳秋的角度，阐明利害，才打动了她，顺利地完成了收柿子的任务。由此看来，我们在向人求助时，多说一些利他的话，更能打动对方。

严长寿刚进入美国运通时做送信员，职位比较低，薪酬也不高，年纪和他差不多的同事都成了白领。他想更换一下自己的工作岗位，但又怕主管认为他“不安分”，于是对主管说：“虽然目前的工作对我来讲是很好的历练，但是，我如果安于现状，肯定会辜负您对我的期望，也会给您带来一定的负面影响，毕竟是您推荐我进入公司的！可是，直到如今我也没有找到努力的方向，所以，我特想请您指点迷津！”主管说：“基础知识薄弱制约了你的发展，只有加强学习，改变知识结构，你才可能有大的成就！”严长寿牢记主管的话，励志学习，很快就升任为地区总经理。

推心置腹的话就是心灵的展示。严长寿先从工作的历练谈起，接着说到自己的成长对主管的影响，使主管透过他率真朴实的话语看到了他的理想与追求，助他完成了人生的蜕变。

因此，我们在向人求助时，把对别人的真实关切，推心置腹地表述出来，定能赢得对方的青睐和坚定支持！

宋朝转运使曹翰因罪贬至汝州，正当他筹划返京时，宋太宗恰好派使者到汝州办差。曹翰对使者说："我罪孽深重，就是死也赎不清罪过，真不知怎样才能报答皇上的不杀之恩。我在这里只有认真悔过，励精图治，毫不懈怠地工作了！可是，我在这里服罪，京中家里的人口实在太多了，缺少食物他们是难以活下去的！我这里还有几件衣服，请您帮我抵押一点钱，用来购置一些粮食，家里老小全靠它度过这阵饥荒了，我虽然身处偏远，也能够安心为朝廷工作了！"使者听后一阵唏嘘，返京后一五一十地把曹翰的话禀报给宋太宗，宋太宗感动不已，立即把曹翰召回京城。

每个人的心里都有一个柔软的角落，这就是同情心。曹翰正是聪明地利用了这一点，他在求助时坦言自己的现状：即使被流放，也不忘皇恩；即使再落魄，也要倾力报效朝廷。他一番忠心耿耿的话，不仅打动了使者，也打动了宋太宗，才实现了早日返京的目的。因此，我们在向人求助时，诉衷肠，说掏心窝子的话，对他人忠诚的话，更能震撼对方的心灵。

富兰克林说："坦诚是最明智的策略。"因此，我们在向人求助时，一定要坚持利他的原则，做到言之有诚，言之有情，才能化被动为主动，赢得对方的鼎力支持！

（资料来源：《演讲与口才》2019 年 6 期）

第八章　个性化服务沟通

学习导航

科技进步日新月异，社会生活高速发展，人民生活物质水平的极大满足，促使人们对精神生活有了更高的需求与追求。传统的语言和逻辑能力让人们拥有过上美好生活的智慧；自我和社会认知能力的提升让团队协作成为生产生活常态；良好的道德操守和高尚的精神追求赋予了我们丰富的想象力，使我们的生命具有更深度的意义。因此，在充满光芒的新时代，创造性劳动与个性化服务一定是现代社会具有存在意义的工作，职校生应准确地了解自己的沟通风格倾向，并努力匹配社会需求，提供更具有人情味的个性化服务沟通。

第一节　个性化沟通风格调整

学习目标

(1) 了解四种常见沟通风格，明确自己的沟通风格偏好。
(2) 掌握“合作”沟通风格的要领。
(3) 打造适应社会需求的个性沟通风格，培养合作人际交往能力。

一、托马斯—克尔曼模型

在社会生活的共同活动领域，存在着各种各样的人。由于大家的生存环境不同、思想素养不同、行事风格不同，导致我们对同一事件的认知也不尽相同。在解决这些不同的过程中，人们一般表现出五种风格，它们就是由美国行为学家托马斯和他的同事克尔曼提出的两维模式下呈现出的竞争、退让、妥协、回避、合作五种风格模式(见图 8-1)。

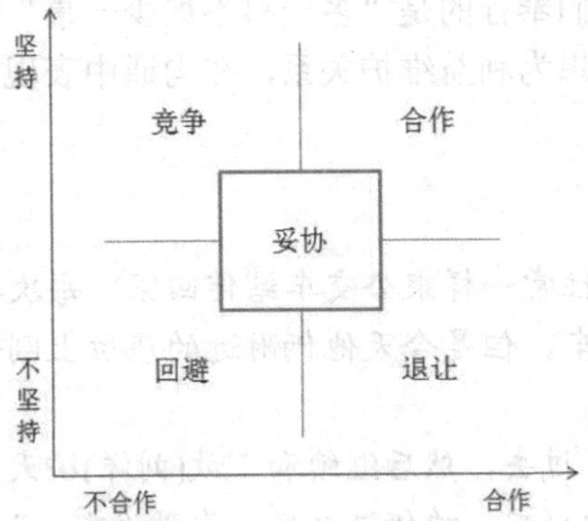

图 8-1　托马斯—克尔曼模型

托马斯和克尔曼两位冲突解决专家，根据两个维度，以沟通者潜在意向为基础，认为冲突发生后，参与者有两种可能的策略可供选择：关心自己和关心他人。其中：

- 纵坐标上表示“关心自己”，即在追求个人利益过程中，对实体性利益的在乎程度，表现出的不坚持到坚持的让渡过程。
- 横坐标上表示“关心他人”，即在追求个人利益过程中，对与他人融洽关系、与他人合作的在意程度，表现为不合作到合作的让渡过程。

简言之，纵轴是自我利益，横轴是和他人的关系。

1. 竞争型

第一种风格，在图形的左上角。持有这种风格的人，在沟通中对自己的利益特别在乎，但不怎么在乎和对方的关系，我们把这种人称作竞争型风格。平时和持有这种沟通风格的人相处，可能多少会感到有点紧张，因为他们比较自我。

2. 退让型

第二种风格，在图形右下角。持有这种风格的人，在沟通中愿意牺牲自己的利益，成全与对方的关系，在生活中更多地表现出对谁也不得罪的“老好人”形象，我们称之为退让型风格。

3. 妥协型

第三种风格，在图形的中间部位。持有这种风格的人在沟通中认为不要太有侵略性，不能在局势中完全把利益占尽来压迫对方；当然也不能为了关系友好而完全牺牲自己，这些对于他们来说都太极端了。这种沟通风格的人会在极端中寻找某种平衡点。所以会有一个狭长的地带分布在竞争型与退让型之间，这就是第三种类型，我们称之为妥协型风格。

毫不在意利益，全部地占有利益就是“竞争型”；为了维护关系，全部地让渡利益就是“退让型”，在这两者之间找平衡，既要获取一定的利益，还要维护一定的关系，就是“妥协型”。

4. 回避型

还有第四种风格，在图形的左下角。持有这种风格的人们，在沟通中表现为对利益不在乎，对关系也不在乎。他们奉行的是“多一事不如少一事”“事不关己，高高挂起”的原则，我不要利益，我也不想为利益维护关系，在沟通中表现出非常强的边界感，我们称之为回避型风格。

案例分析 8-1

放学啦，刘洋和王放像往常一样乘公交车结伴回家。每次公交车上的人都非常多，刘洋和王放基本上都是站到下车，但是今天他俩附近的座位上刚好有乘客下车，腾出了一个空座。他们有以下几种选择。

① 刘洋(王放)马上坐了过去，然后继续和王放(刘洋)聊天。

② 刘洋(王放)说：“你坐吧，咱俩这么好，谁跟谁啊。”

③ 刘洋(王放)说：“你看，有空座，咱俩谁坐？是你坐，还是我坐，还是换着坐？”

④　刘洋(王放)都假装没看到那个空座，继续聊天，多一事不如少一事。

第一种是竞争型，第二种是退让型，第三种是妥协型，第四种是回避型。

这是在小事上，可能同学们觉得不明显，其实，越是涉及具体经济利益的事情上，这种风格倾向表现得就越淋漓尽致。所以现在请同学们把座位替换为一定金额的钱，并且把场景替换为只有他们两个人的场景，你再分析一下这四种风格下的具体表现。

____

____

____

____

在这四种沟通风格中，你认为哪种沟通风格更好，哪种沟通风格不好？其实在真实的沟通场景中，这四种风格都不够好，它们都有自己的问题，即便是表现得相对居中的“妥协型”也一样有它的问题。

“妥协型”看似是既获得了利益，又维护了关系，没有像其他三种风格表现得那么极端，但它在本质上是居中平衡，是在两个极端，即竞争和退让之间不断地腾挪。有时候自己多拿一点，有时候对方多拿一点，本质上它仍然是一种对利益的分割与平衡，完全没有涉及利益的协同与创造。

“回避型”在沟通中更让人恼火。因为如果我们回避与人交流，别人将没有办法了解我们的真实需要。这种置身事外的姿态对我们回避者来讲可能是心中清净，而对于沟通对象来说，会让他们陷入无所适从。因此，持有回避型风格的人一定要进行自我觉察，看看自己对这件事的回避是出于理智的判断，还是出于自己风格的表现，如果是后者，那应该主动去克服和纠正。

沟通中最恰当的沟通风格就是第五种：合作。

5. 合作型

第五种风格，在图形的右上角。持有这种风格的人，他们从来不着急分割、占有利益，而是邀请沟通对象，通过合作思考来创造原固定利益的增量的可能，看看有没有办法让原来的利益增大(把蛋糕做大)，从而让双方获得更多利益。这种思维就是合作型人格的思维。他试图把利益——自己的诉求，关系——对方的融洽度都照顾得更好。

因此，只有合作型，才能够脱离竞争与退让的这条极端线，才能把利益和关系都维持好。合作型风格的人创造了无论如何调整——是极端的竞争，还是极端的退让——都没有办法获得的崭新的价值增量。

那之前关于座位的事，如果是合作型风格的人，他一定会和对方商量怎么让这个座位的价值更大。比如，坐下的人负责拿所有的物品；或者把座位让给更需要的老人、孩子等弱势群体。那如果是金钱呢？他一定不会直接分钱，而是和对方商量怎么让这固定的钱创造出比钱本身更大的让双方都能体会到的幸福感。

二、找到自己的沟通风格

请同学们根据第一反应做下面的测试题，判断自己在沟通中的风格倾向。

托马斯—克尔曼冲突方式测验

请想象一下你的观点与另一个人的观点产生分歧的情景。在此情况下你通常作出怎样的反应？下列 30 对陈述描写了可能出现的行为反应，在每一对陈述句中，请在最恰当地描述了你自己行为特点的字母“A”或“B”上画圈。(在很多情况下，A 和 B 都不能典型地体现你的行为特点，但请选择较可能在你身上发生的反应)

1. A. 有时我让其他人承担解决问题的责任
   B. 与其协商分歧之处，我试图强调我们的共同之处
2. A. 我试图找到一个妥协型解决方法
   B. 我试图考虑到我与他所关心的所有方面
3. A. 我通常坚定地追求自己的目标
   B. 我可能尝试缓和对方的情感来保持我们的关系
4. A. 我试图找到一个妥协型方案
   B. 我有时牺牲自己的意志，而成全他人的愿望
5. A. 在制定解决方案时，我总是寻求对方的协助
   B. 为避免不利的紧张状态，我做一些必要的努力
6. A. 我努力避免为自己造成不愉快
   B. 我努力使自己的立场获胜
7. A. 我试图推迟对问题的处理，使自己有时间考虑一番
   B. 我放弃某些目标作为交换以获得其他目标
8. A. 我通常坚定地追求自己的目标
   B. 我试图将问题的所有方面尽快摆在桌面上
9. A. 感到意见分歧不总是值得令人担心
   B. 为了达到我的目的，我做了一些努力
10. A. 我坚定地追求自己的目标
    B. 我试图找到一个妥协型方案
11. A. 我试图将问题的所有方面尽快摆到桌面上
    B. 我可能努力缓和他人的情感，从而维持我们的关系
12. A. 我有时避免选择可能产生矛盾的立场
    B. 如果对方做一些妥协，我也将有所妥协
13. A. 我采取折中的方案
    B. 我极力阐明自己的观点
14. A. 我告知对方我的观点，询问他的观点
    B. 我试图将自己立场的逻辑和利益显示给对方
15. A. 我可能试图缓和他人的情感，从而维持我们的关系
    B. 为避免紧张状态，我做了一些必要的努力
16. A. 我试图不伤害他人的感情
    B. 我试图劝说对方接受我的观点的长处
17. A. 我通常坚定地追求自己的目标

B. 为避免不利的紧张状态，我做了一些必要的努力

18. A. 如果能使对方愉快，我可能让他保留自己的观点

B. 如果对方有所妥协，我也将做一些妥协

19. A. 我试图将问题的所有方面尽快摆在桌面上

B. 我试图推迟对问题的处理，使自己有时间做一番考虑

20. A. 我试图立即对分歧之处进行协调

B. 我试图为我们双方找到一个公平的得失组合

21. A. 在进行谈判调解时，我试图考虑到对方的愿望

B. 我总是倾向于对问题进行直接商讨

22. A. 我试图找到一个介于我与对方之间的位置

B. 我极力主张自己的愿望

23. A. 我经常尽量满足我们双方所有的愿望

B. 有时我让他人承担解决问题的责任

24. A. 如果对方观点对其十分重要，我会试图满足他(她)的愿望

B. 我试图使对方妥协以解决问题

25. A. 我试图将自己立场的逻辑和利益显示给对方

B. 在进行谈判调解时，我试图考虑到对方的愿望

26. A. 我采取折中的方案

B. 我几乎总是关心满足我们所有的愿望

27. A. 我有时避免采取可能产生矛盾的姿态

B. 如果能使对方愉快，我可能让对方保留其观点

28. A. 我通常坚定地追求自己的目标

B. 在找出解决方案时，我通常寻求对方的帮助

29. A. 我采取折中的方案

B. 我觉得分歧之处不是总值得令人担心

30. A. 我试图不伤害对方的情感

B. 我总是与对方共同承担解决问题的责任

托马斯—克尔曼冲突方式测验选项卡如表 8-1 所示。

表 8-1　托马斯—克尔曼冲突方式测验选项卡

1				A	B
2		B	A		
3	A				B
4			A		B
5		A		B	
6	B			A	
7			B	A	
8	A	B			
9	B			A	
10	A		B		

续表

11		A			B
12			B	A	
13	B		A		
14	B	A			
15				B	A
16	B				A
17	A			B	
18			B		A
19		A		B	
20		A	B		
21		B			A
22	B		A		
23		A		B	
24			B		A
25	A				B
26		B	A		
27				A	B
28	A	B			
29			A	B	
30		B			A
每一列中字母被画圈总数累计	竞争	合作	妥协	回避	退让

现在，你可以看一下你的托马斯—克尔曼量表的测评结果。你在哪一栏中的选项更多，你就是哪种风格倾向。如果你在两个栏中选项一样多，那你就是有两种风格倾向的混合体，在不同的情境中，你会根据不同的环境，调试和表现出不同的沟通风格。

同学们需要记住的是：沟通风格本身无对错，但沟通策略有高低之分。

三、不同沟通风格建议策略

1. 竞争型风格沟通策略

持有竞争型沟通风格的同学，首先你应该看到自己的优点，做事直接，目标明确，简单而言你是一个喜欢赢的人，这意味着在沟通中你不会怯懦或躲藏。如果让你有所准备，你甚至不会忌惮非常正式的谈判，因为对赢有渴望，这会让你在沟通时常常精力充沛，你会有非常好的驾驭和控制整个沟通的过程的能力，对于你自己认为正当的权益与合理的诉求，你都会倾向于去努力争取。对你而言，在沟通中建议你注意以下两方面。

(1) 在获得自己在意利益的同时，请考虑到对方的需要，这对你而言非常重要。在沟通中，如果你愿意让对方的一些需求也得到满足，对方会感到舒适，你们的合作关系将更加具有持续性。

(2) 即使为了赢，你也要注意手段的合理性，在沟通中展示出更多的弹性与可以对话的空间。

2. 合作型风格沟通策略

持有合作型沟通风格的同学，你的心智中，埋藏着一种非常好的重要的平衡感，对自己与他人的平衡，对利益与关系的平衡，对近期与长期的平衡。这种平衡感，可以让协作双方都感受到更多的舒适，同时也能够在解决争议时呈现出更多的创造性。对你而言，在沟通中建议你注意以下两方面。

(1) 如果简单的方案可以直接解决问题，不妨试一试，合作的思维方式有时会让你把简单的问题复杂化。

(2) 保持谦虚。你有合作的潜质，但仍然要认真学习合作的方法，因为想得到和做得到毕竟是两件不同的事。在沟通中将合作的心智，真实地转化为技术与方法，而不是因为这种心智而自满。

3. 退让型风格沟通策略

持有退让型沟通风格的同学，和你合作的人会觉得你让人非常舒适。你具有良好的自我控制能力，待人接物大方，宽和得体。对你而言，在沟通中建议你注意以下两方面。

(1) 敏感地听到自己内心的声音，不要因为环境和他人压抑了自己合理的利益诉求。

(2) 你对对方的迁就有时不一定能够帮助你赢得好的人际关系，因为对方不一定把这些礼让理解为善良，他们还有可能将其理解为懦弱。你的利益和别人的利益都很重要，我的利益自己去争取，这是一件令人骄傲的事情。

4. 回避型风格沟通策略

持有回避型沟通风格的同学，回避也许是一种智慧，如同断舍离，介入的问题越少，留给自己的时间与空间也就越多，从这个意义上讲，你思考深邃，行事自在。对你而言，在沟通中建议注意以下两方面。

(1) 你需要特别留意对方的感受，要知道，回避经常比压迫更容易让对方头痛。因为问题被回避后一直悬而未决，弄不好走向恶化，这种状况于人于己于事都不利。

(2) 解决问题沟通的目的，在于解决问题时突出问题，而不是突出人。训练自己直面问题的勇气和能力。处理重要沟通时，刻意地强化和训练自己主动出击、主动对话的能力。

5. 妥协型风格沟通策略

持有妥协型沟通风格的同学，你们明白，在沟通中懂得妥协非常重要，你们在这方面也谙熟此道。这种居中的姿态确实可以避免极端状况的发生，会使得利益的分配与关系的维持都被照顾到，但是对你而言，在沟通中建议注意以下两方面。

(1) 中庸之道不是简单的折中，如果你愿意花更多的时间与对方对话，了解对方的诉求，也许你对问题的全景认知会更加完满深刻。

(2) 分配利益的时候不仅仅要中立，还要公平，后者你要特别提醒自己注意，记住沟通中我们不仅仅可以合理地分配利益，还可以共同创造利益。

能力提升

请同学们根据自己的风格测试类型，结合沟通策略，制定自己的个性匹配沟通方案。

____

____

____

____

知 识 总 结

(1) 沟通中有竞争、退让、妥协、回避、合作五种沟通风格。

(2) 沟通风格本身没有对错，但沟通中沟通策略有高低之分。

(3) 在沟通中应更多地运用合作策略，双方在合作中创建更大利益，合作共赢。

(4) 根据实际情况训练、调整自己的沟通风格倾向能让沟通变得更顺畅、有效。

第二节　智能时代的服务沟通

学习目标

(1) 了解智能时代对沟通提出的更高需求。

(2) 智能时代服务沟通的应对策略。

(3) 树立沟通中的职业意识、服务意识、个性化意识，提升职场核心竞争力。

游戏引导

活动目的：考察同学们对话题讨论的参与能力、恰当表现及表达能力，锻炼同学们的观察力、模仿力、抗压力，培养团队精神及表达能力。

情境创设：医生(男，30岁，未婚，是外科手术界的权威人士)

企业家(男，40岁，已婚，在企业界有卓越表现)

中国选美冠军(女，18岁，未婚，即将参加世界选美冠军选拔)

演员(男，33岁，未婚，是金马奖得主，有心提升电影品质)

小学老师(女，40岁，已婚，从事教育工作20年，对新课改有贡献)

计算机工程师(男，25岁，未婚，在计算机方面表现杰出)

上校(男，50岁，已婚，在军方决策上有重大影响力)

儿童(女，8岁，小学三年级，是小学教师女儿，有音乐天赋，智商140)

活动步骤：

(1) 任课老师描述活动任务。

一次海洋返行中，这些人所乘坐的船遇到大风浪即将沉没，船上只有一艘救生艇，只能乘坐五人。在救援未到时，只有先作出抉择，救出5人再说，其余的人只好等待机会，也可能就此消失在大海里……如果在15分钟内不能达成一致意见，船将沉没。

(2) 各小组组织讨论后，推举本组发言人阐述本组统一意见。

(3) 教师巡视、鼓励、记录各组活动行为表现：积极程度、合作意识、表达能力等。

游戏感悟

(1) 你们小组是如何作出的决策？先救谁？是否服从权威？你的决断能力如何？

____

____

____

(2) 在国际上把机会让给儿童和妇女是惯例，大家能理解吗？在大家看来谦让是虚伪吗？选择了死亡的人是高尚的吗？

____

____

____

时代在进步，科技在更新，社会对那些程式化、重复性、仅靠记忆与练习就可以掌握的技能最不具有包容性，因为这些技能是最容易被机器替代的技能。但是，不管社会怎么进步，人类的独特性基本变化不大。人是需要思考、创造、沟通与情感交流的。随着机器智能的普遍应用，人类会更珍视高品质的人与人的依恋、归属与协作等内在情感需求。因此，中职生在立足岗位需求的基础上，提升基于人自身情感的高品质服务沟通能力，是增强自身未来职场核心竞争力的需要。

一、亲和力和服务亲和力

1. 亲和力

亲和力的狭义概念是指一个人或一个组织在所在群体心目中的亲近感，其广义概念则是指一个人或一个组织能够对所在群体施加的影响力。亲和力是人与人之间的信息沟通、情感交流的一种能力。

亲和力源于人对人的认同和尊重，很多时候，亲和力所表达的不是人与人之间物理距离的远近，而是心灵上的通达与投合，是一种基于平等待人的、相互利益转换的基础，真实的亲和力，以善良的情怀和博爱的心胸为依托，是一种发自内心的特殊禀赋和素养。

2. 服务亲和力

服务亲和力是指在与客户沟通过程中，从内心到外在传递友善信息给客户，因此客户产生一种开心、愉悦，继而欣赏、信任的心理感受，从而建立起与服务人员之间的亲和友好的人际关系。

客户沟通是与客户进行心理互动的过程，在这一过程中，客户的心理感受是首要的，客户对服务员的心理好恶决定着沟通行为是否继续，服务质量的高低取决于客户对服务员的心理满意度，而服务一般包含服务员的言行动作，所以客户的满意度取决于服务员的沟通行为。优秀的沟通行为，使得客户产生开心愉悦的心理，继而欣赏信任服务人员，从而接纳服务员的建议，配合服务员的服务工作，进而对所接受的服务产生满意心理。

与客户培养亲和关系是客户沟通的首要环节，是与客户成功沟通的前提，这就是亲和力的价值和意义所在。有研究者认为亲和力占成功沟通的40%。

3. 服务亲和力表现

服务亲和力表现在积极的心态和服务意识，良好的服饰仪态，符合礼仪的见面礼与寒暄、询问、聆听、认知等方面。

4. 服务亲和力不足表现

服务亲和力不足表现在服务用语少了一些人性化因素显得僵硬，热情度不足，欠缺亲切感，语速快，喜欢抢答，有急躁情绪，心态和声音容易波动，声线偏沙哑，疲劳的感觉严重，服务用语使用不到位。

二、提升服务亲和力

礼貌程度+耐心程度+沟通能力=服务亲和力。服务亲和力是服务行业从业人员必备的素质，良好的亲和力，能拉近服务人员与客户之间的心理距离，提高服务满意度。服务满意度等于提供的服务大于等于客人对服务的期望值。

1. 提升服务意识

立足岗位，增强服务意识。提升服务亲和力，首先要提升自己的服务意识，只有充分意识到自己为客户提供的是能对客户情绪产生重大影响的服务时，才能打心底认可自己的工作，才能有效调动自己的感官，为客户提供最舒适的情绪满足，才能让客户打心底认可、接纳你，从而接纳你提供的产品及沟通内容。

保持良好的心理状态。在工作中要始终保持良好、积极的心理状态，遇到问题、困难要从正面去思考，从积极的角度诠释，尽可能地从成功的一面去假设，采取积极行动、努力去做，让积极思维、肯定性思维成为思维惯性，以帮助自己克服外界的不良影响。

2. 正确观念引领

接触什么样的思想，就会被什么样的思想引领。在服务沟通中，不能抱着“别人怎么对待我，我就怎么对待别人”的原则，而应该是“我希望别人怎么对待我，我就怎么对待别人”的原则。

3. 积极行为塑造

1) 真诚的笑容

“灿烂迷人的笑容是世界通用语言，和蔼可亲的态度是永远的介绍信。”发自内心地对客户微笑，客户会敏感地接收到你的真诚好意，会不自觉地更加积极配合与你的沟通行为。注意，不要程式化地微笑，要通过不断练习找到最符合自己的大方、不谄媚、得体的笑容。

2) 规范又灵活的服务语言

规范的服务语言，是服务沟通的前提。能熟练应答“您好、请、对不起(很抱歉、特别遗憾)、请稍等、谢谢(非常感谢)、再见、不用客气(您客气了)”等服务用语。

能根据不同对象灵活又有个性地使用服务语言。服务的个性化体现在对服务对象的准确判断与了解。能通过服务对象的肢体语言、穿着打扮及过往需求情况，判断出服务对象的喜好，并在服务(或再次服务)中恰到好处地称呼对方的姓氏、用对方喜欢或熟悉的言语方式与之交流沟通，会马上让对方感到这是专属于他的格外的服务，会大大提升他对你的服务的认可。

3)　热情有度的体贴服务

热情有度地对待你的客户，让对方感受到你对他的尊重。让他有一种只要需要，你就在身旁的感受。给客户一定的空间感，会让客户在心理上觉得安全，但当他需要你时，你就在他的视线范围内。

能体贴地体察到客户的需求，通过封闭式和开放式联合提问方式，判断客户需求，并及时给予解答。

三、制定定制化服务方案

对于服务沟通，要立足岗位，根据不同的客户提供有针对性、细致、周到的服务，才能收获与客户的长期、稳定联系，才是服务成功的关键因素，因此有预案地制定定制化服务方案非常有必要。

1. 客户来访，要主动迎接

主动询问客户意图，并提供自己权限范围内的相关协助。自己权限外的要及时向上级汇报，并根据上级指示及时反馈给客户。客户来访结束后，要主动整理本次服务资料，自觉地为客户建立档案，在档案中不仅记录客户姓名、本次来访目的、解决情况，还应通过本次服务判断客户的性格倾向、喜好等，为下次服务做好预案。若下次该客户上门，应能准确地以姓氏称呼对方。

2. 提升专业知识，依据客户需求，给出专业服务引导

立足自己的岗位，能充分运用专业知识和技能为客户提供服务。能准确、细致地解答客户提出的有关产品的问题。不用或少用“这个我不太了解”“不太清楚”类的语言。要提前从知识技能的角度做好准备，只有提供专业性的服务，才能赢得客户的信任。

3. 注重实施过程的跟进与维护

不管是什么样的客户，都应该定期回访维护。在服务行为的进程中更要注意保持跟进，让客户觉得你的服务始终在他的身边。现代社会，产品不是终端，服务才是终端。只有提供让客户放心的服务，想客户之所想的服务，客户才会得到满足，才会产生合作的黏性。

4. 注重细节，提升服务品质

再好的定制化服务方案，最后还是要落在具体的服务环节上，所以注重服务的细节与品质，是打动客户心理的最好法宝。服务人员自身的素质在提升服务品质中显得尤为重要。避免不雅的语言和行为，是服务的关键。说话有度，举止有行，会有效提升你的个人形象与魅力。任何一个客户都希望为自己服务的人是有素养的人，因此，平时养成拘小节、行大德的好习惯，非常重要。

四、服务沟通语言技巧

(一)不同岗位、职位服务沟通语言技巧

1. 收银员

当顾客结账时，要面带微笑，询问小票(凭证)，准确核对后清晰、语速适当地说：“谢谢，您的费用是×××元。”收完款后，要说：“很高兴为您服务，谢谢。”这些话术并不固定，要根据实际情况做适当调整，但有一条是固定的，即与顾客交流时一定要专注于服务顾客，不要用应付的心态对待顾客，真诚还是应付，顾客会敏感地接收到。

2. 服务员(卖场、餐厅、前台、客房、物流、客服、售后)

当看到顾客进来时，要迎上前去或作出迎接的姿势，面带微笑，把顾客引领到他们满意的位置(卖场服务员保持跟随，餐厅服务员引导顾客在满意的位置就座，客房服务员要帮忙引导顾客找到房间)用不紧不慢的语速说：“您好，看您有什么需要？”“您好，我能为您做些什么？”“您好，很高兴能为您服务。”在满足顾客基本问答需求，探寻顾客来访目的、喜好后，别忘适度、恰当地向顾客推荐主打产品。例如，“您可以试试我们店的招牌菜‘×××’，它是用×××做的，既营养又美味，也是店里老顾客点得最多的菜。”结束服务后不要忘记送客人到门口，并真诚地说：“谢谢您的光临，期待再次为您服务。”记住，一定是真诚的，而不是毫无感情地喊口号。

3. 营销员

注重语言的目的性，从同客户打交道开始，就要围绕宣传、推销商品或服务，设计什么时间、什么场合，对什么人说什么样的话。用真实、确切、有事例、有数字支撑的语言与客户交流。用请求、协商的态度与客户沟通，是推销员必备的服务态度，能体察客户的兴趣、情绪、感受、需求，并在表达中表示对对方的关注、关心、同情、理解。

例如，一个营销员约好一个客户上午 10 点在某咖啡店见面，可是路上堵车，迟到了 10 分钟，没能按时赴约，客户不太高兴。营销员到了，连忙鞠躬说：“实在抱歉，让您等这么久。都是我的过错，没能考虑到礼拜天大马路上还这么堵，真是对不住啊。”一边说，一边问客户喝点什么，并招呼服务员点饮品。客户看见这个营销员如此诚恳，怒气也就消散了，和营销员聊了起来。

4. 导游员

导游即向导，是引导客户观光，带领客户游览的人。因此，以客户为中心，为客户服务，是导游工作的落脚点。在与客户沟通服务时，除态度亲切热情外，还应能灵活变通地回答客户提出的问题。在解说的过程中，若客户能发表意见，一定要及时认可与赞扬，用请教的心态向客户学习；若客户说得有误，也不要正面指出错误，而应婉转地表达你知道的正确版本。照顾好客户的饮食起居，勤询问客户休息得怎么样？吃得怎么样？旅途累不累？不能把自己的疲劳与情绪带给客户。苦练内功，提升自己的专业素养能力，锤炼解说词，能用优美的语言，为客户解说。多储备有趣的景点典故、名人故事，丰富的学识，才

能更好地为客户服务。

5. 设计员

设计初期通过对客户需求、功用、效果、喜好的询问(主要用开放式提问)，确定符合客户标准的设计初稿。在与客户敲定设计稿的二次见面中，要用描述性语言，为客户呈现初稿中体现的设计理念与功用实效，并虚心征求客户意见，按照客户意见进行修改。所有的设计首先应满足客户的要求，记住，设计的作品是为客户设计的，不是为自己设计的，所以一定要把客户利益放在首位。在沟通的过程中不能表现出不耐烦，或对客户的想法不屑一顾。若客户提出的方案过时、落后或无法实现，应细心地、耐心地向顾客解释说明，并给出具体的替代方案。设计定稿后，要再次联系客户，请客户确认，并询问客户是否还有要补充的。最后，要真诚地对客户表示感谢，感谢客户对你的信任，并告知客户，为客户的服务中自己收获很多，感到非常开心。

6. 操作员(计算机维护)

得体的言行，整洁的着装。规范的操作，平实易懂的术语解读，是操作员为客户服务沟通的基本要求。一般操作员都专注于操作，解决问题。但不要忘记，客户的心理需求：越是对无法掌握的事，越是想了解、掌握。因此，操作员在解决客户具体问题时，要用通俗易懂的语言告知客户问题的所在，以及你如何解决，让客户有一种对问题能够控制、把握的心理感受，这会让客户觉得很安全，会对为他解决问题的操作员产生信任。问题解决处理完毕后，应帮忙归置处置环境，再次给客户留下专业、素养高的印象，并大方地约定有什么问题可以随时电话联系，与客户建立友好联系，然后与客户再见。

7. 厨师

一般都认为厨师很少和客户打交道，所以不需要掌握服务沟通技巧，但随着生活品质的提升，顾客们对菜品的创意也越来越感兴趣。如果能得到厨师亲自解说关于菜品设计，那会让整个菜品及饭店提升档次。因此，餐饮从业者要有能力用描述性的语言，对菜品进行设计。可以从营养膳食的角度切入，结合客户身份，辅以描述性语言，解说菜品。要让顾客通过你的解说，感受到菜品独一无二之处。菜品可以仿造，但以客户心理需求为出发点的高品质服务却无法仿造。请烹饪专业的同学参看《舌尖上的中国》尝试设计菜品的解说词。

(二)服务沟通语言禁忌

1. 禁忌十嘴

闭嘴：一言不发使交谈冷场。

插嘴：对方讲话突然插嘴打断对方。

杂嘴：乱用方言、俚语、术语，使交流不顺畅。

脏嘴：脏话、黑话，用语不文明。

荤嘴：将绯闻、下流话挂在嘴边。

油嘴：油腔滑调、胡乱开玩笑。

贫嘴：犯贫、饶舌、讲废话。

犟嘴：强词夺理、自以为是、爱与人争辩。

刀子嘴：讲话尖酸刻薄、恶语伤人。

电报嘴：爱传闲话、搬弄是非、打探小道消息。

2. 禁忌四语

对客户的蔑视语、缺乏耐心的烦躁语、自以为是的否定语、刁难他人的斗气语。

3. 禁忌四问

禁问客户薪金收入、禁问客户年龄、禁问客户衣饰价格、禁问客户隐私。

4. 调解五忌

忌据理力争、忌刻意说服、忌当场回绝、忌滔滔不绝、忌背后议论。

课堂练习 8-1

- 练习服务人员常用语

迎客时，说“欢迎”“欢迎您的光临”“您好”等。

感谢时，说“谢谢您”“多谢您的帮助”等。

听取客户意见时，说“清楚了，请您放心”“好的，我听明白了，尽快为您解决”等。

不能立即接待客户时，说“请您稍等”“麻烦您稍等一下，我处理完马上为您服务”等。

让客户等待了，说“抱歉让您久等了”“感谢您一直耐心等我”等。

打扰或给客户带来麻烦时，说“实在对不起，给您添麻烦了”等。

表示歉意时，说“真是对不住，实在太不好意思了”等。

当客户向你致谢时，说“您别客气”“您过誉了”“能为您服务，我非常开心”等。

当客户向你道歉时，说“没关系，您别放在心上”“都是小事，没关系的”等。

当你没听清客户的问话时，说“很对不起，我没能听清，您能再说一遍吗”等。

送客户时，说“您慢走”“再见，欢迎下次再来”等。

当要打断客户谈话时，说“对不起，我稍稍打断您一下可以吗”等。

- 情境服务模拟练习。以小组为单位，模仿下列情境，注意设计服务语言。

(1) 到车站接到学校参观开会的外校领导。

(2) 在餐厅点餐、用餐。

(3) 在超市收银结账。

(4) 客房服务应对顾客对房间不整洁的抱怨。

(5) 模拟计算机维修员上客户家里维修服务。

(6) 模拟商场导购员帮顾客挑选衣物。

(7) 模拟导游员与客户见面的开场致辞。

(8) 高档餐厅为贵宾解说创意菜品。

- 阅读下面案例，分析服务沟通语言的高明之处。

某家旅店的服务员，发现房客何夫人前一天晚上已结了账，可今天仍然住在房间里，而这位何夫人又是经理的好友，怎么办呢？如果直接去问何夫人何时启程，就显得不礼貌，但如果不问，又怕何夫人赖账。大家商量决定由一位善于说话的公关部李小姐去和何夫人谈谈。

李小姐敲开了何夫人的房门，说：“您好！您是何夫人吗？”“是啊，您是谁？”何夫人回答说。“我是公关部的，您来几天了，我们还没有来得及看您，真不好意思。听说您前几天身体不舒服，现在好点了吗？”“谢谢您的关心，好多了。”“听说您昨天晚上已经结了账，今天没走成。这几天天气不好，是不是飞机取消了？您看我们能为您做些什么？”“非常感谢！昨晚结账是因为我不想账积得太多，先结一次也好，这样走时就轻松了。我在这儿还要住几天，大夫说我的病还需要观察一段时间。”“何夫人，您不要客气，有什么事只管吩咐好了。”“谢谢！有事我一定找你们。”

____

____

____

提示：李小姐去找何夫人谈话，目的是要弄清楚到底是走还是不走，如果不走就要弄清楚对方结账的原因，但这个问题不好开口，弄不好既得罪何夫人又得罪经理。李小姐的话说得非常圆满，先是寒暄了一下，然后又问何夫人需要什么帮助，而何夫人深受感动，不知不觉中就说明了原因。

- 合群能力测试

指导语：根据自己的实际情况，对下面的 15 个测验题如实回答后，按后面的评分标准算出你的积分，再看看后面的结果分析，你就会知道自己是不是合群。

1. 最近你交了一批新朋友，这是因为(　　)

(1) 你发现他们很有意思，令人感兴趣。

(2) 他们都很喜欢你。

(3) 这是你的需要。

2. 外出度假时，你是否(　　)

(1) 很容易交上新朋友。

(2) 喜欢自己一个人消磨时间。

(3) 想交新朋友，但又感到很困难。

3. 你本来约好要去会见一位朋友，此时感到很疲倦，却不能让朋友知道你的这种处境，你(　　)

(1) 希望朋友会谅解你，尽管你没有到他(她)那里去。

(2) 还是尽力赴约，并且试图让自己过得愉快。

(3) 到朋友那里去了，并且问他(她)假如你早点回家，他(她)有什么想法。

4. 你结交朋友的时间(　　)

(1) 数年之久。

(2) 说不定，合得来的朋友能长期相处。

(3) 一般不长，经常更换。

5. 一位朋友告诉你极为有趣的个人私事，你是否(　　)

(1) 尽量为其保密而不对任何人讲。

(2) 根本没有考虑过把此事告诉别人。
(3) 那位朋友刚离开，你就马上与别人议论此事。

6. 你有了问题时，你(　　)
(1) 通常是靠自己去解决。
(2) 找自己信赖的朋友商量。
(3) 只有万不得已时才找朋友帮助。

7. 当你的朋友遇到问题时，你发现(　　)
(1) 他们都喜欢求助于你。
(2) 只有那些和你关系密切的朋友找你商量。
(3) 一般都不愿意来麻烦你。

8. 你交朋友的途径通常是(　　)
(1) 通过熟人介绍。
(2) 在各种社交场合。
(3) 必须经过相当长的时间，而且不容易交上朋友。

9. 你认为选择朋友时最重要的是(　　)
(1) 具有使你感到快乐和幸福的能力。
(2) 为人可靠，值得信赖。
(3) 对你感兴趣。

10. 你给人的印象是(　　)
(1) 经常会引人发笑。
(2) 经常启发人们去思考问题。
(3) 别人和你在一起时感到很舒服。

11. 假如有人邀请你参加一次活动、一次比赛，或者是晚会上请你表演节目，你(　　)
(1) 会婉言谢绝。
(2) 欣然接受。
(3) 直截了当地拒绝。

12. 对你来说，下列哪种情况是真实的(　　)
(1) 我喜欢当面称赞自己的朋友。
(2) 我认为诚实是最重要的品质之一，所以我时常说出与朋友不同的看法。
(3) 我对朋友的态度是既不奉承，也不批评。

13. 你是否会发现(　　)
(1) 你只是同那些能够与你分担忧愁和欢乐的朋友们相处得很好。
(2) 一般情况下能和任何人相处。
(3) 有时甚至愿意与那些和你脾气不相投的人和睦相处。

14. 如果朋友和你恶作剧(开玩笑)，你会(　　)
(1) 和大家一起大笑。
(2) 感到气恼，并且表现出来。
(3) 根据当时自己的情绪和精神状态，可能和大家一起大笑，也可能恼怒。

15. 假如别人想依赖你，你的态度是(　　)

(1) 对此并不介意，但是想和朋友们保持一定距离，保持一定独立性。

(2) 觉得这样很好，我喜欢让别人依赖我。

(3) 要小心谨慎，尽量避免承担责任。

评分与解释。请根据下面的评分标准算出总分数。

1. (1)3	(2)2	(3)1
2. (1)3	(2)2	(3)1
3. (1)1	(2)3	(3)2
4. (1)3	(2)2	(3)1
5. (1)2	(2)3	(3)1
6. (1)1	(2)2	(3)3
7. (1)3	(2)2	(3)1
8. (1)2	(2)3	(3)1
9. (1)3	(2)2	(3)1
10. (1)2	(2)1	(3)3
11. (1)2	(2)3	(3)1
12. (1)3	(2)1	(3)2
13. (1)1	(2)3	(3)2
14. (1)3	(2)1	(3)2
15. (1)2	(2)3	(3)1

如果你的得分为 36～45 分，说明你和朋友们相处得很好，你能够从日常生活中得到许多乐趣，你在朋友中有一定的威信，他们比较依赖你。也就是说，你会交朋友，你的人际关系很好。

如果你的得分为 26～35 分，说明你的人际关系处理得不太好，也就是说，你和朋友们的关系并不牢固，时好时坏。你想让别人喜欢你，想多交些朋友。尽管你自己作出了很多努力，但别人并不一定喜欢你，朋友们和你在一起时很可能不会感到轻松愉快。你只有认真检查自己的言行，真诚地对待朋友，学会正确地待人接物，你的处境才会得到改观。

如果你的得分为 15～25 分，你很可能是一个孤僻的人，思想很不活跃，不开朗，喜欢独处。但是，这一切并不意味着你不会交朋友。主要原因是你对社交活动、对人际关系不感兴趣。你要认识到，人生活在社会之中，就要和睦相处，互相帮助，互相关心，广交朋友。

知识总结

(1) 树立以满足客户心理需求为中心的高品质服务沟通意识。

(2) 立足岗位，真诚地为客户服务，急客户之所急，想客户之所想。

(3) 提升个性、定制化服务沟通意识，制定专属客户方案，增强与客户的正向黏合度。

(4) 苦练专业技能，摆正服务心态，为客户提供全方位优质服务。

拓展阅读

不自欺

胡志芳

宋仁宗至和年间，范景仁担任谏官之职，赵汴担任御史之职。有一回，两人因观点不同而发生争执，从此便有了矛盾。后来到宋神宗当政时，有人在宋神宗面前说了一些关于范景仁的坏话，宋神宗问赵汴："你说说，范景仁的为人怎么样？"赵汴回答："范景仁是个忠臣，不是谄媚阴险之徒。"退朝后，有人问赵汴："你不是和范景仁有矛盾吗？为何不趁机奏他一本？怎么还在皇上面前替他说好话呢？"赵汴说："我与范景仁是有矛盾，但那是私事；皇上问我范景仁的人品，关系到对他人格的评判，这是公事。讲话得出于公心，不能昧自己的良心，我不敢以私害公，更不会欺骗自己！"

朱熹说："诚者何？不自欺、不妄之谓也！"尽管曾因公事与范景仁有过矛盾，但涉及公事的评判时，赵汴却能做到不偏不倚，不自欺、不欺心，令人敬佩！在生活中，不欺别人或许容易做到，而不自欺则很难做到，必须通过长期加强思想道德修养，使精神得到升华、道德得到完善，赵汴的所言所行，堪可效仿。

莫拉是一名美国战地摄影记者。越战爆发后，随着采访的深入，莫拉越来越不安，她发现有无数无辜的平民成为战争的牺牲品。她决定不再记录美国士兵的英勇和胜利，而是把镜头对准一个个在战争中灰飞烟灭的生命。上司对莫拉的工作很不满意，他需要的是歌颂这场战争的图片或影像，于是就给莫拉发了一封电报，要求她马上改弦更张。莫拉回复道："如果你亲历了这场战争，你就会意识到，无论战争的理由是多么冠冕堂皇，但它本身就是邪恶的！"

随后，莫拉收到了被解雇的公告，美国军方立即将"叛国者"莫拉开除国籍，并驱逐出美军控制区。最终莫拉死于战场地雷，人们打开她带血的采访本，上面赫然有一行字："战争是罪恶的，我无法泯灭良知，无法背叛自己！"

在正邪善恶间，莫拉宁愿背叛上司，宁愿牺牲宝贵的生命，也不愿欺骗自己的良知，这就是对和平的渴望，对战争的憎恶，历史最终会给予其公正的评价。康德说："这个世界上唯有两样东西，能够深深地震撼我们的心灵：头上璀璨的星空与心中崇高的道德法则。"不自欺，才能让良知的步履朝前方行进。

除夕春晚，佟大为和杨紫携手合作演出了一个小品《站台》，两人在小品中演了一对闹别扭的小夫妻，两人从吵架到互相理解，再到彼此释怀和解，上演了一段夫妻的日常成长。

演出结束后，正在吃盒饭的佟大为接到妻子关悦的电话："祝贺你，你今晚的演出比较稳扎稳打，动情时哽咽也恰到好处，总之，棒极了，我为你感到高兴和骄傲。"闻听此言，佟大为镇定地说："是吗？我也感觉很不错，不过还是有很多问题。我认为一个小品演员应该是能好好地感受生活的人，尽管有恶补和发挥，我感觉对生活的体验肯定还是不够的，舞台表现有些紧张和抢戏，我有自知之明，所以，我的表演还是有很大提升空间的，我可不敢哄自己开心！"话音刚落，电话那头传来关悦爽朗的笑声。

当听到妻子的赞美时，佟大为能坦承自己表演上的不足，无疑是聪明睿智之人。陆九渊说："慎独，即不自欺。"一个人对自己认知清晰，不自欺，其实很难。对自己诚实，是一种极高明的智慧，别人奉承你，未必是因为你能力强。只有时刻保持清醒的状态，才能不为表象所惑，取得长足的进步。

路遥说："自欺、欺人，是生活最大的暗礁和黑洞！"交际中，不自欺是一种朴实真诚的品质，一种应对复杂人际、浮躁世象的良方，从而筑牢思想道德底线，增强抵御各种风险的能力，赢得和谐的人际关系。

(资料来源：选自《演讲与口才》2019 年 09 期)

李天田凭什么 19 岁就当董事长

侯睿哲

李天田是一位颇有传奇色彩的职业女性，17 岁创业，18 岁给中国首富上课，19 岁当董事长，曾任北京仁慧特智业公司董事长、清华大学总裁班和国研斯坦福等企业家继续教育机构客座教授，现任逻辑思维联合创始人兼 CEO、中国软实力研究中心创始人兼董事长。李天田究竟有着怎样的故事呢？她的成功又能给职场中人哪些启示呢？

我能做什么

1996 年，李天田 17 岁。那时正兴留学热，品学兼优的她考取了美国俄亥俄州大学。当年 7 月，她满怀憧憬地从家乡临沂来到北京补习英语，准备出国留学。到北京后，看着周围的人都在为生存奔波忙碌，李天田开始质疑自己："我能做什么？如果让我现在独立生活，我能在这座城市站住脚吗？自己出国到底是为了什么呢？不就是为了以后能有一个好职业吗？我在自己的国家什么都做不了，到了美国又能做好什么呢？"经过一番思考，她决定放弃出国，选择留在北京打工。正在这时，她认识了北京金锣广告公司的老总，很快就应聘到金锣上班，做了一名打工妹，干着最底层的工作，打字、接电话、订盒饭、保管资料，月薪仅为 180 元，但她并不以为工资少，她说："人家能给你一张桌子，就是给了你一个机会。"

成功的路有千万条，很多人就是敢于超越常规。李天田原本有着前途光明的路径选择，出国读书、读研究生、拿绿卡，然后再回国或者再怎么样。但她在 17 岁的年纪就能强烈地感受到"能做什么"很重要，醒悟到重能力不重文凭，勇于作出不走寻常路的决定，毅然放弃出国，甘当打工妹，这样的做法实在令人敬佩，这无疑是她走向不寻常成功的开端。

让我来试试

加盟金锣的第二年 4 月，公司要负责对一批下岗女工进行培训。公司从没做过培训，也不知该怎么做。一天，老总问大家："我们首先需要一篇讲稿，谁来完成这个任务？"李天田鼓起勇气毛遂自荐："让我来试试！"当晚她便拿出一篇 3000 多字的讲稿。老总很满意，便将培训任务交给了她。李天田跑去图书馆翻阅了大量管理学、销售学和成功学书籍，苦心研究了几周，第一次试讲就取得意想不到的效果，不少人流下感动的眼泪。首战告捷，李天田正式成为一名培训讲师，接着培训了十多批下岗人员。这时，她才 18 岁。半年后，当时中国首富、新希望集团总裁刘永好偶然听了李天田的课程，认为很有价值，便邀请她到成都为集团高管讲课。李天田再次勇敢地抓住机会，走上新希望的培训讲台，收获了满堂喝彩，这令她在培训界声名大振。李天田说：“机遇对一个人来说非常重要，如果不是我当时大着胆子一举手，没准儿到现在我还是管理内务的办公室小妹呢！”

机遇无处不在，关键在于你能否把握得住，善于捕捉机会者为俊杰。李天田在机会面前没有退缩，勇敢地抓到了培训下岗工人和给首富讲课的特别机会，让她一举“跳”了出来，从打工妹一跃成为培训师，获得了更大的成长空间。狄斯雷利说：“人生成功的秘诀是当好机会来临时，立刻抓住它。”机不可失，时不再来。成功者总是抓住机遇，把它变成美好的未来。

不相信“适当的年龄”这件事

1998 年 4 月 16 日，李天田正在外地出差，接到公司老总的电话：“从明天起，你就开始做总经理吧！”一开始，她以为是一个玩笑。老总说：“提拔任命你，完全是你能力突出、业绩出色，我可以放心地将公司交给你了。”不过李天田想：“当个总经理，这又有什么不行呢！”此时过度谦虚就是虚假了。做了总经理后，李天田决定将公司业务从广告转变为咨询。她接到的第一个咨询项目，是为著名的伊利集团做战略规划，效果特别好，伊利集团很满意。随后，许多大牌公司都慕名前来找李天田做规划咨询。为了深耕咨询业，她又成立了北京仁慧特智业咨询有限公司，19 岁的她出任董事长。当时有记者采访问她成功的秘诀，李天田说：“一是自信，如果当时我对中国没有信心，现在我没准儿正在美国某个餐馆里刷盘子呢！二是不信，我不相信‘适当的年龄’这件事。除了生孩子，想做任何事情都不会被年龄限制。”

现代职场需要抛开年龄的羁绊，许多岗位都不是靠资历，而是靠自信、能力和业绩。李天田虽然年轻，但她敢当重任，勇于走向关键岗位，并善于审时度势，有所为有所不为，果断放弃广告转做咨询，翻开了自己的职业新篇章。15 岁就开始独立谋生、一直干到 90 岁的李嘉诚说：“成功没有年龄和身份限制，想做什么就去做。”只有不拘年龄，敢作敢为，才能成就更好的自己。

以真实的人为榜样

李天田在自己的职业生涯中，还特别擅长与比自己优秀的人交往，她说：“职场中要做一个能力型‘势利眼’，向上看、向前看，以真实的、认识的人为榜样，而不是‘传说’中的。”有一天，李天田在广告人沙龙中取得时任北京奥美总经理湛祥国的名片，就给他打电话：“我是一个月前听过您讲‘如何做提案’的小朋友，可是我还有很多地方不知道怎么做，能请您帮帮我吗？”湛总居然详细地向她介绍了怎么用 PPT 软件、到哪里买投影胶片、怎么制作和保管胶片、标题应该用几号字体等。湛总的善意帮助，让李天田社交更自信，之后，她什么人都敢上去打招呼、多高级的办公室门都敢敲。她结识了很多名人专家，各种不靠谱的工作任务在他们的辅导下得以完成。2014 年 5 月，李天田又结识了罗振宇，发现了新媒体的前途，所以联合罗振宇创立罗辑思维，出任 CEO。

英国作家罗·阿谢姆说：“一个榜样胜过书上 20 条教诲。”李天田可谓深谙此道，她不断结识业界真实的、更好的榜样，敢于求助名人专家，虚心接受教诲，学到了许多新的知识和技能，完成了很多不可能完成的任务，最终成就了不平凡的自己。启示在教诲，成事在榜样，但愿我们都能结识好榜样，善于与优秀的人在一起，你终会变得优秀，出类拔萃。

李天田从来没进过大学的校门，却能从广告公司“小妹”进入到培训业，再到管理咨询业，一步步做得相当成功，在业内极具声誉。她的职场成功之道，值得思考和借鉴。

（资料来源：《家庭文摘网》2019年8月）

周星驰：什么是“喜剧之王”精神

侯睿哲

“别叫我星爷，叫星仔。我一直就是星仔，我只是一个普通的拍电影的人，跟其他职业没有太大区别。从《喜剧之王》到《新喜剧之王》，20年过去了，我最大的感悟仍是追梦人，努力奋斗是一直不变的。希望《新喜剧之王》能给大家带来更多的希望和鼓励。”周星驰导演的贺岁片《新喜剧之王》于2019年大年初一上映，他在一次采访中谦虚虔诚，励己励人。作为影响了几代人的偶像人物，“喜剧之王”周星驰有着什么样的精神呢？

即便是面对疾风，也要勇往直前

为宣传《新喜剧之王》，周星驰组建了一班名叫“疾风少女”的限定女团，让她们来唱电影主题曲，五位“90后”成员全部来自之前参加《创造101》节目被淘汰的女孩。有记者问：“为什么会想到组成一个限定女团？‘疾风’这个名字的含义是什么？”周星驰说：“听说她们曾经失败过，但是没关系啊，谁没失败过呢？所以我希望通过这种方式鼓励少女们继续努力奋斗，一定会有更多的人看得到她们的精彩。《疾风》是陈百强原唱的经典金曲，是我演艺生涯中一首不可磨灭的励志歌。在我当年跑龙套时，每当失意就会听《疾风》，用来激励自己不要放弃，坚持下去。今天由‘疾风少女’重新演绎这首歌，就是希望可以鼓励更多正在追梦的小人物，即便是面对疾风，也要勇往直前。‘疾风精神’与‘喜剧之王’要传递的精神一样，都是努力奋斗，别放弃，相信自己，你就是自己人生的喜剧之王！”

道路坎坷事不期，疾风劲草练少年。周星驰以身说法，情真意切，他回忆做龙套演员的日子，靠陈百强的一首歌《疾风》激励自己，如今为新电影组女团“疾风少女”，既表现了他尊重失败者、激励失败者，也是旨在传承和弘扬“疾风精神”“喜剧之王精神”，以鼓励更多的人，做一棵坚强的“疾风劲草”，让信念永远屹立不倒。

坚持是失败后再来，不断再来再来

有一次，周星驰和马云一起做客中国传媒大学，现场有同学问周星驰：“你从跑龙套做到演员又做到导演，一路是如何坚持下来的？”周星驰说：“如果人没有梦想，跟臭咸鱼有什么区别？有了梦想，难得的是如何坚持自己的梦想。坚持是为了更好地前行，坚持是为了更好地遇见成功，坚持是失败后再来，不断再来再来。我和马云有一个共同点——曾经同为失败者。当年我和同学梁朝伟去香港无线面试，对演戏不感兴趣的伟仔意外获选，抱着极大希望的我却惨遭落榜。而马云曾应聘30多个工作均失败，不管是酒店工作人员还是警察，自己总是被拒绝的那个人。但是，我和马云遇到挫折时，都没有对现实妥协，而是选择坚持梦想。我最不堪的时候，很多人叫我死跑龙套的，难听之极，我还是忍气吞声。拍戏的时候还有人排挤我，各种为难我，有时候连盒饭都领不到，就在这种情况下，我一直忍着坚持自己最初的梦想。”

天行健，君子以自强不息。周星驰援例以证，旨明意远，他寻求与马云的共同点，理据充分地说明了坚持不懈的价值和意义，成事者不在于最初力量的大小，而在于能坚持多久。生活的道路一旦选定，就要勇敢地走到底，绝不回头。只要不丧失信心，坚持不懈，就终会有成果。周星驰和马云不正是为梦想坚持走过来的典型嘛，值得我们引以为榜样！

临时演员也是演员

有一次，周星驰拍电影在给群众演员讲戏时说："临时演员也是演员，虽然你是扮演路人甲乙丙丁，但是一样是有生命、有灵魂的。我当年在《射雕英雄传》里面，就是一个临时演员，出演过宋兵甲，只有一两句台词。还有一个演员叫田启文，他是我的好朋友和得力助手，他现在是香港电影工作者总会会长。当年在电影《九品芝麻官》中，田启文还是一个低微的龙套。在一场戏中，他需要扮演一具死尸，被很多人踩到身上，甚至脸上，他都没动。我饰演一名验尸官，看到他躺在那里一动不动，无聊之下，我用夹子去掐他的大腿肉，没想到他依然还是一动不动。等这场戏完了后，我就去问他刚刚掐得疼不疼，他说肯定疼啊，但是导演没有喊停，我就不能动。他的强忍精神让我大为感动，后来我便叫他来帮我的忙，还把他的故事改编到了《喜剧之王》里面去。当演员等待机会的时候最难受，好像机会永远都不会来。但只要把自己的工作做好，机会来了才会把握住。"

位卑未敢忘忧国。其实，做什么事都要做到位卑亦不忘初心、不忘责任重、不忘发愤。周星驰娓娓道来，引人镜鉴，通过田启文演好死尸的故事，激励人们不要因为是"临时"的原因而放弃努力，很多人都是从无名小卒慢慢成长为星光四射的公众人物，从"临时"到"专业"的过程需要艰苦的付出和追求。

《时代周刊》将周星驰评为"亚洲英雄"时说："如果说中国有查理·卓别林的话，那就是周星驰。"香港政府高级官员张敏仪在给周星驰颁发金像奖时说："我非常高兴颁这个奖给你，因为你令众多香港人在不高兴的时候都可以笑出来。"周星驰不愧为喜剧界的神话，至今无人超越，可谓前无古人后无来者。

——选自《演讲与口才》2019 年 09 期

关于人生的名言警句

谁要游戏人生，他就一事无成；谁不能主宰自己，他就永远是一个奴隶。

——(德)歌德

寿命的缩短与思想的虚耗成正比。

——(英)达尔文

生活只有在平淡无奇的人看来才是空虚而平淡无奇的。

——(俄)车尔尼雪夫斯基

人只有献身于社会，才能找出那实际上是短暂而有风险的生命的意义。

——(美)爱因斯坦

人生应该如蜡烛一样，从顶燃到底，一直都是光明。

——萧楚女

人生实在是一本书，内容复杂，分量沉重，值得翻到个人所能翻到的最后一页，而且必须慢慢地翻。

——沈从文

人固有一死，或重于泰山，或轻于鸿毛。

——(西汉)司马迁

生而为英，死而为灵。

——(北宋)欧阳修

生当作人杰，死亦为鬼雄。

——(南宋)李清照

生死本是一条线上的东西，生是奋斗，死是休息；生是活跃，死是睡眠。

——郭沫若

有些路看起来很近，走去却很远，缺少耐心永远走不到头。

——沈从文

只要能培育一朵花，就不妨做会朽的腐草。

——鲁迅

人生的路上，有洁白芬芳的花，也有尖利的刺，但是自爱的人儿会忘记了有刺只想着有花。

——茅盾

写在文末的话

各位职业院校学生朋友们：

大家好！

非常开心，你能读到这封信。因为这说明你已经完成了整本书的学习。

首先要祝贺你，通过自己的努力，系统地跟随老师学习了“人际沟通与交流”的相关知识；明确地了解了当下社会及未来社会对沟通能力的总体要求；也相信你一定掌握了沟通的理论架构、话术技巧、常见沟通场景等知识技能。这些知识、技能都会成为你个人能力的有效加持，会在职场生活中助你一臂之力。

希望同学们对“人际沟通与交流”的学习不仅仅停留在书本与课堂上，要真正把学到的知识应用到实践中去。只有敢于沟通、敢于尝试、敢于表达，才能在实践的试炼中不断地提高自己的沟通能力。就像学游泳的人，不下水是永远也学不会游泳一样，提高自己的沟通表达能力，必须在沟通与表达的真实场景中去修习。

其次，我想对同学们说，任何理论与技巧都是细枝末节，不是问题的根本。沟通与表达的问题，说到底是与人相处的问题。只有真心、诚挚地待人，才能收获别人的善意对待，因此，做人的问题才是根本。

我们青年人到底要成为怎样的人，决定了我们今后会走什么样的路。我们可能终其一生都会是一个平凡人，但即便是平凡人，我们也应该做个有担当、有责任感、有使命感的平凡人。习近平总书记说过：“青年兴则国家兴，青年强则国家强。青年一代有理想、有本领、有担当，国家就有前途，民族就有希望。中国梦是历史的、现实的，也是未来的；是我们这一代的，更是青年一代的。”

青年人不仅要自强自立，建功立业，更肩负着民族复兴大任。因此，我们要做“心中有阳光，脚下有力量”的新时代青年。“要敢于迎接挑战，不畏困难，不贪图安逸，勇于创新，敢闯敢拼，攻坚克难；要坚韧不拔，艰苦奋斗，耐得住寂寞和清贫，不轻言放弃。新时代青年还应当在日常生活中自觉遵守社会公德、职业道德、家庭美德，扮演好社会角色、家庭角色，努力工作，爱护家庭，构建和谐社会、和谐家庭，为社会主义现代化强国建设贡献自己的力量；严格要求自我，培养正直、善良、诚实、勇敢等优秀品质，关心他人，乐于助人，为社会提供正能量；弘扬爱国主义、集体主义精神，维护祖国和集体的尊严和利益，甘于奉献，履行好公民义务”。

我国著名教育家于漪说：“每名职校生都拥有创造生命意义和价值的权利，自强、自尊、自立，以中华传统优秀文化与人类进步文化滋养自己的成长，提升思想道德修养与科学文化素养，必能成为祖国建设有用之才，为社会发展作出贡献。”

最后，我想对同学们说，人生路上既有坦途，又有泥泞；既有美景，又有陷阱，只有坚定信念、勇往直前才能到达胜利的终点。

编者

2020 年 5 月

参 考 文 献

[1] 徐国庆. 职业教育课程、教学与教师[M]. 上海：上海教育出版社，2018.

[2] 段文杰，张美娟. 实用口才[M]. 北京：科学出版社，2007.

[3] 胡东辉. 口语教程[M]. 北京：中国传媒大学出版社，2011.

[4] 李雅乐，苏庆林. 商务沟通与谈判[M]. 北京：科学出版社，2013.

[5] 童革. 表达与沟通能力训练[M]. 北京：高等教育出版社，2018.

[6] 郭海君，刘良君，韦芳. 职业口才综合实训教程[M]. 北京：高等教育出版社，2018.

[7] 张美娟. 沟通技能训练[M]. 北京：高等教育出版社，2015.

[8] 刘瑶. 交流与沟通能力训练[M]. 北京：北京师范大学出版社，2016.

[9] 丁亚玲. 口才与演讲训练教程[M]. 北京：高等教育出版社，2017.

[10] 李敬华. 沟通与语言艺术[M]. 北京：北京师范大学出版社，2018.

[11] 杨文尧. 职业能力拓展训练[M]. 北京：高等教育出版社，2016.

[12] 兰迪・帕特森. 自信表达：如何在沟通中从容做自己[M]. 方旭燕，张媛译. 北京：机械工业出版社，2018.

[13] 姜维. 沟通金字塔：思考、表达、实现的策略和技巧[M]. 北京：电子工业出版社，2017.

[14] 周言. 这样表达更高效：定目标，搭结构，讲故事[M]. 北京：机械工业出版社，2019.

[15] 李世强. 高效表达：超实用的人际沟通技巧[M]. 北京：中国纺织出版社，2018.

[16] 熊浩. 跟熊浩学沟通. 得到逻辑思维课，2019.

[17] 芭芭拉・明托. 金字塔原理(麦肯锡 40 年经典培训教材)[M]. 汪洱，高愉译. 海口：海南出版公司，2013.

[18] 速溶综合研究所. 表达力：别输在不会说话上(手绘图解版)[M]. 北京：人民邮电出版社，2018.

[19] 海伦・帕尔默. 九型人格职场高品质沟通的艺术[M]. 路本福，蒲文玥译. 北京：北京联合出版公司，2018.

[20] 尼尔・布朗，斯图尔特・基利. 学会提问[M]. 吴礼敬译. 北京：机械工业出版社，2018.